谨以是书敬奉吾师
余其全先生暨师母大人
大顺、千古

和刻本宋人文集叢考

李俊標 著

上海古籍出版社

圖書在版編目(CIP)數據

和刻本宋人文集叢考 / 李俊標著. -- 上海 : 上海古籍出版社, 2024.12. -- ISBN 978-7-5732-1411-9

Ⅰ.G256.22

中國國家版本館CIP數據核字第2024VJ1737號

和刻本宋人文集叢考

李俊標 著

上海古籍出版社　出版發行

（上海市閔行區號景路159弄1-5號A座5F　郵政編碼201101）
(1) 網址：www.guji.com.cn
(2) E-mail：guji1@guji.com.cn
(3) 易文網網址：www.ewen.co

上海惠敦印務科技有限公司印刷

開本890×1240　1/32　印張16.5　插頁3　字數385,000

2024年12月第1版　2024年12月第1次印刷

印數：1—1,050

ISBN 978-7-5732-1411-9

I·3875　定價：98.00圓

如有質量問題，請與承印公司聯繫

目　録

序言 ……………………………………………………… 1
　附録一：《和刻本漢籍分類目録》(增補補正版)作者
　　　　　書籍種類排序表 ……………………………… 18
　附録二：《和刻本漢詩集成・宋詩篇》總目 …………… 20

第一章　林逋文集和刻本研究 ………………………… 24
　第一節　宋本 …………………………………………… 24
　第二節　明本 …………………………………………… 32
　　1. 正統八年《重編西湖林和靖先生詩集》…………… 32
　　2. 正德十二年《宋林和靖先生詩集》………………… 37
　　3.《四部叢刊初編》之《林和靖先生詩集》…………… 39
　　4. 萬曆四十一年《宋林和靖先生詩集》……………… 42
　　5. 綜論 …………………………………………………… 44
　第三節　和刻本《和靖先生詩集》……………………… 47
　　1. 和刻本之優善 ………………………………………… 52
　　2. 和刻本之粗疏 ………………………………………… 71
　　3. 和刻本之誤植 ………………………………………… 72

・ 1 ・

4. 和刻本之殘損 ·············· 78
　　5. 綜論 ················· 79
　第四節　和刻本《和靖先生詩集》之淵源 ······ 81
　　1.《咸淳臨安志》之版本系統 ·········· 81
　　2. 和刻本之淵源 ··············· 113
　　　(1) 詩歌排序 ················ 114
　　　(2) 詩歌文本 ················ 118
　第五節　現代整理本 ················ 128
　　1.《林和靖詩集》 ··············· 129
　　2.《全宋詩·林逋》 ··············· 133
　　3.《林和靖集》 ················ 139
　　4.《林逋詩全集》 ··············· 141
　附錄三: 林逋詩集殘宋本與他本對勘表 ······ 151
　附錄四: 宋本《咸淳臨安志》卷二十三所收林逋詩
　　　　　與他本對勘表 ··············· 169
　附錄五: 林逋詩集宋本、《咸淳臨安志》卷三十三
　　　　　對勘表 ·················· 177
　附錄六: 林逋詩集和刻本卷下與宋本《咸淳臨安志》
　　　　　卷九十六等對勘表 ·············· 180

第二章　王安石文集和刻本研究 ·········· 188
　第一節　文集本 ·················· 188
　　1. 宋代文集本 ················· 188
　　　(1) 紹興十年臨川刻本(甲—臨川本) ······ 189

（2）紹興二十一年杭州刻本（甲一杭州本）……… 196
　　（3）北京大學所藏殘宋本（甲一北大本）……… 205
　　（4）龍舒本《王文公文集》（甲二龍舒本）……… 206
　2. 明代文集本 ……… 209
　　（1）嘉靖十三年《臨川王先生荆公文集》（甲一
　　　　安正堂本）……… 209
　　（2）嘉靖二十五年《臨川王先生荆公文集》（甲五
　　　　應雲鷟本）……… 216
　　（3）嘉靖三十九年《臨川先生文集》（甲一
　　　　何遷本）……… 242
　結語 ……… 263
第二節　箋注本 ……… 263
　1. 李壁注釋本（乙一李壁本）……… 263
　2. 劉辰翁删節評點本（乙二劉辰翁本）……… 273
　3. 朝鮮活字本（乙三朝鮮本）……… 276
第三節　詩歌節選本——和刻本《王荆公絶句》…… 277
　1. 英遵與萬笈閣 ……… 278
　2. 和刻本《王荆公絶句》九卷 ……… 283
第四節　朝鮮活字本《王荆文公詩李壁註》……… 296
　1. 朝鮮活字本與今存諸本之版本對勘 ……… 297
　2. 李壁註本之刊刻 ……… 300
　3. 朝鮮活字本之文本流動性 ……… 305
附錄七：王安石文集版式對勘表 ……… 308
附錄八：王安石文集文本對勘表 ……… 310

第三章　陳師道文集和刻本研究 …… 340
第一節　文集本 …… 340
第二節　詩注本 …… 346
1. 宋本《後山詩注》 …… 346
2. 元本《后山詩注》 …… 347
第三節　文集本、詩注本、和刻本相互之關聯 …… 361
附錄九：陳師道文集文本對勘表 …… 377
附錄十：陳師道文集殘宋本與諸本對勘表 …… 388

第四章　嚴羽文集和刻本研究 …… 393
第一節　元本 …… 394
第二節　明本 …… 400
1. 正德十二年(1517)《滄浪嚴先生吟卷》 …… 400
2. 正德十五年(1520)《滄浪先生吟卷》 …… 408
3. 嘉靖十年(1531)《滄浪先生吟卷》 …… 414
4. 萬曆本 …… 417
5. 天啟五年(1625)《滄浪詩集》 …… 419
6. 明末鮑校本《滄浪集》 …… 424
第三節　民國五年《適園叢書》本《滄浪嚴先生吟卷（舊抄本）》 …… 430
第四節　安永五年和刻《嚴滄浪先生詩集》 …… 436
第五節　現代整理本《嚴羽集》 …… 447
附錄十一：嚴羽集文集文本對勘表 …… 453

目　　錄

附論：朝鮮本《李商隱詩集》考論 ……………………… 462

綜述 …………………………………………………… 493
　一、漢籍之綜述 ……………………………………… 493
　二、和刻之綜述 ……………………………………… 498

參考文獻 ……………………………………………… 502
　一、傳統典籍（以著者時代早晚爲序）………………… 502
　二、傳統典籍現代整理本（以首字拼音爲序）………… 507
　三、今人著述（以首字拼音爲序）…………………… 513

後記一（余師） ………………………………………… 518
後記二 ………………………………………………… 520

序　言

一

　　日本自古深受中華文明之影響，嚮往於中華文明之輝光，故而尤爲喜好中華文明之重要載體——漢籍。就世界範圍而言，除中國之外，保存漢籍最多之國度即爲日本。近現代以來，不斷發現大量國内失傳之典籍卻於彼邦完好保存至今，彌補諸多國内典籍收藏之空白。由是，漢籍回流成爲中日文化交流發展至今數千年來一頗爲有趣之現象。也極大促進國學研究之發展，更成爲域外漢學研究一重要組成部分。漢籍於日本最重要之保存樣態，自然是從國内流傳於彼邦之原樣典籍。多年以來中日學者主要尋訪、收集之漢籍即是如此，如《古逸叢書》《續古逸叢書》《書舶庸譚》等。然漢籍於日本並非僅有此一種樣態，更有鈔本以及和刻本大量存在。與原生態漢籍相比，這兩者均是輾轉而來，遠不如原本精確。然歷經多年尋訪，域外珍貴漢籍早已鳳毛麟角，幾無剩餘。今日若依舊追尋原有思維模式著眼於域外漢籍，只能時常將地域拓展於越南等地，所得往往俱是僧道習作、蒙童課本、醫卜用書之類冷僻之籍。若能專注原本漢籍之餘，客觀研究此類輾轉覆寫翻印之籍，尤其是大量和刻本，亦能發現諸多文獻資料、版本信息，對於漢籍研究自有其恰當價值與意義。

和刻本亦名和板，扼要概括之即日本刊本。誠如長澤規矩也於《圖書學辭典》所界定："和刻本，日本刊本，和板。"於"和板"又釋爲："和刻本之俗稱。"①具體何樣刊本，更可細分爲活字與雕版兩種。其中，中國固有漢籍之和刻本乃爲本課題著意關注之處。《中國館藏和刻本漢籍目錄》於和刻本樣式增加鈔本、影印本形式，於和刻本内容更包括旅居日本之中國人著作、中國人在日本所刻漢籍、日人對漢籍評注之"準漢籍"。本書採用最爲嚴格之界定，以免與其他類別過多糾葛。故而，此等均不在本書探討範圍之内。本書涉及之漢籍和刻本即中國固有漢籍之日本翻刻本。

漢籍之所以需要再爲翻刻，其目的在於訓點之添加，以便日人之閲讀。長澤規矩也於《和刻本漢籍分類目錄·凡例》第一條即開宗明義："和刻本漢籍之主要價值在於訓點之添加。"②大庭脩也由此界定和刻本爲："加訓點後在日本出版的漢籍稱'和刻本'。"③由此決定和刻本漢籍之著重點在於"和"而非"漢"，乃在於漢學漢籍之普及，大衆之傳授。亦如江宗白於《須溪先生評點簡齋詩集》跋語所言："且欲便童蒙，加以和訓。"④故而就漢籍價

---

① 長澤規矩也編著：《圖書學辭典》，東京：三省堂，1979年版，第68頁。
② 長澤規矩也、長澤孝三編著：《和刻本漢籍分類目錄》（增補補正版），東京：汲古書院，2006年版，第21頁。
③ 王寶平主編：《中國館藏和刻本漢籍書目·序》，杭州：杭州大學出版社，1995年版，第1頁。
④ 《和刻本漢詩集成》第十五輯《宋詩篇》第五輯，東京：汲古書院，1977年版，第102頁。

值而言，自然不能與由中國舶來之原本漢籍可比。故而長澤規矩也即言："年輕時傾心於宋元古版之調查而未曾矚目於和刻本。"①然而其中年以後又轉而用心於和刻本，用近三十年時間調查收集和刻本。可見和刻本亦自有其相應之價值所在。長澤規矩也於《和刻本漢籍分類目錄·序》中又詳細言及和刻本之價值有三：一者，存有中國已失傳之文本，二者存有唐代傳來之稀見本，三者訓點之添加。前兩者著眼於"漢"，於漢籍文獻之保存與研究多有裨益。後一點著眼於"和"，爲日本民族閱讀之便利。既爲閱讀，自有喜好與取捨。和刻之選擇、品種之多寡，頗能體現日本民族心性之所好、社會之風習、思潮之變遷。就漢籍文獻而言，前兩者尤爲重要，亦是本書之重點所在。

二

日本所存漢籍和刻本最爲詳盡之目錄乃長澤規矩也編、長澤孝三不斷補正之《和刻本漢籍分類目錄》(增補補正版)，由此可以概知漢籍和刻本之總貌。此目錄所收典籍，多爲親見親歷，故而記載尤爲詳細。如所錄宋人別集，僅一種明確標識"未見"。②此目錄最早乃依照經史子集四部逐一分撰，如子部目錄見《書志學》新第十七、十八、二十一號，史部目錄見《(和刻本正史)諸史抄》最後附有《和刻本漢籍史部目錄》。③至昭和五十一年(1977)八月綜括以爲《和刻本漢籍分類目錄》。之後不斷訂補，昭和五十五年以成補正版，平成十七年最終以成增補補正

---

① 《和刻本漢籍分類目錄(增補補正版)·序》，第1頁。
② 同上，第173頁。
③ 長澤規矩也編：《(和刻本正史)諸史抄》，東京：汲古書院，1974年版，第485—501頁。

版。由附録"《和刻本漢籍分類目録》(增補補正版)作者書籍種類排序表"統計,《和刻本漢籍分類目録》(增補補正版)共收録宋人文集五十二人所著一百一十種、一百八十六版。

杭州大學出版社曾於 1995 年出版王寳平主編《中國館藏和刻本漢籍書目》共收宋人四十一人七十四種文集。此書目之編纂亦曾參考《和刻本漢籍分類目録》,"忠正德文集十卷、附録一卷"案曰:"據長澤氏,卷五至十未刊。"長澤規矩也之目録正是如此。《和刻本漢籍分類目録》付梓於 1976 年,補正版爲 1980 年,增補補正版爲 2006 年,故而其參考版本當爲補正版。今與最新之《和刻本漢籍分類目録》增補補正版相較,《中國館藏和刻本漢籍書目》有其優點,亦有其不足之處。

一、《中國館藏和刻本漢籍書目》録有《和刻本漢籍分類目録》未見未知之和刻本多種。其中可分爲三類。

一者,同書不同版。如:《林和靖詩集》四卷《拾遺》一卷,明治四十一年(1908)鉛印本,《和刻本漢籍分類目録》著録兩種分別爲更早之貞享三年(1687)、明治三十年(1897)。《韓魏公集》,文政九年(1826)刊本,《和刻本漢籍分類目録》爲稍後之天保十三年(1842)。《鐔津文集》十八卷、《鐔津明教大師行業記》一卷、《附録》一卷,享保三年(1718)刊本,《和刻本漢籍分類目録》爲《鐔津文集》十九卷,江户前期。《宗忠簡公文集》二卷,安政元年(1854)刻本,《和刻本漢籍分類目録》乃稍後之文久元年(1861)刻本。《謝疊山文鈔》四卷,日本弘化二年(1845)刻本,《和刻本漢籍分類目録》著録爲稍後之萬延二年(1861)刻本。《真山民詩集》一卷兩種,分別爲日本文化七年(1810)刻本、明治三十九年(1906)鉛印本,《和刻本漢籍分類目録》著録最早爲文化九年(1812)刻本。

二者,《和刻本漢籍分類目録》未收之典籍。如:《六一居士詩集》二十一卷,明治四十四年(1911)青木嵩山堂鉛印本。《大蘇手簡》四卷,日本明治年間刻本。《齋居感興》一卷,嘉永四年(1851)出雲寺萬次郎刻本。《文公朱先生感興詩》一卷、《武夷櫂歌十首》一卷。此《齋居感興》當即爲《文公朱先生感興詩》,故而實則兩者僅爲一種。《誠齋先生錦繡策》四卷。《崔舍人玉堂類稿》二十卷。

三者,《和刻本漢籍分類目録》不予著録之典籍。如:《王荆公詩》四十卷,《寶晉英光集》六卷、補四卷,《慶湖遺老詩集》九卷、《拾遺》一卷、《後集補遺》一卷,《石湖居士詩集》三十四卷,《誠齋集》一百三十五卷,《龍川先生文集》三十卷。此均爲鈔本。《謝幼槃文集》十卷,乃影印本。

二、《和刻本漢籍分類目録》可訂補《中國館藏和刻本漢籍書目》。長澤規矩也多年浸潤典籍、搜求和刻。《和刻本漢籍分類目録》又一再訂補,故而書目著録尤爲詳細而準確。《中國館藏和刻本漢籍書目》編撰時似未充分對其加以利用,今可訂補者如下:

《鐔津文集》十九卷"日本刻本"。《和刻本漢籍分類目録》:"江戶前期刊。"

《歐陽文忠公文集》三十六卷"皇都御書館刻本"。《和刻本漢籍分類目録》著録爲"吉田四郎右衛門"刊本。

《蘇老泉先生全集》十六卷"日本刻本"。《和刻本漢籍分類目録》:"文政十三刊。"

《蘇東坡絶句》四卷"日本文化十四年刻嘉永元年補刻本"。《和刻本漢籍分類目録》分別爲兩種,一種文化十四年(1817)加賀屋善藏等刊印,一種爲嘉永元年(1848)修補近江屋佐太郎等刊印。

《後山詩注》十二卷。《和刻本漢籍分類目録》:"《后山詩注》十二卷。"

《淮海集鈔》"日本刻本"。《和刻本漢籍分類目録》:"享和三年序刊。"

《石門文字禪》三十卷"日本刻本"。《和刻本漢籍分類目録》:"寬文四刊。"

《李忠定公集鈔》二卷。《和刻本漢籍分類目録》著録爲"《李忠定公集鈔》一卷、《李忠定公雜文詩》一卷",並注明"版心合作二卷"。

《須溪先生評點簡齋詩集》十五卷,三種版本均爲"日本刻本"。《和刻本漢籍分類目録》著録兩種,一者"朝鮮明嘉靖二十三年刊本",一者"慶安元刊"。

《晦庵先生朱文公文集》一百卷存卷六十二、六十四,"日本刻本"。而《和刻本漢籍分類目録》此書有四個不同時期之刻本,均予以詳細説明。

《范石湖詩鈔》六卷,《石湖先生詩鈔》不分卷。同爲周之麟、柴升編。前者注明"日本文化元年慶元堂刻本",一種注爲"日本刻本"。實際上,此兩種當爲一種,即《和刻本漢籍分類目録》所載《石湖先生詩鈔》全六卷,編者、刊行者完全相同。

《放翁先生詩鈔》不分卷。《和刻本漢籍分類目録》:"《放翁先生詩鈔》全八卷。"

《陳龍川文鈔》三卷,文久三年刻平安文榮堂等印本。《和刻本漢籍分類目録》録《龍川文鈔》三卷多種版本。其中一種爲文久三年(1863),東京額田正三郎刊印。而明治本則爲東京文榮堂刊印。

《龍川先生酌古論》二卷,未有刊印年代。《和刻本漢籍分類目録》:"天保四刊。"

《文信國公指南錄》四卷、《紀年錄》一卷。《和刻本漢籍分類目錄》:"《指南錄》四卷;《文信國公紀年錄》一卷。"

《城南雜詠二十首》一卷,"日本刻本"。《和刻本漢籍分類目錄》:"京,武村市兵衛。"

兩者相較可知《和刻本漢籍分類目錄》(增補補正版)不僅著錄種類衆多,而且著錄內容尤爲詳細準確。

三

綜合上述兩種書目,可知和刻本宋人文集共有五十三人所著一百一十五種、一百九十一版。其中和刻本文集最多者爲蘇軾,一人獨佔二十種。同時,一書不同版亦極多,共有十二種。兩者相加,蘇軾一人和刻本有三十二種版本。一方面蘇軾是宋代最重要作家,另一方面也可見日本人對於蘇軾之喜愛。與此相同,黃庭堅亦有四種書籍、五種不同版本,共九種。兩人代表北宋詩歌創作最高成就。此外歐陽修、王安石均是有兩種書籍、兩種不同版,也與北宋文學創作實績相應。可見日本對於宋代文學之把握,正與宋代文學發展規律相應。

朱熹排名第二,有九種文集,三種不同版本,共十二種。此正可見日本對於宋程朱理學之推崇與仿效。他如張栻兩種,陸九淵兩種、不同版本兩種,李覯一種,邵雍一種、不同版本一種,均是如此。

排名前兩位者爲蘇軾、朱熹,恰體現出日本對於中國宋代文學與思想兩方面之學習重點,也確是契合宋代文化之精髓。

排名第三者爲陳亮,有五種文集,比朱熹少四種,另不同版有十種,共十五種。書籍、版本數量均遠超歐陽修、王安石。陳亮於南宋文學頗多貢獻，但就整個宋代文學而言如此選擇確是不同尋常。然由此亦正體現出日本民族性格特點與興趣愛好。陳亮一生高亢爽利，直言上諫，積極抗戰。同時又文采斐然、名聞遐邇，更被光宗親擢爲狀元。此種激昂向上之心性與日本民族於武士道之推崇潛然相契。陳氏光彩亮麗之文筆，亦尤能動人心魄。內容與形式之如此完美融合，自然博得日本人民廣泛喜愛。他如宋代文壇文名遠遜之李綱，竟有五種文集、三種不同版本，共八種；文天祥四種文集、兩種不同版本，共六種；鄭思肖兩種文集、兩種不同版本；宗澤一種文集，一種不同版本；樂雷發一種；謝枋得一種；更有抗金名將岳飛一種文集，其不同版更多達四種。此類諸君均是肝膽日月、忠義千秋之英傑，尤其深受日本人民之摯愛。

　　陸游有四種文集，不同版本有四種，共八種。此與其文學成就以及於南宋文學之影響相埒。

　　然而南宋文學家中文集最多者並非陸游，而是范成大。於宋代文學家中，其文集數量僅次於蘇軾，與陳亮等同，唯不同版本四種，少於陳亮之十種。范成大文集數量不僅超過陸游，更超越黃庭堅、歐陽修、王安石等。此種頗爲獨特之選擇，與日本民族清幽雅致之生活情趣息息相關。與之相應，楊萬里有文集四種，不同版本兩種。他如林逋一種、嚴羽一種。更刊行一些甚少引人關注之清高隱士之作。如真山民兩種、高翥一種。另外，又有十一位僧人、一位道士之文集共十四種。五十二位作者，僧、道即有十二位，比重之大也是愈發體現出日本民族宗教之信仰與喜好清淨之心志。

　　衆多文集中，唯獨沒有詞集。即使有秦觀集兩種，也是詩集《淮海集鈔》與《梅花百詠》。以詞享有盛名的姜夔也是同樣如此，其集乃《白石道人詩集》。究其原因，一者，詞體遠較詩體複雜，不便學習與模仿。二者，"詞之爲體，要眇宜修"，與日本民族性格心性甚難契合。不爲所喜，難以適應，乃是詞體蕭索於日本之主因。

詩文之中，又傾心於詩歌。蘇軾二十種文集中詩集有十種，不同版本十一種，共二十一種，於其全部三十二種和刻本中佔據絕大多數。於宋代其他著名文學家之創作，亦多數只屬意其詩歌。如曾鞏、王安石、黃庭堅、秦觀、陳師道、陳與義、陸游、范成大、楊萬里，均只有詩集而無散文之刊刻。文學創作中，詩歌最能搖蕩情靈，雖其體制遠較散文爲複雜，然與日本人民心心相印，尤爲喜好。

四

和刻本漢籍之出版，長澤規矩也亦居功至偉。他撰述解題，刊印典籍，可謂殫精竭慮皓首窮經。於汲古書院出版者即有：《和刻本經書集成》全七册、《和刻本正史》全三十册、《和刻本正史別卷》全八册、《和刻本資治通鑑》全四册、《和刻本明清資料集》全六册、《和刻本諸子大成》全十二册、《和刻本辭書字典集成》全七册、《和刻本書畫集成》全八册、《和刻本漢籍隨筆集》全十三册、《和刻本漢籍隨筆集續編》全七册、《和刻本漢籍全集》全二十册別卷一册、《和刻本漢詩集成》全二十册（《唐詩篇》十册、《宋詩篇》六册）、《補篇》全四册、《和刻本文選》全三册、《和刻本類書集成》全六册。《和刻本漢詩集成》之《宋詩篇》六册，共收錄二十人二十九種書籍。今就其分析之，管中窺豹，可見和刻本特點之一斑。

一者，和刻本之年代均不甚久遠，多刊行於十七世紀以後，即中國之明清時代。此中最早者爲《山谷詩集注》二十卷，寬永六年（1629）九月京都大和田意閑刊本。此亦代表和刻本之總體時間概況。如王寶平《和刻本漢籍初探》所言，《中國館藏和刻本漢籍書目》共收録三千零六十三種和刻本漢籍，寬永以前之版本僅一百三十六種。①此與江户時代印刷業之興盛，以及民衆文化教育之普及，亦是密切相關。

二者，和刻本所據底本多爲常見通用本。如：據吴之振《宋詩鈔》刊刻者即有《淮海集鈔》《楊誠齋詩鈔》《秋崖詩鈔》。他如《放翁先生詩鈔》爲周之麟、柴升選編《宋四名家詩鈔》本，《茶山集》爲武英殿聚珍本，《所南翁一百二十圖詩集》爲《知不足齋叢書》本。此均爲易見易得坊肆流行本。和刻本之誕生本爲漢籍漢學之普及，"且欲便童蒙"。②通用本自有其便於大衆接受之優處，此正契合於和刻本之主旨。

三者，和刻本雖多爲通行本，然披沙揀金，亦有利用難得一見之珍貴底本者。尤其是日本獨有之版本，借和刻本而廣爲留存於今日，愈發彌足珍貴。如：

《須溪先生評點簡齋詩集》明代刻本甚爲罕見，僅有北京大學圖書館藏有明初刻殘本一部，日本靜嘉堂藏有皕宋樓舊藏四册。而日本内閣文庫藏有朝鮮翻刻明嘉靖二十三年（1544）柳希春跋文本，③慶安元年（1648）野田彌兵衛即據此刊印，收入《和刻本漢詩集成》第十五輯。《宋人别集叙録（增訂本）》未曾著録内閣文庫本，僅言及此江户翻刻本。④

---

① 《中國館藏和刻本漢籍書目》，第7頁。
② 《和刻本漢詩集成》第十五輯《宋詩篇》第五輯，江宗白《須溪先生評點簡齋詩集》跋語，第102頁。
③ 見：《和刻本漢詩集成》第十五輯《宋詩篇》第五輯，長澤規矩也《須溪先生評點簡齋詩集》解題。
④ 《宋人别集叙録（增訂本）》，北京：中華書局，2002年版，第817頁。

序　言

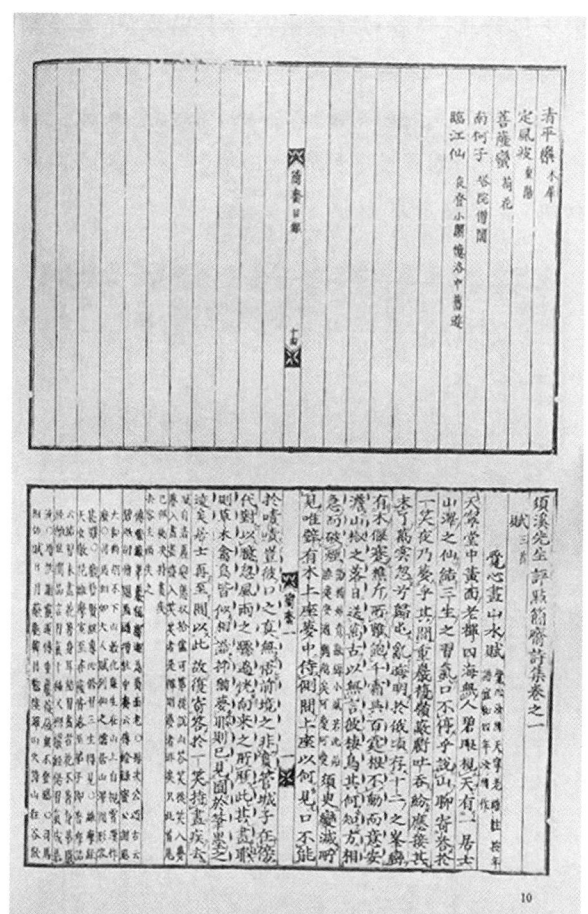

圖版序-1：慶安元年（1648）野田彌兵衛刊本《須溪先生評點簡齋詩集》

　　陸游詩歌今僅存宋淳祐三年王旦刻本《放翁先生劍南詩稿》殘本十四卷，中國國家圖書館善本書號11405；宋淳熙十四年嚴州郡齋刻本《新刊劍南詩稿》殘本十餘卷，亦藏於中國國家圖書館。之後直至明末毛氏汲古閣始有《劍南詩稿》全帙付梓，其間僅有選本刊行。《宋人別集敘録（增訂本）》以爲：

以宋末羅椅輯《澗谷精選陸放翁詩集前集》十卷及劉辰翁輯《須溪精選陸放翁詩集後集》八卷、《別集》一卷流傳最廣。《須溪》本有元槧，見傅氏《經眼錄》卷一四，今未見著錄。兩《精選》有弘治十年(1497)劉景寅、嘉靖十三年(1534)黃漳翻刻本，《四部叢刊初編》嘗據弘治本影印。①

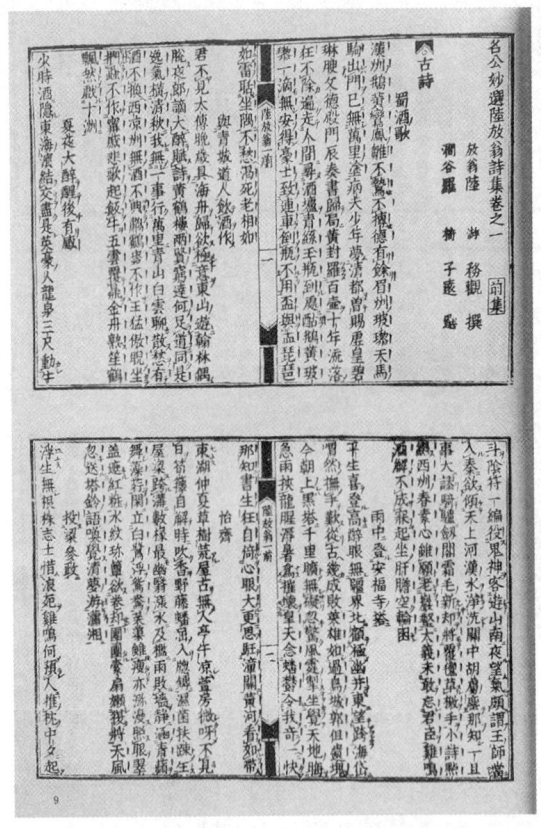

圖版序-2：承應二年(1653)京都田中莊兵衛刊本《(明公妙選)陸放翁詩集》前集

---

① 《宋人別集叙錄(增訂本)》，第971頁。

於《須溪》元本，祝尚書僅於傅增湘《藏園群書經眼錄》見之，今已未知其蹤影。而於羅椅本則更不曾聞見之。然《和刻本漢詩集成》第十六輯收錄承應二年(1653)十二月京都田中莊兵衛所刊印之《(明公妙選)陸放翁詩集》前集十卷後集八卷，即是依據"覆刻元大德本之舊刊本而翻刻之"。①元本於國內久已失傳，有幸得此和刻本輾轉保存於今。

高翥詩集《菊磵集》罕有傳本，今存最早爲其裔孫高士奇於康熙二十六年(1687)所編《信天巢遺稿》，詩集名已爲更改之。《和刻本漢詩集成》第十六輯收錄文化八年(1811)正月江户著名萬笈閣英平吉刊本《菊磵遺稿》，其所用底本爲清陳訏所編《宋十五家詩選》本。此本如高氏裔孫高敬璋所言："先處士公詩稿，原刻曰《菊磵小集》二十卷，散佚已久。公侄南仲鵬飛輯之，僅存百七十章。此宋本，第一刻也。迨國朝康熙丁卯(1687)，宗人府少詹事士奇廣搜彙訂爲《信天巢遺稿》一卷，此江村本，第二刻也。又六年癸酉(1693)，十七世孫訏編次《宋十五家詩》，以公集入其中，自爲一卷，錄其全本，此又第三刻也。"②可知此本僅晚於高士奇本六年，同爲裔孫所爲，亦是難得嘉本。

《和刻本漢詩集成》第十一輯收錄有天和元年(1681)丁子屋仁兵衛刊本《梅花百詠》，卷末有荔齋熊谷立閑跋語一則：

《梅花百詠》，秦少游所述作也。予韞匱日久，一日書林某來，需廣其傳，故以命梓。不出卷而知梅花之名品者，非此集乎？時天和辛酉年初冬朔旦，荔齋熊谷氏立閑書其後。

---

① 《和刻本漢詩集成》第十六輯《宋詩篇》第六輯，長澤規矩也《(明公妙選)陸放翁詩集》解題。
② [清]繆荃孫著，張廷銀、朱玉麒主編：《繆荃孫全集·目錄·藝風藏書記》卷六《詩文第八上·信天巢遺稿二卷》，南京：鳳凰出版社，2013年版，第106—107頁。

文後爲"書林丁子屋仁兵衛"牌記。跋語僅言此卷爲其所藏,除此之外全卷未有任何其他版本信息。此文不在秦觀傳世文集之中。據學者查對,明萬曆四十三年(1615)汪元英校訂、汪應鼎刊刻之《百梅一韻》四卷,其中卷一爲《宋高郵秦少游詠梅一百首》,當與和刻本有諸多關聯。此本今分藏於浙江圖書館、安徽省博物館、清華大學圖書館,唯清華大學圖書館卷首殘存有汪元英《百梅一韻自序》,浙江圖書館藏本全缺,今此本已收入《中國古

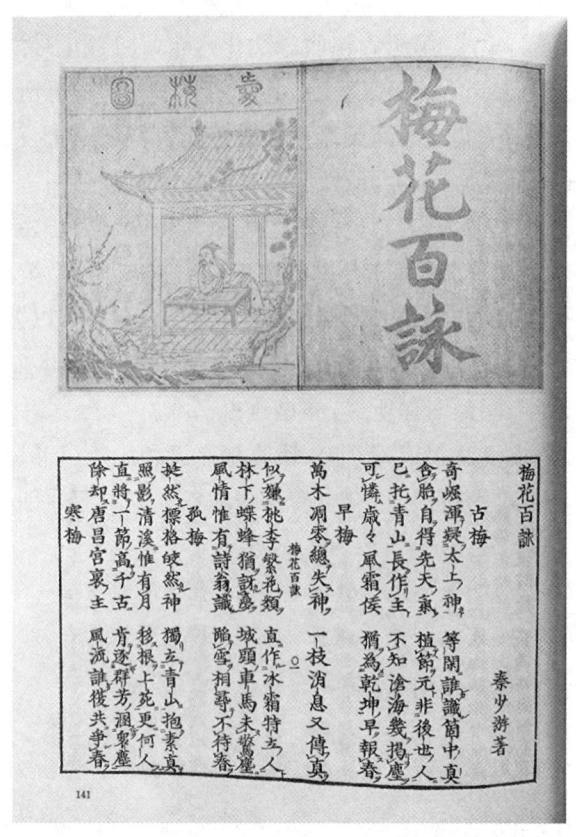

圖版序-3:天和元年(1681)丁子屋仁兵衛刊本《梅花百詠》

籍善本書目》。①雖然，學者亦有質疑其作者秦觀之真僞，②然就版本而言確是難得，海峽兩岸僅有此兩種可以對勘。且熊谷立閑所藏本與汪元英本有諸多文字迥別之處，實非傳承汪氏刊本而來，當別有所本，③故而和刻本又提供了另一種獨特之版本。

其他諸如貞享三年(1686)二月京都柳枝軒茨木多左衛門刊本《和靖先生詩集》、天保四年(1833)江户萬笈閣刊本《王荆公絶句》、安永五年(1776)好文軒秋田屋伊兵衛刊本《嚴滄浪先生詩集》等將於下文詳細闡述之。

五

古籍文獻研究法，歷來常用者有：廣泛徵引書目、詳細梳理史料、細緻對勘衆版。宋人文集文獻研究同樣如此。祝尚書先生《宋人別集叙録(增訂本)》可爲此之傑出代表。以往各類著述尤重前兩種方式，多是外圍搜求，難免人云亦云，無法直探根本。廣搜衆本詳盡對勘，一者衆本難以尋覓，二者對勘過於煩勞。然文獻研究之根本在於文獻本身，若要徹底釐清文本問題，唯有深入衆版詳細對勘方知是非因果。參照書目或大致瀏覽，往往似是而非。故而，細緻羅列衆版實乃最爲切要之事。唯往昔於此多望塵莫及，諸多圖書館之高牆、大洋彼岸之遥遠，均將衆本阻隔深藏，難以親力親爲了然於心。今日幸得古籍數字化之快速

---

① 中國古籍善本書目編輯委員會編：《中國古籍善本書目》卷二十八《集部・總集類》，上海：上海古籍出版社，2012年版，第1585頁。
② 可參見：任群撰《新發現"秦觀佚詩"〈梅花百詠〉辨僞》，《勵耘學刊》2018年第二期，總第二十八輯，第362—390頁。
③ 文本之異同校勘，可參見：李廣定、張敬雅撰《新發現秦觀佚詩〈梅花百詠〉輯考》，《文獻》2016年3月第二期，第62—75頁。

發展，極大便利於世界各地版本之搜求。可謂近代以來王國維所言中國學問新材料三大發現之後，時至今日於簡帛之外，另一個具大意義之大發現，確可謂真正之"發見時代"。衆本對勘，琳瑯滿目。因果畢覽，是非立現。由此得以真正實現古籍文本之文獻研究。

　　尤其和刻本所用漢籍乃各種途徑遠道舶來，故而時常不知底本之來源。大量典籍並未刊載版本信息、編校概況。如《和靖先生詩集》，對其底本以及加點者，均未有記載，各類史料中亦難覓其蹤影。長澤規矩也即於《嚴滄浪先生詩集》解題直言"未知其底本所據之版本"。① 此時，廣泛徵引書目、詳細梳理史料均不得要領。

　　和刻本研究亦當涉及諸多彼邦之時事風會、世事變換。唯是，一者"和"事彼邦最是精深，他人終難悟三昧獨領風騷，或得一二亦多牙慧。二者和刻本研究根本亦是文獻之研究。了知其版本之淵源、衆本之優劣、和本之特質，方爲和刻本研究重點所在。

　　和刻乃漢籍原本之翻刻，漢籍爲其母本，不知本則無以知末。君子務本，辨章學術，考鏡源流。上溯漢籍之原本，方能下探和刻之源流。故而，本書遴選南北兩宋四家和刻本，將在廣泛徵引書目、詳細梳理史料之同時，充分利用當今難得之便利條件，廣泛收集中國內地和臺灣，以及日本等地圖書館數十種全本、原版珍稀善本電子版。著重運用文獻學方法，彌補前人研究之缺失，深入文本，逐字、逐篇、逐卷詳細對勘雕篆手法、版面格式、序跋印記、文字異同，以求最爲真切地實證漢籍歷來傳世文

---

① 《和刻本漢詩集成》第十六輯《宋詩篇》第六輯，長澤規矩也撰《嚴滄浪先生詩集》解題。

本之樣貌、東渡扶桑和刻典籍之本真。探知文本之淵源、價值之優劣、版式之特點。諸本研究，亦涉及現代整理本，以求竭澤而漁，將今日所見諸家所有重要文本全部囊括，以明其是非優劣，爲後人研究提供最佳基本典籍。至於如何入"和"，何以"和"之，彼邦自有往哲時賢深究細討，自歎弗能，闕如可矣。所論或過枝蔓難成統系，唯《禹貢》《洪範》自得其適，蛾子時術窮盡一枝足矣。

和刻本宋人文集叢考

附錄一:《和刻本漢籍分類目錄》(增補補正版)作者書籍種類排序表

作　者	書籍種類	同一書籍不同版本數
蘇　軾	20	12
朱　熹	9	3
陳　亮	5	10
范成大	5	4
李　綱	5	3
黃庭堅	4	5
陸　游	4	4
文天祥	4	2
楊萬里	3	2
歐陽修	2	2
韓　琦	2	1
王安石	2	2
秦　觀	2	
張　栻	2	
陸九淵	2	2
釋居簡	2	
釋元肇	2	2
劉克莊	2	
真山民	2	6
鄭思肖	2	2
林　逋	1	1
釋智圓	1	
釋重顯	1	
李　覯	1	
蘇　洵	2	1

· 18 ·

續表

作 者	書籍種類	同一書籍不同版本數
邵 雍	1	1
曾 鞏	1	
司馬光	1	
釋契嵩	1	1
釋元照	1	2
陳師道	1	
釋杜門	1	
蘇 轍	1	
釋惠洪	1	
宗 澤	1	1
羅從彥	1	1
陳與義	1	1
岳 飛	1	4
趙 鼎	1	
葛長庚	1	1
曾 幾	1	1
胡 銓	1	
高 翥	1	1
嚴 羽	1	
姜 夔	1	1
釋寶曇	1	
劉應時	1	3
方 岳	1	
釋善珍	1	
釋行海	1	
謝枋得	1	
樂雷發	1	

附錄二:《和刻本漢詩集成·宋詩篇》總目

　　一、《和刻本漢詩集成》第十一輯《宋詩篇》第一輯(1975年十一月汲古書院發行),收錄四人六種書籍:
　　《和靖先生詩集》二卷,林逋撰,貞享三年(1686)三月京都柳枝軒茨木多左衛門刊本,大二册。
　　《王荆公絶句》九卷,王安石撰,館機(柳灣)點,天保四年(1833)序,江户萬笈閣刊本,特小四册。
　　《淮海集鈔》(《宋詩鈔》本),秦觀撰,清吴之振編,土屋正修(東河)校,享和三年(1803)序,大一册。
　　《梅花百詠》,秦觀撰,熊谷立閑(荔齋)點,天和元年(1681)丁子屋仁兵衛刊本,大一册。
　　《蘇東坡絶句》四卷,宋蘇軾撰,[村瀨]修(石齋)選,田能村孝憲訂,文化十四年(1817)刊本,半四册。
　　《(增刊校正王狀元集註分類)東坡先生詩》二五卷,附《東坡紀年録》一卷(傅藻編),蘇軾撰,王十朋等註,劉辰翁評,明曆二年(1656)京都上村吉右衛門刊本,大二十七册。
　　二、《和刻本漢詩集成》第十二輯《宋詩篇》第二輯(昭和五十年九月汲古書院發行,收錄一人一種書籍):
　　《(增刊校正王狀元集註分類)東坡先生詩》(下)。
　　三、《和刻本漢詩集成》第十三輯《宋詩篇》第三輯(昭和1975年十一月汲古書院發行),共收錄一人一種書籍:
　　《東坡先生詩集》三十二卷《東坡先生年譜》一卷首一册,蘇軾撰,王十朋編,明陳仁錫評,(年譜)王宗稷編,正保四年(1647)八月京都林甚右衛門覆明潛確居刊本,大三十册。
　　四、《和刻本漢詩集成》第十四輯《宋詩篇》第四輯(1975年十二月汲古書院發行),收錄兩人三種書籍:

《后山詩註》十二卷,任淵撰,王雲編,元禄三年(1690)正月京都茨木多左衛門刊本,大十二册。

《山谷詩集》二十卷,黄庭堅撰,寬永十二年(1635)十月刊本,中二册。

《山谷詩集注》二十卷,任淵撰,寬永六年(1629)九月京都大和田意閑刊本,大十一册。

五、《和刻本漢詩集成》第十五輯《宋詩篇》第五輯(1976年二月汲古書院發行),收録五人八種書籍:

《(須溪先生評點)簡齋詩集》十五卷,陳與義撰,劉辰翁評,大五册。

《茶山集》(《武英殿聚珍版叢書》本)八卷,曾幾撰,清劉權之等校,館機(柳灣)校,文政十一年(1830)江户英平吉覆清刊本,中二册。

《石湖先生詩鈔》(《宋四名家詩選》本)全六卷,范成大撰,清周之鱗、柴升編,大窪行(詩佛)、山本(信)謹(緑陰)點,文化元年(1804)青藜閣須原屋伊八郎等刊本,大三册。

《石湖詩》,范成大撰,享和三年(1803)序晚成堂刊本,中一册。

《(石湖居士)蜀中詩》二卷,范成大撰,松本慎(愚山)點,寬政十二年(1800)三月京都瑶芳堂北村莊助刊本,中一册。

《楊誠齋詩鈔》(《宋三大家詩鈔》本)五卷,楊萬里撰,清吴孟舉、吴自牧編,大窪行(詩佛)等點,文化五年(1808)五月江户逍遥堂若林清兵衛等刊本,大五册。

《江湖詩鈔》三卷,楊萬里撰,文化元年(1804)十一月大坂嵩高堂泉本八兵衛刊本,半三册。

《頤菴居士集》二卷,劉應時撰,木山毉、藤森大雅(天山)點,天保四年(1833)正月江户名山閣和泉屋吉兵衛刊明治初年東京

和刻本宋人文集叢考

萬笈閣印本,特小二册。

六、《和刻本漢詩集成》第十六輯《宋詩篇》第六輯(1976年三月汲古書院發行)收録八人十一種書籍：

《(名公妙選)陸放翁詩集》前集十卷後集八卷,陸游撰,(前)羅椅選,(後)劉辰翁選,承應二年(1653)十二月京都田中莊兵衛印本,大四册。

《放翁先生詩鈔》《宋四名家詩選》本)全八卷,陸游撰,清周之麟、柴升編,山本謹等校,享和元年(1801)二月江户青黎閣須原屋伊八郎等刊本,大四册。

《(增續)陸放翁詩選》七卷,陸游撰,劉辰翁編,(村瀨)之熙(栲亭)點,石川之裦(竹厓)校,文化八年(1811)十一月京都葛西市郎兵衛等刊本,大七册。

《菊磵遺稿》《宋十五家詩選》本),高翥撰,清陳訏編,松(浦)則武(篤所)點,文化八年(1811)正月江户萬笈堂英平吉刊本,半一册。

《嚴滄浪先生詩集》二卷,嚴羽撰,明陳士元編,河合孝衡(春川)等點,安永五年(1776)序跋刊本,大一册。

《後村詩鈔》二卷,劉克莊撰,幾阪世達(煙崖)點,文政元年(1818)序陽華堂刊本,半二册。

《秋崖詩鈔》(宋詩鈔本),方岳撰,清吴之振選,大窪行(詩佛)、佐羽芳(淡齋)點,文化二年(1805)江户青黎閣須原屋伊八·綺文堂須原屋孫七刊本,大二册。

《真山民詩集》一卷補一卷,真山民撰,泉澤充(履齋),奈良方點,文化九年(1812)十二月江户北林堂西宫彌兵衛等刊本,大一册。

《文文山詩選》二卷,文天祥撰,城井國綱編,明治三年(1870)十月東京萬笈閣椀屋喜兵衛刊本,半二册。

《宋文文山先生集杜詩》,文天祥撰,内村篤棐點,明治五年(1872)五月松江生駒屋新助等刊本,大一册。

《所南翁一百二十圖詩集》(《知不足齋叢書》本),鄭思肖撰,文化十四年(1817)江户寶翰堂堀野屋儀助刊本,中一册。

第一章
林逋文集和刻本研究

林逋文集自宋以來有兩卷、三卷、四卷、七卷之區分。自元以後多附有《省心録》，或又名《省心雜言》《省心銓要》。如《萬卷精華樓藏書記》卷一百九《集部二·別集類六·林和靖集四卷附省心録一卷》言："元本林集後刻《省心雜言》。盧曰：'李邦獻、沈道原各撰《省心録》，和靖撰《省心雜言》，或誤以《省心録》爲《省心雜言》，遂謂和靖無《省心》書。"①今人亦對此有所辨析。本文對此之是非不予涉及，僅就流傳有緒之林逋詩集予以文獻學研究，以釐清各版本之淵源傳承，亦由此明了和刻本之來源與價值。

第一節 宋本

歷代典籍於林逋文集之記載，最早見於《郡齋讀書志》卷十

---

① ［清］耿文光撰：《清人書目題跋叢刊九·萬卷精華樓藏書記》，北京：中華書局，1993年版，第954頁。

九,其《別集類下》著録有"林君復集二卷":

右皇朝林逋字君復,杭州錢塘人。少刻志爲學,結廬西湖之孤山,真宗聞其名,詔郡縣常存遇之。善行書,喜爲詩,其語孤峭澄淡。臨終作一絶曰:"茂陵他日求遺藁,猶喜初無封禪書。"或刻石置之其墓中。賜謚曰和靖先生。集有梅聖俞序。①

《直齋書録解題》卷二十《詩集類下》録有"《和靖集》三卷,《西湖紀逸》一卷":

《和靖集》三卷,《西湖紀逸》一卷,處士錢唐林逋君復撰,梅聖俞爲之序。《紀逸》者,近時桑世昌澤卿所輯遺文逸事也。②

《宋史》卷二百八《志》第一百六十一《藝文七·集類》著録《林逋詩》七卷又《詩》二卷。③可知林逋文集於宋代流傳之版本卷數不一,多有梅堯臣序。另,明正統刊《重編西湖林和靖先生詩集》卷四末《名賢題跋》收録有沈詵跋文:

和靖先生孤風凛凛,可聞而不可見。尚可得而見者,有詩存焉耳。是邦泯然無傳,豈不爲缺典哉!因得舊本,訪其遺逸,且與題識而附益之,刊置澷廨,庶幾尚友之意云。紹興壬子七月既望,龜溪沈詵書。④

---

① [宋]晁公武撰,孫猛校證:《郡齋讀書志》,上海:上海古籍出版社,1990年版,第1037頁。
② 《直齋書録解題》,第589頁。
③ [元]脱脱等撰:《宋史》,北京:中華書局,1985年版,第5361頁。
④ 《重編西湖林和靖先生詩集》,中國國家圖書館藏,善本書號:CMB1636。

沈詵,浙江湖州德清人,字宜之,一作直之,沈與求孫,其著作輯爲《沈忠敏公龜溪集》十二卷。紹熙元年爲兩浙路轉運判官,三年(壬子,1192)升爲副使。①端平初召除刑部侍郎,遷户部尚書,卒。②《吳興備志》卷一二、《康熙德清縣志》卷七有傳。跋文"紹興"乃"紹熙"之誤,可知,其刊刻林逋文集正在兩浙路轉運副使任上。此乃宋代唯一有明確時間記載之版本。祝尚書以爲:"陳氏所録,疑即沈刻,沈詵所謂'訪其遺逸',蓋即指桑世昌所撰《紀逸》。"③此論未確。就現有史料而論,實不可知沈詵本與《直齋書録解題》所著録者有任何關聯。

宋本流傳於今世者唯一殘本。《中國古籍總目·集部》10201880號録有四種與宋刻本《和靖先生詩集》相關之文集:

宋刻本,國圖(存卷上,清黄翼、清黄丕烈跋)
清嘉慶二年顧廣圻影宋抄本(存卷上,清黄丕烈跋)國圖
清影宋抄本(佚名録清黄翼、清黄丕烈跋)南京
清抄本(清黄翼、清黄丕烈、清丁丙跋)國圖④

《中國古籍善本書目》著録與宋刻本相關者三種,前兩種與《中國古籍總目》相同,唯第三條著録南京圖書館所藏"清影宋抄本,佚

---

① 《宋會要輯稿·職官六十·久任官》:"(紹熙三年)十月二日,詔直顯謨閣、權兩浙運副沈詵除直龍圖閣,令再任。"(上海:上海古籍出版社,2014年版,第4685頁。)潛說友撰《咸淳臨安志》卷五十《秩官八》:"紹熙元年運判,三年升副。"(日本靜嘉堂文庫藏宋刊補寫本,見嚴紹璗撰《日藏漢籍善本書録》,北京:中華書局,2007年版,第580頁。又,中華再造善本所收中國國家圖書館藏宋本,缺失此卷。)
② [明]董斯張撰:《吳興備志》卷十二《人物徵第五之五》,清康熙鈔本。
③ 《宋人别集叙録》(增訂本),第57頁。
④ 中國古籍總目編輯委員會編:《中國古籍總目·集部》第一册《别集類·宋代之屬》,北京:中華書局;上海:上海古籍出版社,2012年版,第175頁。

名録清黄翼、黄丕烈跋、清丁丙跋"。①《善本書室藏書志》卷二六《集部》即録有"和靖先生詩集二卷（影宋本）"。②《中國古籍總目》所録後兩條當有誤："清影宋抄本"缺録丁丙跋，"清抄本"似與南圖所藏相混。

　　殘宋本於中國國家圖書館館藏書號爲 07019，僅存"和靖先生詩集上"。卷首有《和靖先生詩集序》，屬名"太常博士宛陵梅堯臣撰"，序文最後落款時間爲"皇祐五年六月十三日序"。序文與正文同樣版式。歐體雕版，半葉九行，行二十字。上下單欄，白口，版心上單黑魚尾，魚尾下有"和靖先生詩序""和靖先生詩上"等字以及頁碼。首列古詩四首，《和運使陳學士遊靈隱寺寓

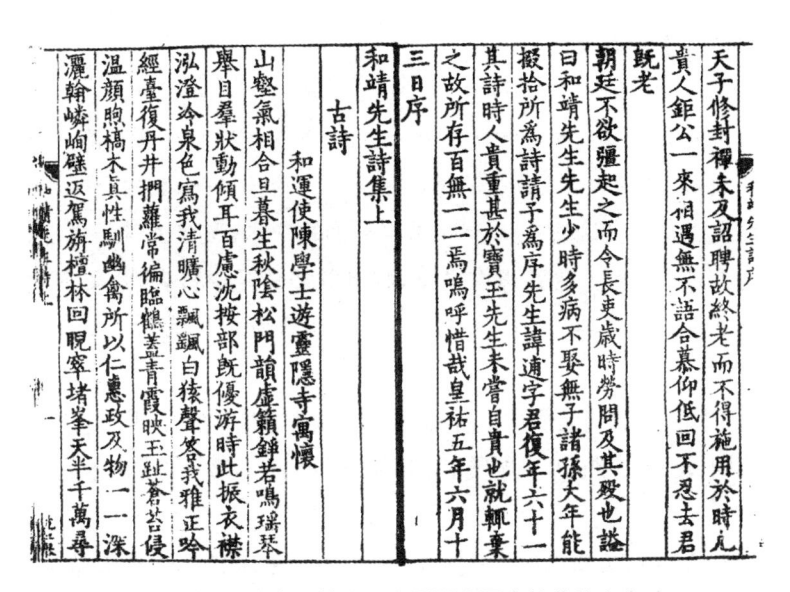

圖版 1-1：殘宋本《和靖先生詩集》（中國國家圖書館藏善本書號：07019）

---

① 中國古籍善本書目編輯委員會編：《中國古籍善本書目》，上海：上海古籍出版社，1998 年版，第 192 頁。
② 《清人書目題跋叢刊二·善本書室藏書志》，第 705 頁下。

懷》《西湖與性上人話別》《閔師見寫陋容以詩奉答》《監郡太博惠酒及詩》。後爲律詩，自《湖樓寫望》至《僧有示西湖墨本者就孤山左側林蕪秘邃間狀出衡茆之所且題云林山人隱居謹書二韻以承之》。共一百五十七題、一百六十五首，不分五、七言，雜錯雕版。卷尾黃翼跋文云：

　　《和靖集》余向購之於武林徐門子鋪中，後歸靈均。靈均身後，藏書散盡，此冊以殘缺獨存。戊子夏，趙昭攜過溪上，因復留之，如異鄉見故人也。攝六黃翼。

之後黃丕烈跋文曰：

　　此故人顧抱冲遺書也。抱冲在日，未及請觀。今夏間得一陳贄刻本，因從其弟東京借歸讐勘。余愛其楮墨精妙，刻鏤分明，雖非完書，亦是秘本。遂屬伊從弟潤蓍影摹一本，留諸士禮居中，以爲見書如見故人也。還書之日，聊附數語於尾，藉以明余之不欺死友云。嘉慶二年丁巳秋重陽後三日，蕘圃黃丕烈識。①

另中國國家圖書館所藏正統刊《重編西湖林和靖先生詩集》卷末有四則黃丕烈題跋，亦可與殘宋本跋語兩厢印證。第一則題跋末云：

　　素稔故友顧抱冲有殘宋本，擬從其弟東京借來一爲校勘云。嘉慶丁巳閏六月朔日，書於讀未見書齋，黃丕烈。②

---

① 黃翼、黃丕烈題跋均見殘宋本卷末。
② 祝尚書編《宋集序跋彙編》卷二"校宋正統本西湖和靖先生詩集跋"，收錄此文，誤"故友"爲"故人"。北京：中華書局，2010年版，第60頁。

第二則題跋云：

　　閏六月三日，東京以其仲氏遺書慨然見借，余於四日竭一日之力校畢。惜宋本殘闕不全，已遭剜補，惟梅序完好。餘詩三十一葉，首題曰"和靖先生詩集上"；次行空二格，標目古詩，列五言四首；後接律詩，標目以後五言、七言不復分體；共得一百五十餘首。雖非完璧，其所有者勝於此刻多矣。予檢《宋史·藝文志》，稱《林逋詩》七卷，又《詩》二卷；《文獻通考》則云《林和靖詩》三卷，《西湖紀逸》一卷。今宋本卷首及版心皆云"和靖先生詩集上"，"上"字係修改者，其下半一畫尚係原刻字痕，其爲一爲二爲三，未敢定也，姑著所疑於此。蕘圃。①

第三則題跋云：

　　殘宋本後有吾家子羽跋，備述源流，並著殘缺獨存之故。天下佳物，原不必以完善而始獲珍祕。然能賞識者，世有幾人？不隨所藏之書而盡散者，正以不知己而始獲知己也。予於《林集》搜訪幾年，即有名抄舊刻，揔非本書面目。今見宋刻，雖曰殘缺，然以古詩、律詩分體，而五言、七言不復分析，皆是古人編集舊例，存此亦庶幾見古意爾。丕烈。

此跋之後有"黃丕烈印"陰文正方印章一枚，"蕘圃"陽文正方印章一枚。第四則題跋云：

---

① 《宋集序跋彙編》卷二"校宋正統本西湖和靖先生詩集跋"，收錄此文，誤"葉"爲"頁"。第60頁。

殘宋本,余屬塾師顧澗蘋影摹一本,藏諸士礼居中,可與此本相參考云。蕘圃。①

此正統本於黃丕烈第三則題跋之前亦有黃翼題跋,乃後人模擬殘宋本黃翼題跋而書之於此。字跡惟妙惟肖,"攝六黃翼"之後更仿有陰文"黃子羽"正方印章一枚。如下圖:

圖版 1-2:殘宋本《和靖先生詩集》卷尾黃翼跋

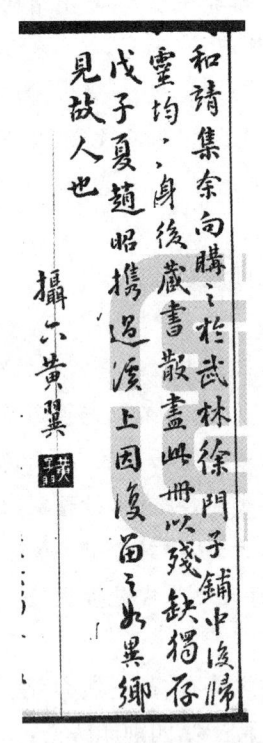

圖版 1-3:正統本《重編西湖林和靖先生詩集》卷尾黃翼跋

---

① 《宋集序跋彙編》卷二《和靖先生詩集》"校宋正統本西湖和靖先生詩集跋",收錄此文,誤"礼"爲"禮"。第61頁。

《宋人別集叙録》(增訂本)録有上述黃丕烈"此故人顧抱沖遺書也""惜宋本殘闕不全"兩跋文,以爲"於正德本之末書有數跋"。①今檢閲中國國家圖書館所藏正德本,善本書號12231,並無黃丕烈跋語。由此數則跋文可知,此殘宋本先後爲黃翼、顧之逵所收藏,後由黃丕烈屬其塾師顧廣圻影摹一本。此即爲今存殘宋本以及其影摹本之來歷。

殘宋本以及正統本之模仿落款均爲"攝六黃翼",再由黃丕烈跋文"殘宋本後有吾家子羽跋",可知其姓黃、名翼、字子羽、號攝六。然歷來各種文獻記載,多以爲其名"翼聖"。如朱彝尊選編《明詩綜》卷七十《黃翼聖》:"翼聖字子羽,太倉人。"②錢仲聯主編《清詩紀事·明遺民卷·黃翼聖》:"黃翼聖字子羽,號攝六,江南太倉人。"③錢仲聯主編《中國文學家大辭典·清代卷》:"黃翼聖(1596—1659),字子羽,號攝六,江南太倉(今屬江蘇)人。"④溯其原始,錢謙益《黃子羽墓志銘》即以爲:"子羽姓黃氏,名翼聖,子羽其字也。"又言"老友虞山錢謙益也"。⑤可見兩人情誼深厚非同尋常。之後民國王祖畬等撰《太倉州志》亦記載:"黃翼聖,字子羽。"⑥然黃丕烈爲顧廣圻《百宋一廛賦》作注,於"參寥歸攝六之物"注曰:"《參寥子詩集》十二卷,每半葉十一行,每行廿四字,驗其收藏,最先爲蓮鬚閣舊物,有'黃子羽讀書記'小

---

① 《宋人別集叙録》(增訂本),第58頁。
② [清]朱彝尊選編:《明詩綜》卷七十《黃翼聖》,北京:中華書局,2007年版,第3505頁。
③ 錢仲聯主編:《清詩紀事》,南京:鳳凰出版社,2004年版,第18頁。
④ 錢仲聯主編:《中國文學家大辭典·清代卷》,北京:中華書局,1996年版,第723頁。
⑤ 錢仲聯主編:《廣清碑傳集》卷一,蘇州:蘇州大學出版社,1999年版,第33頁。
⑥ [清]王祖畬等撰:《江蘇省太倉州志》卷十九《人物三》,見《中國方志叢書·華中地區》第一七六號,臺北:成文出版社有限公司,1975年版,第1267頁。據民國八年刊本影印。

印也。子羽名翼，攝六是其號，此印前《湘山野錄》亦有之。"①繆荃孫《湘山野錄跋》亦言："黃子羽，名翼，嘉定人。席玉炤，名鑒，常熟人。此書見《百宋一廛賦》。"②黃丕烈乃其同宗，於"吾家子羽"亦是不當有誤。加之今於此殘宋本之親筆題跋，可知其確當名"翼"。"翼聖"或一時偶用之別名。

第二節　明本

1. 正統八年《重編西湖林和靖先生詩集》

林氏集，宋本之後，元代未聞刊本流傳。明代各本依刊刻時代順序首爲正統本《重編西湖林和靖先生詩集》，中國國家圖書館藏，善本書號：CBM1636。半葉十行，行十八字。四周雙欄，白口，上下黑魚尾。版心有"林先生詩集卷幾"以及頁碼。每卷下題有"姚江陳贄編次，錢塘王玘校正鋟梓"。卷首有黃丕烈從舊鈔補錄陳贄寫於正統八年（1443）癸亥春三月望日之序文《重編西湖林和靖先生詩集序》。全書共四卷，卷首有總目。卷一五言律詩，卷二、卷三七言律詩，卷四五言絶句、七言絶句，古、律同卷。卷末附有拾遺、名賢題跋、《和靖祠堂記》。全書最後如上文所例，依次手抄題跋、序文數則："隆池山樵彭年書於寒綠堂"題跋一則、"嘉慶丁巳閏六月朔日，書于讀未見書齋，黃丕烈"題跋一則、黃丕烈題跋又一則、梅堯臣《林和靖先生詩集序》、攝六黃翼題跋一則、黃丕烈題跋又一則、黃丕烈題跋又一則。黃丕烈一再題跋，可見其對此明代最早刻本之關切與厚愛。確如中國國

---

① ［清］顧廣圻撰，王欣夫輯：《顧千里集》卷一《賦·百宋一廛賦》，北京：中華書局，2007年版，第18頁。
② ［清］繆荃孫著，張廷銀、朱玉麒主編：《繆荃孫全集·詩文·藝風堂文漫存·乙丁稿》卷四《跋·湘山野錄跋》，南京：鳳凰出版社，2014年版，第684頁。

家圖書館所藏 02131 號正德本《宋林和靖先生詩集》卷尾傅增湘跋語所云:"昔蕘圃言林和靖集僅見明刻四卷本爲最古。"

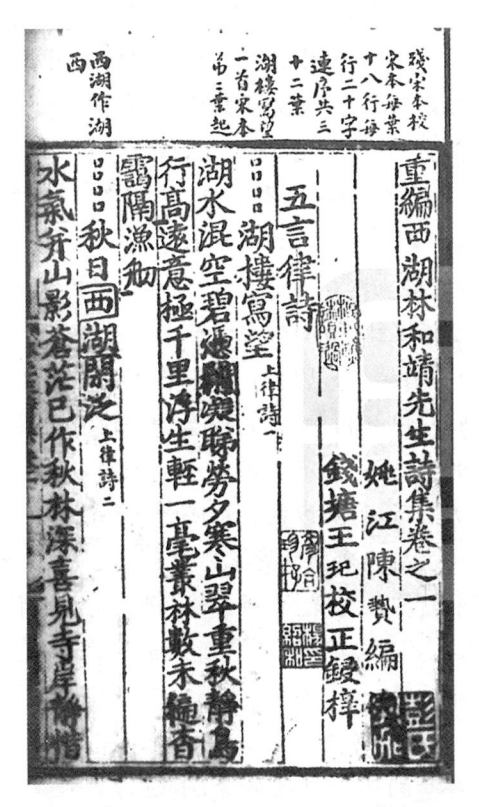

圖版 1-4:正統癸亥(1443)本《重編西湖林和靖先生詩集》(中國國家圖書館藏,善本書號:CBM1636)

陳贄《重編西湖林和靖先生詩集序》僅存於此,於了解明代最早之刻本以及後世版本之淵源尤爲重要。其序曰:

余少聞西湖林和靖先生詠梅花詩,其"暗香""疏影"之句,往往膾炙人口,意謂他作佳句必多,惜未得全集觀之。後分教杭學,暇日與二三僚友舟過湖上，訪先生祠宇，惟廢址在孤山之北，墓碣亦仆草莽中，爲之低徊悵惋。人之遊西湖而登此者無虛日，獨不有動心於是者乎？濱湖浮屠之宫，少有損弊，而多貲之家輒爲營治，不計所費。今先生祠宇久荒，所費幾何，未聞有爲之興起者，是可歎也。因過孤山寺，訪先生詩集，所在無有知者。後又屢訪於人，皆不可得。正統改元，余官滿，將上

京師，偶過江口之總持招提僧房中，見舊書一帙，取而觀之，曰《林處士集》，不覺驚喜。求之數年不得，而忽此得之，似不偶然。欲假一録，僧曰留此亦無所用之，就以相奉。因持歸，披玩數日，真所謂大羹玄酒之味，清廟朱絲之音也。然諸體頗相淆混，字亦不無訛繆，欲重加編緝，以行期逼，弗果。今幸厠詞林之末，退直之暇，手自繕録，以類相從，釐爲四卷，題曰《重編西湖□和靖先生詩集》。切意士大夫之欲見而未得者尚衆，非刻之梓，何以傳於人人？顧力有所不能，方欲與杭城諸公之仕於

朝者圖之。適廣川府通判錢塘王公叔華以報政至，會間談及，欣然首肯曰："和靖鄉之先賢，素所景慕，謹當成兹美事。然不可無序，以見本末也。"因不暇辭，而序所以重編之意如此，蓋亦有所感焉。杭之西湖聞天下，而山水明秀，誠非他處所及，奈何在繁華富盛之區，畫舫絲竹之音自旦達暮，流連光景，沈酣聲色，其來舊矣。故凡游西湖而形諸題詠者，不過寫其歌舞讌賞之樂耳。雖昔樂天、東坡之賢，亦所不免，甚至以西子淡粧濃抹爲比。至若楊鐵崖之《竹枝詞》，則又鄭聲之尤者，是豈不爲西湖之累耶？今觀先生集中湖上諸作，興寄高遠，遒雅閑淡，寫景狀物，一出天趣之自然，使摩詰復生而筆之圖畫，未或過也。且無一語及繁華聲色之事，足爲湖山一洗塵俗之陋，於此可見先生胸中所存也矣。於戲！先生之生，實鍾湖山之勝，然非湖山之秀，不足以發先生之詩。天地之間長有此西湖，而先生之名與之長存，則其詩

卷之長留天地間也,又何疑焉。先生素操,《宋史》有傳,名賢多有論述,於集後附見一二,復以元時《祠堂記》附焉。庶好事者觀之,或有所感發而興起也歟!
正統八年龍集癸亥春三月望日,餘姚後學陳贄惟成序。

(序後黃丕烈小字題記:"此序從舊抄補録,並記行款,中有衍文,因臨寫時作輟故也。戊辰三月,復翁。")

本文此處録文格式亦"並記行款",模仿原文而録之。《宋集序跋彙編》卷第二《和靖先生詩集》亦收録有此文。唯多有誤植。如"皆不可得"誤脱爲"皆不得","重編西湖和靖先生詩集"誤衍爲"重編西湖林和靖先生詩集","朱絲"誤作"朱弦","淆混"倒置爲"混淆","訛繆"誤作"訛謬","末"誤爲"未","何以傳於人人"誤作"何以傳與人人","樂天、東坡"倒置爲"東坡、樂天"等。①

由此序可知,正統本乃由舊書重編而來,重要改編有兩:一者,"釐爲四卷",林逋文集由《郡齋讀書志》所記兩卷本,發展至《直齋書録解題》三卷本,《宋史·藝文志》七卷本,至此更有四卷本;二者,"於集後附見一二,復以元時《祠堂記》附焉"。此兩者由此成爲後世林逋詩集最主要之版本樣式。

作爲明代最早之林逋文集刊本,其底本"舊書一帙"當延續宋本而來。卷二《園池》"東嘉層構名今在",宋本缺"構"字,於空缺處雙行小注"高宗廟諱"。正統本亦是如此。此避諱又見卷四《水軒》"尤愛憑闌此構題",宋本缺"構",亦是於空缺處雙行小注"高宗廟諱"。正統本則爲"覓"字。邵裴子《林和靖詩集·校語》曰:"'構'宋本空,小注'高宗廟諱'。《咸淳志》作'構'。康熙本、朱本

---

① 《宋集序跋彙編》卷第二《和靖先生詩集·正統重編西湖林和靖詩集序》,第56—58頁。

並同。正統本、正德本、明鈔及萬曆本均作'覓',當出正統本臆補,其後沿譌。"①因邵裴子所見版本不佳以及版本有誤,此處可訂補者有二:一者,《咸淳臨安志》無論是日本靜嘉堂所藏宋本,抑或是中國國家圖書館所藏宋咸淳臨安府刻本,均缺"構",而刻以小字"廟諱";二者,中國國家圖書館所藏兩種萬曆本均非"覓",乃爲"構"字,②明代唯正統本與宋本相同,其他諸本均有"構"字。除此之外,確如邵先生所言,正統本臆補爲"覓"字,正德本亦承襲之。正統本在此"覓"字之上更覆以雙行小字"高宗廟諱",正與《園池》一詩相同。由此可知,正統本"高宗廟諱"四字實乃黃丕烈依據宋本校勘時所添加。更參酌文後附錄"林逋詩集殘宋本對勘表"可知:

一者,正統本所依據之"舊書一帙",確爲某一宋本。

二者,此宋本與今存殘宋本相較,高度相似,然並非同一文本。首先,就避諱字而言,此本僅空缺其字,而殘宋本則於空缺處更添加"高宗廟諱"等小字。其次,就文本而言,兩者亦略有不同。除卻形近、倒置等易誤、偶誤之類,更有顯著之差異。如,卷一《翠微亭》,宋本作《翠微亭在金陵清涼寺》;《送史殿省典封州》"都在",宋本空缺二字;《和酬天竺慈雲大師》"猶憐",宋本、《咸淳臨安志》、和刻本均作"猶慚"。卷二《蝶》"殁後",宋本、和刻本、萬曆本均作"殁久";《山舍小軒有石竹二叢哄然秀發因成七言二章》其二"猶在目",宋本、《咸淳臨安志》、和刻本、萬曆本、康熙本均作"聊在目"。③卷三《送范仲淹寺丞》"欣",宋本、《咸淳臨安志》、和刻本均作"歡";《送范仲淹寺丞》,殘宋本、和刻本作《送范寺丞(仲淹)》,《咸淳臨安志》作《送范希文》,萬曆本、康熙本作

---

① 邵裴子整理:《林和靖詩集·校語》,北京:商務印書館,1938年版,第108頁。
② 《宋林和靖先生詩集》,萬曆四十一年,善本書號16156、07020。
③ 《林和靖先生詩集》,吳調元康熙四十七年刊本,中國國家圖書館善本書號:14865。

《送范希文寺丞》。卷四《水軒》"飄蕩",宋本、《咸淳臨安志》、和刻本、萬曆本、康熙本均作"紛泊"。尤其卷二《山舍小軒有石竹二叢哄然秀發因成七言二章》其二詩末宋本、和刻本有二十字小注"陸魯望有詩云如今莫共金錢鬭買斷秋風是此花",而正統本等衆本均無之。卷四《乘公橋作》詩末小注"巨然僧尤妙山水",除正德本之外各本均有。可見,正統本此二十字小注之缺失並非一時偶誤,乃其所據底本即是如此。

由此可知,林逋詩集於宋代存在諸多版本,就今存史料可以窺知四種文本。因其詩歌存量較少,各版本之間亦少有文字差異。正統本於刊刻時間而言最近宋本,主事者亦力求保存宋本風貌。唯限於時代之局限,亦難免有用力不當之處。林逋詩集宋本各體錯雜,正統本編者力糾其弊,"以類相從,釐爲四卷"。然也由此將宋本樣貌完全抹去,此最爲遺憾。再之,其雕版亦偶有疏漏。如,卷一《知縣李太博替》"弦歌敦雅俗",宋本缺"敦"字,小注曰"御名",正統本則一如他本,均有"敦"字。

2. 正德十二年《宋林和靖先生詩集》

正德丁丑(十二年,1517)本《宋林和靖先生詩集》一册,中國國家圖書館藏兩種。其一,善本書號:02131。卷首爲洪鐘正德丁丑閏十二月望日所撰《重輯林和靖先生詩集序》,第一葉爲補版,序文版式半葉八行,行十四字。次爲梅堯臣所撰《林和靖先生集叙》,半葉十行,行二十字。次爲宋林和靖先生像、洪鐘贊語,贊語半葉八行,行十四字。次爲"宋林和靖先生詩集附錄名賢跋詩文姓字名號爵里目錄"。之後即爲正文,正文半葉十行,行二十字。共四卷,卷首無總目,卷一五言律詩,卷二、卷三七言律詩,卷四五言絕句、七言絕句、拾遺。卷末爲"宋林和靖先生詩集附錄",爲各種傳記與題詩。書末有傅增湘庚午七月跋語。全書四周單欄,白口,上單白魚尾。版心有"林先生詩序""林先生詩"及頁碼。

洪鐘序文言此書之緣起：

> 近者地官主政西蜀韓君廷延、當塗喻君子貞相繼督課來杭，仰先哲於既往，慨嘉言之弗彰，乃屬士人沈君履德蒐輯考訂。并續以名賢題跋及近世大夫士謁墓吊輓之辭，萃爲一卷。復得先生遺像，冠于卷端。

《宋集序跋彙編》卷第二《和靖先生詩集》亦收錄此文，唯將"近世大夫士"誤爲"近人士大夫"。①

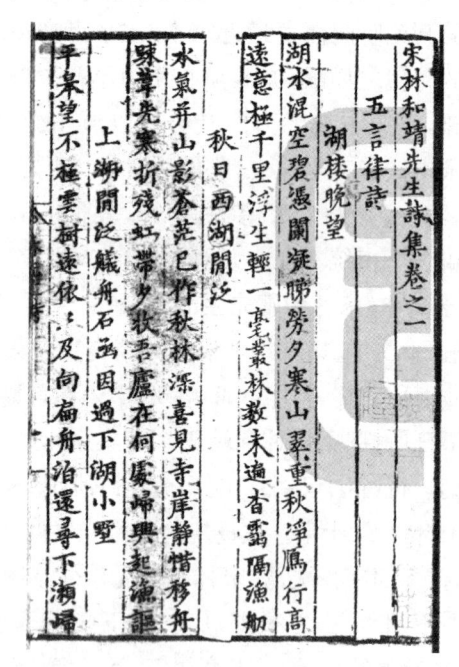

圖版1-5：正德丁丑(1517)《宋林和靖先生詩集》
（中國國家圖書館藏，善本書號：02131）

---

① 《宋集序跋彙編》卷第二《和靖先生詩集·重輯林和靖先生詩集序》，第63頁。

由此序文可知，此書乃沈行（履德）整理考訂。韓士英（廷延）、喻智（子貞）出資付梓。沈行字履德，浙江杭州府錢塘人，布衣終身。

其二，善本書號：12231。版式與 02131 幾乎全同。區別有三：一者，將 02131 卷首"宋林和靖先生詩集附錄名賢跋詩文姓字名號爵里目錄"移至卷四末附錄之首。二者，書末缺一葉。由此缺少陳震所作第二首詩"杳一鈎新月耿黃昏"數字，以及倪巒所作一首（咸平處士世稱賢）。三者，書末無傅增湘跋語。

3.《四部叢刊初編》之《林和靖先生詩集》

此爲正德本之翻刻本。中國國家圖書館所藏 02131 號正德本卷尾傅增湘跋語云：

昔莧圃言林和靖集僅見明刻四卷本爲最古，余家所藏正爲明刊黑口四卷本。今《四部叢刊》印行，即就余本影寫者也。頃訪同學邢君贊庭，出此正德本見示，其版式行格與余本同，惟前有洪鍾序，知爲吾蜀韓廷延所刊，且版心乃白口，字體亦較圓活，始知余本從此翻雕者。

今《四部叢刊初編》本之《林和靖先生詩集》卷首牌記所言"借江安傅氏雙鑑樓藏景明鈔本景印"未確。由此跋文可知，當爲影寫傅氏所藏明正德本之翻刻本，再就此影寫本"景印"，傅氏所藏並非"景明鈔本"。《藏園群書題記》卷十三"校宋本林和靖集跋"說得更爲詳細："曩歲《四部叢刊》印行時，訪求舊本不可得，得見此本，以爲希覯。嗣以紙墨黯澹，乃就原本影寫上石。其中原缺第三十七葉，迄未能補完。"①《四部叢刊初編》本半葉十行，行二十

---

① 傅增湘撰：《藏園群書題記》卷十三，上海：上海古籍出版社，1989 年版，第 652 頁。

字。四周單欄,白口,上單白魚尾,與正德本全同,並非傅氏所言黑口本,或爲影寫時所爲。全書四卷,卷首《林和靖先生詩集叙》,之後爲正文;卷一,五言律詩;卷二、卷三,七言律詩;卷四,五言絶句、七言絶句、拾遺;書末爲"和靖先生補"。

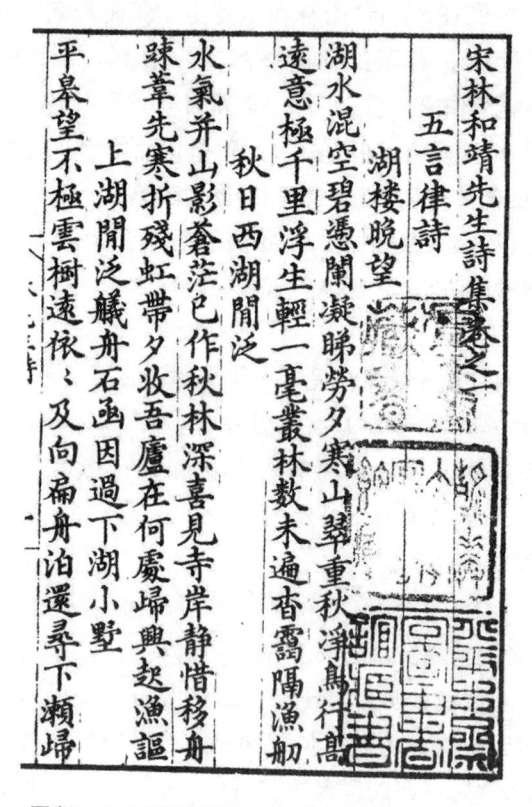

圖版 1-6:《四部叢刊初編》本《林和靖先生詩集》

此本"翻雕"正德本而來,似與正德本文字相同。實則差異甚大。《四部叢刊初編》本卷四之後列有"和靖先生補",即補足傅氏此本四卷疏漏之處。《四部叢刊初編》本與衆本對勘可知:

第一章 • 林逋文集和刻本研究

卷一,《淮甸南遊》,明正統本、正德本、萬曆本、清康熙本爲"樹林兼雨黑",而傅氏藏本缺"雨"字;《聞葉初秀才東歸》正統本"肯便懷於邑",正德本"肯使懷於邑",萬曆本"肯便懷鄉邑",康熙本"肯便懷鄉邑",而傅氏藏本則爲"□伎懷鄉邑";《偶書》正統本、正德本"幽腸俗不分",萬曆本"幽懷俗不分",康熙本"幽懷俗不分",而傅氏藏本"幽"後缺一字;《送僧休復之京師》,正統本、正德本、萬曆本、康熙本均作"田衣獵曉風",而傅氏藏本缺"田衣獵"三字。

卷二《過蕪湖縣》,正統本、正德本、萬曆本、康熙本均作"風稍檣碇綱初下",而傅氏藏本缺"碇"字;正統本、正德本、萬曆本、康熙本均作"松衣石髮鬪山幽",而傅氏藏本缺"髮鬪"二字。

卷三《寄宣城宗言姪》正統本、正德本、萬曆本、康熙本均作"謝家元住青山郭,郄氏近攀丹桂枝",而傅氏藏本缺"郭郄氏近攀"五字;正統本、正德本、萬曆本、康熙本均作"牀頭詩卷媿吾癡。中林獨處仍多病,早晚能來慰所思",而傅氏藏本缺"吾癡中林獨處仍多病早晚能來"十三字。《寄西山勤道人》正統本、正德本、萬曆本、康熙本均作"天竺山深桂子丹,白狖啼在白雲間。死生不出千門事,坐卧無如一室閑",而傅氏藏本缺詩題以及"天竺山深桂子丹白狖啼在白雲間死生不出千門"共二十字。正統本、正德本《虢略秀才以七言四韻詩爲寄輒敢酬和幸惟采覽》,萬曆本、康熙本、傅氏藏本均少"虢"字。《西湖孤山寺後舟中寫望》《小隱》《梅花二首》正統本、正德本、傅氏藏本全缺,而萬曆本、康熙本均有。《讀王黃州詩集》,正統本、正德本、萬曆本、康熙本均作"放達有唐惟白傅",傅氏藏本缺"白"字。正統本、正德本、萬曆本、康熙本均作"左遷商嶺題無數",傅氏藏本缺"嶺"字。正統本、正德本、萬曆本、康熙本均作"三入承明興未休",傅氏藏本缺"興"字。

可知傅氏所藏翻雕本所據正德十二年刻本頗爲殘破，以致此翻雕本缺損衆多。翻雕者亦難覓林逋其他諸本予以訂補。而此"和靖先生補"亦未得善本，故所補有限。如卷一《聞葉初秀才東歸》"□伎懷鄉邑"後注曰"諸本並缺一字"；卷三《略秀才以七言四韻詩爲寄輒敢酬和幸惟采覽》後注曰"諸本並缺一字"；《讀王黃州詩集》"三入承明□未休"後注曰"各本皆缺一字"。可見訂補者於上述所引正統本、正德本、萬曆本、康熙本均未得寓目。由此亦可知林逋集傳世版本之罕有與罕覯。故而《四部叢刊》編撰時，只能選用傅氏所藏此翻雕本。此本已非善本，且多漶漫，不得不再爲影摹，方清晰可據。

4. 萬曆四十一年《宋林和靖先生詩集》

萬曆癸丑（四十一年，1613）本《宋林和靖先生詩集》，中國國家圖書館藏有兩部：善本書號16156，三册；善本書號07020，兩册。兩者相較，三册最爲完備，兩册多有殘缺。三册本卷首爲梅堯臣撰《林和靖先生詩集叙》，模仿殘宋本以歐體雕版，半葉五行，行十二字。次爲喬時敏撰《林和靖先生集序》，區別於前者，以行書雕版，半葉五行，行十二字。其言："暇日取其集讀之，板歷歲久，漶漫不可傳，爲購善本，命諸生時寶校刻之。"次爲張蔚然萬曆癸丑（1613）中秋所撰《林君復處士集序》，半葉六行，行十四字。其言：

友人何文叔識博而性恬，家倩諸廷取昆季，情深茹古，實有同好。蒐君佚詠、襍録，編纂成函，會喬君求邑侯振揚風雅，標幽礪節，亟布以傳。蓋孫太白山人嘗易明聖之名曰高士湖，至《吊逋仙》則有"文章餘琬琰，山水借聲光。來尋林處士，地下有知言"之句。余擬合鋟兩君遺集，題曰《西湖二妙》，而尚有待，因併及之。萬曆癸丑中秋張蔚然叙。

核之每卷下標識有"明後學何養純文叔、諸時寶廷取、諸時登廷采校",可知乃此三人共同校勘以成是集。

張蔚然序後爲林逋畫像及諸畫像贊。隨後接以總目,共四卷。卷一,五言古詩、五言律詩;卷二,七言律詩。以上爲第一册。卷三,七言律詩;卷四,五言絕句、七言絕句、詩餘;卷四之後爲"宋林和靖先生詩集補遺目錄"及補遺之作;再之爲《省心錄》。以上爲第二册。第三册爲"宋林和靖先生詩集附錄",收錄史志、方志、筆記、文集所錄林逋事跡,以及各類文集之序跋、題詩等。正文及附錄均爲半葉八行,行二十字。

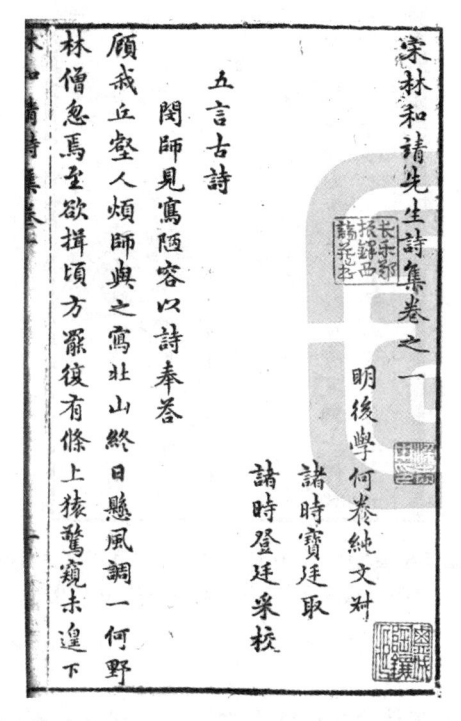

圖版 1-7:萬曆癸丑(1613)刊本《宋林和靖先生詩集》
（中國國家圖書館藏,善本書號:16156）

兩冊本 07020 號,卷首首爲喬時敏《林和靖先生集序》,後接張蔚然《林君復處士集序》,唯缺"幽礪節亟布以傳"至"萬曆癸丑中秋張蔚然叙"半葉版面。後爲梅堯臣《林和靖先生詩集叙》,林逋畫像及諸畫像贊。隨後接以總目,共四卷。諸版本格式與 16156 號全同。

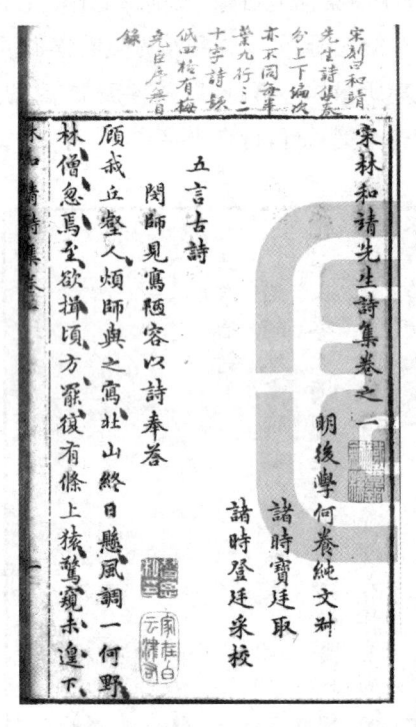

圖版 1-8:萬曆癸丑(1613)刊本《宋林和靖先生詩集》
(中國國家圖書館藏,善本書號:07020)

5. 綜論

從上述有關林逋文集版本之論述可知,如《郡齋讀書志》所載,林逋文集最早爲北宋兩卷本。後至南宋,如《直齋書錄解題》

所録,增擴爲三卷本。更有如《宋史·藝文志》著録之七卷本。此當比三卷本時代更晚。由二卷以致三卷、七卷,仰慕者不斷踵事增華、變本加厲。也正由此,體現出時代之晚近。至明代始統一整合爲四卷本。宋代各類版本,至明代已極爲罕覯。就今日所見,明代刊本均爲四卷本,無人再仿效宋版樣式刊印林逋文集。後世之翻刻雖多有增補,然亦不免徒然增多諸種誤植。時代越早越接近林逋詩歌最真實之樣貌,故而宋版優於明刻,而宋版兩卷本更優於三卷、七卷本。誠如郎瑛《七修類稿》卷四十三《事物類·和靖詩刻》所言:

世重宋板詩文,以其字不差謬,今刻不特謬,而且遺落多矣,予因林和靖詩而嘆之。舊名止曰漫稿,上下兩卷,今分爲四卷;舊題如"送范寺丞仲淹",今改爲"送范仲淹寺丞"者最多,已非古人之意矣。①

由附録"林逋詩集殘宋本對勘表"可知上述各本中,正統本較之正德本更近於宋本樣貌。如:

卷一:《和運使陳學士遊靈隱寺寓懷》,宋本、正統本、萬曆本作"斾",和刻本、正德本作"棛"。《湖樓寫望》,宋本、正統本作"徧",正德本、萬曆本作"遍",和刻本作"編"。《上湖閑泛艤舟石函因過下湖小墅》,宋本、正統本作"平望",正德本、萬曆本作"平皋",和刻本作"平湖"。《知縣李太博替》,宋本、正統本、和刻本同此題,而正德本、萬曆本作《知縣李大博替》;宋本、正統本作"靍",正德本、萬曆本、和刻本作"藹"。《送史殿省典封州》,宋本、正統本、正德本、和刻本作"侍藥",萬曆本作"蒔藥"。《贈崔

---

① [明]郎瑛撰:《七修類稿》卷四十三,上海:上海書店出版社,2009年版,第450頁。

少微》,宋本、正統本作"秌",正德本、和刻本作"木",萬曆本作"尤"。《翠微亭在金陵清涼寺》,宋本、萬曆本、和刻本作此題,正統本、正德本作"翠微亭"。

卷二:《園池》於"構"字,宋本、正統本同爲闕省而改爲小注"高宗廟諱",正德本則爲墨釘,萬曆本、和刻本作"構"。《山舍小軒有石竹二叢閟然秀發因成七言二章》,宋本、正統本作"欲無春",正德本、萬曆本作"欲生春"。《百舌》,宋本、正統本作"關關",正德本、萬曆本作"関関"。

卷三:《春暮寄懷曹南通任寺丞》,宋本爲此題,正統本、正德本作"暮春寄懷曹南通任寺丞",萬曆本、和刻本作"春暮寄懷曹南通守任寺丞中行"。

卷四:《復送慈公還虎丘山》,宋本、正統本作"虎丘林塾率在寺垣之内",正德本作"虎丘林塾多在寺垣之内"。《寄梅室長堯臣》,宋本、正統本同此題,而正德本作"寄梅室長"。《乘公桥作》,宋本、正統本有小注,正德本無。

可知,僅就版本校勘而論,正統本與殘宋本文字更多相同之處,優於正德本。

衆本之中,和刻本某些獨特文字唯萬曆本有之。如,兩者均作《春暮寄懷曹南通守任寺丞中行》。再如,《送僧機素還東嘉》之"幽石",《送史殿省典封州》之"埋照",《槐木紙硾贈周太祝》之"硾",《水軒》、《寄題歷陽馬仲文水軒》之"構",《山舍小軒有石竹二叢閟然秀發因成七言二章》之二"闗",《送思齊上人之宣城》之"語論",《春日懷歷陽後園遊兼寄宣城天使》之"倒"。由此劃分出兩個版本系統,一者爲殘宋本系統,至明代漸次衍化爲正統本、正德本系統。二者爲和刻本系統,至明代漸次衍化爲萬曆本系統。萬曆四十一年(1613)刊本雖早於和刻本之貞享三年(1686)七十三年,然萬曆本之四卷,乃明代所有,而和刻本之兩卷樣式爲林逋文集最古之版式,故而和刻本當有更爲古老之底

· 46 ·

本來源,遠比萬曆本更爲悠久。

第三節 和刻本《和靖先生詩集》

該本收錄於《和刻本漢詩集成》第十一輯《宋詩篇》第一輯。① 半葉九行,行十七字。四周單欄,白口,無魚尾。版心上部

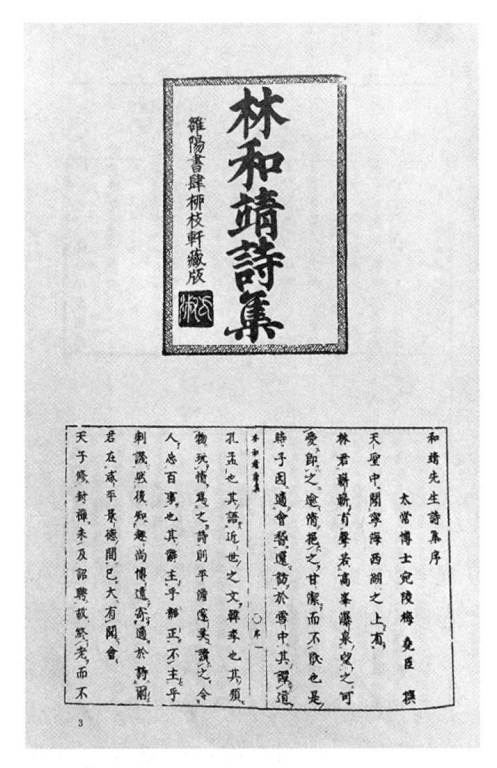

圖版 1-9:和刻本(貞享三年丙寅歲 1686)《和靖先生詩集》卷首"太常博士宛陵梅堯臣撰"《和靖先生詩集序》

---

① 長澤規矩也編:《和刻本漢詩集成》第十一輯《宋詩篇》第一輯,東京:汲古書院,1976 年十一月發行。

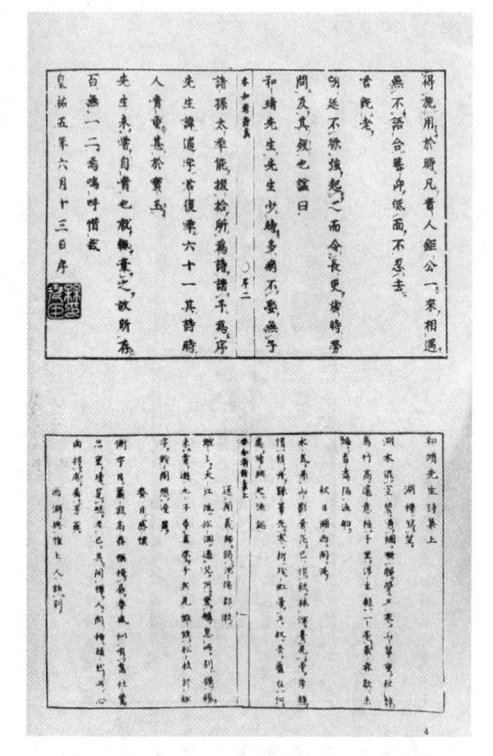

圖版 1-10：和刻本（貞享三年丙寅歲 1686）《和靖先生詩集》卷上

題寫"林和靖詩集上（下）"，下部題寫頁碼。封面題署"林和靖詩集"，落款爲"雒陽書肆柳枝軒藏版"。卷首有署名"太常博士宛陵梅堯臣撰"《和靖先生詩集序》，之後爲正文，《和靖先生詩集》上、下兩卷。上卷自《湖樓寫望》至《平居遣興》，一百五十五題，一百六十六首。下卷自《山園小梅》至《將終之歲自作壽堂因書一絕以志之》，一百一十二題，一百三十七首。共二百六十七題，三百零三首，與《宋史》所言"今所傳尚三百餘篇"正相吻合。① 最

---

① 《宋史》卷四百五十七《列傳第二百一十六・隱逸上・林逋》，第 13432 頁。

第一章・林逋文集和刻本研究

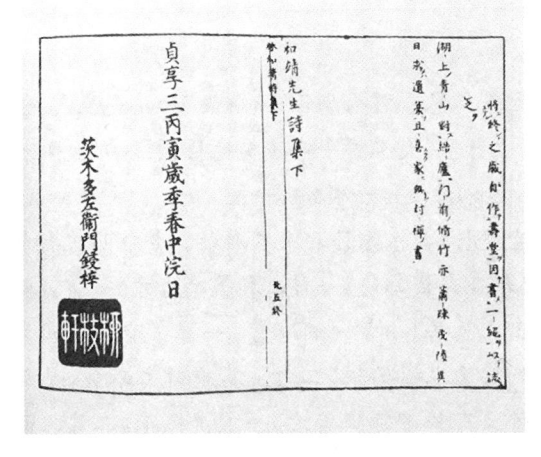

圖版 1-11：和刻本（貞享三年丙寅歲 1686）《和靖先生詩集》卷末牌記

後半葉刊刻完成時間爲"貞享三丙寅歲季春中浣日"，落款爲"茨木多左衛門鋟梓"，文後有"柳枝軒"正方形陰文印章一枚。

洛陽書肆刻書較少，主要有《難天平記》（貞享三年）、《本朝俗說辨》（寶永四年）、《本朝武藝小傳》（享保元年）、《町人袋》（享保四年）、《廣益俗說弁》（享保十二年）、《源平盛衰記》（寬政）。有關漢籍之雕版，概有：《后山詩註》十二卷（元祿三年）、《和靖先生詩集》二卷（貞享三年）、《尺牘奇賞》十五卷（貞享四年）、《眼科全書》（貞享五年）、《醫宗必讀》十卷（正德三年）、《賈浪仙長江集》十卷（正德五年）。於本國書籍之刊行注重於幕府歷史小說，於漢籍之雕版專著於醫學與文學兩類。而就文學而言，只選擇賈島、林逋、陳師道這些并非主流之作者。且此三人文集之和刻本，唯柳枝軒茨木多左衛門爲之刊刻。此三人或遁入空門，或隱居山林，或清苦一生，均與高官厚祿無關，亦可見茨木多左衛門之志趣所在。

《日本訪書志》卷十四錄有"和靖先生詩集二卷（日本貞享丙

· 49 ·

寅刻本)",以爲：

> 集分上下二卷。首梅堯臣序，首題"和靖先生詩集序"，不冠以"林"字，次行題"太常博士宛陵梅堯臣撰"。明沈行輯本刪除"宛陵"二字，以置於年月之後。又序文"寧海西湖之上"，沈本改"寧海"爲"錢唐"。序文於"和靖"皆提行，其根源於北宋本無疑。今就明沈行輯本校之，沈本多出《春日寄錢都使》一首、《和虢略秀才》一首、《傷朱寺丞》一首、《林山人隱居》一首、《洞霄宫》一首、《宿洞霄宫》一首。又"草泥行郭索，雲水叫鈎輈"二句。其重輯本不載，見於此本者，《秋懷》一首、《寄輦下莫降秀才》一首、《梅花》二首、《西湖小隱》一首、《東竹寄曹州任懶夫》一首。又《和病起》一首，此本在《和謝秘校西湖馬上》之下，沈本在《和安秀才次晉昌居士留題壁》之下。其他字句異同，更難枚舉，然則沈氏亦未見此本也。《宋志》載《林逋詩集》七卷，又二卷。《書録解題》云"《和靖集》三卷，《西湖紀逸》一卷"。然本傳云"所傳三百餘篇"。此本篇數亦相合。則《志》所稱"七卷""又二卷"，與《解題》所稱"三卷"者，不知爲誰誤。《淡生堂書目》載此書不著卷數，僅署"二册"，或是此本。至明正德丁丑沈行輯本則爲四卷。國朝康熙中，吴調元刊本因之。昔劉後村以《摘句圖》證和靖詩之多逸，爲之惋惜。今此本《秋懷》以下六首全篇宛在，竟爲沈行、吴調元刊本所脱，不尤可鄭重哉！[1]

此處所言沈行輯本，即正德十二年本。然正德本並未有"删除'宛陵'二字，以置於年月之後"。"錢唐"也有誤，當爲"錢塘"。且，並非"至明正德丁丑沈行輯本則爲四卷"，今可知正統本即已

---

[1] 楊守敬撰：《日本訪書志》，光緒丁酉刻本。

爲四卷本。

另,丁丙《善本書室藏書志》卷二十六記有兩卷影宋本:

右每葉十八行,每行二十字。卷首題"和靖先生詩集序",次行低七格題"太常博士宛陵梅堯臣撰"。凡"天下""朝廷"俱提行。集之首行題"和靖先生詩集上",次行低二格題"古詩",三行低四格題"和運使陳學士遊靈隱寺寓懷"。其下卷律詩低二格,詩題低四格。版心題"和靖先生詩",上、下有刻工姓名。愚按郎仁寶《七修類稿》云:世重宋版詩文,以其字不差謬。今刻不特差謬,且多遺落。予因林和靖詩而歎之,舊名止曰《漫稿》,上、下兩卷,今分爲四卷。舊題如《送范寺丞仲淹》,今改爲《送范仲淹寺丞》者最多。今拾遺《和運使陳學士遊靈隱寺》古詩四章,宋刻首篇者也。今僅律絕,而遂以此爲拾遺。可乎?郎説與此皆合,姑附證之。[①]

此與和刻本卷數相同,然行款格式多相異。唯《和靖先生詩集序》行款兩者相同,體現出宋本之特色。然"天下"乃"天子"之誤。除了"天子""朝廷"提行,凡是言及林和靖處亦提行。《郡齋讀書志》最早著錄有兩卷本,可知其來久遠。唯二卷和刻本是否與之有關,已不得而知。長澤規矩也於此和刻本之解題中亦言,此本所用之底本已不得其詳。[②]之後,明治時期,近藤元粹編校鉛印本二册。正文四卷,拾遺一卷,另附錄以酬唱題詠以及諸家詩話。此所據底本顯然乃明以後之版本。

---

① 《善本書室藏書志》卷二十六《集部》,第 705 頁下。
② 《和刻本漢詩集成》第十一輯《解題》。

和刻本宋人文集叢考

1. 和刻本之優善

（1）卷數同於宋版

長澤規矩也於此和刻本之解題中亦言，此本所用之底本已不得其詳。①由上述版本概論可知，林逋文集於宋代最早爲兩卷本。而今日所見各類版本均無此樣式。唯此和刻本古風猶在，全書上、下兩卷。殘宋本所存"和靖先生詩集上"之一百五十七題、一百六十五首詩幾乎均存於此和刻本上卷，無一首存於下卷。稍有不同之處，和刻本上卷《送牛秀才之山陽省見元昆》，殘宋本無。殘宋本《春日寄錢都使》《傷朱寺丞（嚴）》《僧有示西湖墨本者就孤山左側林蘿秘邃間狀出衡茆之所且題云林山人隱居謹書二韻承之》三首，和刻本亦無。殘宋本與和刻本正可兩廂印證，殘宋本之原本當爲上、下兩卷，下卷內容亦當與和刻本大致相同。黃丕烈曾懷疑："'上'字係修改者，其下半一畫，尚係原刻字痕，其爲'一'爲'二'爲'三'，未敢定也，姑著所疑於此。"②今由此和刻本可以釋然。和刻本保存宋版最爲早期之兩卷本樣式，今世所存林逋文集翻刻本無一存此古貌，此爲和刻本最爲可珍可貴之處。

（2）題名同於宋版

正統本名《重編西湖林和靖先生詩集》，正德本名《宋林和靖先生詩集》、萬曆本名《宋林和靖先生詩集》、康熙本名《林和靖先生詩集》。唯殘宋本與和刻本同名《和靖先生詩集》。和刻本雖然封面自署爲"林和靖詩集"，然正文卻是存留舊樣，題爲"和靖

---

① 《和刻本漢詩集成》第十一輯。
② 明正統刊本《重編西湖林和靖先生詩集》卷末題跋，中國國家圖書館藏，善本書號CBM1636。祝尚書《宋人別集敘錄》及其"增訂本"卷二《林和靖先生詩集》，均誤以爲"正德本之末"。此題跋又載於《清人書目題跋叢刊》六《黃丕烈書目題跋·蕘圃藏書題識》卷八《集類二》，北京：中華書局，1993年版，第176頁下。

第一章·林逋文集和刻本研究

先生詩集上""和靖先生詩集下"。故而長澤規矩也"解題"中即署名"和靖先生詩集",頗爲正確。

(3) 序文格式近似於宋版且更優之

自殘宋本以致明、清各本,卷首多有梅堯臣序言。明代各本,僅正統本因卷首缺失,不得其詳。殘宋本卷首序文題爲《和靖先生詩集序》,題下署名"太常博士宛陵梅堯臣撰",序文遇"天子""朝廷"則提行,序尾落款爲"皇祐五年六月十三日序"。此最具斯文,尤是雅致。而正德本、翻刻本、萬曆本均名爲《林和靖先生詩集叙》,題下無署名,序文無任何提行處,序尾落款均署名爲"皇祐五年六月十三日太常博士梅堯臣撰"。殊失古風。與此相較,和刻本則尤顯精工,版式與宋刻本多有相似。卷首序文題爲《和靖先生詩集序》,題下署名"太常博士宛陵梅(堯臣)撰"。"堯臣"二字雖未如殘宋本縮小,但同樣是與上下均空一格,以示敬

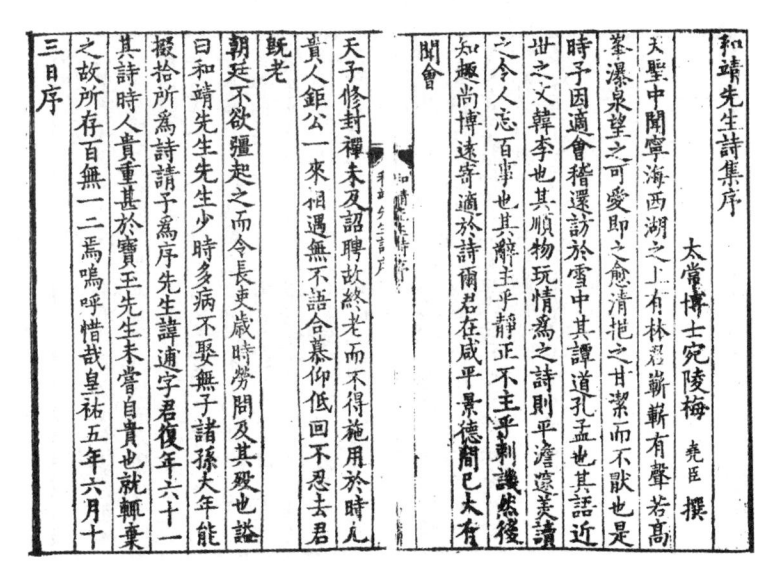

圖版 1-12:殘宋本《和靖先生詩集序》(中國國家圖書館,館藏書號:07019)

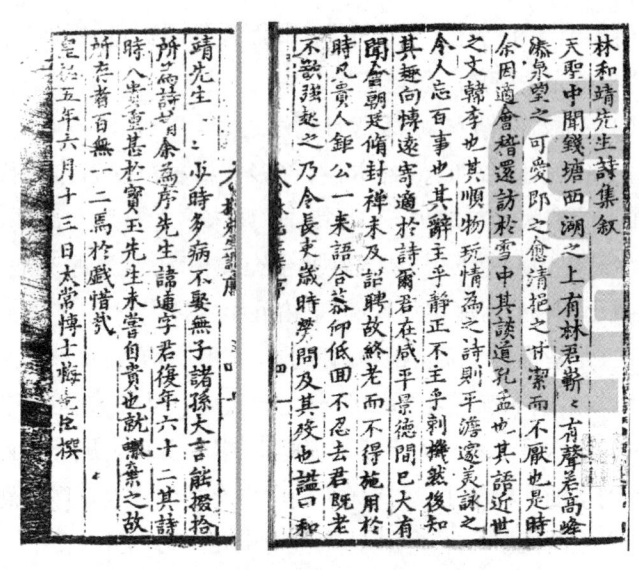

圖版 1-13：正德本十二年本《林和靖先生詩集叙》
（中國國家圖書館，善本書號：02231）

圖版 1-14：《四部叢刊初編》本《林和靖先生詩集叙》

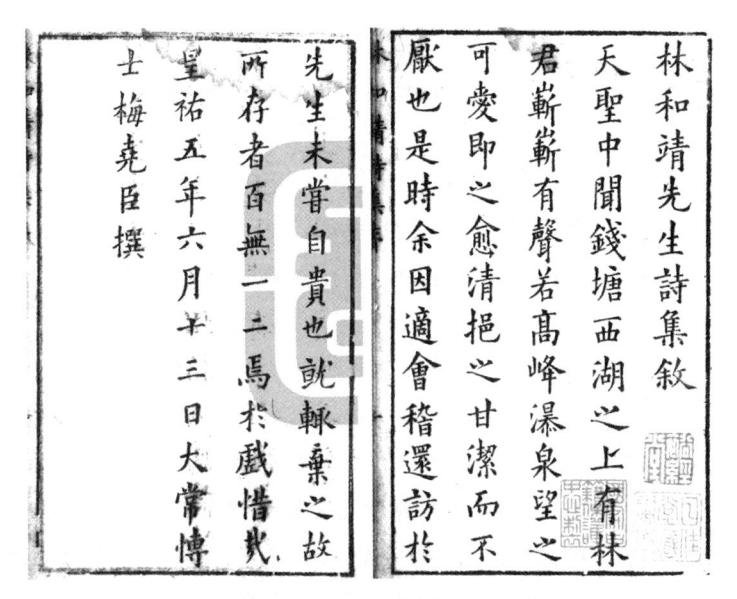

圖版 1-15：萬曆四十一年刊本《林和靖先生詩集叙》
（中國國家圖書館，善本書號：16156）

重。序文不僅於"天子""朝廷"提行，於"林君""君""先生"同樣提行，尤顯斯文之道。序尾落款爲"皇祐五年六月十三日序"。誠如楊守敬言："序文於'和靖'皆提行，其根源於北宋本無疑。"[1]由此不同之處，可知其與殘宋本當有不同之來源。此亦可窺見殘宋本之外，另一種宋版樣貌。

（4）喜用複雜異體、草體等以爲高雅

如：《梅花二首》"一枝深映竹叢寒"，"深"爲"滐"。《山園小梅》"團欒空遶百千迴"，"空"使用草體。

（5）詩歌文本頗爲精良

通過附録"林逋詩集殘宋本對勘表"可見和刻本有諸多區別

---

[1]　［清］楊守敬撰：《日本訪書志》，光緒丁酉刻本。

於後世衆本而與殘宋本相同之文字，沒有明清諸本亂改之弊。另有一些獨有文字，亦是頗爲合理，甚至彌補殘宋本之缺失。如：

①序言。殘宋本"寧海"，正德本、正德翻刻本、萬曆本、康熙本均作"錢塘"，只有和刻本作"寧海"。

②《上湖閑泛艤舟石函因過下湖小墅》。首句，殘宋本"平望望不極"，正統本同於宋本。正德本、正德翻刻本、萬曆本均爲"平皋望不極"。而和刻本則爲"平湖望不極"。另《淳祐臨安志》《夢粱錄》均作"平湖望不極"。①日本靜嘉堂文庫藏宋刊本《咸淳臨安志》卷三十三作"平望望不極"與殘宋本同，卷三十四則作"平湖望不極"。而道光十年錢塘汪氏振綺堂刊本《咸淳臨安志》則作"平皋望不極"，此當爲後世版本之訛誤。②據詩題、詩意，當以"平湖"爲優。邵裴子《林和靖詩集》校語亦以爲："'平湖'，'湖'字從《淳祐臨安志》，宋本作'望'。正統本同。《咸淳志》及正德以後各本均作'皋'，并非。"③此題，《咸淳臨安志》作"上湖自石函因泛下湖小墅"。

③殘宋本五律有《送史殿省典封州》（馬援疏蠻邑），另七律有《送史殿丞之任封州》（炎方將命選朝倫）。邵裴子《林和靖詩集》五律一首題爲"送史殿省典封州"，校勘記曰：

《送史殿省典封川》，"川"宋本以下均作"州"。盧校卷三《送

---

① [宋]施諤撰：《淳祐臨安志》卷六《山川·湖·下湖》，上海圖書館藏錢泰吉題跋鈔本。吳自牧撰：《夢粱錄》卷十二《下湖》，中國國家圖書館藏明鈔本，善本書號CBM0951。
② 《咸淳臨安志》卷三十三《題詠·西湖》，見：《宋元方志叢刊》，第3662頁上。影自道光十年錢塘汪氏振綺堂刊本。
③ 《林和靖詩集·校語》，第83—84頁。

史殿丞之任封州》七律作"川",曰:"俗本作'州',誤。"按,此詩墨跡見存,"州"正作"川"。此處并據改。詳見後題校語。①

由此可見詩題"送史殿省典封州"有誤,當爲"送史殿省典封川"。

邵裴子《林和靖詩集》七律此首題爲"送史殿省典封川",校勘記曰:

《宋詩鈔補》如此。與墨跡正同,從之。集本"省"均作"丞","典"均作"之任"。按,此首與前五律題字盡同。當是同時作二首,後人分編二處。②

沈幼徵《林和靖集》卷一、卷三所收兩首均作"送史殿省典封川",並無校勘記予以説明。③而其所依據底本邵裴子本,五律題爲"送史殿省典封州",並非爲"封川"。

王玉超《林逋詩全集》卷一、卷三兩首亦均題爲"送史殿省典封川"。卷一五律《送史殿省典封川》"題解":

詩題"川"字,諸本皆作"州",邵裴子據林逋墨跡,依盧文弨校,改爲"川"字。④

卷三七律《送史殿省典封川》校注一:

詩題,宋本作"送史殿丞典封川",邵裴子按:"《宋詩鈔補》如

---

① 《林和靖詩集・校語》,第88頁。
② 同上,第101頁。
③ 沈幼徵校注:《林和靖集》,杭州:浙江古籍出版社,2016年版,第30、98頁。
④ [宋]林逋撰,王玉超校注:《林逋詩全集》,武漢:崇文書局,2018年版,第50頁。

· 57 ·

此，與墨跡正同。從之。"茲從邵氏之説。①

《全宋詩》卷一百零五《林逋一》五律作"送史殿省典封州"，注曰："自書詩卷作川。"②《全宋詩》卷一百零七《林逋三》七律作"送史殿丞之任封州"，注曰："自書詩卷作送史殿省典封川。"③

《元豐九域志》卷九十《廣南路·東路》記載封州轄縣二，封川、開建："開寶五年省開建入封川，六年復置。"④《宋史》卷九十《志第四十三·地理六·廣南東路》亦同之。⑤可知封州於宋代長期轄有封川、開建二縣。且其州治即在封川。故而其"典封州""典封川"均可。《全宋文》卷三百六十三所錄祖士衡《宋故贈大理評事武昌史府君墓志銘》，開篇言"知封州武昌史君丁内艱"，後文又曰"未幾領封川之命"。⑥元黄溍《經藏廣福院記》亦言"殿中丞知封州史溫"。⑦可見，"州"並非"川"之誤字。至於林逋手書七律詩題確爲"送史殿省典封川"，然並未見其手書五律詩題。且七律手書詩題又與宋本所題"送史殿丞之任封州"相左。古人不同時期題寫同樣的詩句，多有文本之差異，本爲常見。故而，並不能以林逋手書而否定宋本之詩題。再之，文集編

---

① 《林逋詩全集》，第 151 頁。
② 《全宋詩》卷一百零五，北京：北京大學出版社，1998 年第二版，第 1199 頁。
③ 《全宋詩》卷一百零七，第 1221 頁。
④ [宋]王存撰，王文楚、魏嵩山點校：《元豐九域志》卷九十《廣南路·東路》，北京：中華書局，1984 年，第 413 頁。
⑤ 《宋史》卷九十《志第四十三·地理六·廣南東路》，第 2238 頁。
⑥ 曾棗莊、劉琳主編：《全宋文》第十七册，卷三六三，祖士衡《宋故贈大理評事武昌史府君墓誌銘》，上海：上海辭書出版社；合肥：安徽教育出版社，2006 年版，第 376 頁。
⑦ 李修生主編：《全元文》卷九百五十六黄溍二二《經藏廣福院記》，南京：鳳凰出版社，1998 年版，第 384 頁。

撰時所用詩題,亦未必與之前手書完全相同。最終編撰文集時往往對之前稿本有所修訂,可謂最終改定本。由此不能本末倒置,輕易以手跡改動傳世文獻。如卷四《李翰林寄松扇及詩乃答之》,自書詩卷則題爲"制誥李舍人以松扇二柄並詩爲遺亦次來韻";《易從師山亭》,自書詩卷則題爲"孤山從上人林亭寫望",其中兩句詩"此中幽致亦還稀""西村渡口人煙晚",自書詩卷則爲"此中幽致世還稀""誰家岸口人煙晚"。與自書詩卷相比,文集所載詩句更爲順暢,當爲編撰成集時經過了再次修潤以成定本。另外自書試卷《孤山雪中寫望》,文集中有近似之作《孤山雪中寫望寄呈景山仙尉》,然兩者内容完全不同。正如周必大《跋汪逵所藏東坡字》所言:"某每校前賢遺文,不敢專用手書及石刻,蓋恐後來自改定也。"①五律詩題,殘宋本以及明代諸本均題爲"送史殿省典封州"。七律詩題,殘宋本、和刻本以及明代諸本均題爲"送史殿丞之任封州"。邵裴子校本《林和靖詩集》依據手書而將兩題徑自更改,實屬不當。之後《林和靖集》《林逋詩全集》兩整理本亦是人云亦云不辨真僞。唯《全宋詩》較爲嚴謹,不予更改,僅於校記中加以説明。然,亦未辨明是非。

和刻本兩詩題五律爲《送史殿省温典封州》,七律爲《送史殿丞之任封州》,多同於宋本,可見其傳承之久遠。唯與宋本稍有區別,於五律詩題"省"下多一小字"温"字。此一字之別,卻是頗爲優越。由此明確可知此史殿省爲史温。字體縮小,亦是嚴謹於原版樣式,尤可見宋版之真貌。

有關史温之行事,《宋人傳記資料索引》據《宋詩紀事補遺》僅載其"大中祥符中知閩清縣,多善政。魏野有《寄贈桃林尉史

---

① 《全宋文》第二百三十一册,卷五一三五《周必大一二二·跋汪逵所藏東坡字》,第29頁。

溫》詩,極稱之"。①陳尚君先生《〈釣磯立談〉作者考》曰:

> 史溫生平可考者如下:溫,虚白之孫,壺之子。母爲宣城夏氏。四歲,夏氏授以《孝經》《論語》。復使臨昔賢書帖(均見《史府君墓志銘》)。真宗咸平中,擢進士第(《江南野史》卷八)。累官桃林尉(《鉅鹿東觀集》卷一〇《寄贈桃林尉史溫》)。大中祥符中知閩清縣(《宋詩紀事補遺》卷六)。尋以國子博士知封州。乾興元年,丁内憂,葬父母於江州(均見《史府君墓志銘》)。仁宗天聖中,爲虞部員外郎,獻《史虚白文集》。仁宗愛之,追號虚白沖靖先生(《陸氏南唐書》卷七《史虚白傳》)。其後事跡不詳。②

此處考論資料更早詳見於陶敏《全唐詩作者小傳補正》卷七百九十五《史虚白》。③

元黄溍《經藏廣福院記》載:

> 婺之蘭溪經藏廣福院,在州東一百三十五步。故爲聖壽寺之水陸院。寺創於梁。至宋,號聖壽,而水陸之爲院,莫詳所始。歲久院廢。天禧中,藏休禪師來自餘杭,得其故址,肇建伽藍。同郡金華曹仁壽尋爲置經造藏,因命曰經藏院,殿中丞知封州史溫爲之記,當寺沙門有交集王右軍書以刻焉。④

―――――――――

① 昌彼得、王德毅、程元敏、侯俊德編,王德毅增訂:《宋人傳記資料索引》,北京:中華書局,1988年版,第480頁。
② 陳尚君撰:《貞石詮唐》,上海:復旦大學出版社,2016年版,第325—326頁。
③ 陶敏撰:《全唐詩作者小傳補正》卷七百九十五《史虚白》,遼寧:遼海出版社,2010年版,第1485頁。
④ 李修生主編:《全元文》卷九百五十六黄溍二二《經藏廣福院記》,南京:江蘇古籍出版社,1998年版,第384頁。

《(雍正)浙江通志》卷二百五十八《碑碣》即錄有"《兜率寺記》(《蘭谿縣志》天禧五年知縣史溫文)","《壽聖院經藏記》(《蘭谿縣志》天禧五年知封州史溫文)"。①由此可知史溫知封州時間爲天禧五年前後。《宋故贈大理評事武昌史府君墓志銘》開篇言："乾興壬戌季秋二十日,國子博士、知封州武昌史君丁内艱。"故而陳先生以爲"尋以國子博士知封州"。然上述所引林逋詩《送史殿省典封州》《送史殿丞之任封州》,以及黄滔《經藏廣福院記》均明確言其知封州之官職爲殿中丞。前者爲正五品上,後者爲從五品上。實則,史溫當於天禧五年左右以殿中丞知封州,任職期間循資於乾興元年左右升爲國子博士。又據《續資治通鑑長編》卷一百六(仁宗天聖六年)"其孫虞部員外郎溫已以虛白文集來上",②史溫曾於天聖六年左右任職從六品上職虞部員外郎。《宋故贈大理評事武昌史府君墓志銘》記載："由是博士君踐場屋,以文學爲時輩所推。中第效官,奉法循理,有良二千石之風,由夫人之慈教也。"③《江南野史》亦以爲其於真宗咸平中擢進士第。依據北宋初期文臣京朝官遷轉序列,殿中丞、國子博士、虞部員外郎,三者依次遷轉,可知史溫任此三職時間前後緊隨。然此三者之遷轉乃無出身者之遷轉順序。《宋故贈大理評事武昌史府君墓志銘》又言其"頃歲博士君登朝爲春宮,大□郊祀之慶,

---

① 《(雍正)浙江通志》,《文淵閣四庫全書》本。
② [宋]李燾撰:《續資治通鑑長編》卷一百六,北京,中華書局,2004年版,第2468頁。祖士衡《宋故贈大理評事武昌史府君墓誌銘》記載:"一子曰溫,即博士也。"上文所引諸史料亦明確可知史虛白之孫名"溫"。而此處中華書局版《續資治通鑑長編》將"溫已"下標以專名號,以爲其名"溫已",有誤。"已"當與後連讀爲"已以",而非與"溫"相連爲"溫已"。或"已以"二字重複,有一爲衍字。
③ 《全宋文》第十七册,卷三百六十三,祖士衡《宋故贈大理評事武昌史府君墓誌銘》,第378頁。

贈府君爲大理評事"。①"春宫"當爲春官之誤。此亦與無出身遷轉官階由太常寺奉禮郎升大理寺評事相符。故而與史籍所載其進士及第多有抵牾之處。史溫與蘭溪亦密切關聯，否則不會千里迢迢邀請知封川史溫爲之撰寫記文。

由和刻本一字之增，明確可知兩詩之贈送者爲史溫。其知封州之際，林逋連贈五、七律兩詩以抒別情，可見兩人戚戚相惜之情，尤可想見史溫其爲人之心性。於史溫不多之史料，增添一抹亮色。

《送史殿省典封州》"惟應侍藥罷，埋照酒醪中"，唯和刻本與殘宋本作"侍藥"，其他諸本多作"蒔藥"。邵裴子校勘記：

"蒔"，宋本作"侍"，正統本同。鮑校抹之。正德作"恃"。小注疑字。明鈔本同。萬曆本始校定作"蒔"，從之。②

此當以宋本、和刻本爲是。"唯應侍藥罷"遠勝於明人亂改之"唯應蒔藥罷"。

和刻本"埋照"，宋本缺。邵裴子校勘記：

"埋照"二字，宋本缺。正統本作"都在"。鮑校抹之。正德、明鈔、萬曆三本均同。康熙本、《宋詩鈔》、《宋元詩會》及朱本並作"埋照"。按此二字，宋本已缺，無從知其原爲何字。兹姑從近本，務全文可讀而已。③

---

① 《全宋文》第十七册，卷三百六十三，祖士衡《宋故贈大理評事武昌史府君墓誌銘》，第378頁。
② 《林和靖詩集·校語》，第88頁。
③ 同上。

第一章・林逋文集和刻本研究

上述諸本,正統本、正德本、正德翻刻本作"都在",萬曆本作"埋照",邵氏所述偶誤,和刻本正可彌補宋本之殘缺。其傳承久遠,尤爲可據。

④ 宋本名爲《送王舍人罷兩浙憲赴闕》,之後各本均爲此題。而和刻本則爲《送王舍人赴闕》,題下小注"罷兩淛提刑勸農",此最爲明確。沈幼徵《林和靖集》亦爲"送王舍人罷兩浙憲赴闕",遂對"憲"注解道:"憲司,即諸路提點刑獄公事,亦簡稱憲。"①然由和刻本小注可知,此注解並不完整,王舍人所罷除了"提刑"還有"勸農"。北宋真宗天禧四年正月二十四日"改諸路提點刑獄爲勸農使,副使兼提點刑獄公事"。②天禧四年十一月八日又"令勸農使兼提點刑獄官,自今以提點刑獄勸農使、副爲稱"。③仁宗天聖四年,"三月甲申,詔轉運使、提點刑獄罷勸農司"。④故而和刻本小注"罷兩淛提刑勸農"最爲準確。此詩亦可由此限定所作時間爲天禧四年至天聖四年之際。

⑤《喜馮先輩及第後見訪》,宋本、和刻本作此題。他如正統本、正德本、翻刻本、萬曆本、康熙本、汪氏古香樓本均作"喜馬先輩及第後見訪"。

⑥《送范寺丞仲淹》,宋本與和刻本作此題。其他如正統本、正德本、翻刻本均作"送范仲淹寺丞",萬曆本、康熙本、朱孔彰本作"送范希文寺丞"。顯然宋本與和刻本之詩題最爲典則。正文

---

① 《林和靖集》卷一,第31頁。
② 《續資治通鑑長編》卷九十五,第2179頁。
③ 《續資治通鑑長編》卷九十六,第2221頁。
④ 《宋史》卷九《本紀第九・仁宗一》,第181頁。龔延明撰《宋代官制辭典》(增補本)以爲"天聖六年正月罷"(中華書局,2017年版,第536頁),乃是依據《續資治通鑑長編》卷一百六:"詔諸路提點刑獄朝臣、使臣,交割本職公事與轉運使、副使,仍令轉運司條所省事件以聞。"(第2462頁)然此處所言並非提刑罷勸農之事,有誤。

中唯有宋本與和刻本作"中林""罇""甞",而其餘諸本均爲"林中""尊""常"。

⑦《水軒》"尤愛憑欄此構題",宋本"構"字缺,小注曰"高宗廟諱"。明代各本自正統本以下,正德本、萬曆本,均爲"覓"。此當爲明人臆測添補。至清康熙本,始得善本,補爲"構",後同治朱孔彰刻本亦是如此。而和刻本正作"構"。

⑧《送僧機素還東嘉》"東巖有幽石",宋本、正統本、正德本、正德翻刻本均誤爲"東巖有函石"。唯和刻本、萬曆本、康熙本作"幽石"。

⑨《送聞義師謁池陽郡守》,唯和刻本異於衆本作"郡牧"。此爲郡守之雅稱,當別有來源。

⑩ 宋本《春暮寄懷曹南通任寺丞》,正統本、正德本均作《暮春寄懷曹南通任寺丞》,除"春暮"倒置爲"暮春",詩題幾乎全同於宋本。然和刻本、萬曆本、康熙本、古香樓本則爲《春暮寄懷曹南通守任寺丞中行》,不僅多一"守"字,且題後綴以二字小注"中行"。兩注釋本《林和靖集》對此詩題只有一條注釋:"通守,即通判。"①《林逋詩全集》亦僅有一條校注:"寺丞,官署中的佐吏。"其更有"題解"以爲:"此乃林逋寄贈友人之作。"②重復詩題內容而已。至於此友人爲誰,兩注釋本均未有注解。

林逋另有詩《寄曹南任懶夫》,殘宋本缺失,後世各本均有。《林和靖集》僅注釋"曹南":"山名。《太平寰宇記·曹州·濟陽縣》:'曹南山在縣東二十里。'這裏泛指曹州南部地方。"③《林逋詩全集》注釋亦如此:"曹南,即曹南山,《太平寰宇記·曹州·濟

---

① 《林和靖集》卷三,第115頁。
② 《林逋詩全集》卷三,第176頁。
③ 《林和靖集》卷一,第41頁。

陽縣》:'曹南山在縣東二十里。'"①完全抄録《林和靖集》,甚至將其誤筆"濟陽"也一併抄録之。曹州只有濟陰縣,並無濟陽縣。而此處"曹南"也並非指曹南山,一般代指濟陰縣。宋初曹州(1104至1126年改爲興仁府)下轄四縣:濟陰、冤句、乘氏、南華。濟陰在曹州最南部,故世俗以曹南稱之。而此處當借指曹州。

宋本詩題單一"通"字,不可解。如和刻本"通守"方是正確,宋本脱漏"守"字。通守確如沈幼徵《林和靖集》所注,乃通判之代稱。因通判又稱佐守、貳守,即佐、貳於州(郡)守,故又稱郡佐、州佐。②蘇軾《別天竺觀音詩序》:"余昔通守錢唐,移莅膠西,以九月二十日,來別南北山道友。"③由此可知,曹南通守即曹州通判。

和刻本等詩題下小注頗有價值,明確表明此任寺丞爲任中行。任中行,《宋人傳記資料索引》僅載《文莊集》録有《前太常博士任中行可太常博士散官制》。④《全宋文》載有《宋會要輯稿》所録短文兩則,小傳曰:

任中行,曹州濟陰(今山東曹縣西北)人,中正弟。曾官太常博士。景德二年爲大理寺丞,天禧五年任祠部員外郎,乾興元年爲兵部員外郎,判三司鹽鐵勾院。見《宋會要輯稿》刑法三之一三、蕃夷二之一二,《續資治通鑑長編》卷九七、九八。⑤

其所言景德二年爲大理寺丞依據《續資治通鑑長編》,真宗景德

---

① 《林逋詩全集》卷一,第65頁。
② "通守"一詞,《宋代官制辭典》(增補本)第589頁,通判之"簡稱與別名"中缺載。
③ [宋]蘇軾撰,[明]茅維編,孔凡禮點校:《蘇軾文集·佚文彙編》卷一《別天竺觀音詩序》,北京:中華書局,1986年版,第2418頁。
④ 《宋人傳記資料索引》第一册,第657頁。
⑤ 《全宋文》第十四册,卷二七八《任中行》,第73頁。

二年六月丁亥記載：

>　　曹州民趙諫與其弟諤，皆兇狡無賴，恐喝取財，交結權右，長吏多與抗禮，率干預郡政。太常博士鄭人李及受詔通判州事，諫適來京師，即投刺請見，及拒之，諫大怒，慢罵而去。因帖榜言及非毀朝政，及得之，以匿名事，未敢發。會大理寺丞任中行本諫同鄉里，盡知其姦慝，密表言之。①

此事又載於《宋會要輯稿》第一百六十七册《刑法三》。②可知任中行乃曹州人，林逋此詩亦作於景德二年左右，其任大理寺丞期間。除《全宋文》小傳所載之外，任中行又曾於天禧五年二月丙寅出使契丹，見《續資治通鑑長編》卷九十七："祠部員外郎任中行言，送伴契丹使至瀛州，見路隅有暴露骸骨，望官爲設奠埋瘞。從之。"③乾興元年六月丙寅被貶爲度支員外郎監許州酒務，見《宋大詔令集》卷第二百四《政事五十七·貶責二·任中行度支員外郎監許州酒務任中師太常博士監宿州稅制》：

>　　敕兵部員外郎任中行、左正言任中師等：率以文科，列於朝著，由乃兄之貳政，屬肇位之均恩。曾罔被於親嫌，遽越升於班序。方明淑慝，尤在澄清，俾復常資，仍分釐務。用懲非據，無忘省躬。可。④

---

① 《續資治通鑑長編》卷六十，第1345頁。
② 《宋會要輯稿·刑法三·訴訟》，第8398頁。
③ 《續資治通鑑長編》卷九十七，第2242頁。
④ 司義祖整理：《宋大詔令集》，北京：中華書局，1962年版，第762頁。另，《宋史》記載"中正貶，中師亦降太常博士、監宿州酒稅"。然由《宋大詔令集》可知任中師被貶實爲監宿州稅制，《宋史》卷二百八十八《列傳第四十七·任中師》記載與其兄弟任中行之貶職相混淆以致誤。

第一章·林逋文集和刻本研究

《續資治通鑑長編》卷九十八,真宗乾興元年六月記載:

> 丙寅,參知政事任中正罷爲太子賓客,知鄆州,坐營救丁謂故也。中正弟中行、中師並坐降絀。①

可知任中行乃曹州濟陰任氏三兄弟之一,三人依次爲中正、中行、中師。任中正、任中師《宋史》均有傳,②又見《隆平集》卷六《參知政事》。③任中正字慶之,雍熙初登進士第。任中師字祖聖,大中祥符二年登進士第。三兄弟中正、中師仕途顯達位居高官。唯任中行,政績不顯,也由此史籍所存資料甚少,甚至不知其字號。然林逋詩集中難得保存諸多珍貴史料。詩集中涉及任中行者共有《贈任懶夫》《寄曹南任懶夫》《曹州寄任獨復》《春暮寄懷曹南通守任寺丞中行》。由此可推知,任中行或字獨復,號懶夫。林逋可謂任中行之"心交"摯友,"料得心交者,微吟爲楚狂"(《寄曹南任懶夫》)。其心性之淡薄與林逋多有志同道合之喜樂。

林逋另有一詩《淮甸城居寄任刺史》,任氏三兄弟除任中行曾任曹州通判之外,其兄任中正、任中師均曾爲曹州州守。《宋會要輯稿·職官七八·罷免上》,乾興元年六月記載:

> 二十九日,兵部尚書參知政事任中正降太子賓客,知鄆州。④

---

① 《續資治通鑑長編》卷九十八,第2287頁。
② 《宋史》卷二百八十八《列傳第四十七·任中正》,第9669頁;《宋史》卷二百八十七《列傳第四十七·任中師》,第9670頁。
③ 王瑞來校證:《隆平集校證》,北京:中華書局,2012年版,第221、222頁。
④ 《宋會要輯稿》,第5195頁上。

《宋史》卷二百八十八《列傳第四十七·任中正》中又載：

  中正獨營救謂，降太子賓客、知鄆州。中正弟尚書兵部員外郎、判三司鹽鐵勾院中行，右正言中師，皆坐貶。頃之，以母老徙曹州，遷禮部尚書。①

任中正當於真宗乾興元年六月之後不久即知曹州。李之亮《北宋京師及東西路大郡守臣考》即將之系於仁宗天聖元年。②而任中師徙知曹州的時間則爲慶曆五年四月，《續資治通鑑長編》卷一百五十五記載：

  （慶曆五年四月）癸丑，徙知陳州、資政殿學士、吏部侍郎任中師知曹州。中師自言："臣老矣，家本曹人，願得守曹，營歸休之計。"上憐而許焉。中師兄中正歷守并、益、曹三州，又嘗爲樞密副使，而中師皆繼踐之，人以爲寵。③

此時林逋早已故去，故而可知《淮甸城居寄任刺史》乃天聖元年左右林逋爲任中正所作。
  ⑪《西湖舟中值雪》"溫鑪挹薄薰"，《林和靖詩集·校語》以爲：

  "挹"從《淳祐志》，《咸淳志》作"揖"。宋本、正統、正德、明鈔

---

① 《宋史》卷二百八十八，第9670頁。
② 李之亮撰：《北宋京師及東西路大郡守臣考》，成都：巴蜀書社，2001年版，第382頁。
③ 《續資治通鑑長編》卷一百五十五，第3770頁。

第一章 · 林逋文集和刻本研究

及萬曆本均作"接"。康熙本、《宋詩鈔》、朱本均作"擁"。①

今勘核衆本,《武林掌故叢編》第四集《淳祐臨安志》卷十確實爲"挹"。②然上海圖書館藏錢泰吉題跋鈔本《淳祐臨安志》此字作"揖",當以此爲是。相較於《武林掌故叢編》本,此鈔本較優。如《泛舟入靈隱》(即《西湖泛舟入靈隱寺》)首句,《武林掌故叢編》本作"水天相映淡溶溶",上圖鈔本則爲"水天相映淡□溶","淡"後空一格。實則,宋本《咸淳臨安志》卷三十三、和刻本等後世衆本此處均作"淡㳂溶"。上圖鈔本因底本此處漶漫而空格,而《武林掌故叢編》承襲於此,卻妄自於空格處添加一"溶"字,遠不如鈔本之嚴謹。《咸淳臨安志》兩處引述此詩:一處爲卷三十三《山川十二·湖(中)·題詠西湖》作"揖";另一處爲卷九十六《紀遺八·紀文·詩》作"擁"。和刻本則作"擁"。"接"遠不如"擁"字意溫婉。然,就律詩出、對兩句嚴格之格律規範而言,出句"凍軫閑清泛"與對句"溫鑪接薄薰"恰是平仄緊密相合,而換作"擁"字稍弱。然就字意而言,"擁"字最顯西湖大雪,小舟之溫暖可親。

⑫《山中寒食二首》之一,宋本、正統本、正德本、萬曆本、康熙本、汪氏古香樓本以及宋版《咸淳臨安志》卷九十六所載均作"有客新嘗寒具罷",唯和刻本作"有客初嘗寒具罷"。另,《丹鉛總録校證》卷十六《飲食類·寒具》,③徐樹丕《識小録》卷二《寒

---

① 《林和靖詩集》,第 84 頁。
② 《武林掌故叢編》第四集,癸未秋八月嘉惠堂丁氏鋟版。中華書局 1990 年版《宋元方志叢刊》即選用此版。
③ [明]楊慎撰,豐家驊校證:《丹鉛總録校證》卷十六《飲食類·寒具》,北京:中華書局,2019 年版,第 735 頁。

具》均引作"有客初嘗寒具罷"。①可知,至少於明代,和刻本所據版本亦是廣爲流傳。兩者於意均通,或爲林逋不同時期之修訂本,可資參酌。

⑬《寄上金陵馬右丞三首》之三,宋本、正統本、正德本、萬曆本、康熙本、汪氏古香樓本均作"盡道次公當入相",今世唯和刻本獨作"聞説次公當入相"。兩者均可通,其自有更古之傳承,由和刻本得存另一文本。

⑭《冬夕得衛樞至》,宋本、正統本、正德本、萬曆本、康熙本、汪氏古香樓本均作"冷話復長吟",今存唯和刻本獨作"短句復長吟"。全詩:

　　冷話復長吟,俱非俗者心。空齋留并宿,幾度夢相尋。鳥亂槐枝折,煙微雪氣侵。如何急前去,羸馬萬山深。

而作"短句復長吟","短句"與"長吟"互文相應,張弛有度,尤是情韻盎然。"短句"以見其非俗且知音,"長吟"襯托其超然與灑脱。得由和刻本唯一保存此本以資參酌,亦是難能可貴。

⑮《錢塘仙尉謝君詠物樓成寄題二韻》,宋本、正統本、正德本、萬曆本、康熙本、汪氏古香樓本均作"錢塘",唯和刻本作"錢唐",兩者可通用。

⑯《和酬周寺丞》"束緼誰能問乞鄰",宋本、正統本、正德本、萬曆本、康熙本、汪氏古香樓本均作"束緼",唯和刻本爲"束蘊",兩者可通用。

⑰《喜姪宥及第》,宋本、正統本、正德本、萬曆本、康熙本、汪氏古香樓本均作"新榜傳聞事可驚",唯和刻本於"事"使用異

---

① 徐樹丕撰:《識小録》,民國涵芬樓秘笈本。

體古字"夊",亦存另一版式特徵。

⑱《送思齊上人之宣城》,宋本、正統本、正德本作"禪高論語稀",和刻本、萬曆本、康熙本作"禪高語論稀",亦優。

⑲《西梁山下泊舡懷別潤州果上人》,正統本、正德本、康熙本、汪氏古香樓本均作"杲上人"。唯和刻本作"果上人"。正統本、正德本作"銅瓶輕掛兩潮船",康熙本、汪氏古香樓本作"銅瓶輕掛兩朝船"。《海録碎事》亦作"銅缾輕掛兩潮船"。①唯和刻本作"銅瓶輕掛兩湖船"。

⑳《射弓次寄彭城四君》,宋本"細釵金捍轂",其他各本均同。和刻本作"鈿釵",邵裴子以爲:"'細'疑是'鈿'字。"②沈幼徵以爲:"然觀全詩,與'鈿釵'無關,邵説恐非。"③"鈿釵"亦是可通。

㉑《蝶》,諸本頷聯出句均作"清宿露花應自得",宋方嶽《深雪偶談》引用此詩亦是如此。④然和刻本爲"清宿露花應夢得"。亦可兩存。

㉓《湖上初春偶作》,後世衆本均作"氣色半歸湖岸柳",和刻本則爲"春色半歸湖岸寺",與《咸淳臨安志》卷三十三正相同,遠爲優勝。

㉔《又詠小梅》,後世衆本均爲此名,僅和刻本爲"山園小梅",而宋本《咸淳臨安志》卷九十六所録此詩,正爲此名。

2. 和刻本之粗疏

和刻本所據底本頗爲精工,當源自與殘宋本不同之宋本,然

---

① [宋]葉廷珪撰,李之亮校點:《海録碎事》卷五《衣冠服用部·舟門》,北京:中華書局,2002年版,第190頁。
② 《林和靖詩集·校語》,第90頁。
③ 《林和靖集》,第45頁。
④ 程毅中主編,王秀梅等編録:《宋人詩話外編·深雪偶談》,北京:中華書局,2017年版,第1588頁。

其刊刻卻頗爲粗疏。首先，大量使用簡體俗字。如：《秋江寫望》"蘆"之爲"芦"；《寄錢紫微易》"體"之爲"体"；《送馬程知江州德安》《貓兒》《寄胡介》"廬"爲"庐"；《和西湖霽上人寄然社師》"燈"爲"灯"。

其次，簡體字於此和刻本已是尋常，其更爲變本加厲處在於大量減損筆畫，實乃古今刻本所罕見。筆畫之減損，有些尚可辨析。如，《和酬天竺慈雲大師》《留題李頡林亭》"草"減省爲"中"。然此和刻本更多之減損卻造成完全不同之字體，若非有前後詩句可供推測，僅此一字，實難分辨其本意。如：《送史殿省典封州》"藥"省爲"菜"；《送越倅楊屯田赴闕》"風"減省爲"凡"；《槐木紙椎贈周太祝》《送長吉上人》《槐木紙硾贈周太祝》《山閣夏日寄黃大茂才》《寄上金陵馬右丞三首》之三、《贈任懶夫》"肯"省爲"宜"；《寄錢紫微易》"畫"減省爲"昼"；《喜姪宥及第》"第"減省爲"弟"；《寄臨川司理趙時校書》《復送慈公還虎丘山》《送陳日章秀才》"歸"減省爲"皈"；《和酬天竺慈雲大師》"色"減省爲"包"。初識以爲誤字，審讀全卷方知均是如此替換，始知其爲減損筆畫所致。

再之，更有因雕版疏草以致字形模糊，儼然變成另一字體。如，《復送慈公還虎丘山》"虎丘林壑多在寺垣之內"，"垣"之疏草以成"頃"。有的又模糊幾不可辨，如：《玉梁峽口懷朱嚴從事之官嶺外兩夕艤舟於此》"鱸魚斫鱠松醪酒"之"鱸"，《安福縣途中作》"玉梁閣皁堪行遍"之"皁"，《貓兒》"纖鈎時得小溪魚"之"纖"，"飽臥花陰興有餘"之"興"，"自是鼠嫌貧不到"之"嫌"。若無他本對勘，實難辨識。

3. 和刻本之誤植

雕版粗疏不僅使字形變異，更是造成大量誤植。如：

(1)《上湖閑泛艤舟石函因過下湖小墅》，諸本以及《淳祐臨安志》《咸淳臨安志》均作"石函"，唯和刻本作"石山函"，"山"字當爲誤植。

(2)《和黄亢與季父見訪》,諸本作均作"黄亢",唯和刻本因形近誤作"黄元"。

(3)《送王舍人罷兩浙憲赴闕》,衆本均作"遠俗今無訟",唯和刻本因形近誤作"逮俗今無訟"。

(4)《病中謝馮彭年見訪》,衆本均作"晚鷥巢猶濕",唯和刻本因形近誤爲"晚鶯巢猶濕"。

(5)《閔師自天台見寄石枕》,衆本均作"旦暮白雲生"。唯和刻本因形近誤爲"且暮白雲生"。

(6)《閔師上人以鷺鷥二軸爲寄因成二韻》,衆本均作"鷺鷥",唯和刻本因形近誤爲"鷺鶯"。

(7)《寄孫冲簿公》,衆本均作"妻怕罷官貧",唯和刻本因形近誤作"妻怕罷宦貧"。

(8)《山閣偶書》,衆本均作"常帶嵐霏認遠村",唯和刻本因形近誤作"嘗帶嵐霏認遠村"。

(9)《和安秀才次晉昌居士留題壁石》,和刻本誤爲"和安秀才泪晉昌居士留題壁右"。

(10)《李翰林寄松扇及詩乃答之》,衆本均作"入手涼生殊自慰",唯和刻本因形近誤作"入手京生殊自慰"。

(11)《梅花》,衆本均作"花",唯和刻本因形近誤作"苍"。

(12)《百舌》,衆本均作"關關",唯和刻本因形近誤作"間関"。

(13)《山村冬暮》,衆本均作此題,唯和刻本因形近誤作"山林冬暮"。

(14)《宿姑蘇淨慧大師院》,衆本均作"常愛人間此會稀",唯和刻本因形近誤作"嘗愛人門此會稀"。

(15)《玉梁峽口懷朱嚴從事之官嶺外兩夕艤舟於此》,衆本均作此題,唯和刻本因形近誤以"玉"爲"王"。又,衆本均作"曾屬詩人兩日吟",唯和刻本因形近誤作"曾屬詩人兩日今"。

(16)《西湖春日》,衆本均作"且上漁舟作釣師",唯和刻本因形近誤作"且上漁舟作鈎師"。

(17)《旅館寫懷》,衆本均作"深宵一夢狂",唯和刻本因形近誤作"深霄一夢狂"。

(18)《黄家莊》,衆本均作"遥村雨暗鳴寒犢",唯和刻本因形近誤作"遥林雨暗鳴寒犢"。

(19)《寄梅室長堯臣》,宋本以及之後諸本均爲"寄梅室長",或後綴以其名"堯臣"。唯和刻本作"寄梅官長(堯臣)"。看似"官長"無誤,實則被無識誤改。宋代有太廟室長,一者爲太廟祠祭皇帝先祖時臨時所設。"太廟爲藏宋代皇帝高祖以下先祖及已故皇帝神主之所,以室爲單位,一代爲一室。如行祠祭,每室可設室長,或數室設一室長,事罷即已。"[1]二者,爲太廟齋郎之遷補官。據歐陽修《梅聖俞墓志銘》:"聖俞初以從父蔭,補太廟齋郎,歷桐城、河南、河陽三縣主簿。"[2]又《宛雅全編·宛雅初編》卷二《宋·梅堯臣上》轉引《永樂大典》:

聖俞舉進士,一上禮部罷之。以叔父昌言恩,補太廟齋郎,調桐城、河南、河陽三縣主簿。[3]

可知梅堯臣曾爲太廟齋郎,此爲梅堯臣最早之官職。其任職時

---

[1] 龔延明撰:《宋代官職辭典》,第278頁。
[2] [宋]歐陽修撰,洪本健校箋:《歐陽修詩文集校箋·居士集》卷三十三,上海:上海古籍出版社,2009年版,第882頁。
[3] [明]梅鼎祚等輯,彭君華等校點:《宛雅全編·宛雅初編》卷二,合肥:黄山書社,2018年版,第45頁。"桐城"原誤爲"洞城"。

第一章·林逋文集和刻本研究

間,朱東潤《梅堯臣集編年校注》以爲:"仁宗天聖五年(1027),堯臣年二十六歲,和謝氏結婚。……新婚的前後,堯臣由於叔父梅詢的門蔭,補太廟齋郎,出任桐城縣主簿。任滿以後,調河南縣主簿。"①《宋史文苑傳箋證》據此以爲:

> 按《梅聖俞墓志銘》:"聖俞初以從父蔭補太廟齋郎,歷桐城、河南、河陽三縣主簿。"歷桐城、河陽三縣主簿,《文苑傳》失載。堯臣主簿桐城,張譜(指元張師曾《宛陵先生年譜》)繫在天聖八年,劉筱媛《梅堯臣年譜及其詩》及日人筧文生之《梅堯臣年譜》作天聖七年(轉引自劉譜),劉譜(指劉守宜《梅堯臣年譜》,見文史哲出版社1979年版《梅堯臣詩之研究及其年譜》)引堯臣《逢雷太簡殿丞》:"長安初見君,君領微有鬚。後於河内逢,秀峻美髯胡。又會在桐鄉,談詩多孟盧。"又引其《送畢甥之臨邛主簿雜言》:"自我歷官三十年,有脚未曾行蜀川。"考得在天聖六年。《梅堯臣集編年校注》卷一謂:"堯臣由於叔父梅詢的門蔭,補太廟齋郎,出任桐城主簿。任滿以後,調河南主簿。"宋制,地方官一任三年。堯臣調河南,在天聖九年,《校注》所云,蓋亦謂天聖六年(1028)任職桐城。②

張師曾並非以爲天聖八年,其譜明確記載天聖六、七、八三年"先生由齋郎改桐城主簿"。③可知上述所引,梅堯臣補太廟齋郎出任職桐城有天聖六年、七年兩種觀點。天聖六年最早由張師曾

---

① [宋]梅堯臣撰,朱東潤編年校注:《梅堯臣集編年校注》卷一,上海:上海古籍出版社,1979年版,第1頁。
② 周祖譔主編:《宋史文苑傳箋證》卷五《梅堯臣》,南京:鳳凰出版社,2012年版,第378頁。
③ [元]張師曾撰:《宛陵先生年譜》,《北京圖書館藏珍本年譜叢刊》第十三册,北京:北京圖書館出版社,1999年版,第333頁。

· 75 ·

言及,並未提供任何史料依據。上述諸本均只言及梅堯臣補太廟齋郎,隨後出任桐城主簿。未知曉林逋《寄梅室長堯臣》此詩,由此亦未知梅堯臣在補太廟齋郎之後,出任桐城主簿之前更有"室長"一職,此職正爲太廟齋郎之遷補官。吳孟復先生《梅堯臣事跡考略》中提及《寄梅室長》,並以爲梅堯臣乃天聖二年因南郊而蔭補太廟齋郎。①唯其對此詩是否寄予梅堯臣多有存疑,言"似上寄梅堯臣者"。此實因吳先生所據版本不佳所致。宋本、和刻本、明正統本、何養純萬曆四十一年刊本、吳調元康熙四十七年刊本、清古香樓刻本"室長"之後或正文或小注均有"堯臣",唯韓士英正德十二年刊本以及明黑口翻刻本無此二字。

據《續資治通鑑長編》卷一百二記載,仁宗天聖二年十一月"丙申,饗太廟。丁酉,合祀天地於圜丘,大赦。百官上皇帝及皇太后尊號。賜百官、諸軍加等。"②宋朝於此時多大赦加官。如仁宗天聖九年:"春正月辛亥,詔諸路轉運判官員外郎以上,遇南郊聽任子弟。"③此種補蔭制度《宋史》卷一百五十九《志》第一百一十二《選舉》五《補蔭》記載:

兩省五品、龍圖閣直學士、待制、三司副使、知雜御史子,寺、監主簿;期親,試銜;餘親,齋郎。諸司大卿、監子,寺監主簿;期親,試銜。小卿、監兼職者子,試銜;期親,齋郎。④

據《歐陽修詩文集校箋·居士集》卷二十七《翰林侍讀學士給事中梅公墓誌銘》記載:

———————

① 吳孟復撰:《吳孟復安徽文獻研究叢稿》,合肥:黃山書社,2006年,第80—81頁。
② 《續資治通鑑長編》卷一百二,第2369頁。
③ 《續資治通鑑長編》卷一百一十,第2552頁。
④ 《宋史》卷一百五十九,第3726頁。

第一章·林逋文集和刻本研究

天聖元年,拜度支員外郎、知廣德軍,徙知楚州,遷兵部員外郎、知壽州,又知陝府。六年,復直集賢院,又遷工部郎中,改直昭文館、知荆南府。①

又《續資治通鑑長編》卷一百四,仁宗天聖四年記載:

或言知楚州度支員外郎梅詢有吏幹,嘗坐事廢黜,今可用也。乃徙詢知壽州,加兵部員外郎,仍賜御札,訓以趨事滌過之意。②

梅堯臣當於天聖二年因其叔父梅詢度支員外郎之職推恩以爲太廟齋郎。

據梅堯臣《和靖先生詩集序》言:

天聖中,聞寧海西湖之上有林君。靳靳有聲,若高峰瀑泉,望之可愛,即之逾清,挹之甘潔而不厭也。是時,予因適會稽還,訪於雪中。③

另據《嘉泰會稽志》卷二《太守》記載:"謝濤,乾興元年十二月以吏部郎中直昭文館知,天聖三年十二月一日替。"④梅堯臣未來岳父謝濤此時正知越州。自太平興國三年至北宋末,越州領山陰、會稽、剡縣、諸暨、餘姚、上虞、蕭山、新昌八縣。⑤梅堯臣"適

---

① 《歐陽修詩文集校箋·居士集》卷二十七,第732頁。
② 《續資治通鑑長編》卷一百四,第2425頁。
③ 《和靖先生詩集》,中國國家圖書館藏,宋刊本,館藏號07019。
④ 《宋元方志叢刊·嘉泰會稽志》,第6753頁上。
⑤ 李昌憲撰:《中國行政區劃通史·宋西夏卷》第七章《兩浙路州縣沿革》,上海:復旦大學出版社,2007年版,第377頁。

· 77 ·

會稽",當爲天聖元年至三年之前某年冬季因婚姻之事由廣德軍前往會稽。歸來於雪中拜訪林逋於西湖孤山，兩人由此訂交。又據桑世昌所作《傳》："天聖六年十二月丁卯，仁宗賜諡曰'和靖先生'。"①可知林逋卒於天聖六年。故而林逋所作《寄梅室長堯臣》當作於天聖六年之前。《續資治通鑑長編》卷一百五記載，仁宗天聖五年十一月"癸丑，合祭天地於圜丘，大赦"。②梅堯臣當於此時升爲太廟室長，由此再爲桐城主簿。《宋史》卷一百六十九《志》第一百二十二《職官》九《流内銓》："太廟齋郎（舊室長同）。入中下州判、司，中縣簿、尉。"③吳孟復先生《梅堯臣事跡考略》亦認爲梅堯臣於天聖五年至八年任職於桐城主簿。故而，林逋此詩當作於天聖五年至六年之間。

4. 和刻本之殘損

和刻本偶有殘損之處，當爲其所據底本文字之缺失。如：

《和唐異見寄》"騷人新遺畔牢辭"，和刻本殘缺"騷"與"牢"，而宋本以後諸本均不缺；

《送遂良師游嘉禾》和刻本缺"良"，而宋本以後諸本均不缺；

《送史殿丞之任封州》"炎方將命選朝倫"，和刻本缺"炎"，而宋本以後諸本均不缺；

《平居遣興》"皇朝不是甘逃遁"，和刻本"甘逃遁"三字空缺，而宋本以後諸本均不缺；

《安福縣途中作》"玉梁閣皂堪行遍"，和刻本缺"玉"，而宋本以後諸本均不缺；

---

① 《宋林和靖先生詩集》第三册《附録》，何養純、諸時實等明萬曆四十一年刊本，共三册，中國國家圖書館藏，善本書號16156。中國國家圖書館所藏另一萬曆本，善本書號07020，僅有兩册，並無第三册《附録》。
② 《續資治通鑑長編》卷一百五，第2456頁。
③ 《宋史》卷一百六十九，第4040頁。

《西梁山下泊舡懷別潤州杲上人》"老擁雲霞衲已穿",和刻本缺"衲",諸本均不缺;又同詩"鐵瓮獨歸三月寺"之"獨","爲師懷想幾淒然"之"爲""幾",三字均殘損不可識。

5. 綜論

茨木多左衛門雒陽書肆柳枝軒刊刻漢籍詩歌不多,然選題頗爲獨特。賈島、林逋、陳師道,於日本少有關注,更罕有刊本流傳。《后山詩注》之刊刻,版式精美。顏體開雕,字大如錢,宛如宋版,然所選底本未爲嘉善。《和靖先生詩集》與之恰是相反。雕版頗多粗疏,字體尤是拙劣。字跡繚亂,更大量減損筆畫,以致無法識讀。其版式半葉九行行十七字,僅就字數而言,殘宋本半葉九行行二十字、正統本半葉十行行十八字、正德本半葉十行行二十字,萬曆本半葉八行行二十字,和刻本每版容納字數最少,版式當最爲疏朗。然其字體過於狹小,加之筆畫潦草,由此造成整版樣式乃上述衆版中最爲粗略,亦最難識讀。然而,與版式之拙劣形成鮮明對比,和刻本之底本選擇卻是頗爲優越。不僅卷數與殘宋本相同,序文之提行、文集題名之雅致,均與宋本相仿,尤顯其古雅風貌。

其文字之嘉善更爲後世衆本難以企及。其中有於衆本中僅此和刻本與殘宋本相同之文字。如,唯殘宋本、和刻本作《喜馮先輩及第後見訪》,其他衆本均作"喜馬先輩及第後見訪"。唯殘宋本與和刻本作《送范寺丞仲淹》,其他衆本或"送范仲淹寺丞"或爲"送范希文寺丞"。亦有異於殘宋本而更爲嘉善之文字。如,《上湖閑泛艤舟石函因過下湖小墅》,衆本中唯和刻本作"平湖望不極",另《淳祐臨安志》正爲此文字。與"平望望不極""平皋望不極"相比,詩意尤爲舒暢。《西湖舟中值雪》,衆本中唯和刻本作"温鑪擁薄薰",另《咸淳臨安志》卷九十六亦爲此文字,詩意遠比"温鑪揖薄薰""温鑪接薄薰"更優。《冬夕得衛樞至》，衆本均作"冷話復長吟"，唯和刻本獨作"短句復長吟"，遠優於前者。《送聞義師謁池陽郡守》，唯和刻本作"送聞義師謁池陽郡牧"，尤爲古雅。更有可據其彌補至今所有版本之缺失者。如，殘宋本《春暮寄懷曹南通任寺丞》，正統本、正德本均作《暮春寄懷曹南通任寺丞》，和刻本不僅彌補其疏漏多一"守"字，且題後更綴以二字小注"中行"。由此方確知詩題之意。《送史殿省典封州》，唯和刻本於"省"後多一小字"溫"。《送王舍人罷兩浙憲赴闕》，唯和刻本爲《送王舍人赴闕》，題下小注："罷兩淛提刑勸農"。雖僅一兩字之差異，於詩意之表述卻有天壤之別。

和刻本卷數與殘宋本相同，兩者同屬於林逋文集最爲古老之兩卷本系統。由殘宋本上卷與和刻本上卷對比可知，兩者收錄詩歌幾乎全同。由此推測，下卷亦當如此。故而，兩者所錄詩歌應當大致相同。亦可知林逋傳世之作即當如此。此即爲梅堯臣《和靖先生詩集序》所言："其詩，時人貴重甚於寶玉，先生未嘗自貴也，就，輒棄之，故所存百無一二焉。"後世拾遺亦錦上添花而已，如據林逋手書試卷補遺《孤山雪中寫望》等。唯所錄詩歌次序迥異，所錄詩歌文本亦偶有齟齬。尤其詩歌排序之迥異，可見來源於不同之編校與排版，並非翻刻。詩歌文本之齟齬，或爲林逋本身前後修改所致，亦或爲輾轉流傳所致。如林逋手書《制誥李舍人以松扇二柄並詩爲遺亦次來韻》，而傳世衆本均爲《李翰林寄松扇及詩乃答之》。可知兩者之不同，必有其因。並不能因手書而否定傳世衆本。由此可見，殘宋本《和靖先生詩集》上卷，彌足珍貴。而和刻本《和靖先生詩集》上、下兩卷雖雕版頗爲粗劣，然其文本確是難得之嘉善。其既可彌補殘宋本下卷之缺失，更提供另一種宋版樣貌。

第四節　和刻本《和靖先生詩集》之淵源

　　和刻本上、下兩卷，殘宋本僅存上卷，兩者對勘可知殘宋本一百五十七題、一百六十一首詩幾乎均存於此和刻本上卷。殘宋本卷次應與和刻本相同，均爲林逋詩歌最早雕版之上、下兩卷本系統。唯兩者詩歌排序迥異，當屬不同之版本來源。今和刻本之宋本來源，似已消失於歷史。林逋詩歌於歷代典籍中多有遺存，然《咸淳臨安志》卷九十六《紀遺八·紀文·詩》所收林逋詩歌，多達五十五題、六十二首，相當於殘宋本百分之四十之數量。一卷輯録單人詩歌如此之多，於宋代典籍確是甚爲少見。《咸淳臨安志》多至百卷，流傳至今者仍有九十五卷，其中更不乏宋版宋刊。爲便於校勘選擇最佳善本，本節首先將多方考證《咸淳臨安志》之版本系統，由此爲進一步探索和刻本《和靖先生詩集》之淵源確立良基。

1.《咸淳臨安志》之版本系統

　　《咸淳臨安志》共百卷，由潛說友編撰於南宋度宗咸淳年間，卷四十九《秩官七》一直記載到咸淳九年癸酉(1273)。[1]今可知早在南宋吳自牧所著《夢粱録》中即有鈔引，卷十一《溪潭澗浦》記載："浦者，考鳳凰山下有柳浦。《咸淳志》云：'《隋志》置郡，晉吳喜嘗遊軍此地。参之諸文無考。'"[2]此條見於靜嘉堂藏本《咸淳臨安志》卷九十六《山川十五·澗·城内外》："柳浦。在鳳凰山下，隋置郡處。晉吳喜嘗進軍此地，今無可考。"然此書未見載

---

[1] 《宋元方志叢刊·影印説明》："宋咸淳四年(一二六八)纂。"(北京：中華書局，1990年版，第5頁。)未確。
[2] ［宋］吳自牧撰，黃純豔整理：《夢粱録》，鄭州：大象出版社，2019年版，第314頁。

於宋元書目。最早載錄於明初《文淵閣書目》卷十九《暑字號第二廚書目》"臨安志(四十冊)"。①四十冊數量殊非十五卷《乾道臨安志》、五十二卷《淳祐臨安志》可以比擬,只有百卷《咸淳臨安志》堪當。今存《永樂大典》殘卷之卷七〇三"祥異""考證""人物",共有五條抄錄自《咸淳臨安志》。②明代邵經邦《弘道錄》卷七抄錄《臨安志》"吳越恭懿太夫人吳氏"一條,③此節錄《咸淳臨安志》卷六十八《人物九·后妃·國朝》。明末此書又記錄於《千頃堂書目》卷八《地理類下·補·宋》:"潛說友臨安志一百卷(咸淳四年以司農少卿知臨安府)。"④正於此時,此書開始見載於書目外之諸多史籍。

(1)朱彝尊藏本(九十三卷)

此書後世之流傳,最早明確記載於朱彝尊《咸淳臨安志跋》:

南宋咸淳四年,中奉大夫權戶部尚書知臨安軍府事縉雲縣開國男處州潛說友君高葺正府志,增益舊聞,凡一百卷。予從海鹽胡氏、常熟毛氏先後得宋槧本八十卷,又借抄一十三卷,其七卷終闕焉。宋人地志幸存者,若宋次道之志長安,梁叔子之志三山,范致能之志吳郡,施武子之志會稽,羅端良之志新安,陳壽老之志赤城,每患其太簡,惟潛氏此志獨詳。合以《吳越備史》《中興館閣錄》《續錄》《都城紀勝》《武林舊事》《夢梁錄》《大滌洞天志》,庶幾文獻足徵。惜後之作通志者,目未覩此,以致舊聞放

---

① [明]楊士奇撰:《文淵閣書目》,《讀書畫齋叢書》本。
② 《永樂大典》,北京:中華書局,1986年版,第3524頁上、第3526頁上、第3527頁上、第3527頁下。
③ [明]邵經邦:《弘道錄》,見《道藏》第35冊,北京:文物出版社、上海:上海書店、天津:天津古籍出版社,1988年版,第49頁中。
④ [清]黃虞稷撰,瞿鳳起、潘景鄭整理:《千頃堂書目》,上海:上海古籍出版社,2001年版,第229頁。

失,可歎也夫。①

可知朱彝尊藏本爲九十三卷。宋槧八十卷,鈔補十三卷。此本得自海鹽胡氏、常熟毛氏。

後世之流傳可見《拜經樓藏書題跋記》所載吴焯題跋:

《咸淳臨安志》原本舊藏朱氏曝書亭,後歸花山馬氏道古樓,今入桐鄉汪氏書庫,世人不可得見矣。……康熙辛卯,從馬氏乞鈔,予錢二十千,凡三年,僅得半部。更請於書主付繡谷亭,别令楷書生録完,並假前半部手自校定,先後歷十年餘,至雍正元年癸卯始得裝訂。②

另載鮑廷博題跋亦言:

檢討既没,歸之花山馬氏道古樓。馬復售之桐鄉汪氏,今則散佚,莫可蹤跡矣。方在道古樓時,錢塘吴繡谷先生從之借録,予錢二十千,僅得其半,又歷十餘寒暑,始畢業焉。③

可知朱氏藏本後歸花山馬氏,再歸桐鄉汪氏,吴焯則從原本抄録以成吴氏繡谷亭本,即鮑廷博所謂"吴本"。

(2) 朱彝尊藏本(三十五卷、十七册)

《拜經樓藏書題跋記》所載鮑廷博題跋:"雍正辛亥,檢討孫

---

① [清]朱彝尊撰:《曝書亭集》卷四十四《跋三》,《四部叢刊初編》本。又見:《曝書亭序跋》,上海:上海古籍出版社,2010年,第162頁。
② [清]吴壽暘撰:《清人書目題跋叢刊十·拜經樓藏書題跋記》卷三,北京:中華書局,1995年版,第634頁下。
③ 《清人書目題跋叢刊十·拜經樓藏書題跋記》卷三,第635頁上。

稼翁以重出宋槧本三十五卷售小山堂趙氏。趙氏從吳本補録其餘，未及整裝即歸北墅王氏寶日軒，頃復爲吳氏存雅堂所有。"①此事又見《拜經樓藏書題跋記》所載杭世駿於小山堂趙氏本之題跋："適檢討孫稼翁以宋槧十七册求售，亟從夷誠夫以三十金易之。"②此可謂朱彝尊另一種藏本，經過王氏寶日軒收藏，最終歸於吳氏存雅堂。

（3）黄丕烈藏宋刻寫補本（九十五卷）

日本靜嘉堂藏本卷末有黄丕烈嘉慶三年至嘉慶七年所作跋文四則。其一（嘉慶三年）：

每從藏書家訪問，知竹垞藏本尚在杭州。偶遇杭友曹竹林，詢悉是書，即其親戚所藏，屬伊訪求，已閲三四載矣。今秋九月上旬，以樣本示余。予一見，信爲宋刻善本。每本部葉有楷書細目，似國初人筆，或即竹垞舊藏，亦未可知。物主有議價，及書中刻抄原缺，細數兩紙，自署曰"知稼主人"，未識誰何。而於書中面目開列明晳，當是藏書故家。既晤竹林，乃知此人王姓，學增其名，一貧孝廉。此書久質他姓，兹因明年計，偕售去以爲行資，故特送覽，以報昔日之命，但百二十千，缺一不可。余耳熟是書久，急出錢易之。全書卅册，既來，費半日功，繙閲一過，内紙色黄者與白者，有兩種。黄紙墨氣較好，皆是宋刻原本。一卷、八十一卷至八十九卷，皆抄。餘卷中間有一二抄補之葉，悉屬影寫，故刻工姓名，及所刻字數上下略具，似非無據者。其六十四卷至六十六卷、九十卷、九十八卷至百卷，仍闕如也。因思《曝書

---

① 《清人書目題跋叢刊十·拜經樓藏書題跋記》卷三，第635頁上。
② 《清人書目題跋叢刊十·拜經樓藏書題跋記》卷三，第634頁下—635頁上。此文又見［清］杭世駿著，蔡錦芳、唐宸點校：《杭世駿集·道古堂文集》卷二十七《跋二·咸淳臨安志跋》，杭州：浙江古籍出版社，2015年版，第394頁。

亭集》跋語云:"予從海鹽胡氏、常熟毛氏先後得宋槧本八十卷,又借抄一十三卷,其七卷終缺焉。"今刻本八十三卷,抄本十卷,似非竹垞故物。然查德尹《查浦輯聞》云:"杭州府志在宋,則《淳祐志》《咸淳志》。《淳祐》(施諤),已不復存。《咸淳》則竹垞先生與當湖高詹事(士奇)合成若干卷,尚缺十卷。"查所云缺者,當是原闕七卷之外,所抄十卷,似與余今所見之本合。查又云:"紙色墨香與書法之美,真目所未覩。"余今所見本亦然,其爲竹垞故物無疑。再檢杭大宗《道古堂集》有跋云:"書凡百卷,舊藏花山馬氏。吾友吳君尺鳧以二十千購抄其半,則得之王店朱檢討家,碑刻七卷仍缺如也。好事者往往從吳氏借抄,抄胥憚煩,每割去大文長記,以是世鮮善本。辛亥歲,同在志局,尺鳧攜是書來,予與趙子誠夫共相參校,乃得睹悉真贗,輒歎求書之難。適檢討孫稼翁以宋槧十七冊求售,亟從史誠夫以三十金易之。"由斯以觀,竹垞故物本在杭州。今是書果輾轉流傳而出者歟?惜卷數、冊數,今昔多寡分合,又有不同,豈後人之所爲?抑或前人稱之,不得其實乎?唯所缺六十四至六十六爲《人物》,九十、九十八、九十九爲《紀遺》中之《紀事》《紀文》,一百爲《紀遺》中之《歷代碑刻目》,宋本原目具志中,杭云碑刻七卷仍缺如也,未免考之不的爾。今書中藏書印,黃紙者均有一大印,二小印,大印爲"高平家藏",小印一爲"朝列大夫之章",一則加印於舊印之上,模糊莫辨,似爲"國朝三代簪纓"。白紙者卷七十五至卷八十,首末皆有汲古毛氏印。古籍流傳原委有自,洵可寶也。得書前夕,鮑丈適來晤,言及此,云向所得殘宋本,在吳兔牀處。兔牀,予亦往來,擬作札商之,或二卷宋刻可得,豈非盡美哉?嘉慶三年歲在戊午季冬月中澣八日,雨牕剪燭書,棘人黃丕烈。

其二(嘉慶五年):

歲庚申春，從吳兔牀處借得六十五、六十六卷，仍係抄本，旁有"知不足齋影宋鈔"字樣，當非無據也。爰屬西賓顧澗蘋傳錄，俟裝潢時一併補入。頃鮑綠飲來訪，談及是書，遂取示之，問其在杭州曾見過此書否。綠飲云書雖未見，然聞其爲黃姓物，所稱知稼主人，當用宋人知稼翁故事。則竹林傳述以爲王姓者誤爾。又詢其所多二卷宋刻何在，云在孫氏。蓋鮑得此書有兩部，一歸孫，一歸吳，吳之二卷，即從孫之二卷影寫者，以之補闕，尚非不知而作云。五月朔，坐雨，讀未見書齋書此，蕘圃。

其三（嘉慶七年，此條補寫於第二、第四則之間縫隙，當爲最後補寫）：

壬戌從都中買夏季搢紳，偶見浙江寧波府定海縣復設訓導，有王學增其人，始知竹林之言爲不謬，而綠飲所聞爲未確也。古書源流，余喜考訂，故一藏書之家而必求其實如此。

其四（嘉慶七年）：

此書收藏已閱五載矣。原裝三十冊，墨敝紙渝，幾不可觸手。今夏六月，始命工重裝，細加補綴，以白紙副其四圍，直至冬十一月中竣事。裝潢之費，復用去數十千文，可云好事之至矣。分裝四十八冊，以原存部面，挨次裝入，俾日後得見舊時面目。其中除六十五、六十六新鈔外，尚有舊鈔幾卷，擬仍訪諸兔牀，或有宋刻可校，豈不更善乎？壬戌季冬，蕘翁黃丕烈識。

由此可知黃丕烈嘉慶三年得是書三十冊九十三卷，分爲刻本八十三卷，抄本十卷，即卷一、卷八十一至八十九。缺卷六十四至

六十六、卷九十、九十八至卷一百,共七卷。刻本紙色有黃、白兩種。黃紙墨氣較好,皆是宋刻原本,共七十七卷。白紙爲卷七十五至八十,共六卷。嘉慶五年自吳騫借得卷六十五、六十六兩卷知不足齋影宋鈔本,屬顧廣圻抄録補入。如此,刻本八十三卷,抄本十二卷,共九十五卷。嘉慶七年重新裝幀爲四十八册。

黃丕烈藏本乃"爲竹垞故物無疑",即朱彝尊藏本系統,其得自海鹽胡氏、常熟毛氏。

(4) 陸心源藏本(九十五卷)

陸心源《儀顧堂題跋》卷四載有《宋槧咸淳臨安志跋》:

《咸淳臨安志》一百卷,前有潛説友自序,宋刊宋印本。卷一、卷八十一至八十九、卷六十五、六十六、凡十二卷皆抄補。卷六十四、卷九十、卷九十八、卷九十九、卷一百皆缺。每頁二十行,每行二十字,小字雙行,版心有字數及刊工姓名。宋諱皆缺筆,語涉宋帝皆提行,年號亦空一格。即《百宋一廛賦》所謂"臨安百卷,分豆剖瓜;海鹽常熟,會叢竹垞"者也。字體圓勁,刊手精良,不下北宋官刊。杭州汪氏新刊本摹刊亦精,視此則有霄壤之判矣。卷七十五、七十八,有"毛晉之印"朱文方印、"毛氏子晉"朱文方印。卷二、卷四十六、卷五十四、卷六十、卷六十七、卷八十一,有"高平家藏"朱文方印、"朝列大夫之章"朱文方印,又一印不可辨,後有黃蕘圃四跋,述得書源流甚詳。黃歸于汪閬原,汪歸于郁泰峰,光緒八年歸于皕宋樓。吳兔牀拜經樓所藏刊本二十卷、影抄七十五卷,今歸杭州丁松生大令。徐健庵傳是樓藏本後歸高江村,乾、嘉間爲鮑以文所得,歸之孫氏,今歸山東楊氏海源閣。①

---

① [清]陸心源撰:《清人書目題跋叢刊二·儀顧堂題跋》,北京:中華書局,1990年版,第51頁上。

此即黃丕烈藏本，由黃丕烈歸于汪閬原、郁泰峰，光緒八年歸於皕宋樓。

（5）靜嘉堂藏本（九十五卷）

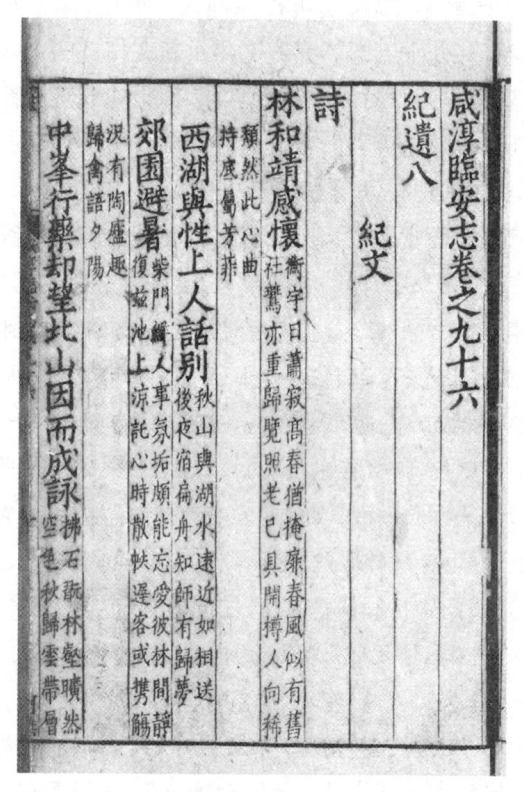

圖版1-16：日本靜嘉堂藏本《咸淳臨安志》卷九十六

陸心源藏本今歸日本靜嘉堂。其宋刊寫補本現存版本情況如下：

整卷抄補：凡例、卷一、卷六十五、卷六十六、卷八十一至八十九（影抄）。除去凡例，共十二卷。

第一章・林逋文集和刻本研究

部分抄補：卷十四尾葉、卷四十一尾葉、卷六十二卷首半葉、卷六九第六葉、卷七十最後兩葉"孝感拾遺"（振綺堂鈔本）、卷七十一首葉。

整卷缺失：卷六十四、九十、九十八、九十九、一百，共五卷。

部分殘缺：卷六十二缺卷首半葉，卷九十一缺卷首兩葉。

全書大部分卷首鈐有陰文"汪士鐘印"、陽文"閬源真賞"方印，近半數卷首或卷尾鈐有陰文"歸安陸樹聲叔桐父印"方印。

另外，陽文"高平家藏"、陰文"朝列大夫之章"鈐於卷二、八、十一、二十七、三十九、四十二、四十六、五十一、五十四、五十七、六十、六十七、九十四，均爲卷首。共十三卷，兩章均同時並存。其中，卷二有兩方"高平家藏"，第二方鈐蓋於"朝列大夫之章"之上。可知此方收藏印章要晚於"朝列大夫之章"。

圖版 1-17：日本靜嘉堂藏本《咸淳臨安志》卷二鈐印

陽文"毛氏子晉""毛晉之印"鈐於七十五卷首，七十六卷無印，七十七卷因卷首污濁而鈐於卷末，七十八卷鈐於卷首，七十

· 89 ·

九卷無印，八十卷末鈐蓋陽文"汲古主人""毛氏子晉"兩印，共四卷。

陽文"田耕堂藏"、陰文"泰峰審定"鈐於《咸淳臨安志目錄》下、卷十三、二十八、四十六、七十九，均爲卷首。卷九十七則位於卷尾。四十三卷首僅有"泰峰審定"。

相較黃丕烈所言："黃紙者均有一大印，二小印，大印爲'高平家藏'，小印一爲'朝列大夫之章'，一則加印於舊印之上，模糊莫辨，似爲'國朝三代簪纓'。白紙者卷七十五至卷八十，首末皆有汲古毛氏印。"實則，黃紙共七十七卷，僅有十三卷鈐蓋大、小二印。白紙共六卷，僅有四卷鈐蓋毛氏印章，且並非"首末皆有"。而陸心源記載亦多有疏略，實則卷七十七、八十，均有毛氏朱文方印，只因鈐於卷尾而被遺漏。另僅記載六卷有"高平家藏""朝列大夫之章"兩方朱文印章，遺漏更多達七卷：卷八、十一、二十七、三十九、四十二、五十一、五十七。

由藏書印可知此本流傳較爲簡單清晰，曾先後爲朱彝尊、高士奇、汪士鐘、郁松年、傅增湘收藏。此本異於鮑廷博之季振宜藏本系統，而鮑氏藏本得自平湖高氏，故而其傳承本即今存於國圖之海源閣楊氏藏本卷五、卷三十六有"高平家藏"陽文方印。而此本亦有此印，可知平湖高氏曾藏有此兩種藏本系統之版本。卷二兩方疊加印章，"高平家藏"鈐蓋於"朝列大夫之章"之上，可知其在朱彝尊之後確曾收有其藏本。由上文論述可知，季振宜、朱彝尊、鮑廷博均曾有兩種藏本，然均是同一藏本系統。唯有平湖高氏所藏橫跨兩種藏本系統，確是罕見。

（6）鮑廷博藏本（九十五卷）

《拜經樓藏書題跋記》所錄鮑廷博題記曰：

宋咸淳間潛說友撰《臨安志》百卷，歷世寖久，傳本絶少。我朝朱檢討彝尊先後從海鹽胡氏、常熟毛氏得宋槧本,去其重複,輯成八十卷。又從他氏補鈔十三卷,尚闕七卷,無從補録,其跋載《曝書亭集》中。檢討既没,歸之花山馬氏道古樓。馬復售之桐鄉汪氏,今則散佚,莫可蹤跡矣。方在道古樓時,錢塘吴繡谷先生從之借録,予錢二十千,僅得其半,又歷十餘寒暑,始畢業焉。雍正辛亥,檢討孫穟翁以重出宋槧本三十五卷售小山堂趙氏。趙氏從吴本補録其餘,未及整裝,即歸北墅王氏寶日軒,頃復爲吴氏存雅堂所有。吴氏之居去予家祇數舍,予每欲借鈔,輒因病止。今年正月,偶得平湖高氏本,凡二十二册,中間節次闕失,而盡於八十一卷,每册有季滄葦圖記。以《傳是樓宋板書目》證之,其卷帙相符,蓋即東海舊物也。內第四卷迄第九卷實季氏補鈔,中稱理宗爲"今上",應是施愕《淳祐志》羼入(暘謹按:家藏本第四卷乃宋刻,第五至第十,並知不足齋補鈔,先生殆偶誤記耳),餘二十册紙墨精好,較勝於趙氏本,而六十五、六十六兩卷又竹垞先生所未見也。因拆去季氏補鈔施志六卷,就吴氏借趙本補録。凡影宋刻鈔者一十六卷,影鈔者二十八卷,又影宋刻鈔序目三十八翻,合刻本通得九十五卷,仍缺者第一卷卷首序録二翻、第六十四卷及九十卷、九十八卷至一百卷,留心稽訪,異日或成全書,未可知也。吴本有繡谷先生手跋,趙本有董浦先生手跋,記述頗詳,並録于左,俾後之好古者有所徵信,且知吴、趙二家購求遺籍不惜重資,有足法者。嗟乎!聚書、藏書良非易事,即如泰興季氏、花山馬氏、桐鄉汪氏、武林趙氏、王氏,以及健菴、江邨之富且貴焉,而此書不數十年間屢易其主,若傳舍然。況以余之薄弱,其能長守而弗失乎?亦冀後我者知所愛護而已。乾隆三十八年歲次癸巳三月,歙人鮑廷博題於知不足齋。[1]

---

[1] 《清人書目題跋叢刊十·拜經樓藏書題跋記》,第635頁上、下。

可知鮑廷博自平湖高氏得到宋槧《咸淳臨安志》二十二册。此本最早爲季振宜收藏，後歸徐乾學所有。其第五迄第十共六卷，季振宜誤補入施諤《淳祐志》，鮑廷博另就吳氏存雅堂借得趙氏藏本補録之。此本一大特色在於有卷六十五、六十六兩卷，爲朱彝尊本所無。此本共九十五卷，後歸壽松堂孫氏，即日本靜嘉堂藏本《咸淳臨安志》卷末黃丕烈跋語所謂"蓋鮑得此書有兩部，一歸孫"。陸心源又以爲最終歸於楊氏海源閣。①

(7) 吳氏拜經樓藏本（九十五卷）

日本靜嘉堂藏本《咸淳臨安志》卷末黃丕烈第二則嘉慶五年跋語記載："頃鮑綠飲來訪，談及是書。……又詢其所多二卷宋刻何在，云在孫氏。蓋鮑得此書有兩部，一歸孫，一歸吳，吳之二卷，即從孫之二卷影寫者，以之補闕，尚非不知而作云。"第二種歸於拜經樓吳氏。不僅如此，鮑廷博所得另一珍貴鈔本，即季振宜所鈔六卷施諤《淳祐臨安志》亦歸於拜經樓。見上海圖書館藏《淳祐臨安志》卷末錢泰吉道光十八年六月望日跋語："此《臨安志》自一卷至六卷，乃從拜經樓傳鈔者。所載事蹟至淳祐止，稱理宗爲今上，其爲施諤志無疑。"

陳鱣《偶從吳市購得宋〈淳祐臨安志〉六卷雖非全然自來著録家多未見喜而有作寄槎客先生》"卻同乾道亡全秩，更羨咸淳貯一家"自注曰："同郡孫氏壽松堂舊藏宋本《乾道臨安志》三卷，先生書庫有宋本《咸淳臨安志》九十五卷，嘗刻一印曰'臨安志百卷人家'。"可見吳騫於《咸淳臨安志》之喜愛。吳騫和詩"與君鼎足藏三志"自注曰："予舊有《乾道臨安志》三卷、《咸淳臨安

---

① ［清］陸心源撰：《清人書目題跋叢刊二·儀顧堂題跋》卷四《宋槧咸淳臨安志跋》，北京：中華書局，1990年版，第51頁上。

志》九十五卷,皆宋刻及影抄本,合此爲臨安三志云。"①

吴騫次子吴壽暘所撰《拜經樓藏書題跋記》卷三記載:

> 宋大字本《咸淳臨安志》九十五卷,每葉二十行,每行白文二十,註文雙行二十字。渌飲先生得於平湖高氏,以歸先君子。凡宋刻二十卷,影宋鈔七十五卷。有季滄葦圖記,卷帙與《傳是樓宋板書目》相符,蓋東海舊藏。原本盡于八十一卷,内五卷至第十卷乃施諤《淳祐志》羼入,渌飲先生撤出此六卷,從王氏、吴氏影宋補鈔,較竹垞所見多六十五、六十六二卷。鈔本經沈君烺校正,書其前云:"乾隆丙申三月初十日,武林沈烺校。"又云:"是書鮑渌飲借鈔於壽松堂孫氏,檢書者不依卷數亂發,隨借隨鈔,亦即隨校,覽者幸毋以參錯爲嫌。烺又識。"每卷後皆記校對月日。又九十七卷後書云:"乾隆四十二年歲次丙申二月望後,假壽松堂孫氏本鈔補,四月二日鈔畢,七日校訖,計補八百頁。"②

由此可知,鮑廷博藏本後歸吴氏拜經樓。然拜經樓所記與鮑廷博所言多有齟齬。原因即在於,鮑廷博藏本共有兩部,拜經樓所得乃另一部,兩者之差異在於:

首先,卷六十五、六十六兩卷刻本與鈔本之别。鮑廷博言:"内第四卷迄第九卷實季氏補鈔","餘二十册紙墨精好,較勝於趙氏本,而六十五、六十六兩卷又竹垞先生所未見也。因拆去季氏補鈔施志六卷,就吴氏借趙本補録。"可見其所得二十二册,只有兩册六卷爲補鈔,其餘爲宋刻,包括卷六十五、六十六兩卷。而拜經樓藏本此兩卷乃鈔本。日本静嘉堂藏本《咸淳臨安志》第

---

① 上海圖書館藏鈔本《淳祐臨安志》卷首。
② 《清人書目題跋叢刊十·拜經樓藏書題跋記》,第634頁上。

六十六卷末有顧廣圻題跋："吳兔牀家藏鈔本影寫凡二卷。嘉慶庚申四月澗蘋記。"九十七卷末黃丕烈第二則嘉慶五年題跋亦言："歲庚申春，從吳兔牀處借得六十五、六十六卷，仍係抄本，旁有'知不足齋影宋鈔'字樣，當非無據也。爰屬西賓顧澗蘋傳錄，俟裝潢時一併補入。……蓋鮑得此書有兩部，一歸孫，一歸吳，吳之二卷，即從孫之二卷影寫者，以之補闕，尚非不知而作云。"唯，鮑廷博藏本與朱彝尊藏本最大區分即在於鮑氏藏本有宋刻六十五、六十六兩卷。吳氏藏本雖爲鈔本，亦是源自宋刻，"從孫之二卷影寫"。另據日本靜嘉堂藏本《咸淳臨安志》卷末黃丕烈作於嘉慶七年第四則題跋所言："其中除六十五、六十六新鈔外，尚有舊鈔幾卷，擬仍訪諸兔牀，或有宋刻可校，豈不更善乎？"可知，吳氏拜經樓或已得原版宋刻亦未可知。

其次，刻本與鈔本卷數之別。鮑廷博言"凡影宋刻鈔者一十六卷，影鈔者二十八卷，又影宋刻鈔序目三十八翻，合刻本通得九十五卷"，可知此本影宋鈔僅十六卷，全部鈔本爲四十四卷，宋刻本則有五十一卷。而拜經樓記載"凡宋刻二十卷，影宋鈔七十五卷"。

（8）盧文弨鈔本（九十五卷）

盧文弨《咸淳臨安志跋》：

始余之鈔是書也，不得善本，求之他氏亦復然。更一二年間，友人鮑以文氏乃以不全宋刊本借余，向所闕六十五、六十六兩卷，獨完然具備，余得據以鈔入。雖尚闕第六十四、第九十及最末三卷，然視曝書亭所鈔則已較勝矣。宋本前有四圖，但字已多漫漶。余請友人圖之，其依俙有字跡而不可辨者，余以方圍識其處。又校對其文字異同，始知外間本删落甚多，顧力不能重寫，則以字少者添於行中，字多者以別紙書之，綴於當卷之後，且

第一章·林逋文集和刻本研究

注其附麗本在何處,庶來者尚可考而復焉。噫!世間之書若此者多矣。書賈圖利,往往妄有刪削以欺人,其流傳甚易,真本益微矣。古人以讀書者之藏書爲最善,其不以此也夫!①

後歸黄丕烈,見日本靜嘉堂藏本卷末黄丕烈嘉慶三年所作跋語:

余向購得抄本《咸淳臨安志》,較朱竹垞集中所跋本多二卷,六十五、六十六是也。抄本出盧學士抱經校本,云從鮑以文所藏殘宋槧本補録者,然則潛《志》宋刻流傳非一也。

此本後歸海寧陳鱣,見上海圖書館藏鈔本《淳祐臨安志》卷尾陳鱣嘉慶十四年冬十二月跋語:

（咸淳臨安志）未幾,歸於吾鄉吴氏拜經樓。餘姚盧氏抱經堂嘗從吴氏借鈔,今爲余所得者也。

今藏日本靜嘉堂文庫,見《日藏漢籍善本書録》上册《史部·地理類》。②
（9）丁丙藏本（九十五卷）
南京圖書館藏本《咸淳臨安志》卷首有丁丙題識:

咸淳臨安志九十五卷,宋刻鈔配本,吴氏拜經樓舊藏。前爲中奉大夫權户部尚書兼詳定敕令官兼知臨安軍府事兼管内勸農

---

① ［清］盧文弨撰,王文錦點校:《抱經堂文集》卷第九《跋二·咸淳臨安志跋》,北京:中華書局,1990年版,第132—133頁。
② 嚴紹璗撰:《日藏漢籍善本書録》上册《史部·地理類》,北京:中華書局,2007年版,第581頁。

使兩浙西路安撫使馬步軍都總管兼點檢行在贍軍激賞酒庫所緝雲縣開國男食邑二百户潛說友序，次目錄、凡例，次圖。前數卷爲行在所錄，記宫禁曹司之事。自十六卷以下，乃爲府志，區畫明晰，體例秩然。說友，字君高，處州人。淳祐甲辰進士，咸淳四年知臨安軍府。飛來峰下尚有與賈相同游題名。後以誤捕似道私秩罷，又起守平江，德祐元年四月罷。宋亡，在閩降元，仍不得其死。明《成化杭州志》尚依其款式開版，其時書固完善也。康

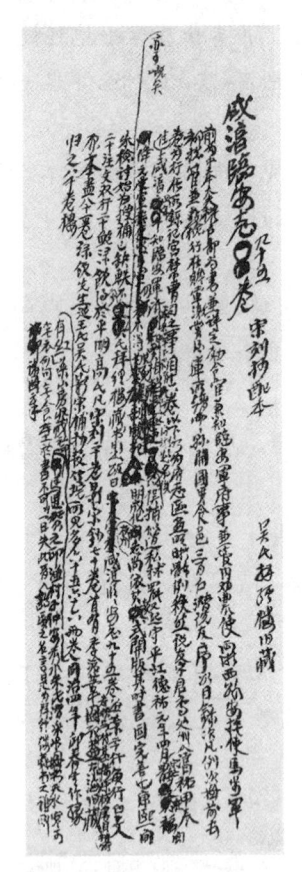

圖版1-18：南京圖書館藏本《咸淳臨安志》卷首

熙間，朱檢討始爲搜補，已缺軼不少。吳氏《拜經樓藏書題跋》曰："《咸淳臨安志》九十五卷，每葉二十行，每行白文二十，注文雙行二十。鮑淥飲得於平湖高氏，凡宋刻二十卷，影宋鈔七十卷。首有季滄葦圖記，卷帙與《傳是樓宋版書目》相符，蓋東海舊藏。原本盡八十一卷，淥飲先生從王氏、吳氏影宋補鈔，較竹垞所見多六十五、六十六兩卷。"有"紅藥山房收藏私印""馬思贊之印""漁村子""仲安""秀水朱氏潛采堂圖書""天水""寒可無衣飢可無食至於書不可一日失此昔人詒厥之名言是爲拜經樓藏書之雅則"諸圖章。同治四年，邱春生作緣，歸之八千卷樓。

可知吳氏拜經樓藏本又歸丁氏八千卷樓所有。其轉述《拜經樓藏書題跋記》多有省略，更將"影宋鈔七十五卷"誤爲"影宋鈔七十卷"。此文又見《善本書室藏書志》卷十一《史部十一上》，文字稍有出入，"三百戶"誤爲"二百戶"，"前數卷"，改爲"前十五卷"。①

（10）南京圖書館藏本（九十四卷）

丁丙藏本最終歸於南京圖書館，現存版本情況如下：

整卷抄補：目錄、凡例、一、二、五至十、十三至十九、三十二至五十、五十六至六十三、六十五至八十九、九十一至九十七。除去目錄、凡例，共七十四卷。

其中"宋本影鈔"：五至十、十五至十九、三十三至五十、六十一至六十三、六十五、七十六、七十七、七十八、七十九、九十一至九十七。共四十四卷。

---

① 此文又見《清人書目題跋叢刊二·善本書室藏書志》卷十一《史部十一上》，北京：中華書局，1990年版，第524頁下—525頁上，據"光緒辛丑季秋錢唐丁氏開雕"本影印。

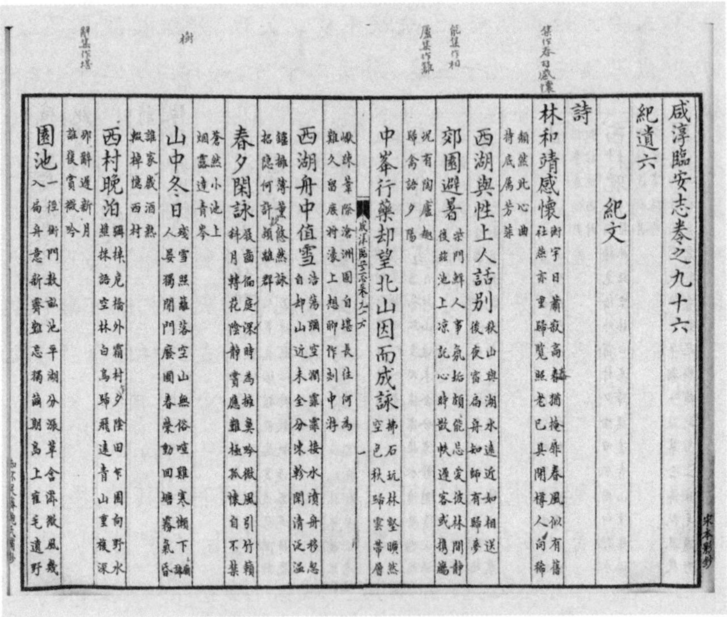
咸淳臨安志卷之九十六

紀遺六

紀文

詩

林和靖感懷 衡宇日蕭寂高舂猶掩扉春風似有舊社燕喜重歸覽照老已具開樽人尚稀頹然此心曲特底屬芳菲

西湖與性上人話別 秋山與湖水遠近如相送後夜宿扁舟知師有歸夢

郊園避暑 茶門鮮人事氛垢頗能忘愛彼林間靜復茲池上涼託心時散帙遇客或携觴況有陶廬趣歸禽語夕陽

中峰行藥却望北山因而成詠 拂石玩林壑曠然空色秋歸雲帶層

咸淳臨安志卷九十六　一

巘珠輦際滄洲回白塔長住何為難久留扆將濠上想聊作剡中游

西湖舟中值雪 浩蕩彌空闊霏霏接水濱舟移忽自卻山近未全分

鐘撞薄暮悠然詠招隱何許頻離群

春夕閑詠 簷齒偏庭深時為擁鼻吟微風引竹籟斜月轉花陰靜賞應難極孤懷自不禁

蒼然小池上烟露連青岑

山中冬日 殘雪照蘿落空山無俗喧雞寒鵲下人晏獨閑門廢圃春榮動回塘霧氣昏

誰家歲酒熟擬棹憶西村

西村晚泊 獨棹危檣外霜村夕陰田園向野水樵推語空林白鳥歸飛遠青山重複深

那辭遲新月誰復賞微吟

園池 一徑街門數畝池平湖分派草含滋微風栽入扁舟意新霽盤忘獨藕期高上雀毛遺野

宋本影鈔

圖版 1-19:南京圖書館藏本《咸淳臨安志》卷九十六

部分抄補:卷十一卷首前兩葉及第三葉部分抄補、卷二十卷首一葉半、卷二十二卷首兩葉半、卷二十七卷首兩葉、卷五十二第十四、十五葉下半部分、卷五十四第十一、十三、十四葉下半部分、卷五十四末兩葉。

整卷缺失:六十四、八十七、九十、九十八、九十九、一百,共六卷。

部分缺失:卷六十二缺卷首半葉、卷七十缺最後“孝感拾遺”兩葉、卷八十四缺悟空院至永樂院最後兩葉、卷八十五末尾十五葉、卷八十六總十九葉僅存四、五兩葉、卷八十八缺卷首四葉、卷九十一缺卷首兩葉。

與丁丙、吴壽暘所記相比,南京圖書館藏本(簡稱南圖本)宋

第一章・林逋文集和刻本研究

刻二十卷,鈔本七十四卷,又缺失了一卷鈔本(卷八十七)。另卷八十五缺十五葉,卷八十六僅存兩葉缺十七葉,不知丁丙、拜經樓所藏是否亦是如此嚴重殘損。

再覆覈全書藏書印,卷首《咸淳臨安志序》下依次鈐有"江蘇第一圖書館善本之印記""朱馬思贊印""斅郂子中安""八千卷樓藏書印""錢唐丁氏藏書"。《咸淳臨安志序目錄》下依次鈐有"天水""寒可無衣飢可無食至於書不可一日失此昔人詒厥之名言是爲拜經樓藏書之雅則""江蘇第一圖書館善本之印記"。之後,於卷一、三、五、十一、十二、十四、十九、二十一、二十二、二十四、二十六、二十九、三十二、三十六、三十九、四十二、四十七、五十一、五十三、五十六、五十九、六十二、六十八、七十三、七十六、七十九、八十一、八十五、八十九、九十四之卷首均鈐有"江蘇第一圖書館善本之印記""八千卷樓藏書印"(卷六十二鈐印倒置)"錢唐丁氏藏書"三印。另外,卷一另有"秀水朱氏潛采堂圖書",卷三另有"紅藥山房收藏私印",卷六十二另有"吳兔牀書籍印"。由此鈐印方式,可推測丁氏藏本彼時之樣態,當是鈐於每册之首葉,加之卷十五之後有"府治圖"等圖册而多出一册,全書當分裝三十二册。

由上述鮑廷博、拜經樓、丁丙之記載可知,似乎藏本一脈相承,南圖所存丁丙藏本即來自鮑廷博、拜經樓藏本,然兩者又有諸多不同。

首先,從南圖本鈐印可知此書曾爲朱彝尊潛采堂、馬思贊紅藥山房、吳騫拜經樓、丁丙八千卷樓所收藏。與丁丙所記"紅藥山房收藏私印""馬思贊之印""漁村子""仲安""秀水朱氏潛采堂圖書""天水""寒可無衣飢可無食至於書不可一日失此昔人詒厥之名言是爲拜經樓藏書之雅則"諸圖章相吻合。然,鮑廷博、吳氏題記中均提到"每册有季滄葦振宜圖記""有季滄葦圖記",南圖本並無。

· 99 ·

其次，鮑廷博藏本言及相較朱彝尊藏本多出六十五、六十六兩卷宋刻本，而南圖本僅爲鈔本。

再之，《拜經樓藏書題跋記》記載“每卷後皆記校對月日”，然南圖本有大量卷楮，如卷十三、三十二、四十三、八十至八十六、八十八、八十九，均未記校對月日。

另外，南圖本鈔補版式複雜，有的標記“知不足齋鮑氏補鈔”，有的未有。且字體繁多，如：

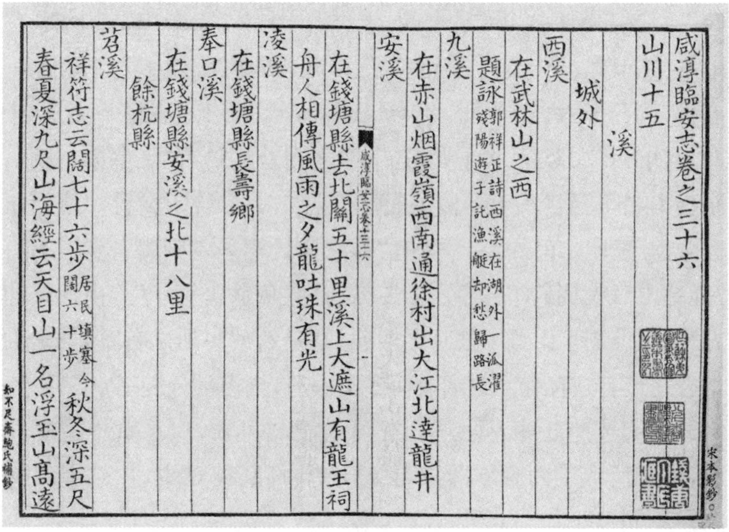

宋本影鈔

咸淳臨安志卷之三十六

山川十五

溪

城外

西溪

在武林山之西

題詠 郭祥正詩西溪在湖外一派濯殘陽遊子託漁艇卻愁歸路長

九溪

在赤山烟霞嶺西南通徐村出大江北達龍井

安溪

咸淳臨安志卷三十六

在錢塘縣去北關五十里溪上大遮山有龍王祠

舟人相傳風雨之夕龍吐珠有光

淩溪

在錢塘縣長壽鄉

奉口溪

在錢塘縣安溪之北十八里

餘杭縣

苕溪

祥符志云闊七十六步居民塡塞今闊六十步秋冬深五尺

春夏深九尺山海經云天目山一名浮玉山高遠

知不足齋鮑氏補鈔

圖版 1-20：南京圖書館藏本《咸淳臨安志》卷三十六

由此可知，南圖所存丁丙藏本之二十卷宋刻部分並非來自鮑廷博，當源自朱彝尊藏本。其七十四卷鈔補部分則有部分來自鮑廷博，此本主體即由此兩種藏本拼湊而成。此本雖偶有拜經樓藏書印，但全書並非均爲拜經樓所藏，有諸多與拜經樓題跋不符之處，亦是後來不斷訂補。

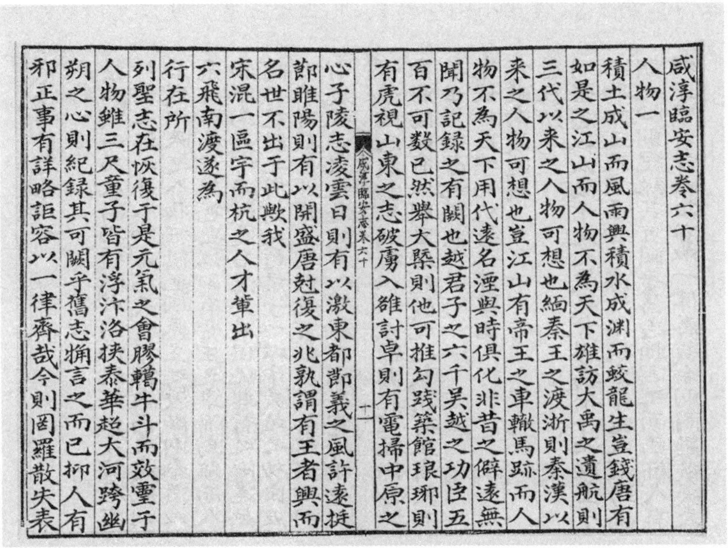
咸淳臨安志卷六十
人物一
積土成山而風雨興積水成渊而蛟龍生豈錢唐有如是之江山而人物不為天下雄訪大禹之遺航則三代以来之人物可想也緬秦王之渡浙則秦漢以来之人物可想也豈江山有帝王之車轍馬跡而人物不為天下用代遠名湮與時俱化非昔之僻遠無聞乃記録之有闕也越君子之六千吳越之功臣五百不可數已然舉大槩則他可推勾踐築館琅琊則有虎視山東之志破虜入雒討卓則有電掃中原之心子陵志淩雲日則有以激東都節義之風許遠挺節睢陽則有以開盛唐尅復之兆孰謂有王者興而名世不出于此歟我
宋混一區宇而杭之人才輩出
六飛南渡遂為
行在所
列聖志在恢復于是元氣之會膠轕牛斗而效靈于人物雖三尺童子皆有浮汴洛挟泰華超大河跨幽朔之心則紀録其可闕乎舊志猶言之而已抑人有邪正事有詳略詎容以一律齊哉今則罔羅散失表

咸淳臨安志卷六十　十一

圖版 1-21:南京圖書館藏本《咸淳臨安志》卷六十

(11) 楊紹和藏本(九十五卷)

今中國國家圖書館藏本,卷首有傅王露與楊紹和兩則題跋:

《臨安志》,乾道中創始於吴興周淙,而淳祐、咸淳繼之。後之纂修者雖代有增益,要惟三書爲最古。第乾道、淳祐二志已不可得。潛説友《咸淳志》又傳寫訛舛,訖無善本,余嘗徧求之而未獲也。今觀季氏所藏宋槧《咸淳臨安志》百卷,共八函,紙潔版新,字畫明晰,披閲一過,古香紛然,洵可寶貴。雖殘缺甚夥,而補抄本亦復端雅可觀,使數百年不易購之書首尾完善,亦可見前人之用心矣。觀竟并書數語,以志喜,後之攬者,幸勿忽焉。時大清乾隆二十二年,歲在丁丑仲春朔日,傅王露識。

是書宋槧見於近人著録者,竹垞得海鹽胡氏、常孰毛氏本,輯成八十卷。(百宋一廛本,據汪氏新刻本《跋》,即竹垞本,較多三卷。)其重出者,售諸小山堂趙氏,凡三十五卷。鮑以文所收平湖高氏本只二十卷,爲東海、延陵故物。此本宋槧六十八卷,餘二十七抄補之。(卷七至十、卷十七至十九、卷卅三、卅四、卷四十至四十五、卷六十一至六十三、卷七十六、七十七、卷九十一至九十七。仍缺五卷,與各本同。)亦鈐"滄葦"圖記。盧抱經學士謂鮑本之六十五、六十六兩卷及卷七十之二十一、二十二兩葉,爲各本所無者,此本皆有之。然與以文《跋》不盡合,當是泰興別一藏本,季氏《目》未之載耳。邇來東南烽火垂十餘年,竹垞各本恐或墮之劫中,此本之存,不啻碩果矣。至振綺堂新刻,則版式縮小,睨此闊行大字,刊印精良,未可同日語也。每冊有珊瑚印閣,(按:當爲閣印。)蓋百文敏公舊藏,同治丙寅獲於京師。庚午小陽,彥合楊紹和識。

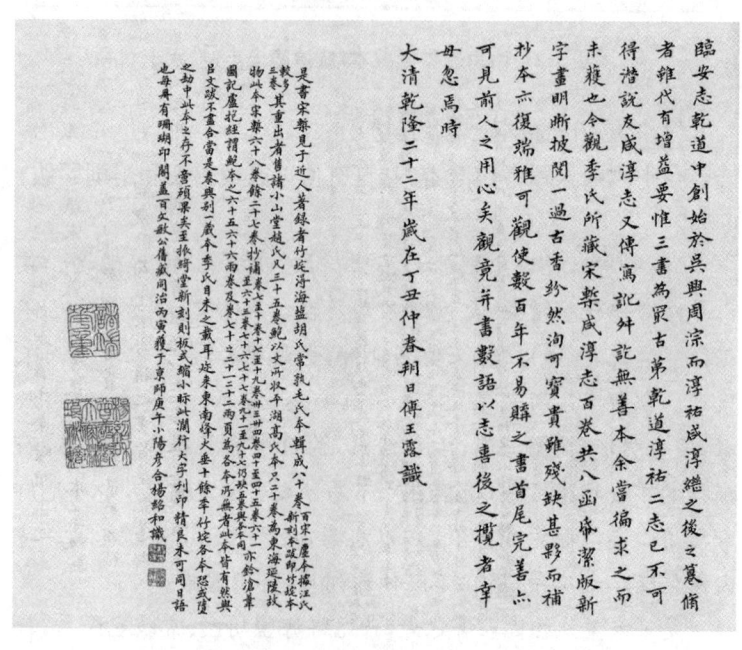

圖版1-22:中國國家圖書館藏本《咸淳臨安志》卷首

其中,楊紹和序文關涉此書版本,尤爲重要。文中論述與鮑廷博所記稍有歧異。鮑言"凡二十二册",並非"二十卷"。"卷七十之二十一、二十二兩葉"有誤,七十卷共二十一頁,此當爲最後二十、二十一兩葉,即"孝感拾遺"兩葉内容。此文又載於楊紹和所撰《楹書隅録》,文字有所修訂。如,"爲東海延陵故物"改爲"延令故物",原稿誤以"延令"爲"延陵"。①

楊紹和藏本與鮑廷博藏本所缺卷數相同,然鮑廷博記載其藏本:"凡影宋刻鈔者一十六卷,影鈔者二十八卷,又影宋刻鈔序目三十八翻,合刻本通得九十五卷。"可知此版鈔本四十四卷,刻本五十一卷,而楊紹和藏本"宋槧六十八卷,餘二十七抄補之"。由此楊紹和認爲:"與以文《跋》不盡合,當是泰興别一藏本,季氏《目》未之載耳。"然陸心源則以爲:"徐健庵傳是樓藏本後歸高江村,乾、嘉間爲鮑以文所得,歸之孫氏,今歸山東楊氏海源閣。"②可以確知,兩者均源自泰興(延令)季振宜,均有其藏書印,以及彌足珍貵之六十五、六十六兩卷宋刻,此實爲與秀水朱彝尊藏本迥異之處。

(12)中國國家圖書館藏本(七十八卷)

楊紹和藏本最終歸於中國國家圖書館(簡稱國圖本),現存版本情況如下:

整卷抄補:七至十、十六至十九、三十三、三十四、四十至四十五、六十一至六十三、七十六、七十七、七十九、九十一至九十七,共二十九卷。與楊紹和所記"餘二十七抄補之"相較,多出十六、七十九兩卷。

---

① 楊紹和撰:《清人書目題跋叢刊三·楹書隅録》,北京:中華書局,1990年版,第464頁上。
② 《清人書目題跋叢刊二·儀顧堂題跋》卷四《宋槧咸淳臨安志跋》,第51頁上。

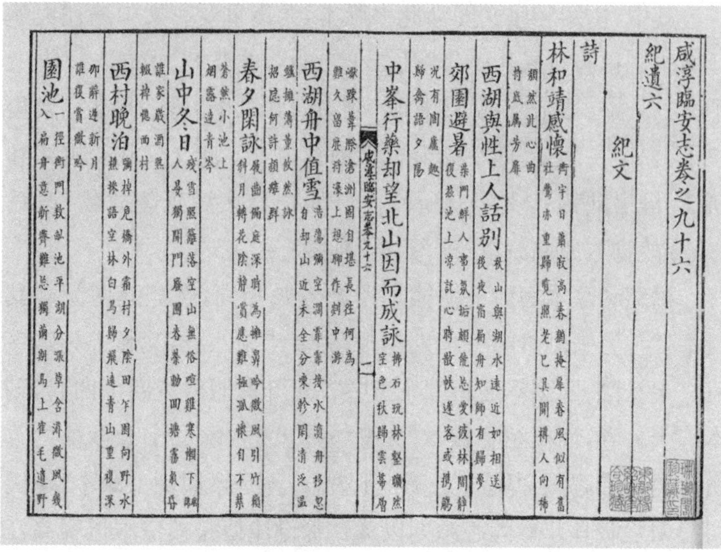

咸淳臨安志卷之九十六

紀遺六

紀文

詩

林和靖感懷

西湖與性上人話别

郊園避暑

中峯行藥却望北山因而成詠

西湖舟中值雪

春夕閑詠

山中冬日

西村晚泊

園池

圖版 1-23：中國國家圖書館藏本《咸淳臨安志》卷九十六

部分抄補：目録末葉，卷五卷首三葉，卷十五卷首一葉，卷三十九卷尾四葉，卷七十八卷首一葉、卷尾两葉，卷七十八第二十三、二十四、二十五葉下半部分各有不同程度抄補。

整卷缺失：二十六至二十八、四十六至五十九、六十四、九十、九十八至一百。共二十二卷。

部分缺失：卷六十二缺卷首半葉，卷九十一缺卷首兩葉。

楊紹和原藏九十五卷，然今存包括部分殘缺，僅七十八卷，又散佚十七卷。今中國國家圖書館所藏，分裝四十册，全書鈐印極爲複雜，詳列如下。

第一册：卷首鈐蓋“楊紹和曾敬觀天禄琳瑯秘籍”。《咸淳臨安志序》下有“東郡宋存書室珍藏”“珊瑚閣珍藏印”“海源殘閣”。

第二册：卷一《凡例》下有“宋存書室”“東郡楊紹和印”“珊瑚閣珍藏印”“季振宜藏書”“寶”“季滄葦圖書記”“瀛海僊班”“東郡

楊紹和字彥合藏書之印"。

第三册：卷二"彥合珍玩""珊瑚閣珍藏印"。卷三"季振宜藏書""寶""季滄葦圖書記"。

第四册：卷四"珊瑚閣珍藏印"。

第五册：卷五"彥合珍玩""珊瑚閣珍藏印"、第四頁"高平家藏"。卷六無印。

第六册：卷七"彥合珍玩""珊瑚閣珍藏印"。卷八無印。

第七册：卷九"東郡楊紹和彥合珍藏""珊瑚閣珍藏印"。卷十無印。

第八册：卷十一"楊彥合讀書""珊瑚閣珍藏印""寶""季滄葦圖書記"。

第九册：卷十二"珊瑚閣珍藏印""寶""季滄葦圖書記"。卷十三無印。

第十册：卷十四"珊瑚閣珍藏印"。卷十五無印。

第十一册：卷十六"珊瑚閣珍藏印"。

第十二册：卷十七"珊瑚閣珍藏印""海源閣"。卷十八、十九無印。

第十三册：卷二十"宋存書室""珊瑚閣珍藏印""寶""季滄葦圖書記""傅增湘""雙鑑樓藏書印"。卷二十一"雙鑑樓主人珍藏宋本"、末葉"藏園秘笈"。

第十四册：卷二十二"烏程蔣祖詒藏""珊瑚閣珍藏印""寶""季滄葦圖書記""北京圖書館藏"。卷二十三無印。

第十五册：卷二十四"雙鑑樓藏書印""珊瑚閣珍藏印"、末葉"增湘""藏園"。卷二十五"沅叔藏宋本""寶""季滄葦圖書記"、末葉"雙鑑樓主人珍藏宋本"。缺失卷二十六、二十七、二十八。

第十六册：卷二十九"蔣祖詒讀書記""密均樓"。卷三十"珊瑚閣珍藏印"。卷三十一、三十二無印。

第十七册：卷三十三"海源閣""雙鑑樓""沅叔""珊瑚閣珍藏印"、末葉"江安傅沅叔攷藏善本"。卷三十四"雙鑑樓藏書印"、末葉"傅增湘讀書"。卷三十五"雙鑑樓藏書印""宋存書室"、一印模糊不清、末葉"藏園秘笈"。

第十八册：卷三十六"雙鑑樓""高平家藏"、一印模糊不清、"朝列大夫之章""東郡楊氏鑑藏金石書畫印""珊瑚閣珍藏印"、末葉"雙鑑樓主人珍藏宋本"。卷三十七"雙鑑樓藏書印"、末葉"雙鑑樓主人珍藏宋本"。

第十九册：卷三十八"傅增湘印""沅叔""珊瑚閣珍藏印"、末葉"雙鑑樓主人珍藏宋本"。

第二十册：卷三十九"沅叔藏書""雙鑑樓藏書印""珊瑚閣珍藏印"、末葉"江安傅沅叔攷藏宋本"。卷四十"雙鑑樓藏書印"、末葉"藏園秘笈"。

第二十一册：卷四十一"傅增湘""雙鑑樓藏書印""珊瑚閣珍藏印"、末葉"江安傅沅叔攷藏善本"。卷四十二"雙鑑樓藏書印"、末葉"江安傅沅叔藏書記"。

第二十二册：卷四十三"沅叔""藏園""雙鑑樓藏書印""珊瑚閣珍藏印"、末葉"二十年中萬卷書"。卷四十四"增湘""藏園""雙鑑樓藏書印"、末葉"三十年前舊史官"。卷四十五"雙鑑樓藏書印"、末葉"雙鑑樓"。缺失卷四十六至五十九。

第二十三册：卷六十"密均樓""宋存書室""珊瑚閣珍藏印""蔣祖詒讀書記""旌德江紹杰漢珊氏攷藏"。卷六十一末葉"江氏小書窠藏書"。

第二十四册：卷六十二"蔣祖詒讀書記""珊瑚閣珍藏印""旌德江紹杰漢珊氏攷藏"。卷六十三末葉"江氏小書窠藏書"。缺失卷六十四。

第二十五册：六十五"烏程蔣祖詒藏""珊瑚閣珍藏印""寶"

"季滄葦圖書記""旌德江紹杰漢珊氏攷藏"。卷六十六末葉"江氏小書窠藏書"。

第二十六冊:卷六十七"烏程蔣祖詒藏""珊瑚閣珍藏印""寶""季滄葦圖書記""旌德江紹杰漢珊氏攷藏""楊保彝藏本"。卷六十八無印。卷六十九末葉"江氏小書窠藏書"。

第二十七冊:卷七十"密均樓""烏程蔣祖詒藏""珊瑚閣珍藏印""寶""季滄葦圖書記""旌德江紹杰漢珊氏攷藏"。卷七十一無印。卷七十二末葉"江氏小書窠藏書"。

第二十八冊:卷七十三"密均樓""烏程蔣祖詒藏""珊瑚閣珍藏印""旌德江紹杰漢珊氏攷藏"。卷七十四"寶""季滄葦圖書記"、末葉"江氏小書窠藏書"。

第二十九冊:卷七十五"雙鑑樓藏書印""楊氏協卿平生真賞"[1]"珊瑚閣珍藏印"、末葉"雙鑑樓主人珍藏宋本"。卷七十六"雙鑑樓藏書印"、末葉"海源閣藏書""校書亦已勤"。

第三十冊:卷七十七"雙鑑樓藏書印""珊瑚閣珍藏印"、末葉"江安傅沅叔藏書記"。卷七十八"雙鑑樓藏書印"、末葉"藏園秘笈"。

第三十一冊:卷七十九"二十年中萬卷書""雙鑑樓藏書印""珊瑚閣珍藏印"、末葉"傅增湘印""沅叔""藏園秘笈"。

第三十二冊:卷八十"密均樓""烏程蔣祖詒藏""珊瑚閣珍藏印""寶""季滄葦圖書記""旌德江紹杰漢珊氏攷藏"、末葉"江氏小書窠藏書"。

第三十三冊:卷八十一"蔣祖詒讀書記""珊瑚閣珍藏印"。卷八十二"寶""季滄葦圖書記"。

---

[1] 傅增湘撰:《藏園群書經眼錄》卷五《史部三·地理類·地方志》誤記爲"楊氏緦卿平生真賞",北京:中華書局,2009 年,第 341 頁。

第三十四册：卷八十三"密均樓""烏程蔣祖詒藏""珊瑚閣珍藏印""旌德江紹杰漢珊氏攷藏"、末葉"北京圖書館藏""江氏小書寀藏書"。

第三十五册：卷八十四"東郡宋存書室珍藏""珊瑚閣珍藏印"。卷八十五"寶""季滄葦圖書記"。

第三十六册：卷八十六"珊瑚閣珍藏印"。卷八十七"季滄葦圖書記"。

第三十七册：卷八十八"珊瑚閣珍藏印"。卷八十九末葉"滄葦"。缺失卷九十。

第三十八册：卷九十一"珊瑚閣珍藏印""海源閣"。卷九十二無印。

第三十九册：卷九十三"珊瑚閣珍藏印""海源閣"。卷九十四、九十五無印。

第四十册：卷九十六"珊瑚閣珍藏印""東郡楊紹和彦合珍藏"。卷九十七末葉"陶南布衣""楊保彝藏本""聊城楊承訓鑒藏書畫印"。缺失卷九十八、九十九、一百。

此書多呈零本，非如南京圖書館藏本成册裝幀。傅增湘《宋刊咸淳臨安志殘本跋》記載：

庚午之秋，大盜儌擾青齊，竄入聊城縣，盡劫海源閣楊氏藏書以去。於是宋元槧刻、舊鈔名校之本，錦裹縹函，風飛雨散，流落於歷下、膠澳、津沽、燕市之間。兼以其時倉皇俵分，摧燒攘奪，往往一書而分割於數人，一函而散裂於各地。或甲擁其上而乙私其下，或首帙尚存而卷尾已燬，零亂錯雜，至於不可究詰。[①]

---

① 傅增湘撰：《藏園群書題記》卷四《史部三·地理類》，第212—213頁。

據楊紹和題跋可知,此書"亦鈐滄葦圖記""每冊有珊瑚印閣"。另,傅增湘《宋刊咸淳臨安志殘本跋》又載:

> 是書據余所知,其尚可踪跡者,自余得十一冊外,江君漢珊得九冊,劉君惠之得一冊,文求堂書肆得一冊,廠市尚流傳一冊,視原書十分有五而猶不足焉。①

今檢視全書藏書印,可知該書相關卷帙曾分別爲延陵季振宜、平湖高氏、百齡珊瑚閣、楊氏海源閣、傅增湘雙鑑樓、江紹杰小書窠、蔣氏密均樓收藏。具體鈐印卷次如下:

季振宜鈐印十六卷:一、三、十一、十二、二十、二十二、二十五、六十五、六十七、七十、七十四、八十、八十二、八十五、八十七、八十九。

平湖高氏鈐印兩卷:五、三十六。

百齡珊瑚閣鈐印四十卷:卷首、一、二、四、五、七、九、十一、十二、十四、十六、十七、二十、二十二、二十四、三十、三十三、三十六、三十八、三十九、四十一、四十三、六十、六十二、六十五、六十七、七十、七十三、七十五、七十七、七十九、八十、八十一、八十三、八十四、八十六、八十八、九十一、九十三、九十六。

海源閣楊氏鈐印二十卷:卷首、一、二、五、七、九、十一、十七、二十、三十三、三十五、三十六、六十、六十七、七十五、七十六、八十四、九十一、九十三、九十六。

江紹杰小書窠鈐印十四卷:六十、六十一、六十二、六十三、六十五、六十六、六十七、六十九、七十、七十二、七十三、七十四、八十、八十三。

---

① 《藏園群書題記》卷四《史部三‧地理類》,第214頁。

傅增湘鈐印二十二卷：二十、二十一、二十四、二十五、三十三至四十五、七十五至七十九。

烏程蔣氏鈐印十一卷：二十二、二十九、六十、六十二、六十五、六十七、七十、七十三、八十、八十一、八十三。

其中，百齡"珊瑚閣珍藏印"涵蓋全部四十册。若該册内有多卷，其鈐印必在首卷。唯有第十六册非如此。此册内有卷二十九至三十二，四卷。"珊瑚閣珍藏印"鈐識於卷三十。蓋卷二十九當別屬於另一册，即與之前卷二十六至二十八這三卷合爲一册。因此三卷均已缺失，僅剩此卷，故而與三十至三十二合爲一册。也由此鈐印，可見此書於清初乾隆二十二年時之裝幀樣貌。

由此亦可推知季振宜最早收藏時之狀態。在鈐有其藏書印之十六卷中，九、十三、十四、二十五、二十六、二十七，這六册均鈐識於首卷，可知此當爲原有之樣貌。而三、十五、二十八、三十三、三十五、八十六、八十八，這七册均非鈐於首卷，則已被後來篡改。亦是時代久遠，迭經變遷所致。

傅增湘《宋刊咸淳臨安志殘本跋》："通計前後所收，凡十有一册，存卷二十、二十一、二十四、二十五、三十三至四十五、七十五至七十九，通得二十二卷，内刻本十一卷，（二十、二十一、二十四、二十五、三十五至三十九、七十五、七十八。）餘十一卷咸以鈔寫補入。"[1]所記與今存此書正相吻合。

（13）東京大學東洋文化研究所藏本

此本殘損殊甚，僅存卷二十七、二十八、四十二、六十九、七十、七十一、八十三、八十四、八十五，共九卷。其中卷二十七存開篇"山川六"至"行者患"兩葉。卷二十八存"大麥嶺"至"尚能

---

[1] 《藏園群書題記》卷四《史部三·地理類》，第213頁。

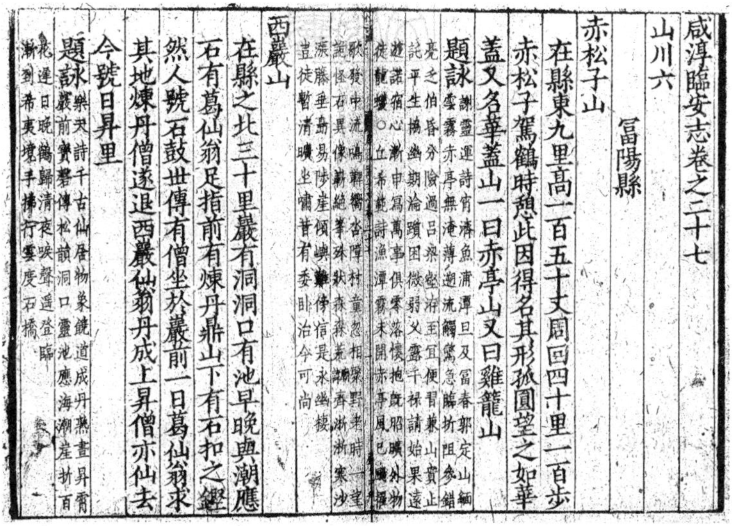
咸淳臨安志卷之二十七

山川六

冨陽縣

赤松子山

在縣東九里高一百五十丈周回四十里一百步

赤松子駕鶴時憩此因得名其形孤圓望之如華

蓋又名華蓋山一曰赤亭山又曰雞籠山

題詠 謝靈運詩宵濟魚浦潭旦及冨春郭定山緬雲霧赤亭無淹薄遡流觸驚急臨圻阻參錯亮乏伯昏分險過呂梁壑洽至宜便習兼山貫止託平生協幽期淪躓困微弱久露干祿請始果遠遊諾宿心漸申寫萬事俱零落懷抱既昭曠外物徒龍蠖○立希就詩漁潭霧未開赤亭風已颺擢歌發中流鳴鞞響沓障村童忽相聚野老時一望詭怪石異像嶄絕峯殊狀森森荒謝齊漸漸寒沙瀧騰垂鳥易陟崖傾嶼難傳信是永幽棲豈徒暫清曠坐嘯昔有委畀治今可尚

西巖山

在縣之北三十里巖有洞洞口有池早晚與潮應

石有葛仙翁足指前有煉丹鼎山下有石扣之鏗

然人號石鼓世傳有僧坐於巖前一日葛仙翁求

其地煉丹僧遂退西巖仙翁丹成上昇僧亦仙去

今號日昇里

題詠 樂天詩千古仙居物象饒道成丹熟晝昇霄巖前寶磬傳松韻洞口靈池應海潮崖折百花遲日晚鶴歸清夜唳聲遙登臨漸到希夷境手拂行雲度石橋

圖版 1-24:東京大學東洋文化研究所藏本卷二十七

村醉舞”三葉。卷四十二存“山得夜明”至“家法以愛”一葉。卷六十九存“大霆未幾”至卷終“山石筍院”三葉。卷七十缺第二葉至第十一葉共十葉。卷七十一缺六、十二、十三、十四、十五,共五葉。卷八十三首葉殘存前四行,第二至第十一葉缺失。卷八十四完整。卷八十五最後兩葉,一葉殘損,一葉缺失。此文未見任何藏書印,當爲各藏書家所罕見。

對於上述十三種版本之分析可知,《咸淳臨安志》傳承紛繁,版本複雜。於此紛繁複雜中有一關捩之處,即六十五、六十六兩卷之有無。由此可大致梳理出兩種不同之版本系統:無兩卷系統、有兩卷系統。

第一,無兩卷系統。最早可追溯至朱彝尊,故可稱爲朱彝尊藏本系統,其得自海鹽胡氏、常熟毛氏。海鹽胡氏最著者爲胡震亨,常熟毛氏最著者爲毛晉。朱彝尊藏本又可分爲三種。

一種九十三卷本。後歸花山馬氏道古樓,再歸桐鄉汪氏,吳焯則從道古樓馬氏及原書主抄錄以成吳氏繡谷亭本。

另一種三十五卷本。爲重出宋槧,雍正九年(1731)辛亥,朱彝尊孫朱稻孫(稼翁)售予小山堂趙氏。趙氏從吳焯繡谷亭本補錄其餘,未及整裝即歸北墅王氏寶日軒,之後復爲吳焯家族之存雅堂所有。

再一種黃丕烈藏本。嘉慶三年(1798)九月上旬黃丕烈購得浙江寧波王學增孝廉藏本,嘉慶五年(1800)又自吳騫借得六十五、六十六兩卷知不足齋影宋鈔本補錄以成九十五卷。黃氏藏本之後歸于汪閬原,再歸郁泰峰,光緒八年(1882)歸于陸心源皕宋樓,最終收藏於日本靜嘉堂書庫。

第二,有兩卷系統。最早可追溯至季振宜,故可稱爲季振宜藏本系統。此系統又可分爲兩種。

一、鮑廷博藏本。季振宜藏本系統最早可追溯至鮑廷博,由其於乾隆三十八年(1773)正月得自平湖高氏,此當爲高士奇族人。藏書印有"高平家藏",可知主要爲高平收藏。平湖高氏之前曾爲徐乾學傳是樓收藏。鮑廷博再就吳氏存雅堂借趙本補錄,成九十五卷。

鮑廷博藏本又有兩種,一種後歸壽松堂孫氏,六十五、六十六兩卷爲刻本。另一種歸於吳騫拜經樓,六十五、六十六兩卷爲鈔本。此本後歸丁丙八千卷樓,最終收藏於南京圖書館。盧文弨又自吳氏拜經樓藏本抄錄一本,今存靜嘉堂書庫。

二、楊紹和藏本。六十五、六十六兩卷爲刻本。與鮑廷博藏本不盡相同之處在於,楊氏刻本六十八卷,鈔本二十七卷,而鮑氏刻本五十一卷,鈔本四十四卷。由此可知"當是泰興別一藏本"。

在數百年流傳過程中,版本多有變異,兩個藏本系統之間亦多互補。如本屬於季振宜系統之南圖本二十卷宋刻部分並非來自鮑廷博，而是源自朱彝尊藏本。其七十四卷鈔補則有部分來自鮑廷博，此本主體即由此兩種藏本拼湊而成。此本雖偶有拜經樓藏書印，但全書並非均爲拜經樓所藏，有諸多與拜經樓題跋不符之處，亦可見後來不斷訂補之迹。

上述宋刊《咸淳臨安志》十三種，流傳於今，分藏於中國國家圖書館、南京圖書館、日本靜嘉堂文庫、東京大學。除去東京大學藏本過於殘缺，其餘三家藏本，南圖本九十四卷，宋刻二十卷，鈔本七十四卷，缺卷六十四、八十七、九十、九十八、九十九、一百，共六卷。另，卷八十五、卷八十六、卷八十八缺頁較多，殘損嚴重。國圖本七十八卷，宋刻四十九卷，鈔本二十九卷，缺卷二十六至二十八、四十六至五十九、六十四、九十、九十八、九十九、一百，共二十二卷。另，卷五、卷三十九、卷七十八缺頁較多，殘損嚴重。靜嘉堂本九十五卷，宋刻八十三卷，鈔本十二卷，缺六十四、九十、九十八、九十九、一百，共五卷。其餘未有嚴重缺頁殘損。各本均殘缺卷六十二卷首半葉，卷九十一卷首兩葉。整卷缺失卷六十四、九十、九十八、九十九、一百。相較而言，靜嘉堂藏本缺卷最少，宋刻最多，可謂今存《咸淳臨安志》最佳善本。尤其林逋詩歌所存之九十六卷，唯有靜嘉堂藏本爲宋版原刻，對於林逋詩歌文本之校勘，自當以此爲據。①

2. 和刻本之淵源

就宋版而言，林逋詩歌僅有殘宋本存世。而因《咸淳臨安志》又得一宋本，尤彌足珍貴。也爲本已無路可尋之和刻本版本

---

① 清振綺堂本《咸淳臨安志》爲九十六卷，實則亦是九十五卷。卷末黃士珣撰《校栞咸淳臨安志札記中》："卷之六十四。宋本舊鈔本並闕今輯補。"《宋元方志叢刊·影印說明》："按，此志今存各本均闕卷九十、九十八、九十九、一百。"未確。實則均闕卷六十四、九十、九十八、九十九、一百。

淵源探索，突破舊有之途軌，開啓全新之視域。

（1）詩歌排序

殘宋本《和靖先生詩集》共一百五十七題、一百六十五首，《咸淳臨安志》卷九十六共五十五題、六十三首，今分別將和刻本與殘宋本、靜嘉堂藏本《咸淳臨安志》卷九十六林逋詩歌之排序對比排列，以尋根索跡，探明就裏。

一者，和刻本與殘宋本之排序對比（括號外數字爲殘宋本排序，括號內數字爲和刻本排序）：

（古詩)1(三十四)和運使陳學士遊靈隱寺寓懷、2(五)西湖與性上人話別、3(八)閑師見寫陋容以詩奉答、4(九)監郡太博惠酒及詩、(律詩)5(一)湖樓寫望、6(二)秋日湖西閑泛、7(三)、送聞義師謁池陽郡守、8(四)春日感懷、9(六)上湖閑泛艤舟石函因過下湖小墅、10(七)知縣李太博替、11(十)和梅聖俞雪中同虛白上人見訪、12(十一)郊園避暑、13(十二)中峰行樂卻望北山因而成詠、14(十三)西湖舟中值雪、15(三十六)和黃亢與季父見訪、16(十五)送長吉上人、17(十六)射弓次寄彭城四君、18(十七)春夕閑詠、19(十八)懷長吉上人北游、20(十九)寄祝長官、21(二十)送史殿省典封州、22(二十一)送茂才馮彭年赴舉、23(二十二)寄茂才馮彭年、24(二十三)送王舍人罷兩浙憲赴闕、25(二十四)喜馮先輩及第後見訪、26(二十五)病中謝馮彭年見訪、27(二十六)山中冬日、28(二十七)送昱師赴請姑蘇、29(二十八)西村晚泊、30(二十九)園廬秋夕、31(三十)寄臨川司理趙時校書、32(三十一)送皎師歸越、33(三十二)送越倅楊屯田赴闕、34(三十三)閑師自天台見寄石枕、35(三十五)閑師上人以鷺鷥二軸爲寄因成二韻、36(三十七)和酬杜從事題壁、37(三十八)園池、38(三十九)槐木紙椎贈周太祝、39(四十)晚春寄示茂才馮彭年、40(四十一)送范寺丞(仲淹)、41(四十二)山閣偶書、42(四十三)孤山

第一章·林逋文集和刻本研究

雪中寫望寄呈景山仙尉、43(四十四)錢塘仙尉謝君詠物樓成寄題二韻、44(四十五)西巖夏日、45(四十六)蝶、46(四十七)和安秀才次晉昌居士留題壁石、47(四十八)和酬周寺丞、48(四十九)送僧遊天台、49(五十)答謝尉得贊、50(五十一)答潘司理、51(五十二)載答、52(五十三)復送慈公還虎丘山(詩尾有小注)、53(五十四)送陳日章秀才、54(五十五)山閣夏日寄黃大茂才、55(五十六)和謝秘校西湖馬上、56(五十七)又和病起(詩尾有小注)、57(五十八)送僧還東嘉、58(五十九)送慈師北游、59(六十)春日齋中、60(六十一)山中寒食二首、61(六十二)寄上金陵馬右丞(三首)、62(六十三)和蒙尉見寄、63(六十四)即席送江夏茂才、64(六十五)送易從師遊金華、65(六十六)送丁秀才歸四明、66(六十七)易從師山亭、67(六十八)寄聞義闍梨、68(六十九)和唐異見寄、69(七十)池上春日、70(七十一)李翰林寄松扇及詩乃答之、71(七十二)才上人春日見寄、72(七十三)送謝氏昆仲歸閩中、73(七十四)水軒、74(七十五)夏日即事、75(七十六)湖上隱居、76(七十七)送遂良師游嘉禾、77(七十八)山舍小軒有石竹二叢閱然秀發因成七言二章、78(七十九)和王給事同諸官留題、79(八十)送遵式師謁金陵王相國三首、80(八十一)寄題僧院庭竹、81(八十二)送善中師歸四明、82(八十三)湖上晚歸、83(八十四)監郡吳殿丞惠以筆墨建茶各吟一絕謝之(詩尾有小注)、84(八十五)送人遊金山、85(八十六)野鳧、86(八十七)榮家鶴、87(八十八)喜姪宥及第、88(八十九)易從上人山亭、89(九十)予頃得宛陵葛生所茹筆十餘筒其中復得精妙者二三焉每用之如庖百勝之師橫行於紙墨間所向無不如意惜其日久且弊作詩二篇以錄其功、90(九十一)孤山寺、91(九十二)寄蘭溪邑長史宮贊、92(九十三)和史宮贊、93(九十四)送史宮贊蘭谿解印歸闕、94(九十五)送史殿丞之任封州、95(九十六)秋江寫望、96(九十七)采石山、

115

和刻本宋人文集叢考

97(九十八)梅花、98(九十九)杏花、99(一〇〇)春陰、100(一〇一)百舌、101(無)春日寄錢都使、102(一〇二)寄題歷陽馬仲文水軒、103(一〇三)送思齊上人之宣城、104(一〇四)寄太白李山人、105(一〇五)湖山小隱二首、106(一〇六)春日懷歷陽後園遊兼寄宣城天使、107(一〇七)寄梅室長(堯臣)、108(一〇八)送然上人南遊、109(一〇九)清河茂材以良筆並詩爲惠次韻奉答(詩尾有小注)、110(一一〇)寄錢紫薇(易)、111(一一一)送僧機素還東嘉、112(一一二)送僧休復之京師、113(一一三)山村冬暮、114(一一四)和酬天竺慈雲大師、115(一一五)宿姑蘇淨慧大師院、116(一一六)送人知蒼梧、117(一一七)猫兒、118(一一八)送馬程知江州德安、119(一一九)春暮寄懷曹南通任寺丞、120(一二〇)寄輦下傳神法相大師、121(一二一)林間石、122(一二二)秋懷、123(一二三)玉梁峽口懷朱嚴從事之官嶺外兩夕艤舟於此、124(一二四)安福縣途中作、125(一二五)淮甸城居寄任刺史、126(一二六)歷陽寄金陵衍上人、127(一二七)送僧之姑蘇、128(一二八)西湖春日、129(一二九)和皓文二絕、130(一三〇)寄清曉闍梨、131(一三一)乘公橋作、132(一三二)西湖、133(一三三)將歸四明夜坐話別任君、134(一三四)寄胡介、135(一三五)留題李頔林亭、136(一三六)寄孫沖簿公、137(一三七)冬夕得衛樞至、138(一三八)贈崔少微、139(一三九)途中迴寄閭丘秀才、140(一四〇)贈任懶夫、141(一四一)贈蔣明公、142(一四二)贈胡乂、143(一四三)寄和昌符、144(一四四)出曹州、145(一四五)盱眙山寺、146(一四六)翠微亭(在金陵清涼寺)、147(一四七)贈金陵明上人、148(一四八)臺城寺水亭、149(一四九)旅館寫懷、150(一五〇)偶書、151(一五一)汴岸曉行、152(一五二)黃家莊、153(一五三)寄岑迪時黜官居曹州、154(一五四)寄耵門梁進士、155(一五五)平居遣興、156 傷朱寺丞嚴、157 僧有示西湖墨

本者就孤山左側林蘿秘邃間狀出衡茆之所且題云林山人隱居謹書二韻以承之

二者，和刻本與《咸淳臨安志》卷九十六之排序對比。（括號外數字爲《咸淳臨安志》排序，括號內數字爲和刻本排序）：

1(上卷四)感懷、2(五)西湖與性上人話別、3(十一)郊園避暑、4(十二)中峰行藥卻望北山因而成詠、5(十三)西湖舟中值雪、6(十七)春夕閑詠、7(二十六)山中冬日、8(二十八)西村晚泊、9(三十八)園池、10(四十一)送范希文、11(四四)錢唐仙尉謝君詠物樓成寄題二韻、12(四十五)西巖夏日、13(五十五)山閣夏日寄黃大茂才、14(五十六)和謝秘校西湖馬上、15(六十一)山中寒食二首、16(六十四)即席送江夏茂才、17(六十五)送易從師遊金華、18(六十七)易從師山亭、19(七十)池上春日、20(七十四)水軒、21(七十五)夏日即事、22(七十八)山舍小軒有石竹二叢闃然秀發因成七言二章、23(八十九)易從上人山亭、24(九十八)梅花、25(一一三)山村冬暮、26(一一四)和酬天竺慈雲大師、27(一二一)林間石、28(下卷一〇七)西湖孤山寺後舟中寫望、29(下卷四)和西湖霱上人寄然社師、30(十九)城中書事、31(二十四)送謝尉、32(四十二)山園小梅、33(四十四)小圃春日、34(四十六)聞越僧靈皎遊天竺山因而有寄、35(五十三)秋日湖西晚歸舟中書事、36(五十五)小園春興、37(五十七)梅花二首、38(六十七)中峰、39(七十一)聞靈皎師自信州歸越以詩招之、40(七十二)復賡前韻且以陋居幽勝咤而誘之、41(七十三)雜興四篇、42(八十)山北寫望、43(八十二)夏日池上、44(九十一)松逕、45(九十二)竹林、46(九十三)菱塘、47(九十四)蓮蕩、48(九十五)莉田、49(九十六)小舟、50(九十七)鳴臯、51(九十八)呦呦、52(一〇一)湖村晚興、53(一〇二)贈錢唐邑長高秘校、54(一〇六)梅花二首、55(一一二)將終之歲自作壽堂因書一絕以志之。

由三者排序之對比可以顯見，首先，三者於律體之排序上幾乎全同，偶有一首相異。殘宋本第十五首《和黃亢與季父見訪》，和刻本排列於第三十六。《咸淳臨安志》卷九十六第二十八首《西湖孤山寺後舟中寫望》，和刻本排列於第一〇七。其次，三者最大差異在於古體、律體之編排。殘宋本嚴格區分古、律體，將四首古體列於卷首，隨後全爲律詩。而和刻本則是不分古、律，混雜編排，將四首古詩分別排列於第三十四、第五、第八、第九首。而《咸淳臨安志》卷九十六所列第一、第二首爲《感懷》（即《春日感懷》）與《西湖與性上人話別》，前者爲律體，後者爲古調。殘宋本分列於第八、第二首，和刻本則是並列爲第四、第五首。顯然《咸淳臨安志》卷九十六所據底本亦是古、律體不分，混雜排序，而和刻本正是由此傳承而來。

（2）詩歌文本

由文後所附"林逋詩集殘宋本對勘表""林逋詩集和刻本卷下與宋本《咸淳臨安志》卷九十六對勘表"可知，和刻本與《咸淳臨安志》卷九十六相較，除卻異體字、同義字之外，只有極少數文字相異之處，可概爲兩類。

第一，因形近而偶誤。卷一《聞越僧靈皎遊天竺山因而有寄》"憶山陰"，和刻本誤爲"憶山隱"。卷二《夏日池上》"與誰同"，和刻本作誤作"興誰同"。《梅花二首》"倒窺"，《咸淳志》誤作"到窺"。卷二《雜興四首》之三，《咸淳志》作"石上琴樽苔野淨"，和刻本將"野"誤作"蘚"。卷三《復賡前韻且以陋居幽勝咤而誘之》"藥材"，和刻本誤爲"茶材"。卷四《山中寒食二首》之二，殘宋本、咸淳志均作"且持春酒養衰年"，和刻本誤"且"爲"具"，此爲和刻本誤植。卷二《城中書事》"圜形古寺譜尋鶴"，《咸淳志》誤作"圍形古寺譜尋鶴"。卷二《梅花二首》之一"蕊訝粉綃裁太碎"，《咸淳志》誤作"蕊訝粉綃裁太醉"。卷四《薛田》

"淤泥",《咸淳志》誤作"游泥",此爲《咸淳志》誤植。

第二,文本明確相異。和刻本《秋日湖西閑泛》,《咸淳志》爲《西湖獨泛》。《山舍小軒有石竹二叢闖然秀發因成七言二章》其一,殘宋本、《咸淳志》均作"冷搖疏朵欲無春",和刻本作"冷搖疏朵若無春"。卷四《山中寒食二首》之一,殘宋本、《咸淳志》等衆本均作"有客新嘗寒具罷",和刻本作"有客初嘗寒具罷"。《將終之歲自作壽堂因書一絶以志之》,《咸淳志》作"湖外青山",後世衆本作"湖上青山"。"茂陵異日求遺草,猶喜曾無封禪書",和刻本作"茂陵異日求遺藁,且喜家無封禪書",後世衆本均作"茂陵他日求遺稿,猶喜曾無封禪書"。

和刻本與殘宋本相同而與《咸淳志》卷九十六相異者,僅有兩處。卷一《春日感懷》,和刻本、殘宋本均爲此題,唯《咸淳志》作《感懷》。卷二《山舍小軒有石竹二叢闖然秀發因成七言二章》詩末有小注,《咸淳志》無。此或爲編撰志書有意精簡所致,故而此處可以忽略。

和刻本與《咸淳志》卷九十六相同而與殘宋本相異者,僅有兩處。卷一《西湖舟中值雪》殘宋本作"温鑪接薄薰",和刻本、《咸淳志》均作"温鑪擁薄薰"。殘宋本《錢塘仙尉謝君詠物樓成寄題二韻》,和刻本、《咸淳志》均作《錢唐仙尉謝君詠物樓成寄題二韻》。

相反,和刻本上卷、殘宋本、《咸淳志》卷九十六三者相同,而迥異後世衆本之處甚多:

卷一《和酬天竺慈雲大師》"猶慚久卜鄰",衆本作"猶憐久卜鄰"。

卷二《山舍小軒有石竹二叢闖然秀發因成七言二章》其一"辭客",衆本多作"詞客"。其二,"聊在目",衆本作"猶在目"。"裝谿翠",衆本作"粧溪翠"。

卷三《送范寺丞仲淹》正文如"中林""猶歡""離罇""嘗能",衆本作"林中""猶欣""離尊""常能"。

卷四《山閣夏日寄黄大茂才》"遠閣",衆本作"繞閣"。《錢塘仙尉謝君詠物樓成寄題二韻》"湖瀕",衆本作"湖濱"。《水軒》"紛泊",衆本多作"飄蕩"。

同樣,和刻本下卷與《咸淳志》卷九十六相同而迥異後世衆本之處亦是如此:

卷一《中峰》"夕照全村見",《淳祐志》亦如此,①衆本作"夕照前村見"。"懷賢事不群",衆本作"懷賢思不群"。《山北寫望》,衆本作"北山晚望"。"村路飄黄落,人家濕翠微",衆本作"村路飄黄葉,人家濕翠微"。

卷二《山園小梅》,衆本作"又詠小梅"。《秋日湖西晚歸舟中書事》"青溪",衆本作"清谿"。《雜興四篇》,衆本作"襍興四首"。《雜興四篇》之一"琴樽",衆本作"琴尊"。《梅花二首》之一"蒂疑紅蠟綴初乾",衆本作"蒂凝紅蠟綴初乾"。

卷三《復賡前韻且以陋居幽勝咤而誘之》"秋花抱露明紅粉",衆本作"秋花挹露如紅粉"。"石磴背穿林寺近,竹簷横點海山微",衆本作"石磴背穿林寺近,竹煙横點海山微"。

卷四《松徑》"雨釵堆地履拖平",衆本作"雨釵堆地屐拖平。"《蓮蕩》"洛妃皋女一何多",衆本作"楚妃皋女一何多"。"幾夕霏霏煙露裏",衆本作"幾夕霏霏煙靄裏"。《葑田》"闊蓋春流旋旋生",衆本作"闊蓋深流旋旋生"。"擬倩湖君書板籍",衆本作"擬倩湖君書版籍"。《呦呦》"淺莎茸茸疊卧痕",衆本作"淺莎茸茸疊浪痕"。《將終之歲自作壽堂因書一絶以志之》,正統本、正德本作"先生將終之歲自作壽堂因書一絶以志之",萬曆本、康熙本

---

① 《淳祐臨安志》卷四《山川·雷峰》,上海圖書館藏鈔本。

第一章·林逋文集和刻本研究

作"自作壽堂因書一絶以志之",《皇朝文鑑》同之。①

宋本相較於後世衆本有更多版本之優處,由此多可明辨文本之是非。殘宋本、《咸淳志》、和刻本相同而異於後世衆本之處,更當以此三者爲是。如《和酬天竺慈雲大師》"猶憐久卜鄰"文不對題。《送范寺丞仲淹》"中林蕭寂款吾廬"遠非"林中"之俗調可比。僅就現存版本而言,和刻本上卷可與殘宋本、《咸淳志》三者相佐證,當以三者文本相同者爲最佳版本。和刻本下卷殘宋本雖已缺失,然今幸有《咸淳志》相佐證,亦可獲得最佳之文本。如《中峰》和刻本、《咸淳志》作"夕照全村見",更有《淳祐志》佐證。《梅花二首》之一"蕊訝粉綃裁太碎"之對句顯然是"蒂疑紅蠟綴初乾",後世衆本因形近而訛"疑"爲"凝"。《復賡前韻且以陋居幽勝咤而誘之》上聯"石磴背穿林寺近"正對仗於"竹簹橫點海山微",後世衆本誤作"竹煙橫點海山微"。《呦呦》"深林摵摵分行響"亦與"淺莎茸茸疊卧痕"相對,後世衆本誤作"淺莎茸茸疊浪痕"。

另外,《咸淳臨安志》除卷九十六之外,更有多卷選録林逋詩歌。分别是:

卷二十三《山川二》選録整詩三十一首、殘詩兩句,詳見文後所附"林逋詩集宋本《咸淳臨安志》卷二十三對勘表"。分别是,《孤山·題詠·孤山》選録四首:

《孤山寺》(整理本卷二《孤山寺》、殘宋本第九十《孤山寺》、和刻本卷上第九十一《孤山寺》)

《孤山寺端上人房寫望》(整理本卷二《孤山寺端上人房寫望》、殘宋本無、和刻本卷下第七十七《孤山寺端上人房寫望》)

---

① 《皇朝文鑑》卷二十七,中華再造善本,據中國國家圖書館藏嘉泰四年新安郡齋刻本影印。

《孤山後寫望》(整理本卷二《孤山後寫望》、殘宋本無、和刻本卷下第八十三《孤山後寫望》)

《孤山雪中寫望寄呈景山仙尉》(整理本卷四《孤山雪中寫望寄呈景山仙尉》、殘宋本第四十二《孤山雪中寫望寄呈景山仙尉》、和刻本卷上第四十三《孤山雪中寫望寄呈景山仙尉》)

《孤山・題詠・處士廬》選錄二十五首:

《孤山小隱詩》四首(整理本卷一《小隱自題》、和刻本卷下第四十五《小隱自題》;整理本卷一《湖山小隱三首》之一、和刻本卷下第六十一《湖山小隱三首》之一;整理本卷一《湖山小隱三首》之二、和刻本卷下第六十一《湖山小隱三首》之二;整理本卷一《小隱》、和刻本卷下第七十八《小隱自題》)

《又小隱詩》三首(整理本卷二《湖山小隱二首》之一、殘宋本第一百五《湖山小隱二首》之一、和刻本卷上第一百五《湖山小隱二首》之一;整理本卷二《湖山小隱二首》之二、殘宋本第一百五《湖山小隱二首》之二、和刻本卷上第一百五《湖山小隱二首》之二;整理本卷二《小隱》、和刻本卷下第一百八《西湖小隱》)

《又云》一首(整理本卷四《孤山隱居書壁》、和刻本卷下第六十一《書孤山隱居壁》)

《山園小梅詩》一首(整理本卷二《山園小梅二首》之一、和刻本卷下第一《山園小梅二首》之一)

《隱居秋日》一首(整理本卷二《隱居秋日》、和刻本卷下第四十八《隱居秋日》)

《園廬》一首(整理本卷二《園廬》、和刻本卷下第五十二《園廬》)

《深居雜興並序》五首(整理本卷二《深居雜興六首》之一、和刻本卷下第六十二《深居雜興(有序)》之一;整理本卷二《深居雜興六首》之二、和刻本卷下第六十二《深居雜興(有序)》之二;整理本卷二《深居雜興六首》之三、和刻本卷下第六十二《深居雜興（有序）》之三；整理本卷三《病中二首》之一、和刻本卷下第六十六《病中二首》之一；整理本卷三《病中二首》之二、和刻本卷下第六十六《病中二首》之二）

《和梅聖俞雪中同虛白上人見訪》一首（整理本卷一《和梅聖俞雪中同虛白上人見訪》、殘宋本第十一《和梅聖俞雪中同虛白上人見訪》、和刻本卷上第十《和梅聖俞雪中同虛白上人見訪》）

《園廬秋夕》一首（整理本卷一《園廬秋夕》、殘宋本第三十《園廬秋夕》、和刻本卷上第二十九《園廬秋夕》）

《山閣偶書》一首（整理本卷二《山閣偶書》、殘宋本第四十一《山閣偶書》、和刻本卷上第四十二《山閣偶書》）

《春日齋中》一首（整理本卷四《春日齋中偶成》、殘宋本第五十九《春日齋中》、和刻本卷上第六十《春日齋中》）

《湖上隱居》一首（整理本卷二《湖上隱居》、殘宋本第七十五、和刻本卷上第七十六《湖上隱居》）

《和王給事同諸官留題》四首（整理本卷四《和王給事同諸官留題》、殘宋本第七十八《和王給事同諸官留題》、和刻本卷上第七十九《和王給事同諸官留題》；整理本卷二《山園小梅二首》之二、和刻本卷下第一《山園小梅二首》之二；整理本卷二《又詠小梅》、和刻本卷下四十二《山園小梅》、《咸淳志》卷九十六《山園小梅》；整理本卷二《梅花》、殘宋本九十七《梅花》、和刻本卷上九十八《梅花》）

《巾子峰‧題詠》選錄兩句，爲《水亭秋日偶書》前兩句（整理本卷四、和刻本卷下第五十六首）。《雷峰‧題詠》選錄兩首：

《中峰望北山》（整理本卷一《中峰行樂卻望北山因而成詠》、殘宋本第十三《中峰行樂卻望北山因而成詠》、和刻本卷上第十二《中峰行樂卻望北山因而成詠》、《咸淳志》卷九十六《中峰行藥

却望北山因而成詠》）

《中峰》（整理本一《中峰》、殘宋本無、和刻本卷下第六十七《中峰》、《咸淳志》卷九十六《中峰》）

卷二十九《山川八·洞·城内外·風水洞·題詠》選錄一首。無題名，殘宋本、和刻本等衆本均無。後被輯爲《風水洞》："平昔嘗聞風水洞，重山複水去無窮。因緣偶入雲泉路，林下先聞接客鐘。"

卷三十三《山川十二·湖（中）·題詠西湖》選錄林逋詩十二首，詳見文後所附"林逋詩集宋本《咸淳臨安志》卷三十三對勘表"。分別是：

無題（整理本卷二《西湖》、殘宋本第一百三十二《西湖》、和刻本卷上第一百三十二《西湖》）

《西湖泛舟入靈隱寺》（整理本卷二《西湖泛舟入靈隱寺》、殘宋本無、和刻本卷下第四十一《西湖泛舟入靈隱寺》）

《湖西晚歸》（整理本卷二《秋日湖西晚歸舟中書事》、殘宋本無，和刻本卷下第五十三《秋日湖西晚歸舟中書事》、《咸淳志》卷九十六《秋日湖西晚歸舟中書事》）

《西湖獨泛》（整理本卷一《秋日西湖閑泛》、殘宋本第六首《秋日湖西閑泛》、和刻本卷上第二首《秋日湖西閑泛》）

《上湖白石函泛下湖小墅》（整理本卷一《上湖閑泛艤舟石函因過下湖小墅》、殘宋本第九《上湖閑泛艤舟石函因過下湖小墅》、和刻本卷上第六《上湖閑泛艤舟石函因過下湖小墅》、《咸淳志》卷三十四《艤舟石函因過下湖小墅》）

《西湖泛雪》（整理本卷一《西湖舟中值雪》、殘宋本第十四《西湖舟中值雪》、和刻本卷上第十三《西湖舟中值雪》、《咸淳志》卷九十六《西湖舟中值雪》）

《湖上初春偶作》（整理本卷二《湖上初春偶作》、殘宋本無、

和刻本卷下第三十《湖上初春偶作》)

《湖樓寫望》(整理本卷一《湖樓寫望》、殘宋本第五《湖樓寫望》、和刻本卷上第一《湖樓寫望》)

《和謝秘校西湖馬上》(整理本卷四《和謝秘校西湖馬上》、殘宋本第五十五《和謝秘校西湖馬上》、和刻本卷上五十六《和謝秘校西湖馬上》、《咸淳志》卷九十六《和謝秘校西湖馬上》)

《湖上晚歸》(整理本卷二《湖上晚歸》、殘宋本第八十二《湖上晚歸》、和刻本卷上第八十三《湖上晚歸》)

《西湖春日》(整理本卷二《西湖春日》、殘宋本第一百二十八《西湖春日》、和刻本卷上第一百二十八《西湖春日》)

《酬畫師西湖春望》(整理本卷三《酬畫師西湖春望》、殘宋本無、和刻本卷下第一百一十一《酬畫師西湖春望》)

卷三十四《山川十三·下湖·題詠》選錄一首《艤舟石函因過下湖小墅》。

如此,林逋詩歌分別收錄於《咸淳臨安志》卷二十三之三十一首又兩句、卷二十九之一首、卷三十三之十二首、卷三十四之一首、卷九十六之五十五題六十三首。共收錄林逋詩歌一百零八首,兩殘句。其中重錄詩歌共有七首:

1. 卷二十三《和王給事同諸官留題》四首之三,又見卷九十六《山園小梅》。

2. 卷二十三《中峰望北山》,又見卷九十六《中峰行藥却望北山因而成詠》。

3. 卷二十三《中峰》,又見卷九十六,同題。

4. 卷三十三《湖西晚歸》,又見卷九十六《秋日湖西晚歸舟中書事》。

5. 卷三十三《上湖自石函泛下湖小墅》,又見卷三十四《艤舟石函因過下湖小墅》。

6. 卷三十三《西湖泛雪》，又見卷九十六《西湖舟中值雪》。

7. 卷三十三《和謝秘校西湖馬上》，又見卷九十六，同題。

故而《咸淳臨安志》實則收錄林逋詩歌一百零一首。

上述七首前後重錄詩歌，文本多有差異。由文後所附"林逋詩集宋本、《咸淳臨安志》卷二十三對勘表""林逋詩集宋本、《咸淳臨安志》卷三十三對勘表"可知：

一者，詩題相異。七首重錄詩歌，有五首題相異。其中有四首與卷九十六名稱相異，而後世衆本均同題於卷九十六，其他卷所見者爲罕有之題。

二者，詩文相異。卷二十三《和王給事同諸官留題》四首之三"摘索又開三兩朵"，卷九十六《山園小梅》作"摘索又閑三兩朵"。《中峰望北山》"蒼洲"，卷九十六《中峰行藥却望北山因而成詠》作"滄州"，後世衆本均同之。卷二十三《中峰》"秋濤隔岸聞""長松標古翠"，卷九十六作"秋濤隔嶺聞""長松含古翠"，後世衆本均同之。卷三十三《湖西晚歸》"閒過黃公酒舍歸""魚覺船行沉草岸"，卷九十六《秋日湖西晚歸舟中書事》作"閑過黃公酒舍歸""魚覺船行沈草岸"。卷三十三《上湖自石函泛下湖小墅》"平望望不極"，卷三十四《艤舟石函因過下湖小墅》作"平湖望不極"，上海圖書館藏鈔本《淳祐臨安志》同爲"平湖"。卷三十三《西湖泛雪》"浩蕩迷空闊""溫鑪揖薄熏""悠悠詠招隱"，卷九十六《西湖舟中值雪》"浩蕩彌空闊""溫鑪擁薄薰""悠然詠招隱"，後世衆本多同之。重錄詩歌僅有一首《和謝秘校西湖馬上》，卷三十三與卷九十六完全相同。

《咸淳臨安志》長達百卷，耗時漫長。其編者在編撰過程中，當是於不同時段擁有不同版本之林逋詩集。由此在編撰不同卷時，抄錄相同內容之詩歌會導致前後文本諸多差異。具體而言，其文本之差異集中體現於卷二十三、三十三與卷九十六之間。

卷二十三、三十三，卷數接近，編撰時，當是利用了同一種林逋詩歌版本。卷九十六與之相差甚遠，時間跨度亦是漫長。編撰此卷時，前時所用版本或已遺失，更覓得另一版林逋詩集抄錄之。前後兩種林逋詩集均有同樣之避諱字，當是相近時代之刊本。兩者相較，後者卷九十六所用本流傳廣遠，成爲後世衆本之源。而前者卷二十三、三十三所用本罕有流傳，遂很快絕跡。今幸有《咸淳志》得以保留吉光片羽，得以一窺林逋詩集另一宋版之樣貌，彌足珍貴。

一者，提供另一種宋版樣式，亦可見林逋底本不斷修潤之過程。兩廂對比，尤見謀篇構思不同之視角。如《咸淳志》卷二十三《孤山寺》"乘興醉來拖木屨"，衆本均作"乘興醉來拖木突"；《咸淳志》卷二十三《水亭秋日偶書》首聯"巾子峰頭烏臼木，微霜未落葉先紅"，衆本均作"巾子峰頭烏臼樹，微霜未落已先紅"；《咸淳志》卷三十三《西湖》尾句"斜風細雨不堪聽"，上圖藏鈔本《淳祐志》同之。其餘衆本均作"細雨斜風不堪聽"；《咸淳志》卷三十三《西湖舟中值雪》首句"浩蕩迷空闊"，《淳祐志》同之。其餘衆本均作"浩蕩彌空闊"。另如《秋日湖西晚歸舟中書事》《秋日湖西閑泛》《上湖閑泛艤舟石函因過下湖小墅》《西湖舟中值雪》，《咸淳志》卷三十三分別作《湖西晚歸》《西湖獨泛》《上湖自石函泛下湖小墅》《西湖泛雪》；《中峰行藥卻望北山因而成詠》，《咸淳志》卷二十三作《中峰望北山》。此類當是林逋對於詩歌不斷修潤，以致底本偶有不同，由此導致刊本之差異。

二者，糾正殘宋本之誤植。《西湖》首句"蘭杜煙叢閣鷺鴒"，蘭、杜均乃香草，而殘宋本誤爲"蘭社"。尾聯"往往鳴榔與橫笛，斜風細雨不堪聽"，"鳴榔"爲櫓篙叩擊船舷之聲，正是漁家常見之景。而殘宋本爲"鳴琅"，大誤。

三者，糾正後世衆本之誤植。《西湖泛舟入靈隱寺》尾聯衆本均爲"輟棹遲迴比未得,上方精舍動疏鐘"。由此後人將"比未得"釋爲"相比量"而"尚未得其優劣"。[1]然《咸淳志》卷三十三則爲"輟棹遲回歸未得",上圖鈔本《淳祐志》亦是如此。"歸"字遠優於"比"。《湖上初春偶作》後世衆本均作"氣色半歸湖岸柳",唯《咸淳志》卷三十三與和刻本作"春色半歸湖岸寺",遠爲優勝。《孤山後寫望》領聯,正統本、正德本作"溪橋裊裊穿黃葉,樵斧丁丁斫翠微",而和刻本、萬曆本、康熙本"黃葉"爲"黃落",今由宋本《咸淳志》卷三十三"黃落"可以確知,當以此爲優。另《山北寫望》,《咸淳志》卷九十六、和刻本亦作"村路飄黃落"。林逋今存詩歌中僅有此兩處涉及黃葉,《咸淳志》、和刻本均作"黃落",可知此爲林逋喜用語。

《咸淳志》卷二十三、三十三與卷九十六采錄林逋詩歌選用了不同版本,和刻本與之對比亦呈現出兩種樣態。如上所述,和刻本與《咸淳志》卷九十六所錄六十三首詩歌文本少有差異。然與卷二十三、三十三所錄詩歌卻存在較多文本問題。

通過對比林逋詩歌和刻本分別與殘宋本、《咸淳志》卷九十六詩歌排序之不同,以及和刻本分別與《咸淳志》卷九十六、卷二十三、卷三十三詩歌文本之歧異,可以看出和刻本當源自《咸淳志》卷九十六所用底本。

第五節　現代整理本

林逋詩集今人整理本共有四種,分別爲:《林和靖詩集》《全宋詩·林逋卷》《林和靖集》《林逋詩全集(彙校彙注彙評)》,今分論如下:

---

[1] 《林和靖集》卷二《七言律詩·西湖泛舟入靈隱寺》,第57頁。

1.《林和靖詩集》

《林和靖詩集》,邵裴子整理,商務印書館 1938 年初版,收入《國學基本叢書》。此本體例詳備,校勘最細。全書由《四庫全書總目提要》、序、例言、校輯書目、集本略記、原序、四卷正文、附錄、校語組成。除卻古籍整理常見體例,更有"集本略記",簡略介紹宋以來各種版本。"附錄"詳列遺文、投贈、評騭、紀事、辨謬。詳盡搜集林逋各類資料。於文集校勘,校本最多,歷時最久,用力最勤。《林和靖詩集·序》言:

暇日因取各本互勘,閱歲六七,諸本悉遍。旁參他書,亦數十種。所積校記,充然盈秩。乃綜比各本,取長棄短。其確有所據,亦間為讀定。勒成一本,以便吟諷。夷考今世《和靖集》傳本,宋刻則殘本僅存,副墨罕布。明刻三本。雖精粗不等,而均若晨星。即康熙本,亦偶爾一見,值重難致。流傳最廣,厥惟三本。即同治朱氏、光緒俞氏二刻,及《四部叢刊》所收明人鈔本也。明鈔極有佳處,然脫誤頗多,蓋有資校勘,無當閱讀。俞本最劣,不足依據。朱本辨審頗精,可稱善本。唯恨未見舊刻,故沿訛尚多。今所是正尚二百五十餘事。①

《例言》又曰:

此本據校據輯之書近五十種,其中與詩字異同及詩之編次有關者,約二十餘種,皆悉取比較,擇善而從。其例於本書定從一字,於《校記》備著異同。庶誦讀考訂,兩得其便。②

---

① 《林和靖詩集·序》,第1—2頁。
② 《林和靖詩集·例言》,第1頁。

雖然距今已八十餘載，然就整體而言，邵裴子編校之《林和靖詩集》仍然爲此四種之最佳者。唯受時代所限，珍本難得一見。《林和靖詩集·序》記述彼時條件之艱難云：

  惟參校諸本，類皆隨得隨校，不能並几羅列，排比先後，一次彙校終迄，故種漏均所難免。而鈔宋、鈔正統及正德三本，遠度京師，裹以三日之力，疾校一過。書眉小册之所記，歸後整比尚有脫略，一時亦未及復檢，凡此皆屬遺憾。補苴劃一，期於異日。①

再如前文所引《序》之所言，殘宋本"副墨罕布"，康熙本"偶爾一見，值重難致"。故而，彼時流傳最廣者僅爲同治朱氏刻本、光緒俞氏刻本以及《四部叢刊》本。此三種均非善本，殘宋本等版本邵氏又難以看到原本，故而其校勘雖竭盡全力，但依舊多有疏漏。

  一者，版本失誤。

  邵氏以爲《四部叢刊》初編所收爲"明人鈔本"。然據中國國家圖書館所藏正德本（善本書號 02131）卷尾傅增湘跋語及《藏園群書題記》卷十三"校宋本林和靖集跋"可知，②此本實乃今人就傅增湘所藏明正德翻刻本影寫，並非明人鈔本。

  卷一《西湖舟中值雪》，"溫鑪挹薄薰"，《校語》曰：《淳祐志》作'西湖泛雪'。'挹'從《淳祐志》，《咸淳志》作'揖'。宋本、正統本、正德明鈔及萬曆本均作'接'。康熙本、《宋詩鈔》、朱本均作'擁'。"③《武林掌故叢編》本《淳祐臨安志》卷十確是爲"挹"。④再

---

① 《林和靖詩集·序》，第 3 頁。
② 傅增湘撰：《藏園群書題記》卷十三，第 652 頁。
③ 《林和靖詩集·校語》，第 84 頁。
④ 《武林掌故叢編》第四集，癸未秋八月嘉惠堂丁氏鋟版。中華書局 1990 年版《宋元方志叢刊》即選用此版。

查《宛委別藏》據宋刻殘本影寫,唯缺此字。①上海圖書館藏錢泰吉題跋鈔本《淳祐臨安志》此字卻作"揞",當以此爲是。另,靜嘉堂藏宋刻《咸淳志》分別於卷三十三、卷九十六收錄此詩。卷三十三所錄此字爲"揞",而卷九十六所錄此字則爲"擁"。

卷一《山北寫望》,《校語》曰:"從《咸淳志》。康熙本、朱本均作'北山寫望',明鈔本、萬曆本均作'北山晚望',並非。"②實則,《咸淳志》與和刻本均作"山北寫望",正統本、萬曆本、康熙本均作"北山寫望",只有正德本及其鈔本作"北山晚望"。

卷四《風水洞》,《校語》曰:"舊本均無此詩。朱孔彰自《咸淳臨安志》輯補。按此詩已收入《淳祐臨安志》,《咸淳》特錄舊志耳。朱入《拾遺》,兹次風景一類之末。"《咸淳臨安志》或是錄自舊志,然今日所存唯此志乃最佳之宋本。邵氏或是未見《咸淳臨安志》善本,或是直接抄錄自朱孔彰本,此詩首句即誤錄爲"平昔常聞風水洞",而宋本《咸淳臨安志》則是"平昔嘗聞風水洞"。

二者,判斷失誤。

卷二《池上春日》"水上花枝間竹開",《校語》曰:"'間竹'從《瀛奎律髓》,俞本同。宋本、《咸淳志》、明鈔、萬曆、康熙各本均作'竹間'。"③今可補充和刻本、正統本亦作"竹間"。無論是版本依據,亦或是林逋詩意,均以"竹間"爲上。邵裴子唯獨選擇"間竹",顯然不當。

卷二《雜興四首》之三"石上琴尊苔點淨",《校語》曰:"'點'從《宋元詩會》,諸本皆作'野'。"此處"苔野"多有難通之處,故而邵裴子選取《宋元詩會》之文字。然此書成書時間甚晚,難以令

---

① 《宛委別藏》,南京:江蘇古籍出版社,1988年版,第290頁。
② 《林和靖詩集·校語》,第85頁。
③ 同上,第92頁。

人信服。和刻本則作"苔蘚",更佳。

卷二《又二首》之二"畫工空向閑時看",《校語》曰:"'工'從《瀛奎律髓》。正統本同,《咸淳志》、正德、明鈔、萬曆、康熙、戴鈔及朱本均作'名'。"①今可知,所謂"正統本同"有誤,其依然作"名"。另,和刻本亦作"名"。故而可知,今存各本均作"名",顯然當以此爲是。不知邵氏何以僅以所謂"正統本同"即否定各本。

卷三《贈錢塘邑長高秘校》"等閑呵出郭門近",《校語》曰:"'出'正統、正德、明鈔、萬曆各本並同。《咸淳志》、康熙本、朱本均作'止'。按,作'出'者是。《漁隱叢話》卷三十六載:'《上庠録》云:政和丙申殿試,何㮚爲狀元,潘良貴次之,皆年少有丰貌,而第三人郭孝友頗古怪。唱名日,呵出御街,觀者皆曰:狀元真何郎,榜眼真潘郎,第三人真郭郎也。'云云。可知'呵出'宋人原有此语,如云呵殿而出也。"②就"呵出"之考證而言,此語於今存宋代史料甚爲少見。確如邵裴子先生所釋乃"呵殿而出"之意。唯,此句用"呵止"亦無不可。且此語宋代更是常見,意如《宋史》卷一百二十《志第七十三·禮二十三·臣僚上馬之制》:"導從呵止。"③再就版本校勘而言,萬曆本亦作"呵止",並非爲"呵出"。今存主要版本如《咸淳臨安志》、和刻本、萬曆本、康熙本均作"呵止"。另,卷四《松徑》亦有詩句"不知呵止長安客",今存各種版本均作"呵止",宋吕祖謙所著《麗澤集詩》引詩亦是如此。④然邵裴子《校語》依舊以爲:"'出'字各本皆誤'止',今正。説詳卷三

---

① 《林和靖詩集·校語》,第99頁。
② 同上,第102頁。
③ 《宋史》卷一百二十《志第七十三·禮二十三·臣僚上馬之制》,第2825頁。
④ [宋]吕祖謙撰,馮春生點校:《麗澤集詩》卷第三十二《宋·七言絶句》,杭州:浙江古籍出版社,2017年版,第682頁。

《贈錢塘邑長》云云校語。"①殊爲不當。

卷四《春日齋中偶成》,今存各本均作"春日齋中",唯林逋自書墨跡作此題,邵裴子遂據此更改。②然墨跡與歷代版本對勘,"東風時復動柴扉",墨跡作"春風時復動齋扉"。可知墨跡與雕版顯然爲兩個不同時期之版本。並不能依據墨跡將歷代雕版任意改動。《自作壽堂因書一絶以志之》,《校語》曰:"'自'字上《咸淳志》有'將終之歲'四字。正統、正德及明鈔本均有'先生將終之歲'六字,皆後人叙述口吻。此從萬曆本,康熙及朱本並同。"③今可知,殘宋本與和刻本同樣有"將終之歲"四字。此版本學之依據顯然要比邵裴子純粹主觀之判斷"皆後人叙述口吻",更爲確鑿可信。

2.《全宋詩·林逋》

《全宋詩》第二册卷一百五至一百八所收錄林逋詩四卷。④今如附表所列,依據林逋詩集歷來各版本之詳細對勘,就其微瑕略述一二,以促完璧。

(1) 底本不當

《全宋詩·林逋卷》言:"以明正德間黑口本爲底本(藏北京大學圖書館,《四部叢刊》所收影明鈔本即據此)。"⑤整理者並未説明選擇此本之依據。此本曾爲傅增湘所藏,其於《藏園群書題記》卷十三《校宋本林和靖集跋》記載:"始知余本乃從韓本翻刻者也。"⑥可知此實爲正德本之翻刻本。其刊刻時間"審其刊工

---

① 《林和靖詩集·校語》,第108頁。
② 同上,第109頁。
③ 同上,第113—114頁。
④ 《全宋詩》卷一百五至一百八,第1190—1246頁。
⑤ 《全宋詩》卷一百五,第1190頁。
⑥ 《藏園群書題記》卷十三《校宋本林和靖集跋》,第652頁。

當在正、嘉間"。①而《全宋詩·林逋卷》整理者將"嘉"抹去,由此將出版時間略爲提前,僅爲"明正德"之時。《四部叢刊》初編本所用底本,亦如傅增湘《校宋本林和靖集跋》所言:"曩歲《四部叢刊》印行時,訪求舊本不可得,得見此本,以爲希覯。嗣以紙墨黯澹,乃就原本影寫上石。其中原缺第三十七葉,迄未能補完。"②可知《四部叢刊》選用此實乃"訪求舊本不可得"從而不得已而爲之。如上文所論,此本雖翻刻自正德本,然兩廂對勘可知,其用爲底本之正德本頗多殘損,以致此翻刻本諸多脫漏之處。《四部叢刊》初編本卷四之後列有"和靖先生補",即列舉傅氏此本四卷之疏漏。今日資料之完備已遠非昔時可比。四卷本林逋詩集在此翻刻本之前者即有正統本、正德本可供選擇,不必選擇正德本之翻刻本以爲底本。由文後各種附表可確知,正德本乃衆本中最劣之版本。而《全宋詩·林逋卷》所據底本既非正統本,亦非正德本,乃正德本之翻刻本。疊加翻刻,難免文字之差池錯亂。如:

卷一《冬日衛樞至》,正德本"如何念前去",《全宋詩·林逋卷》"如何急前去";③《贈崔少微》,正德本"蒸木拾鄰梢",《全宋詩·林逋卷》"蒸尤拾鄰梢";④《贈胡乂》,正德本"乂",《全宋詩·林逋卷》"人"。⑤

卷二《園池》"東嘉層構名今在","構"正德本爲墨釘,《全宋詩·林逋卷》"構"下校注:"原作有,據萬曆本改。"⑥

---

① 《藏園群書題記》卷十三《校宋本林和靖集跋》,第652頁。
② 以上引文均見《藏園群書題記》,第652頁。
③ 《全宋詩》卷一百五,第1196頁。
④ 同上,第1204頁。
⑤ 同上,第1205頁。
⑥ 《全宋詩》卷一百六,第1215頁。

第一章·林逋文集和刻本研究

即使與《四部叢刊》初編本所收此翻刻本,《全宋詩·林逋卷》仍有文本之差異。如:

卷一《贈崔少微》,正德本作"蒸木拾鄰梢",翻刻本作"蒸木拾鄰梢",《全宋詩·林逋》作"蒸尤拾鄰梢"。

卷三《送范寺丞仲淹》,正德本作"送范仲淹寺丞",翻刻本作"送范仲淹寺丞",《全宋詩·林逋》作"送范寺丞仲淹"。

由是可知,即使用正德本爲底本,亦不當選擇黑口翻刻本。何況更有年代更早更爲優善之正統本。探究其之所以選擇此本之原因,一則,未能詳細對比諸本。二則,北京大學負責《全宋詩》之整理,調用北京大學圖書館所藏本似當更爲便宜。

(2) 他校失當

《全宋詩·林逋卷》在選擇他校本時,爲求省便而時有疏忽,擇選非善。如:卷三,《暮春寄懷曹南通任寺丞》題下小注:"四庫本通下有守字,題末有注:中行。"[1]據《四庫全書總目》卷一百五十一《集部·別集類五》:"康熙中,長洲吳調元校刊之。"[2]知所用乃康熙四十七年吳調元刊本。對校至少亦當以此原本爲據而非用此四庫本。另更早之萬曆四十一年何養純刊本以及和刻本已是如此,尤當以此爲據。

(3) 校勘失誤

《全宋詩·林逋卷》僅四卷,數量有限,然失校、誤校處比比皆是。僅略舉數例如下:

卷一《北山晚望》,"北山"下小注:"和刻本作山北。""晚"下小注:"《咸淳志》卷九六、萬曆本作寫。"實則,《咸淳志》與和刻本均作"山北寫望",正統本、萬曆本、康熙本均作"北山寫望",只有

---

[1] 《全宋詩》卷一百七,第1227頁。
[2] 《四庫全書總目》卷一百五十一,第1308頁上。

正德本及其鈔本作"北山晚望"。

卷一《翠微亭》,題下小注:"宋本注,在金陵清涼寺。"①然,除宋本之外,和刻本、萬曆本亦有此小注。"旅懷何計是",無注。然,"懷",宋本、正統本作"情",和刻本、正德本、萬曆本、《四部叢刊》初編本作"懷"。《寄錢紫微》,題下校語:"宋本、萬曆本下有易字。"②實則僅正德本以及其翻刻本《四部叢刊》初編本無此字,其他宋本、正統本、萬曆本、和刻本均有。《冬日衛樞至》,"日"下小注:"宋本日作夕得。"然,除宋本之外,和刻本、萬曆本亦作"夕得"。"如何急前去",無注。③然宋本、和刻本、正統本、正德本、萬曆本均作"念",只有《全宋詩·林逋卷》所據之明黑口本作"急"。

卷二《梅花三首》之三"畫工空向閒時看","工"下小注:"原作名,據正統本改。"邵裴子《林和靖詩集·校語》曰:"'工'從《瀛奎律髓》。正統本同,《咸淳志》、正德、明鈔、萬曆、康熙、戴鈔及朱本均作'名'。"④實則,今存各本均作"名",正統本亦是如此,邵氏誤讀。由此亦可知,《全宋詩》此處校勘當抄錄自邵裴子《校語》,而非真"據正統本改",由此一錯再錯。又《深居雜興六首并序》其序文"其或麋兵景物"小注曰"原作特,據萬曆本改"。"衡門清味"小注曰"萬曆本作情"。此兩處尚能依據他本校勘。唯一處尚能判別是非,另一處則僅羅列異文而已。至於序文"反有德色""益所以狀林麓之幽勝",又完全無視"德""益"之失誤。實則,無論是宋本《咸淳臨安志》亦或是和刻本以及萬曆、康熙諸本,上述四字,均作"景物""情味""得色""蓋"。"益"字更是僅有

---

① 《全宋詩》卷一百五,第1194頁。
② 同上,第1201頁。
③ 同上,第1196頁。
④ 《林和靖詩集·校語》,第99頁。

正德本誤之。

卷四《松徑》"雨釵堆地屧拖平",和刻本作"雨釵堆地履拖平",未有校勘。"不知呵止"下小注"和刻作出"。①此處難能可貴地利用了和刻本,然和刻本作"止"而非作"出"。

卷四《寄梅室長》題下小注:"宋本下有堯臣二字。"②實則,除宋本外,和刻本、正統本、萬曆本、康熙本、清古香樓本"室長"之後或正文或小注均有"堯臣",唯正德本以及明黑口翻刻本無此二字。③

卷四《自作壽堂因書一絕以志之》"自"下小注:"上原有先生將終之歲六字,據正統本、萬曆本删。"然正統本同樣有"先生將終之歲"六字。此題,傳世衆本《咸淳臨安志》、和刻本作"將終之歲自作壽堂因書一絕以志之",正統本、正德本作"先生將終之歲自作壽堂因書一絕以志之",萬曆本、康熙本作"自作壽堂因書一絕以志之"。全詩爲:"湖上青山對結廬,墳頭秋色亦蕭疏。茂陵他日求遺稿,猶喜曾無封禪書。"此詩傳世衆本異文甚多,然《全宋詩》無一字校勘語。如:《咸淳臨安志》作:"湖外青山對結廬,墳前脩竹亦蕭疏。茂陵異日求遺草,猶喜曾無封禪書。"和刻本作:"湖上青山對結廬,門前脩竹亦蕭疏。茂陵異日求遺藁,且喜家無封禪書。"萬曆本、康熙本作:"湖上青山對結廬,墳前脩竹亦蕭疏。茂陵他日求遺草,猶喜曾無封禪書。"《新刊名臣碑傳琬琰之集》中卷三十八《林逋》作:"湖上青山對結廬,亭前修竹亦蕭疎。茂陵他日求遺草,猶喜曾無封禪書。"

---

① 《全宋詩》卷一百八,第1233頁。
② 同上,第1237頁。
③ 清古香樓本《林和靖先生詩集》,中國國家圖書館藏,善本書號00323。

(4) 體例混亂

古籍整理對於底本之校勘原則，以不改動爲尚，即使明顯之誤，亦當於注中訂訛，避免改動原本。《全宋詩·林逋卷》全篇之校勘，時或依此原則校勘，然又時而與之完全相反更改底本，令人頗爲費解。如：

同爲依據宋本校勘。卷一《冬日衛樞至》"日"下小注："宋本作夕得。"①卷三《春日寄錢都使》"指背挾肩行樂事"之"背"下小注："原作肯，據宋本改。"②

同爲依據正統本校勘。卷一《聞越僧靈皎遊天竺山因而有寄》"竺"下小注："原作台，據正統本改。""無復隔山陰"之"隔"下小注："正統本作憶。"③

同爲依據宋本、正統本校勘。卷一《寄胡介》"山名愛畫廬"之"畫"下小注："宋本、正統本作話。"④卷二《湖上隱居》"賣藥比嘗嫌有價"之"比"下小注："原作此，據宋本、正統本改。"⑤

同爲依據萬曆本校勘。卷一《送思齊上人之宣城》"禪高論語稀"，於"論語"之下小字注曰："萬曆本作語論。"⑥卷三《寄題歷陽馬仲文水軒》"構得幽居近郭西"，"構"字下小字注曰："原作占，據萬曆本改。"⑦

諸如此類舉不勝舉，以致依據同樣底本的一首詩之內，亦能或改或不改。

---

① 《全宋詩》卷一百五，第1196頁。
② 《全宋詩》卷一百七，第1226頁。
③ 《全宋詩》卷一百五，第1202頁。
④ 同上。
⑤ 《全宋詩》卷一百六，第1208頁。
⑥ 《全宋詩》卷一百五，第1200頁。
⑦ 《全宋詩》卷一百七，第1226頁。

另，該本以"明正德間黑口本爲底本"，①然於《林逋二》中列有《梅花三首》，②今存各本僅康熙本如此編排，其餘衆本均將此三首詩分別排版爲《梅花二首》（或《又二首》）與《梅花》。《梅花三首》之三"詩客休徵故事題"，《咸淳臨安志》、正統本、正德本、翻刻黑口本、和刻本均作"詩俗休徵故事題"，只有萬曆本、康熙本作"詩客休徵故事題"。此處突然改變底本，又未有校勘説明，殊爲不當。

（5）理據不當

《全宋詩·林逋卷》有大量底本文字之更改，然所依理據欠妥。如，卷二《山舍小軒有石竹二叢闃然秀發因成七言二章》之二"可闌秋色易爲花"之"闌"字下小注曰："原作開，據萬曆本改。"此處，宋本、正統本、正德本作"開"，萬曆本作"闌"。"可開秋色易爲花"亦無不妥。不知何以依據萬曆本定要將之改爲"闌"。

3.《林和靖集》

《林和靖集》，沈幼徵校注，浙江古籍出版社 1985 年出版。後於 2012 年修訂再版收録於《浙江文叢》，再於 2016 年重新修訂再版。此書以商務印書館 1935 年版邵裴子編校《林和靖詩集》爲底本，繁體豎排。校注頗爲嚴謹，尤其注釋最爲切要。

唯遺憾處，没有利用衆本予以詳細校勘，僅在注釋中簡單列舉，也全是依從《林和靖詩集》邵裴子所校。如《前言》所述："這次注釋，以邵本爲據。邵校有可疑處，亦不盡從，必要時即於注釋中説明，不另出校語。"③通觀全書，其"必要時"確是甚少。因

---

① 《全宋詩》卷一百五，第 1190 頁。
② 《全宋詩》卷一百六，第 1218 頁。
③ 《林和靖集》，第 7 頁。

其難有他書參證，僅依據邵裴子所校，由此承襲了《林和靖詩集》諸多校勘失誤。如：卷二《池上春日》"水上花枝間竹開"，①卷二《又二首》"畫工空向閑時看"，②卷三《贈錢塘邑長高秘校》"等閑呵出郭門近"，③卷四《風水洞》依舊承襲邵裴子之失誤，首句誤爲"平昔常聞風水洞"。《自作壽堂因書一絕以志之》略去"將終之歲"四字。④即使其偶用他本校勘，也多非善本。如卷二《雜興四首》之三"石上琴尊苔野淨"注釋曰："原爲'石上琴尊苔點淨'，《四部備要》本作'石上琴尊苔野淨'似更妥。"實則，除和刻本外，衆古本均作"野"。

　　因不得善本導致《林和靖集》產生諸多誤判。如卷二《西湖泛舟入靈隱寺》首句"水天相映淡溞溶"，校勘曰："《淳祐臨安志》引作'溶溶'，似更合句意。"此處所引《淳祐臨安志》當爲《武林掌故叢編》本，此本爲中華書局《宋元方志叢刊》影印而廣爲流傳。⑤然上海圖書館藏鈔本《淳祐臨安志》此句爲"水天相映淡□溶"，"淡"後空一格。實則，宋本《咸淳臨安志》卷三十三、和刻本等後世衆本此處均作"淡溞溶"。上圖鈔本因底本此處漶漫而空格，《武林掌故叢編》承襲於此，卻妄自於空格處添加一"溶"字。《林和靖集》因未見善本、衆本，由此誤判。

　　《林和靖集》更有一些文本未見有任何版本依據，如卷四《水軒》"日於詩雅久沉迷"，⑥衆本均爲"日於詩雅轉沉迷"，或亦爲其筆誤所致。⑦

---

① 《林和靖集》卷二，第59頁。
② 同上，第90頁。
③ 《林和靖集》卷三，第105頁。
④ 《林和靖集》卷四，第169頁。
⑤ 《宋元方志叢刊》，北京：中華書局，1990年版。
⑥ 《林和靖集》卷四，第136頁。
⑦ 同上。

4.《林逋詩全集》

《林逋詩全集》(彙校彙注彙評),王玉超校注,崇文書局2018年版。此本體例完備,如其標題所示,彙聚校、注、評,甚便使用。唯簡體橫排,更有諸多不當處如下。

(1) 簡體不當

古籍整理使用簡體,或源於懈怠,以免繁體之繁難,然如此便缺乏基本學術規範,極易導致文意之混亂。此書亦是難免。如卷一《西湖舟中值雪》衆本有"溫鑪""溫爐"之别,然一旦爲簡體"炉"則完全不辨是非。《贈崔少微》"蒸秫拾林梢","秫"與"朮""术"均可相通。故而宋本、正統本作"秫",萬曆本作"朮",《林和靖集》作"术"。《林逋詩全集》也作"术",但其爲簡體字,"术"又爲"術"之簡化字,由此混淆不清。①

(2) 文本抄録

卷二《山園小梅》之二"日薄从甘春至晚"當爲"日薄縱甘春至晚"。卷四《水軒》"日於詩雅久沉迷"當爲"日於詩雅轉沉迷"。《竹林》"寺籬斜夾千稍翠"當爲"寺籬斜夾千梢翠"。均乃抄録《林和靖集》而未核對原典所致。

(3) 校勘抄録

《林逋詩全集》校之《林和靖集》最大長處乃在於每首詩有詳細之文本校勘。然而與邵裴子編校之《林和靖詩集·校語》勘對可知,《林逋詩全集》校勘語幾乎完全抄襲邵裴子《校語》,僅僅對行文稍有調整而已。如:

《林和靖詩集》對此書題邵裴子校語:

> 宋本作"和靖先生詩集",依仁宗賜謚,實爲最當。今於和靖

---

① 《林逋詩全集》卷一,第70頁。

上加林字,意取易曉。且亦明人舊例也。①

《林逋詩全集》於卷首《林和靖先生詩集序》校注一:

宋本爲"和靖先生詩集序",他本均爲"林和靖先生詩集序"。"和靖"爲宋仁宗賜諡,書題依此最爲恰當。題爲"林和靖",則意取易曉,且爲明人舊例。

可見,《林逋詩全集》將邵氏書題校語嫁接到詩序之校注中。
再如:卷一《送史殿省典封州》"蒔藥",邵裴子校語:

"蒔",宋本作"侍",正統本同。鮑校抹之。正德作"恃"。小注疑字。明鈔本同。萬曆本始校定作"蒔",從之。②

《林逋詩全集》校注六:

"蒔",宋本作"侍",正統本同;正德作"恃",小注疑字,明鈔本同;萬曆本始校定作"蒔",當從之。③

其似乎不知"鮑校抹之"何意,故刪去。此實指正統本於正文有大量墨筆塗改之校勘,邵氏以爲當出自鮑廷博。今見中國國家圖書館所藏《重編西湖林和靖先生詩集》,善本書號 CBM1636。而《林和靖集》注釋中無"蒔藥"之校勘。

---

① 《林和靖詩集·校語》,第81頁。
② 同上,第88頁。
③ 《林逋詩全集》卷一,第51頁。

第一章·林逋文集和刻本研究

又,"埋照",邵裴子校語:

"埋照"二字,宋本缺。正統本作"都在"。鮑校抹之。正德、明鈔、萬曆三本均同。康熙本、《宋詩鈔》、《宋元詩會》及朱本並作"埋照"。按此二字,宋本已缺,無從知其原爲何字。兹姑從近本,務全文可讀而已。①

《林逋詩全集》校注七:

宋本缺此二字;正統本作"都在",正德本、明鈔本、萬曆本均同;康熙本、《宋詩鈔》、《宋元詩會》、朱本均作"埋照"。邵裴子按:"此二字,宋本已缺,無從知其原爲何字,兹姑從近本,務全文可讀而已。"②

《林和靖集》注釋三則爲:

邵裴子校略謂:"埋照"二字宋本缺,明代諸本作"都在",清代諸本作"埋照"。"兹姑從近本,務全文可讀而已。"③

由此對比可知,同爲借鑒,《林和靖集》遵循學術規範加以引用,而《林逋詩全集》則不加說明直接抄錄。

再之,邵氏校勘頗爲用心,"據校據輯之書近五十種"。④然因時代之局限,亦有未見,如和刻本,更有偶有疏漏之處。而這

① 《林和靖詩集·校語》,第88頁。
② 《林逋詩全集》卷一,第51頁。
③ 《林和靖集》卷一,第30頁。
④ 《林和靖詩集·例言》,第1頁。

· 143 ·

些於日新月異之今日,完全有條件加以彌補。然《林逋詩全集》一如其舊,並無增補。

如,《林和靖詩集》卷一《上湖閑泛艤舟石函因過下湖小墅》"平湖",邵裴子校語:

> "湖"字從《淳祐臨安志》,宋本作"望"。正統本同。《咸淳志》及正德以後各本均作"皐",並非。①

邵氏未見和刻本亦作"湖",故而缺失和刻本之對勘。《全林逋詩全集》校注二:

> 湖,從《淳祐臨安志》;《咸淳志》及正德以後各本均作"皐"。根據詩題,當作"湖"。②

此處抄錄邵氏校語更遺漏宋本、正統本,故而僅有"正德以後",令人疑惑正德以前明刻本又是何如?其抄錄,又遺漏了"宋本作'望',正統本同"。故而,使人不得要領。

又,《送王舍人罷兩浙憲赴闕》,唯和刻本作《送王舍人赴闕》,題下小注:罷兩浙提刑勸農。因邵裴子未見和刻本,故校語中並未涉及此獨特題名。《林逋詩全集》同樣亦無。

又,《送范寺丞仲淹》,邵裴子校語:

> 從宋本。正統及明鈔本均作"宋范仲淹寺丞"。萬曆本、康

---

① 《林和靖詩集》,第83頁。
② 《林逋詩全集》卷一,第25頁。

第一章・林逋文集和刻本研究

熙本、朱本均作"送范希文寺丞"。《咸淳志》作"送范希文"。①

《林逋詩全集》題解：

　　詩題從宋本，正統本、明鈔本均作"宋范仲淹寺丞"。萬曆諸本、康熙本、朱孔彰本均作"送范希文寺丞"，《咸淳志》作"送范希文"。②

幾乎完全抄録。於萬曆後贈加"諸本"二字，不知何意。邵裴子未見和刻本同於宋本作"送范寺丞仲淹"，亦疏漏了正德本作"送范仲淹寺丞"。對此，《林逋詩全集》完全相仿，依舊不提及。

　　另外，邵氏校勘偶有失誤之處，《林逋詩全集》亦照樣抄録。如上文所舉卷一《送史殿省典封州》"埋照"，邵裴子校語：

　　"埋照"二字，宋本缺。正統本作"都在"。鮑校抹之。正德、明鈔、萬曆三本均同。康熙本、《宋詩鈔》、《宋元詩會》及朱本並作"埋照"。按此二字，宋本已缺，無從知其原爲何字。兹姑從近本，務全文可讀而已。③

實則萬曆本爲"埋照"而非"都在"。《林逋詩全集》未加辨析抄録之。

　　卷一《翠微亭在金陵清涼寺》，《林和靖詩集・校語》：

----

① 《林和靖詩集》，第101頁。
② 《林逋詩全集》卷三，第149頁。
③ 《林和靖詩集・校語》，第88頁。

　　　　正統、正德、明鈔、萬曆各本題下均失小注。①

《林逋詩全集》此詩"題解"：

　　　　宋本詩題有小注，正統本、正德本、明鈔本、萬曆各本均無。②

然萬曆本有之，邵氏失誤。《林逋詩全集》亦照樣抄錄。
　　卷一《冬夕得衛樞至》"如何急前去"，《林和靖詩集·校語》：

　　　　"急"從明鈔本。萬曆以後各本均作"念"。③

《林逋詩全集》此詩校注四：

　　　　急，從明鈔本；萬曆本以後各本均作"念"。④

然僅有明鈔本爲"急"，其他衆本均作"念"，並非僅是萬曆以後各本。《林逋詩全集》原樣抄錄。
　　卷一《送僧機素還東嘉》"東嚴有幽石"，《林和靖詩集·校語》：

　　　　"幽"，宋本、正統、正德、明鈔及萬曆本均誤"函"。鮑校正統本抹之是。⑤

————————
① 《林和靖詩集·校語》，第86頁。
② 《林逋詩全集》卷一，第17頁。
③ 《林和靖詩集·校語》，第86頁。
④ 《林逋詩全集》卷一，第40頁。
⑤ 《林和靖詩集·校語》，第89頁。

《林逋詩全集》此詩校注七：

> 幽,宋本、正統本、正德本、明鈔本、萬曆本均作"函"。①

然萬曆本實爲"幽",邵氏誤讀。《林逋詩全集》原樣抄録。

卷二《又二首》之二"畫工空向閒時看",邵裴子《林和靖詩集·校語》：

> "工"從《瀛奎律髓》。正統本同,《咸淳志》、正德、明鈔、萬曆、康熙、戴鈔及朱本均作"名"。

《林逋詩全集》此詩校注七：

> 工：從《瀛奎律髓》,正統本同。《咸淳志》、正德本、明鈔本、萬曆本、康熙本、朱本均作"名"。②

實則,正統本亦作"名",邵氏誤讀。《林逋詩全集》原樣抄録。

卷三《春暮寄懷曹南通守任寺丞中行》,《林和靖詩集·校語》：

> "春暮"明鈔及萬曆本均作"暮春"。宋本無"守"字。

《林逋詩全集》此詩"題解"曰：

> 詩題"春暮",明鈔本、萬曆諸本均作"暮春"。"守"字,宋本

---

① 《林逋詩全集》卷一,第56頁。
② 《林逋詩全集》卷二,第135頁。

無此字。①

然萬曆本實爲"春暮"。《林逋詩全集》不僅照樣抄録,更無端多出"諸本"。而其不知,其他諸本如宋本、和刻本、康熙本均作"春暮"。《林逋詩全集》可謂畫蛇添足。邵氏遺漏上述諸本之勘對,《林逋詩全集》也是同樣如此。

卷四《乘公橋作》,《林和靖詩集·校語》:

正統、萬曆各本均無詩後小注。②

《林逋詩全集》校注二:

正統本、萬曆本等諸本均無詩後小注。③

然只有正德本及《四部叢刊》初編本無小注,其餘諸本均有小注。邵氏失校,《林逋詩全集》亦原樣抄録。

卷四《寄梅室長堯臣》,《林和靖詩集·校語》:

宋本題下有"堯臣"二字,正統以下各明本俱無。康熙本有之。盧校云非也。④

《林逋詩全集》此詩校注一:

---

① 《林逋詩全集》卷三,第177頁。
② 《林和靖詩集·校語》,第109頁。
③ 《林逋詩全集》卷四,第213頁。
④ 《林和靖詩集·校語》,第111頁。

第一章·林逋文集和刻本研究

宋本題下有"堯臣"二字,康熙本同;正統以後明本均無。①

然萬曆本亦有"堯臣"二字,邵氏誤判。《林逋詩全集》原樣抄錄。

卷四《復送慈公還虎丘山》,《林和靖詩集·校語》:

小注中"多"字各明本皆同,康熙及朱本均作"率"。②

《林逋詩全集》此詩校注五:

多,明本均同,康熙本、朱本均作"率"。③

然正統本卻正是"率",邵氏誤判。《林逋詩全集》原樣抄錄。
(4)注釋抄錄

林逋另有詩《寄曹南任懶夫》,殘宋本缺失,後世各本均有。《林和靖集》僅注釋"曹南":

山名。《太平寰宇記·曹州·濟陽縣》:"曹南山在縣東二十里。"這裏泛指曹州南部地方。④

《林逋詩全集》注釋亦如此重複:

曹南,即曹南山,《太平寰宇記·曹州·濟陽縣》:"曹南山在

---

① 《林逋詩全集》卷四,第225頁。
② 《林和靖詩集·校語》,第112頁。
③ 《林逋詩全集》卷四,第237頁。
④ 《林和靖集》卷一,第41頁。

縣東二十里。"①

曹州並無濟陽縣,乃《林和靖集》之誤筆,當爲濟陰縣。《林逋詩全集》亦將此誤筆也一併抄錄之。

可見《林和靖集》雖然疏略但實事求是,嚴格遵循學術規範。而《林逋詩全集》則校勘多有抄錄《林和靖詩集·校語》者,注釋亦有抄錄《林和靖集》者。

---

① 《林逋詩全集》卷一,第65頁。

第一章·林逋文集和刻本研究

附錄三：林逋詩集殘宋本與他本對勘表

整理本卷數	版本 殘宋本詩題	殘宋本《林靖先生詩集》(善本書號07019)	宋本《咸淳臨安志》卷九十六	和刻本《和靖先生詩集》	正統本《重編西湖林和靖先生詩集》(善本書號CBM1636)	正德本《宋林和靖先生詩集》(善本書號12231)	萬曆本《宋林和靖先生詩集》(善本書號16156)	《林和靖集》	《林逋詩全集》	《全宋詩·林逋卷》
序	和靖先生詩集序	寧海		寧海						無
		愈		適		愈	愈	愈	愈	無
		回		面		回	回	回	回	
		彊		強		強	強	強	強	
		大年		大年		大言	大言	大年	大年	
卷一	和運使陳學士遊靈隱寺寓懷	遊		游	遊	遊	遊	游	游	遊
卷一	湖樓寫望	游		桷	游	桷	游	游	游	游
卷一	送閩羲師謁池陽郡守	偏		編	偏	遍	遍	遍	遍	遍
		郡守		郡牧	郡守	郡守	郡守	郡守	郡守	郡守
		侯		候	侯	侯	侯	侯	侯	侯
卷一	春日感懷	春日感懷	感懷	春日感懷	春日感懷	春日感懷	春日感懷	春日感懷	春日感懷	春日感懷

· 151 ·

续表

整理本卷数	残宋本诗题	残宋本《和靖先生诗集》善本书号070019	宋本《咸淳临安志》卷九十六	和刻本《和靖先生诗集》	正统本《重编西湖林和靖先生诗集》善本书号CBM1636	正德本《宋林和靖先生诗集》善本书号12231	万历本《宋林和靖先生诗集》善本书号16156	《林和靖集》	《林逋诗全集》	《全宋诗·林逋卷》
卷一	上湖闲泛舟石函因过下湖小墅	上湖闲泛舟石函因过下湖小墅		上湖闲泛舟石函因过下湖小墅	上湖闲泛舟石函因过下湖小墅	上湖闲泛舟石函因过下湖小墅	上湖闲泛舟石函因过下湖小墅	上湖闲泛舟石函因过下湖小墅	上湖闲泛舟石函因过下湖小墅	上湖闲泛舟石函因过下湖小墅
	平望	平望		平望	平望	平望	平望	平望	平望	平望
	归	归		饭	归	归	归	归	归	归
	埭	埭		埭	埭	埭	埭	埭	埭	埭
卷一	知县李大博替	知县李大博替		知县李大博替	知县李大博替	知县李大博替	知县李大博替	知县李大博替	知县李大博替	知县李大博替
	弦	弦		弦	弦	弦	弦	弦	弦	弦
	敦	御名（小注）		敦	敦	敦	敦	敦	敦御名（小注）	敦
卷一	中峰行乐却望北山因而成咏	中峰行乐却望北山因而成咏	中峰行乐却望北山因而成咏	中峰行乐却望北山因而成咏	中峰行乐却望北山因而成咏	中峰行乐却望北山因而成咏	中峰行乐却望北山因而成咏	中峰行乐却望北山因而成咏	中峰行乐却望北山因而成咏	中峰行乐却望北山因而成咏
	游	游	游	游	游	游	游	游	游	游

第一章·林逋文集和刻本研究

续表

整理本卷数	残末本诗题	版本	残末本《和靖先生诗集》(善本书号07019)	宋本《咸淳临安志》卷九十六	和刻本《和靖先生诗集》	正统本《重编西湖林和靖先生诗集》(善本书号CBM1636)	正德本《宋林和靖先生诗集》(善本书号12231)	万历本《宋林和靖先生诗集》(善本书号16156)	《林和靖集》	《林逋诗全集》	《全宋诗·林逋卷》
卷一	西湖舟中值雪		温鑪	温鑪	温鑪	温鑪	温鑪	温鑪	温炉	温鑪	温鑪
			接	摧	摧	接	接	接	抱	抱	接
			悠然	悠然	悠然	悠然	悠然	悠然	悠悠	悠悠	悠然
卷一	和黄兀父与黄季父见访		黄兀		黄兀	黄兀	黄兀	黄兀	黄兀	黄兀	黄兀
			慕		春	慕	慕	慕	慕	慕	慕
			归		饭	归	归	归	归	归	归
卷一	送长吉上人		肯发禅	肯发禅	宜陵禅	肯发禅	肯废禅	肯废禅	肯废禅	肯废禅	肯废禅
卷一	射弓次寄彭城四君		细		细	细	细	细	细	细	细
卷一	送史殿省典封州		送史殿省典封州		送史殿省(温)典封州	送史殿省典封州	送史殿省典封州	送史殿省典封州	送史殿省典封川	送史殿省典封川	送史殿省典封州
			侍药		侍药	侍药	侍药	侍药	诗药	诗药	诗药

· 153 ·

和刻本宋人文集叢考

續表

整理本卷數	殘宋本詩題	殘宋本《和靖先生詩集》(善本書號070019)	宋本《咸淳臨安志》卷九十六	和刻本《和靖先生詩集》	正統本《重編西湖林和靖先生詩集》善本書號CBM1636	正德本《宋林和靖先生詩集》(善本書號12231)	萬曆本《宋林和靖先生詩集》(善本書號16156)	《林和靖集》	《林通詩全集》	《全宋詩·林逋卷》
	版本									
卷一	送王舍人赴兩浙憲罷闕	送王舍人罷兩浙憲赴闕		送王舍人赴闕罷兩浙刑勸農	送王舍人罷兩浙憲赴闕	送王舍人罷兩浙憲赴闕	送王舍人罷兩浙憲赴闕	送王舍人罷兩浙憲赴闕	送王舍人罷兩浙憲赴闕	送王舍人罷兩浙憲赴闕
		遠		遠	遠	遠	越	遠	遠	遠
		民		人	民	民	民	民	民	民
		馮		馮	馬	馬	馬	馮	馮	馬
		第		弟	第	第	第	第	第	第
		肆		隸	肆	肆	肆	肆	肆	肆
卷一	喜馮先輦及等馮後見訪	十年		卜年	十年	十年	十年	十年	十年	十年
卷一	病中謝馮彭年見訪	鷲		鷽	鷲	燕	燕	燕	燕	燕
卷一	山中冬日	樹	廟譚	樹	樹	樹	樹	樹	樹	樹

· 154 ·

第一章·林逋文集和刻本研究

续表

版本 残宋本诗题	残宋本《和靖先生诗集》(善本书号07019)	宋本《咸淳临安志》卷九十六	和刻本《和靖先生诗集》	正统本《重编西湖林和靖先生诗集》(善本书号CBM1636)	正德本《宋林和靖先生诗集》(善本书号12231)	万历本《宋林和靖先生诗集》(善本书号16156)	《林和靖集》	《林逋诗全集》	《全宋诗·林逋卷》
整理本卷数									
卷一 寄临川司理赵时校书	归		阪	归	归	归	归	归	归
送越倅杨屯田赴阙	郭		廓	郭	郭	郭	郭	郭	郭
卷四 闲师自天台见寄石枕	凤		凡	凤	凤(?)	凤	凤	凤	凤
	日		日	日	日	日	日	日	日
卷四 闲师上人以鹭鹚二轴为赠因成二韵	鹭鹚		鹭鹚	鹭鹚	鹭鹚	鹭鹚	鹭鹚	鹭鹚	鹭鹚
	沧洲		沧洲	沧洲	沧洲	沧洲	沧洲	沧洲	沧洲
卷二 园池	高宗庙讳(小注)	庙讳	构	高宗庙讳(小注)	墨钉	构	构	构	构
卷四 槐木纸椎赠周太祝	槐木纸椎赠周太祝		槐木纸椎赠周太祝	槐木纸椎赠周太祝	槐木纸椎赠与周太初	槐木纸椎赠周太祝	槐木纸椎赠周太祝	槐木纸椎赠周太祝	槐木纸椎赠周太祝
	椎		碓	椎	椎	碓	椎	椎	椎
	肯		宜	肯	肯	肯	肯	肯	肯

· 155 ·

續表

整理本卷數	殘宋本詩題	殘宋本《和靖先生詩集》(善本書號07019)	宋本《咸淳》臨安志》卷九十六	和刻本《和靖先生詩集》	正統本《重編西湖林和靖先生詩集》(善本書號CBM1636)	正德本《宋林和靖先生詩集》(善本書號12231)	萬曆本《宋林和靖先生詩集》(善本書號16156)	《林和靖集》	《林通詩全集》	《全宋詩·林通卷》
卷三	送范寺丞(仲淹)	送范寺丞(仲淹)	送范希文	送范寺丞(仲淹)	送范仲淹寺丞	送范仲淹寺丞	送范希文	送范寺丞仲淹	送范寺丞仲淹	送范寺丞(仲淹)
		中林	中林	中林	林中	林中	林中	中林	中林	中林
		廬	廬	廬	廬	廬	廬	廬	廬	廬
		歡	歡	歡	欣	欣	欣	欣	欣	欣
		樹	廟譁	樹	樹	樹	樹	樹	樹	樹
		鱒	鱒	鱒	尊	尊	尊	尊	尊	尊
		嘗	嘗	嘗	常	常	常	常	常	常
		臣	臣	臣	官	官	官	官	官	官
卷二	山閣禺書	常		嘗	常	常	常	常	常	常
卷四	錢塘仙尉謝君詠物樓成寄題二首	錢塘	錢唐	錢唐	錢塘	錢塘	錢塘	錢塘	錢塘	錢塘
		瀕	瀕	瀕	濱	濱	濱	濱	濱	濱
卷二	西嚴夏日	彊	強	強	彊	彊	彊	彊	彊	彊

第一章·林逋文集和刻本研究

續表

殘末本詩題	整理本卷數	殘末本《和靖先生詩集》(善本書號07019)	末本《咸淳臨安志》卷九十六	和刻本《和靖先生詩集》	正統本重編西湖林和靖先生詩集》(善本書號CBM1636)	正德本《末林和靖先生詩集》(善本書號12231)	萬曆本《末林和靖先生詩集》(善本書號16156)	《林和靖集》	《林逋詩全集》	《全末詩·林逋卷》
蝶	卷二	應自得 苒苒 毀久		應夢得 苒苒 毀久	應自得 苒苒 毀後	應自得 苒苒 毀後	應自得 苒苒 毀久	應自得 苒苒 毀後	應自得 苒苒 毀後	應自得 苒苒 毀後
和安昱秀才次善昌居士留題壁石	卷四	和安昱秀才次善昌居士留題壁石		和安定秀才泪晉昌居士留題壁石	和安昱秀才次善昌居士留題壁石	和安昱秀才次善昌居士留題壁石	和安昱秀才次善昌居士留題壁石	和安昱秀才次善昌居士留題壁石	和安昱秀才次善昌居士留題壁石	和安昱秀才次善昌居士留題壁石
和酬同寺丞	卷四	縕 歸		蘊 皈	縕 歸	（空） 歸	縕 歸	縕 歸	縕 歸	縕 歸
復送慈公還虎丘山	卷四	虎丘林墼寧在寺垣之內		虎丘林墼寧在寺中之中	虎丘林墼寧在寺垣之內	虎丘林墼多在寺垣之內	虎丘林墼多在寺垣之內	虎丘林墼多在寺垣之內	虎丘林墼多在寺垣之內	虎丘林墼多在寺垣之內
送陳日章秀才	卷四	歸		皈	歸	歸	歸	歸	歸	歸
山閣夏日寄黃大茂才	卷四	音 遠	音 遠	肓 遠	音 饒	音 遠	音 饒	音 饒	音 饒	音 饒

· 157 ·

和刻本宋人文集叢考

續表

整理本卷數	殘宋本詩題	殘宋本《和靖先生詩集》(書號07019)	宋《咸淳臨安志》卷九十六	和刻本《和靖先生詩集》	正統本《重編西湖林和靖先生詩集》(書本書號CBM1636)	正德本《宋林和靖先生詩集》(善本書號12231)	萬曆本《宋林和靖先生詩集》善本書號16156)	《林和靖集》	《林逋詩全集》	《全宋詩·林逋卷》
卷四	和謝秘校西湖馬上	樹	廟譚	樹	樹	樹	樹	樹	樹	樹
		時	呲	時	時	時	時	時	時	時
卷四	山中寄食二首之一	涙	涙	綠	綠	綠	綠	綠	綠	綠
		新	新	初	新	新	新	新	新	新
卷四	山中寄食二首之二	且	具	且	且	且	且	且	且	且
卷四	寄上金陵馬右丞三首之三	盡道		聞說	盡道	盡道	盡道	盡道	盡道	盡道
		肯		冒	肯	肯	肯	肯	肯	肯
卷四	送易從師遊金華	歸	歸	飯	歸	囘(?)	歸	歸	歸	歸
卷四	送丁秀才歸四明	秘		秘	祕	秘	秘	秘	秘	秘

158

第一章·林逋文集和刻本研究

续表

整理本卷数	残宋本诗题	残宋本《和靖先生诗集》（善本书号07019）	宋本《咸淳临安志》卷九十六	和刻本《和靖先生诗集》	正统本《重编西湖林和靖先生诗集》（善本书号CBM1636）	正德本《宋林和靖先生诗集》（善本书号12231）	万历本《宋林和靖先生诗集》（善本书号16156）	《林和靖集》	《林逋诗全集》	《全宋诗·林逋卷》
卷四	易从师山亭	易从师山亭	易从师山亭	易从师山亭	易从师山亭	易从师山亭	易从师山亭	孤山从上人林亭写望	孤山从上人林亭写望	易从师山亭
		西村渡	西村渡	西村渡	西村渡	西村渡	西村渡	谁家岸	谁家岸	西村渡
		烟	烟	烟	烟	烟	烟	烟	烟	烟
		渔	鱼	渔	渔	渔	渔	渔	渔	渔
		骚		（空缺）	骚	骚	骚	骚	骚	骚
		牢		（空缺）	牢	牢	牢	牢	牢	牢
卷四	和唐异见寄	辞		辞	词	词	词	词	词	词
		竹间开	竹间开	竹间开	竹间开	竹间开	竹间开	间竹开	竹间开	竹间开
		转	转	转	转	转	转	久	久	转
卷四	水轩	高宗庙讳	庙讳	构	觅	觅	构	构	构	构
		纷泊	纷泊	纷泊	飘漾	飘漾	纷泊	纷泊	纷泊	飘漾

· 159 ·

續表

整理本卷數	殘宋本詩題	版本	殘宋本《和靖先生詩集》(善本書號 07019)	宋本《咸淳臨安志》卷九十六	和刻本《和靖先生詩集》	正統本《重編西湖林和靖先生詩集》(善本書號 CBM1636)	正德本《宋林和靖先生詩集》(善本書號 12231)	萬曆本《宋林和靖先生詩集》(善本書號 16156)	《林和靖集》	《林逋詩全集》	《全宋詩·林逋卷》
卷四	李翰林寄松扇及詩乃答之		李翰林寄松扇及詩乃答之		李翰林寄松扇及詩乃答之	李翰林寄松扇及詩乃答之	李翰林寄松扇及詩乃答之	李翰林寄松扇及詩乃答之	李翰林寄松扇及詩乃答之	李翰林寄松扇及詩乃答之	李翰林寄松扇及詩乃答之
			京		涼	涼	涼	涼			
卷四	水軒		高宗廟諱(小注)	廟諱	搆	覔	覔	搆	搆	搆	搆(原作覔,據《咸淳志》卷九十六,萬曆本改)
			匀	廟諱	匀	匀	匀	匀	匀	匀	匀
			欲無	欲無	若無	欲無	欲生	欲生	欲生	欲生	欲生
			辭客	辭客	辭客	詞客	詞客	詞客	詞客	詞客	詞客
			聊	聊	聊	猎	猎	聊	猎	猎	猎
			闌	闌	闌	闌	闌	闌	闌	闌	闌
			裝縠	裝縠	裝縠	粧溪	粧溪	粧溪	裝溪	裝溪	粧溪
卷二	山舍小軒有叢竹石秀然成陰因成二十言二章其一 其二		詩末小注		詩末小注						

制誥李舍人以松扇二柄並詩為遺亦次來韻

第一章·林逋文集和刻本研究

續表

版本 殘末本詩題	整理本卷數	殘末本《和靖先生詩集》(善本書號07019)	宋本《咸淳臨安志》卷九十六	和刻本《和靖先生詩集》	正統本《重編西湖林和靖先生詩集》(善本書號CBM1636)	正德本《宋林和靖先生詩集》(善本書號12231)	萬曆本《宋林和靖先生詩集》(善本書號16156)	《林和靖集》	《林逋詩全集》	《全宋詩·林逋卷》
送遂良師游嘉禾	卷四	遂良		遂(空)	遂良	遂良	遂良	遂良	遂良	遂良
喜姪有及第	卷三	及第		及弟	及第	及第	及第	及第	及第	及第
		聞		文	聞	聞	聞	聞	聞	聞
子頃得宛陵葛生所如筆十餘簡其中復得精妙者二三焉每用之如嗜百勝之師懷行於紙墨間所向無不如意惜其日久目弊作詩以錄其功	卷四	焉		焉	焉	焉	焉			

161

和刻本宋人文集叢考

續表

整理本卷數	殘宋本詩題	殘宋本《和靖先生詩集》(善本書號07019)	宋本《咸淳臨安志》卷九十六	和刻本《和靖先生詩集》	正統本《重編西湖林和靖先生詩集》(善本書號CBM1636)	正德本《宋林和靖先生詩集》(善本書號12231)	萬曆本《宋林和靖先生詩集》(善本書號16156)	《林和靖集》	《林逋詩全集》	《全宋詩·林逋卷》
卷三	送史殿丞之任封州	送史殿丞之任封州		送史殿丞之任封州	送史殿丞之任封州	送史殿丞之任封州	送史殿丞之任封州	送史殿省典封川	送史殿省典封川	送史殿丞之任封州
卷四	秋江鷺望	炙方		(脫)方	炙方	炙方	炙方	炙方	炙方	炙方
卷二	采石山	蘆		芦	蘆	蘆	蘆	蘆	蘆	蘆
卷二	梅花	船		舩	船	舡	船			
		釣		釣	釣	釣	釣	釣	釣	釣
		樹		樹	樹	樹	樹	樹	樹	樹
卷二	百舌	草	廟譚	中	草	草	草	草	草	草
卷三	春日寄錢都使	關關		間閒	關關	閒閒	閒閒	關關	關關	關關
		宋本第一〇三首		和刻本無此詩			卷三			
卷三	寄題歷陽馬仲文水軒	占(殘)		構	占	占	構	構	構	占
				家	家	家	家	家	家	家

第一章·林逋文集和刻本研究

續表

整理本卷數	殘宋本詩題	殘宋本《和靖先生詩集》(善本書號07019)	宋本《咸淳臨安志》卷九十六	和刻本《和靖先生詩集》	正統本《重編西湖林和靖先生詩集》(善本書號CBM1636)	正德本《宋林和靖先生詩集》(善本書號12231)	萬曆本《宋林和靖先生詩集》(善本書號16156)	《林和靖集》	《林逋詩全集》	《全宋詩·林逋卷》
卷一	送思齊上人之宣城	論語		語論	論語	論語	論論	語論	語論	論語
卷三	春日懷歷陽弟	到		倒	到	到	倒	倒	倒	到
	後園遊兼寄宣城天使	草		中	草	草	草	草	草	草
卷四	寄梅堊長（堯臣）	寄梅堊長（堯臣）		寄梅官長（堯臣）	寄梅堊長（堯臣）	寄梅堊長	寄梅堊長（堯臣）	寄梅堊長	寄梅堊長堯臣	寄梅堊長
卷一	寄錢紫微易	寄錢紫微（易）		寄錢紫微易	寄錢紫微易	寄錢紫微	寄錢紫微易	寄錢紫微易	寄錢紫微易	寄錢紫微
		書		呂	畫	畫	畫	畫	畫	畫
		體		休	體	體	體	體	體	體
卷一	送僧機素還東嘉	函石		幽石	函石	函石	幽石	幽石	幽石	幽石（原作函，據萬曆本和刻改）
	山村冬暮	山村冬暮		山林冬暮	山村冬暮	山村冬暮	山村冬暮	山村冬暮	山村冬暮	山村冬暮
		茆	茆	茅	茅	茅	茅	茅	茅	茅
		氣	氣	氣	氣	色	色	色	色	色

· 163 ·

續表

整理本卷數 \ 殘宋本詩題	殘宋本《和靖先生詩集》（善本書號07019）	宋《咸淳臨安志》卷九十六	和刻本《和靖先生詩集》	正統本《重編西湖林和靖先生詩集》（善本書號CBM1636）	正德本《宋林和靖先生詩集》（善本書號12231）	萬曆本《宋林和靖先生詩集》（善本書號16156）	《林和靖集》	《林逋詩全集》	《全宋詩·林逋卷》
卷一　和酬天竺慈雲大師	和酬天竺慈雲大師	和酬天竺慈雲大師	和酬天竺慈雲大師	和酬天竺慈雲大師	和酬天竺慈雲大師	和酬天竺慈雲大師	和酬天竺慈雲大師	和酬天竺慈雲大師	和酬天竺慈雲大師
	色		色	色	色	色	色	色	色
	慚	慚	慚	憐	憐	憐	慚	慚	憐
	草	草	中	草	草	草	草	草	草
卷四　宿姑蘇淨慧大師院	慧		惠	慧	惠	惠	惠	惠	惠
	間		門	間	間	間	間	間	間
卷四　貓兒	廬		廬	廬	廬	廬	廬	廬	廬
卷三　送馬程知江州德安	廬		廬	廬	廬	廬	廬	廬	廬
卷三　春暮寄懷曹南通任寺丞	春暮寄懷曹南通任寺丞	春暮寄懷曹南通任寺丞	春暮寄懷曹南通任寺丞（中行）	春暮寄懷曹南通任寺丞	春暮寄懷曹南通任寺丞	春暮寄懷曹南通任寺丞（中行）	春暮寄懷曹南通任寺丞中行	春暮寄懷曹南通任寺丞中行	春暮寄懷曹南通任寺丞

第一章·林逋文集和刻本研究

续表

整理本卷数	残宋本诗题＼版本	残宋本《和靖先生诗集》(善本书号07019)	宋本《咸淳临安志》卷九十六	和刻本《和靖先生诗集》	正统本《重编西湖林和靖先生诗集》(善本书号CBM1636)	正德本《宋林和靖先生诗集》(善本书号12231)	万历本《宋林和靖先生诗集》(善本号16156)	《林和靖集》	《林逋诗全集》	《全宋诗·林逋卷》
卷二	林间石	动	动	动	动	动	动	动	动	动
卷二	秋怀	径	径	桎	径	桎	径	径	径	径
		几		几	几	几	几	几	几	几
卷三	玉梁硖口怀朱严从事之官岭外两夕蚁附於此	玉		王	玉	至	玉	玉	玉	玉
		官		宦	官	官	官	官	官	官
		吟		今	吟	吟	吟	吟	吟	吟
卷二	安福县途中作	玉梁		(脱)梁	玉梁	玉梁	玉梁	玉梁	玉梁	玉梁
		阁		合	阁	阁	阁	阁	阁	阁
		早		(模糊)	皂	皂	皂	皂	皂	皂
		船		舡	船	船	船			
卷一	淮甸城居寄任刺史	青		清	清	清	清	清	清	清
	送僧之姑苏	色		色	色	色	色			

·165·

續表

整理本卷數	殘宋本詩題	殘宋本《和靖先生詩集》(善本書號07019)	宋本《咸淳臨安志》卷九十六	和刻本《和靖先生詩集》	正統本《重編西湖林和靖先生詩集》(善本書號CBM1636)	正德本《宋林和靖先生詩集》(善本書號12231)	萬曆本《宋林和靖先生詩集》善本書號16156)	《林和靖集》	《林逋詩全集》	《全宋詩·林逋卷》
卷二	西湖春日	釣		釣	釣	釣	釣	釣	釣	釣
卷四	乘公橋作	尤妙(小注)		名妙(小注)	尤妙(小注)	無小注	尤妙(小注)	尤妙(小注)	尤妙(小注)	無小注
卷一	寄胡介	廬		廬	廬	(瘦)	廬	廬	廬	廬
卷一	留題李頎林亭	草		中	草	草	草			
卷一	寄添洲薛公	宦		宦	宦	宦	宦	宦	宦	宦
卷一	冬夕得爲樞至	冬夕得爲樞至		冬夕得爲樞至	冬日得爲樞至	冬日得爲樞至	夕得爲樞至	冬夕得爲樞至	冬夕得爲樞至	冬日得爲樞至
		冷話		短句	冷話	冷話	冷話	冷話	冷話	冷話
		亂		亂	亂	亂	亂	亂	亂	亂
		念		念	念	念	念	念	念	念
	贈崔少微	秋		木	秋	木	木	木	木	木
		色		色	色	色	色			
	途中迴寄閭丘秀才	因		因	因	因	因	因	因	因
		因		應	因	因	應	應	因	因
卷一	贈任懶夫	肯		宜	肯	肯	肯	肯	肯	肯

第一章·林逋文集和刻本研究

續表

版本\残宋本詩題	殘宋本《和靖先生詩集》（善本書號07019）	宋本《咸淳臨安志》卷九十六	和刻本《和靖先生詩集》	正統本《重編西湖林和靖先生詩集》善本書號CBM1636	正德本《宋林和靖先生詩集》（善本書號12231）	萬曆本《宋林和靖先生詩集》（善本書號16156）	《林和靖集》	《林逋詩全集》	《全宋詩·林逋卷》
卷一 贈胡义	义 學		人 李	义 學	义 學	介 學	义 學	义 學	人（宋本作"义"）學
卷一 翠微亭在金陵清涼寺	翠微亭在金陵清涼寺		翠微亭在金陵清涼寺	翠微亭	翠微亭	翠微亭在金陵清涼寺	翠微亭在金陵清涼寺	翠微亭在金陵清涼寺	翠微亭
卷一 旅館寫懷	情 色		懷 色	情 色	懷 色	懷 色	情	情	懷
卷二 黄家莊	宵 村		霄 林	宵 村	宵 村	宵 村	宵 村	宵 村	宵 村
卷二 平居遣興（和刻本上卷終，總計一百五十五題）	草 甘逃遁		中 （空）	（模糊）甘逃遁	草 甘逃遁	草 甘逃遁	草 甘逃遁	草 甘逃遁	草 甘逃遁

和刻本宋人文集叢考

續表

版本 整理本卷數 殘宋本詩題	殘宋本《和靖先生詩集》(善本書號070019)	宋本《咸淳臨安志》卷九十六	和刻本《和靖先生詩集》	正統本《重編西湖林和靖先生詩集》(善本書號CBM1636)	正德本《宋林和靖先生詩集》(善本書號12231)	萬曆本《宋林和靖先生詩集》(善本書號16156)	《林和靖集》	《林通詩全集》	《全宋詩·林通卷》
	宋本第一百五十六題		和刻本無此詩						
卷二 僧有示西湖墨本者就孤山左側林逋故居閒狀出衡門之所遂目題云林山人隱居謹書二韻以承之(宋本至此終,總計一百五十七題)	宋本第一百五十七題		和刻本無此詩						

· 168 ·

第一章・林逋文集和刻本研究

附錄四：宋本《咸淳臨安志》卷二十三所收林逋詩與他本對勘表

整理本卷數	和刻本詩題	版本 宋本《和靖先生詩集》（善本書號07019）	宋本《咸淳臨安志》卷二十三	和刻本《和靖先生詩集》	正統本《重編西湖林和靖先生詩集》（善本書號CBM1636）	正德本《宋林和靖先生詩集》（善本書號02131）	萬曆本《宋林和靖先生詩集》（善本書號16156）	康熙本《林和靖先生詩集》（善本書號14865）	沈幼徵《林和靖集》	王玨超《林逋詩全集》	《全宋詩・林逋卷》
卷二	孤山寺	樹	廟譚	樹	樹	樹	樹	樹	樹	樹	樹
		靜拔	靜拔	靜拔	靜拔	靜拔	靜拔	靜拔	靜拔	靜拔	靜拔
		齋日	齋日	齋山	齋日	齋古	齋日	齋日	齋日	齋日	齋日
		木笑	木履	木笑	木笑	木笑	木笑	木笑	木笑	木笑	木笑
卷二	孤山寺端上人房寫望	眇然	渺然	渺然	眇然	眇然	眇然	眇然	眇然	眇然	眇然
卷二	孤山後寫望		謝元暉	謝玄暉	謝玄暉	謝玄暉	謝玄暉	謝玄暉	謝玄暉	謝玄暉	謝玄暉
		黃落	黃落	黃落	黃落	黃落	黃落	黃落	黃落	黃落	黃葉
		雛門	雛門	雛門	雛門	雛門	雛門	雛門	雛門	雛門	雛門
卷四	孤山雪中寫望寄呈景山仙尉	孤山雪中寫望寄呈景山	孤山雪中寫望寄呈景山	孤山雪中寫望寄呈景山	孤山雪中寫望寄呈景山	孤山雪中寫望寄呈景山	孤山雪中寫望寄呈景山	孤山雪中寫望寄呈景山	孤山雪中寫望寄呈景山	孤山雪中寫望寄呈景山	孤山雪中寫望寄呈景山
		瓊樹	瓊樹	瓊樹	瑤樹	瑤樹	瑤樹	瑤樹	瑤樹	瑤樹	瑤樹
		掠眼	掠眼	掠眼	掠眼	略眼	掠眼	掠眼	掠眼	掠眼	掠眼

169

和刻本宋人文集叢考

续表

整理本卷數	和刻本詩題	宋本《和靖先生詩集》(善本書號07019)	宋本《咸淳臨安志》卷二十三	和刻本《和靖先生詩集》	正統本《重編西湖林和靖先生詩集》(善本書號CBM1636)	正德本《宋林和靖先生詩集》(善本書號02131)	萬曆本《宋林和靖先生詩集》(善本書號16156)	康熙本《林和靖先生詩集》(善本書號14865)	沈幼徵《林和靖集》	王玉超《林通詩全集》	《全宋詩·林逋卷》
卷一	小隱自題	孤山小隱詩		小隱自題	小隱自題	小隱自題	小隱自題	小隱自題	小隱自題	小隱自題	小隱自題
			爾譁	樹	樹	樹	樹	樹	樹	樹	樹
			春陰	春隱	春陰	春陰	春陰	春陰	春陰	春陰	春陰
			得花	得隱	得花	採花	得花	得花	得花	采花	採花
			樵漁	樵魚	樵漁	樵漁	樵漁	樵漁	樵漁	樵漁	樵漁
卷一	湖山小隱三首之一	孤山小隱詩	湖山小隱三首之一	湖山小隱三首之一	湖山小隱三首之一	湖山小隱三首之一	湖山小隱三首之一	湖山小隱三首之一	湖山小隱三首之一	湖山小隱三首之一
			猿鳥	猿鳥	猿鳥	猿馬	猿鳥	猿鳥	遠鳥	猿鳥	猿鳥
			肩掩	肩搭	肩搭	肩搭	肩搭	肩搭	肩搭	肩搭	肩搭
			香酤	香酤	香沽	香酤	香酤	香酤	香酤	香酤	香酤
			何處	何要	何要	何要	何要	何要	何要	何要	何要
	湖山小隱三首之二		孤山小隱詩		湖山小隱三首之二	湖山小隱三首之二	湖山小隱三首之二	湖山小隱三首之二	湖山小隱三首之二	湖山小隱三首之二	湖山小隱三首之二
			木	木	林	木	木	木	木	木	林

第一章·林逋文集和刻本研究

續表

整理本卷數	和刻本詩題	宋本《和靖先生詩集》（善本書號07019）	宋本《咸淳臨安志》卷二十三	和刻本《和靖先生詩集》	正統本《重編西湖林和靖先生詩集》（善本書號CBM1636）	正德本《宋林和靖先生詩集》（善本書號02131）	萬曆本《宋林和靖先生詩集》（善本書號16156）	康熙本《林和靖先生詩集》（善本書號14865）	沈幼徵《林和靖集》	王玉超《林逋詩全集》	《全宋詩·林逋卷》
卷一	小隱自題		孤山小隱詩	小隱自題	小隱	小隱	小隱自題	小隱	小隱	小隱	小隱
			應合署周仙	應合署周仙	應合署周仙	應合署周仙	應合署周仙	應合署周仙	應合署周仙	應合署周仙	應合署周仙
卷二	湖山小隱二首之一		又小隱詩	湖山小隱二首之一	湖山小隱二首之一	湖山小隱二首之一	湖山小隱二首之一	湖山小隱二首之一	湖山小隱二首之一	湖山小隱二首之一	湖山小隱二首之一
			慎	慎	慎	慎	慎	慎	慎	慎	慎
			功	功	功	工	工	工	工	工	工
卷二	湖山小隱二首之二		又小隱詩								
卷三	西湖小隱		琴牀	琴牀	琴牀	琴牀	琴牀	琴牀	琴牀	琴牀	琴牀
			又小隱詩	西湖小隱	無	無	無	無	小隱	小隱	小隱
			誰知	唯知					唯知	唯知	誰知
			高尚	高尚					高尚	高尚	高尚
卷四	書孤山隱居壁		又云	書孤山隱居壁	孤山隱居書壁	孤山隱居書壁	孤山隱居書壁	孤山隱居書壁	孤山隱居書壁	孤山隱居書壁	孤山隱居書壁
			爾譁	樹	樹	樹	樹	樹	樹	樹	樹
			擬	擬	儗	儗	擬	擬	擬	擬	擬

和刻本宋人文集叢考

续表

整理本卷数	和刻本诗题	宋本《和靖先生诗集》（善本书号07019）	宋本《咸淳临安志》卷二十三	和刻本《和靖先生诗集》	正统本《重编西湖林和靖先生诗集》（善本书号CBM1636）	正德本《宋林和靖先生诗集》（善本书号02131）	万历本《宋林和靖先生诗集》（善本书号16156）	康熙本《林和靖先生诗集》（善本书号14865）	沈幼徵《林和靖集》	王玉超《林逋诗全集》	《全宋诗·林逋卷》
卷二	山园小梅	樽	樽	罇	尊	尊	尊	尊	尊	尊	尊
卷二	秋日隐居	行乐	行乐	行乐	行乐	行乐	行乐	行乐	行乐	行乐	行乐
卷二	园庐	蠹简	蠹简	蠹简	柴阑	柴阑	柴阑	柴阑	柴阑	柴阑	柴阑
		晨	晨	晨	辰	辰	晨	晨	晨	晨	辰
		堆案	堆案	推案	堆案	堆案	堆案	堆案	堆案	堆案	堆案
		畜	畜	畜	畜	畜	畜	畜	畜	畜	畜
卷二	深居杂兴（序）之一	空洞剪然	空洞剪然	空洞剪然	空洞谲然	空洞谲然	空洞剪然	空洞剪然	空洞谲然	空洞谲然	空洞谲然
		景物	景物	景特	景特	景特	景物	景物	景物	景物	景物
		情味	情味	情味	清味	清味	情味	情味	情味	情味	情味
		得色	得色	得色	德色	德色	得色	得色	得色	得色	德色
		盖	盖	盖	盖	盖	盖	盖	盖	盖	盖
		静极	静极	极静	极静	极静	静极	静极	静极	静极	极静
		中有	巾有	中有	中有	中有	中有	中有	中有	中有	中有

第一章·林逋文集和刻本研究

續表

整理本卷數	和刻本詩題	宋本《和靖先生詩集》（善本書號07019）	宋本《咸淳臨安志》卷二十三	和刻本《和靖先生詩集》	正統本《重編西湖林和靖先生詩集》（善本書號CBM1636）	正德本《宋林和靖先生詩集》（善本書號02131）	萬曆本《宋林和靖先生詩集》（善本書號16156）	康熙本《林和靖先生詩集》（善本書號14865）	沈幼徵《林和靖集》	王玉超《林逋詩全集》	《全宋詩·林逋卷》
卷二	病中三首之三		圖書	圖書	琴書	琴書	琴書	琴書	琴書	琴書	琴書
			花影	林影	林影	林影	林影	林影	林影	林影	林影
			渾疑	渾疑	渾疑	渾擬	渾疑	渾疑	渾疑	渾疑	渾疑
			猿鳥	猿鳥	魚鳥	魚鳥	猿鳥	猿鳥	猿鳥	猿鳥	猿鳥
卷三	病中三首之一		深居雜興五首之四	病中三首之一	病中三首之一	病中三首之一	病中三首之一	病中三首之一	病中三首之一	病中三首之一	病中三首之一
			瘦骼	瘦格	瘦格	瘦格	瘦格	瘦骼	瘦骼	瘦骼	瘦格
	病中三首之二		深居雜興五首之五	病中三首之二	病中三首之二	病中三首之二	病中三首之二	病中三首之二	病中三首之二	病中三首之二	病中三首之二
			蘭譚	徵	徵	徵	徵	徵	徵	徵	徵
			元安	玄安	玄安	玄安	玄安	玄安	玄安	玄安	玄安
卷一	和梅聖俞雪中同虛白上人見訪	無差異	無差異	無差異	無差異	無差異	無差異	無差異	無差異	無差異	無差異

· 173 ·

和刻本宋人文集叢考

续表

整理本卷数	和刻本诗题	宋本《和靖先生诗集》（善本书号07019）	宋本《咸淳临安志》卷九十三	和刻本《和靖先生诗集》	正统本《重编西湖林和靖先生诗集》（善本书号CBM1636）	正德本《宋林和靖先生诗集》（善本书号02131）	万历本《宋林和靖先生诗集》（善本书号16156）	康熙本《林和靖先生诗集》（善本书号14865）	沈幼徵《林和靖集》	王王超《林和靖诗全集》	《全宋诗·林逋诗卷》
卷一	园庐秋夕	无差异	无差异	无差异	无差异	无差异	无差异	无差异	无差异	无差异	无差异
卷二	山阁偶书	常	曾	曾	常	常	常	常	常	常	常
		恰	恰	恰	恰	恰	恰	恰	恰	恰	恰
卷四	春日斋中	春日斋中	春日斋中	春日斋中	春日斋中	春日斋中	春日斋中	春日斋中	春日斋中偶成	春日斋中偶成	春日斋中
卷三	湖上隐居	闲门	闲门	闲门	闲门	闲门	闲门	闲门	闲门	闲门	闲门
		此营	此营	此营	此营	比营	此营	此营	此营	此营	此营
卷四	和王给事同诸官留题	和王给事同诸官留题	和王给事同诸官留题	和王给事同诸官留题	和王给事同诸官留题	和王给事同诸官留题	和王给事同诸官留题	和王给事同诸官留题	和王给事同诸官留题	和王给事同诸官留题	和王给事同诸官留题
		猿鹤	猿鹤	猿鹤	云鹤	云鹤	猿鹤	猿鹤	猿鹤	猿鹤	猿鹤
卷二	山园小梅二首之二	山园小梅二首之二	山园小梅二首之二	山园小梅二首之二	山园小梅二首之二	山园小梅二首之二	山园小梅二首之二	山园小梅二首之二	山园小梅二首之二	山园小梅二首之二	山园小梅二首之二
			剪绡零落	剪绡零碎	剪绡零碎	剪绡零碎	剪绡零碎	剪绡零碎	剪绡零碎	剪绡零碎	剪绡零碎
			忆惜	忆著	忆著	忆著	忆著	忆著	忆著	忆著	忆著
			坠银毂	坠冷毂	坠冷毂	坠吟毂	坠吟毂	坠吟毂	坠吟毂	坠吟毂	坠吟毂

· 174 ·

第一章·林逋文集和刻本研究

续表

整理本卷数	和刻本诗题	宋本《和靖先生诗集》（善本书号07019）	宋本《咸淳临安志》卷二十三	和刻本《和靖先生诗集》	正统本《重编西湖林和靖先生诗集》（善本书号CBM1636）	正德本《宋林和靖先生诗集》（善本书号02131）	万历本《宋林和靖先生诗集》（善本书号16156）	康熙本《林和靖先生诗集》（善本书号14865）	沈幼徵《林和靖集》	王王超《林逋诗全集》	《全宋诗·林逋卷》
卷二	山园小梅		和王绮事同诸官留题	山园小梅	又咏小梅	又咏小梅	又咏小梅	又咏小梅	又咏小梅	又咏小梅	又咏小梅
		衡	衡	衡	衡	衙	衡	衡	衡	衡	衡
卷二	梅花	梅花	和王绮事同诸官留题	梅花	梅花	梅花	梅花	梅花	梅花	梅花	梅花
		长根	长根	长根	长根	长根	长根	长根	长根	长根	长根
		树	庙谭	树	树	树	树	树	树	树	树
卷四	水亭秋日偶书	巾子山头乌白木	巾子山头乌白木	巾子峰头乌白树	巾子峰头乌白树	巾子峰头乌白树	巾子峰头乌白树	巾子峰头乌白树	巾子峰头乌白树	巾子峰头乌白树	巾子峰头乌白树
			微霜未落叶先红	微霜未落已先红	微霜未落已先红	微霜未落已先红	微霜未落已先红	微霜未落已先红	微霜未落已先红	微霜未落已先红	微霜未落已先红
卷一	中峰行乐却望北山因而成咏	中峰行乐却望北山因而成咏	中峰望北山	中峰行乐却望北山因而成咏	中峰行乐却望北山因而成咏	中峰行乐却望北山因而成咏	中峰行乐却望北山因而成咏	中峰行乐却望北山因而成咏	中峰行乐却望北山因而成咏	中峰行乐却望北山因而成咏	中峰行乐却望北山因而成咏
		沧州	苍洲	沧州	沧州	沧州	沧州	沧州	沧州	沧州	沧州
		游	游	游	游	游	游	游	游	游	游

· 175 ·

續表

整理本卷數	和刻本詩題	宋本《和靖先生詩集》（善本書號07019）	宋本《咸淳臨安志》卷二十三	和刻本《和靖先生詩集》	正統本《重編西湖林和靖先生詩集》（善本書號CBM1636）	正德本《宋林和靖先生詩集》（善本書號02131）	萬曆本《宋林和靖先生詩集》（善本書號16156）	康熙本《林和靖先生詩集》（善本書號14865）	沈幼徵《林和靖集》	王玉超《林通詩全集》	《全宋詩·林通遺卷》
卷一	中峰		一逕	一逕	一逕	一逕	一逕	一逕	一逕	一逕	一逕
			全村	全村	前村	前村	前村	前村	前村	前村	前村
			隔岸	隔嶺	隔嶺	隔嶺	隔嶺	隔嶺	隔嶺	隔嶺	隔嶺
			標古翠	合古翠	合古翠	合古翠	合古翠	合古翠	合古翠	合古翠	合古翠
			事不羣	事不羣	思不羣	思不羣	事不羣	事不羣	思不羣	思不羣	思不羣

第一章·林逋文集和刻本研究

附錄五：林逋詩集宋本、《咸淳臨安志》卷三十三對勘表

整理本卷數	和刻本詩題	宋本《和靖先生詩集》(善本書號07019)	宋本《咸淳臨安志》卷三十三	上海圖書館藏鈔本《淳祐臨安志》	和刻本《和靖先生詩集》	正統本《重編西湖編林和靖先生詩集》(善本書號CBM1636)	正德本《宋林和靖先生詩集》(善本書號12231)	萬曆本《宋林和靖先生詩集》(善本書號16156)	康熙本《林和靖詩集》(善本書號14865)	沈幼徵《林和靖集》	王玉超《林逋詩全集》	《全宋詩·林逋》
卷一	西湖	蘭杜	蘭杜	蘭杜	蘭杜	蘭杜	蘭杜	蘭杜	蘭杜	蘭杜	蘭杜	蘭杜
		鳴琅	鳴榔	鳴根	鳴根	鳴榔	鳴榔	鳴榔	鳴榔	鳴榔	鳴榔	鳴榔
		細風斜雨	斜風細雨	斜風細雨	細風斜雨	細風斜雨	細風斜雨	細風斜雨	細風斜雨	細風斜雨	細風斜雨	細風斜雨
卷二	西湖泛舟入靈隱寺		泛舟入靈隱	泛舟入靈隱	西湖泛舟入靈隱寺	西湖泛舟入靈隱寺	西湖泛舟入靈隱寺	西湖泛舟入靈隱寺	西湖泛舟入靈隱寺	西湖泛舟入靈隱寺	西湖泛舟入靈隱寺	西湖泛舟入靈隱寺
			秋白遠	秋白遠	秋白遠	秋白遠	秋白遠	秋白遠	秋白遠	秋白遠	秋白遠	秋白遠
			蘭譁	樹	樹	樹	樹	樹	樹	樹	樹	樹
			運回歸	運回歸	運週比	運週比	運週比	運週比	運週比	運週比	運週比	運週比
卷二	秋日湖西晚歸舟中書事		湖西晚歸	湖西晚歸	秋日湖西晚歸舟中書事	秋日湖西晚歸舟中書事	秋日湖西晚歸舟中書事	秋日湖西晚歸舟中書事	秋日湖西晚歸舟中書事	秋日湖西晚歸舟中書事	秋日湖西晚歸舟中書事	秋日湖西晚歸舟中書事
			沉草岸	流草岸	沉草岸	沉草岸	沉草岸	沉草岸	沉草岸	沉草岸	沉草岸	沉草岸
			青溪	清溪	青溪	清谿	清谿	清谿	清谿	青溪	青溪	清谿

177

续表

整理本卷数	和刻本诗题	宋本《和靖先生诗集》(善本书号07019)	宋本《咸淳临安志》卷三十三	上海图书馆藏钞本《淳祐临安志》	和刻本《和靖先生诗集》	正统本《重编西湖林和靖先生诗集》(善本书号CBM1636)	正德本《宋林和靖先生诗集》(善本书号12231)	万历本《宋林和靖先生诗集》(善本书号16156)	康熙本《林和靖先生诗集》(善本书号14865)	沈幼徵《林和靖集》	王玉超《林逋诗全集》	《全宋诗·林逋》
卷一	秋日湖西闲泛	秋日湖西闲泛	西湖独泛	西湖独泛	秋日湖西闲泛	秋日湖西闲泛	秋日湖西闲泛	秋日湖西闲泛	秋日湖西闲泛	秋日湖西闲泛	秋日湖西闲泛	秋日湖西闲泛
卷一	上湖闲泛舣舟石函因过下湖小墅	上湖闲泛舣舟石函因过下湖小墅	上湖自石函泛下湖小墅	上湖自石函泛下湖小墅	上湖闲泛舣舟石函山因过下湖小墅	上湖闲泛舣舟石函因过下湖小墅	上湖闲泛舣舟石函因过下湖小墅	上湖闲泛舣舟石函因过下湖小墅	上湖闲泛舣舟石函因过下湖小墅	上湖闲泛舣舟石函因过下湖小墅	上湖闲泛舣舟石函因过下湖小墅	上湖闲泛舣舟石函因过下湖小墅
		平望	平望	平望	平望	平望	平望	平望	平望	平望	平望	平望
		树	庙谭	树	树	树	树	树	树	树	树	树
		归	归	归	返	归	归	归	归	归	归	归
		埭	埭	埭	埠	埭	埭	埭	埭	埭	埭	埭
卷一	西湖舟中值雪	西湖舟中值雪	西湖泛雪	西湖泛雪	西湖舟中值雪	西湖舟中值雪	西湖舟中值雪	西湖舟中值雪	西湖舟中值雪	西湖舟中值雪	西湖舟中值雪	西湖舟中值雪
		瀰空阔	迷空阔	迷空阔	瀰空阔	瀰空阔	瀰空阔	瀰空阔	瀰空阔	瀰空阔	瀰空阔	瀰空阔
		温罏	温罏	温炉	温罏	温罏	温罏	温罏	温罏	温罏	温罏	温罏
		接	捭	捭	擁	接	接	接	擁	抱	抱	接
		悠然	悠悠	悠悠	悠然	悠然	悠然	悠然	悠然	悠然	悠然	悠然

第一章·林逋文集和刻本研究

續表

整理本卷數	和刻本詩題	宋本《和靖先生詩集》(善本書號07019)	宋本《咸淳臨安志》卷三十三	上海圖書館藏鈔本《淳祐臨安志》	和刻本《和靖先生詩集》	正統本《重編西湖林和靖先生詩集》(善本書號CBM1636)	正德本《宋林和靖先生詩集》(善本書號12231)	萬曆本《宋林和靖先生詩集》(善本書號16156)	康熙本《林和靖先生詩集》(善本書號14865)	沈幼徵《林和靖集》	王玉超《林逋詩全集》	《全宋詩·林逋》
卷二	湖上切春偶作		晴暖		晴暖	春暖	春暖	晴暖	晴暖	晴暖	春暖	春暖
			春色半寺湖岸寺		春色半寺湖岸莫	氣色半歸湖岸柳	春色半歸湖岸柳	春色半歸湖岸柳	春色半歸湖岸柳	氣色半歸湖岸柳	氣色半歸湖岸柳	氣色半歸湖岸柳
			映短莫		映短莫	映短草	映短草	映短草	映短草	映短草	映短草	映短草
			浮蘭煙		浮蘭煙	浮嫩煙	浮嫩煙	浮嫩煙	浮嫩煙	浮嫩煙	浮嫩煙	浮嫩煙
			山影下		山影下	山影下	出影下	山影下	山影下	山影下	山影下	山影下
卷一	湖樓寫望	湖樓寫望	湖樓寫望		湖樓寫望	湖樓寫望	湖樓晚望	湖樓晚望	湖樓晚望	湖樓寫望	湖樓寫望	湖樓晚望
卷四	和謝祕校西湖馬上	徧	徧		徧	徧	徧	徧	徧	徧	徧	徧
卷三	湖上晚歸	樹	廟譚		樹	樹	樹	樹	樹	樹	樹	樹
卷三	西湖春日	湖上晚歸	湖上晚歸		湖上晚歸	湖上晚歸	湖上晚歸	湖上晚歸	湖上晚歸	湖上晚歸	湖上晚歸	湖上晚歸
卷三	酬晝師西湖春望	釣	釣		釣	釣	釣	釣	釣	釣	釣	釣
			凭		憑	憑	憑	憑		憑	憑	憑

附錄六：林逋詩集和刻本卷下與宋本《咸淳臨安志》卷九十六等對勘表

整理本卷數	宋本詩題	版本 宋本《咸淳臨安志》卷九十六	和刻本《和靖先生詩集》	正統本《重編西湖和靖先生詩集》(善本書號CBM1636)	正德本《林和靖先生詩集》(善本書號12231)	萬曆本《宋林和靖先生詩集》(善本書號16156)	康熙本《林和靖先生詩集》(善本書號14865)	沈幼徵《林和靖集》	王玉超《林逋詩全集》	《全宋詩·林逋》
卷二	西湖孤山寺後舟中寫望	春鋤	春鋤	(此詩缺失)	(此詩缺失)	春鋤	春雄	春鋤	春鋤	(卷四春鋤)
卷三	和西湖高鄰上人寄然社師	石盆泉	石盆泉	石盆泉	石盆前	石盆泉	石盆泉	石盆泉	石盆泉	石盆泉
		憶著	憶著	憶著	憶著	憶著	憶著	憶著	憶著	憶著
		俗流	俗流	俗流	俗庸	俗流	俗流	俗庸	俗庸	俗庸
卷二	城中書事	終反道	終反道	中反道	中反道	終反道	終反道	終反道	終反道	中反道
		譖尋鶴	譖尋鶴	譖尋鶴	譖尋鶴	譖尋鶴	譖尋鶴	譖尋鶴	譖尋鶴	譖尋鶴
		蘭譚	玄	玄	玄	玄	玄	玄	玄	玄
卷四	送謝樹	才未申	才未申	才未申	才未申	才未申	才未申	才未申	才未申	才未申
		湖水春	湖水春	湖上春	湖上春	湖水春	湖水春	湖水春	湖水春	湖水春
卷二	山園小梅	山園小梅	山園小梅	又詠小梅	又詠小梅	又詠小梅	又詠小梅	又詠小梅	又詠小梅	又詠小梅
		又閑三兩朵	又閑三兩朵	又閑三兩朵	又閑三兩朵	又閑三兩朵	又閑三兩朵	又閑三兩朵	又閑三兩朵	又閑三兩朵
		空邊	空邊	空邊	空邊	空邊	空邊	空遶	空遶	空遶
		衛杯	啣杯	衡桮	啣杯	衡杯	衡杯	衡杯	衡杯	衡杯

第一章·林逋文集和刻本研究

續表

整理本卷畫數	宋本詩題	版本	宋本《咸淳臨安志》卷九十六	和刻本《和靖先生詩集》	正統本《重編西湖林和靖先生詩集》（善本書號CBM1636）	正德本《林和靖先生詩集》（善本書號12231）	萬曆本《宋林和靖先生詩集》（善本書號16156）	康熙本《林和靖先生詩集》（善本書號14865）	沈幼徵《林和靖詩集》	王王超《林逋詩全集》	《全宋詩·林逋》
卷一	小圃春日		未相同	未相同	未相同	永相同	未相同	未相同	未相同	未相同	未相同
卷一	聞越僧靈皎遊天竺山因而有寄		聞越僧靈皎遊天竺山因而有寄	聞越僧靈皎遊天竺山因而有寄	聞越僧靈皎遊天竺山因而有寄	聞越僧靈台山因而有寄	聞越僧靈皎遊天竺山因而有寄	聞越僧靈皎遊天竺山因而有寄	聞越僧靈皎遊天竺山因而有寄	聞越僧靈皎遊天竺山因而有寄	聞越僧靈皎遊天竺山因而有寄
			幾廻	幾廻	幾廻	幾回	幾回	幾回	幾回	幾回	幾回
			憶山陰	憶山隱	憶山陰	憶山陰	隔山陰	隔山陰	憶山陰	憶山陰	隔山陰
卷二	秋日湖西晚歸舟中書事		秋日湖西晚歸舟中書事	秋日湖西晚歸舟中書事	秋日湖西晚歸舟中書事	秋日湖台晚歸舟中書事	秋日湖西晚歸舟中書事	秋日湖西晚歸舟中書事	秋日湖西晚歸舟中書事	秋日湖西晚歸舟中書事	秋日湖西晚歸舟中書事
			青溪	青溪	清谿	清谿	清谿	清谿	青溪	青溪	清谿
卷二	小園春興		小園春興	小園春興	小園春日	小園春日	小園春日	小園春日	小園春日	小園春日	小園春日
			千鍾貴	千鍾貴	千鍾貴	千鍾貴	千鍾貴	千鍾貴	千鍾貴	千鍾貴	千鍾貴
卷二	梅花二首		梅花二首	梅花二首	又二首	又二首	又二首	梅花三首	又二首	又二首	梅花三首
之一			幾廻	幾廻	幾廻	幾回	幾回	幾回	幾回	幾回	幾回
			遶著	遶著	遶著	遶著	遶著	遶著	繞著	繞著	繞著
			瑤芳	瑤芳	瑤芳	孤芳	瑤芳	瑤芳	瑤芳	瑤芳	孤芳

· 181 ·

和刻本宋人文集叢考

續表

整理本卷數	宋本詩題	宋本《咸淳臨安志》卷九十六	和刻本《和靖先生詩集》	正統本《重編西湖林靖先生詩集》（善本書號CBM1636）	正德本《林和靖先生詩集》（善本書號12231）	萬曆本《宋林和靖先生詩集》（善本書號16156）	康熙本《林和靖先生詩集》（善本書號14865）	沈幼徵《林和靖集》	王玉超《林通詩全集》	《全宋詩·林逋》
卷二之二		陣陣	陣陣	陣陣	陣陣	陣陣	陣陣	陣陣	陣陣	陣陣
		池水	池水	池水	湖水	湖水	湖水	池水	池水	湖水
		倒窺	倒窺	倒窺	倒窺	倒窺	倒窺	倒窺	倒窺	倒窺
		陳影動	陳影動	陳影動	陳影通	踈影動	踈影動	疏影動	疏影動	疏影動
		畫名	畫名	畫名	画名	畫名	畫名	畫工	畫工	畫工
		詩俗	詩俗	詩俗	詩俗	詩客	詩客	詩客	詩客	詩客
		廟諢	徼	徼	徼	徼	徼	徼	徼	徼
		慙愧	慙愧	慙愧	慙瑰	慙愧	慙愧	慙愧	慙愧	慙愧
		與蝴蝶	與蝴蝶	與胡蝶	似蝴蝶	與蝴蝶	與蝴蝶	與蝴蝶	與蝴蝶	與蝴蝶
		祇知	祇知	只知	只知	祇知	祇知	祇知	只知	只知
		桃蹊	桃蹊	桃溪	桃溪客	桃溪	桃溪	桃溪	桃溪	桃溪
卷一	中峰	一逕	一逕	一逕	一逕	一逕	一逕	一徑	一徑	一徑
		全村	全村	前村	前村	前村	前村	前村	前村	前村
		事不羣	事不羣	思不羣	思不羣	事不羣	事不羣	思不羣	思不羣	思不羣

續表

整理本卷數	宋本詩題	宋本《咸淳臨安志》卷九十六	和刻本《和靖先生詩集》	正統本《重編西湖林和靖先生詩集》(善本書號CBM636)	正德本《林和靖先生詩集》(善本書號12231)	萬曆本《宋林和靖先生詩集》(善本書號16156)	康熙本《林和靖先生詩集》(善本書號14865)	沈幼徵《林和靖集》	王玉超《林逋詩全集》	《全宋詩·林逋》
卷三	聞靈皎師自信州歸越以詩招之	（全無異文）								
卷三	復廢前韻且以陋居幽勝咤而誘之	復廢前韻且以陋居幽勝咤而誘之	復廢前韻且以陋居幽勝咤而誘之	復廢前韻居範而誘之	復廢前韻且以陋居範而誘之	復廢前韻且以陋居範而誘之	復廢前韻且以陋居範而誘之	復廢前韻且以陋居範而誘之	復廢前韻且以陋居範而誘之	復廢前韻且以陋居範而誘之
		藥材	茶材	藥材	藥材	藥材	藥材	藥材	藥材	藥材
		廟薜	懸	懸	懸	懸	懸	懸	懸	懸
		抱露明紅粉	抱露明紅粉	抱露如紅粉	抱露如紅粉	抱露明紅粉	抱露明紅粉	抱露明紅粉	抱露明紅粉	抱露如紅粉
		竹舊	竹舊	竹煙	竹烟	竹烟	竹烟	竹烟	竹烟	竹烟
卷三	雜興四篇之一	雜興四篇	雜興四篇	雜興四篇	雜興四首	雜興四首	雜興四首	雜興四首	雜興四首	雜興四首
		靜朝真	靜朝真	靜朝真	靜朝真	靜朝真	靜朝真	靜朝真	靜朝真	靜朝真
		聊希擬	聊希擬	聊希擬	聊希擬	聊希擬	聊希擬	聊希擬	聊希擬	聊希擬
		樹影	樹影	樹影	樹影	樹影	樹影	樹影	樹影	樹影
卷三	之二	廟譁	唯應	惟應	惟應	惟應	惟應	惟應	惟應	惟應

续表

整理本卷数	宋本诗题	版本 宋末《咸淳临安志》卷九十六	和刻本《和靖先生诗集》	正统本《重编西湖林和靖先生诗集》（善本书号CBM1636）	正德本《林和靖先生诗集》（善本书号12231）	万历本《宋林和靖先生诗集》（善本书号16156）	康熙本《林和靖先生诗集》（善本书号14865）	沈幼徵《林和靖集》	王玉超《林逋诗全集》	《全宋诗·林逋》
卷二	之三	晚爾谭	晚樹	晚樹	晚樹	晚樹	晚樹	晚樹	晚樹	晚樹
		琴樽	琴樽	琴尊	琴尊	琴尊	琴尊	琴尊	琴尊	琴尊
		苔藓净	苔藓净	苔野净	苔野净	苔野净	苔野净	苔野净	苔野净	苔野净
	之四	稻篝叟	稻篝叟	稻篝叟	稻篝叟	稻篝叟	稻篝叟	稻篝叟	稻篝叟	稻篝叟
		孤塔晚	孤塔晚	孤陷晚	孤塔晚	孤塔晚	孤塔晚	孤塔晚	孤塔晚	孤塔晚
		一犁春	一犁春	一犁春	一犁春	一溪春	一溪春	一犁春	一犁春	一犁春
卷一	山北写望	山北写望	山北写落	北山写望	北山晚望	北山写望	北山写望	山北写望	北山写望	北山写望
		飘黄落	飘黄落	飘黄叶	飘黄叶	飘黄叶	飘黄叶	飘黄叶	飘黄叶	飘黄叶
		夏水漾	夏水漾	夏水漾	夏水漾	夏水漾	夏水漾	夏水漾	夏水漾	夏水漾
卷二	夏日池上	凭阑	凭阑	凭阑	凭阑	凭阑	凭阑	凭阑	凭阑	凭阑
		独傍	独傍	独傍	独倚	独傍	独傍	独傍	独傍	独倚
		潇洒	萧洒	潇洒	潇洒	潇洒	潇洒	潇洒	潇洒	潇洒
		与谁同	与谁同	与谁同	与谁同	与谁同	与谁同	与谁同	与谁同	与谁同

第一章·林逋文集和刻本研究

续表

整理本卷数	宋诗题	版本	宋本《咸淳临安志》卷九十六	和刻本《和靖先生诗集》	正统本《重编西湖林和靖先生诗集》（善本书号CBM1636）	正德本《林和靖先生诗集》（善本书号12231）	万历本《宋林和靖先生诗集》（善本书号16156）	康熙本《林和靖先生诗集》（善本书号14865）	沈幼徵《林和靖集》	王王超《林逋诗全集》	《全宋诗·林逋》
卷四	松径		履	履	屐	屐	屐	屐	屐	屐	屐
			呵止	呵止	呵止	呵止	呵止	呵止	呵出	呵出	呵止
卷四	竹林		梢	梢	梢	梢	梢	梢	梢	梢	梢
			蹬	蹬	径	径	蹬	蹬	蹬	蹬	蹬
卷四	菱塘		翻	翻	分	分	翻	翻	翻	翻	翻
			烟	烟	烟	烟	烟	烟	烟	烟	烟
卷四	莲荡		洛妃	洛妃	楚妃	楚妃	楚妃	楚妃	楚妃	楚妃	楚妃
			露	露	露	露	露	露	露	露	露
卷四	葑田		游泥	淡泥	淡流	淡流	淡泥	淡泥	淡泥	淡泥	淡泥
			春流	春流	深流	深流	深流	深流	春流	春流	深流
			徊名	旋旋	旋旋	旋旋	旋旋	旋旋	旋旋	旋旋	旋旋
			板籍	板籍	版籍	版籍	版籍	版籍	版籍	版籍	版籍
卷四	鸣皋		鸣皋	鸣皋（所养鹤）	鸣皋（所养鹤）	鸣皋（所养鹤名）	鸣皋（所养鹤名）	鸣皋（所养鹤）	鸣皋（所养鹤）	鸣皋（所养鹤）	鸣皋（所养鹤名）
			唳	唳	唳	唳	唳	淚	唳	唳	唳

· 185 ·

和刻本宋人文集叢考

續表

整理本卷數	宋詩題 \ 版本	宋本《咸淳臨安志》卷九十六	和刻本《和靖先生詩集》	正統本《重編西湖林和靖先生詩集》（善本書號CBM1636）	正德本《林和靖先生詩集》（善本書號12231）	萬曆本《宋林和靖先生詩集》（善本書號16156）	康熙本《林和靖先生詩集》（善本書號14865）	沈幼徵《林和靖集》	王玊超《林逋詩全集》	《全宋詩·林逋》
卷四	呦呦	呦呦	呦呦（所養鹿名）	呦呦（所養鹿）	呦呦（所養鹿）	呦呦（所養鹿名）	呦呦（所養鹿名）	呦呦（所養鹿）	呦呦（所養鹿）	呦呦（所養鹿名）
卷一	湖州晚興	卧痕	卧痕	浪痕	浪痕	浪痕	浪痕	卧痕	卧痕	浪痕
		作	作	起	起	起	起	起	起	起
		修	修	修	蕭	蕭	蕭	修	修	蕭
		凭	凭	憑	憑	憑	憑	憑	凭	憑
卷三	贈錢塘邑長錢高秘校	呵止	呵止	呵出	呵出	呵止	呵止	呵出	呵出	呵出
卷二	梅花三首之一	粘	粘	（此詩缺失）	（此詩缺失）	（卷三）粘	（卷三）粘	黏	黏	粘（卷四《四部叢刊》本補遺）
		藥	藥			藥	藥	蕊	蕊	蕊
		醉	碎			碎	碎	碎	碎	碎
		疑	疑			凝	凝	疑	疑	疑
		匀	匀			匀	匀	匀	匀	匀
之二		煙				煙	煙	煙	（簡體烟）	烟

第一章·林逋文集和刻本研究

续表

整理本卷数	宋本诗题	版本	宋本《咸淳临安志》卷九十六	和刻本《和靖先生诗集》	正统本《重编西湖林和靖先生诗集》（善本书号CBM1636）	正德本《林和靖先生诗集》（善本书号12231）	万历本《宋林和靖先生诗集》（善本书号16156）	康熙本《林和靖先生诗集》（善本书号14865）	沈幼徵《林和靖集》	王玉超《林逋诗全集》	《全宋诗·林逋》
卷四	将终之岁自作寿堂因书一绝以志之		将终之岁自作寿堂因书一绝以志之	将终之岁自作寿堂因书一绝以志之	先生将终之岁自作寿堂因书一绝以志之	先生将终之岁自作寿堂因书一绝以志之	自作寿堂因书一绝以志之	自作寿堂因书一绝以志之	自作寿堂因书一绝以志之	自作寿堂因书一绝以志之	自作寿堂因书一绝以志之
			湖外	湖上	湖上	湖上	湖上	湖上	湖上	湖上	湖上
			坟前修竹	门前修竹	坟头秋色	坟头秋色	坟前修竹	坟前修竹	坟前修竹	坟前修竹	坟头秋色
			茂陵异日求遗草	茂陵异日求遗篇	茂陵他日求遗稿	茂陵他日求遗稿	茂陵他日求遗稿	茂陵他日求遗稿	茂陵他日求遗稿	茂陵他日求遗稿	茂陵他日求遗稿
			犹喜曾无封禅书	且喜家无封禅书	犹喜曾无封禅书	犹喜曾无封禅书	犹喜曾无封禅书	犹喜曾无封禅书	犹喜曾无封禅书	犹喜曾无封禅书	犹喜曾无封禅书

· 187 ·

第二章
王安石文集和刻本研究

王安石在天水一朝政壇、文壇之巨大影響，使其身後文集之刊刻可謂繁花簇錦、衆彩紛呈。後人於其文集文獻之研究，相應亦是紛繁複雜、層出不窮。概而言之，其文集傳世版本系統可分爲三類。一類爲文集本，可概稱爲甲類；二類爲詩歌箋注本，可概稱爲乙類；三類爲詩歌節選本，可概稱爲丙類。今另闢蹊徑，就此三類，廣列衆本，逐字逐篇讎校以言。

第一節　文集本

1. 宋代文集本

宋代文集本亦可分爲二類。第一類有三版：一爲紹興十年黃次山所叙臨川知州詹大和刻本《臨川先生文集》一百卷，可概稱爲甲一臨川本；二爲紹興二十一年提舉兩浙西路常平鹽茶公事王珏杭州刻本《臨川先生文集》一百卷，可概稱爲甲一杭州本；三爲北京大學所藏殘宋本，可稱甲一北大本。第二類爲紹興間所刻《王文公集》一百卷,刊刻地爲龍舒,故可概稱爲甲二龍舒本。故而共有兩類四種。

(1)紹興十年臨川刻本(甲一臨川本)

此本今已失傳,現存有關此本最爲重要史料乃嘉靖三十九年(1560)《臨川先生文集》卷首黃次山所作《紹興重刊臨川文集叙》:

紹興重刊《臨川集》者,郡人王丞相介父之文,知州事桐廬詹大和甄老所譜而校也。藝祖神武定天下,列聖右文而守之。江西士大夫多秀而文,挾所長與時而奮。王元之、楊大年篤尚音律,而元獻晏公臻其妙。柳仲塗、穆伯長首唱古文,而文忠歐陽公集其成。南豐曾子固、豫章黃魯直,亦所謂編之乎詩書之册而無愧者也。丞相旦登文忠之門,晚躋元獻之位,子固之所深交,而魯直稱爲不朽。近歲,諸賢舊集,其鄉郡皆悉刊行,而丞相之文流布閩、浙,顧此郡獨因循不暇,而詹子所爲奮然成之者也。紙墨既具,久而未出。一日謂客曰:"讀書未破萬卷,不可妄下雌雄。讎正之難,自非劉向、揚雄,莫勝其任。吾今所校本,仍閩、浙之故耳,先後失次,訛舛尚多。念少遲之,盡更其失,而慮歲之不我與也,計爲之何?"客曰:"不然。皋、蘇不世出,天下未嘗廢律。劉、揚不世出,天下未嘗廢書。凡吾所爲,將以備臨川之故事也,以小不備而忘其大不備,士夫披閱,終無時矣。明牕淨榻,永晝清風,日思誤書,自是一適。若覽而不覺其誤,孫(按:《文淵閣四庫全書》本《三餘集》作"誤",當以之爲是)而不能思,思而不能得,雖劉、揚復生,將如彼何哉!"詹子曰:"善!客其爲我志之。"十年五月戊子,豫章黃次山季岑父叙。

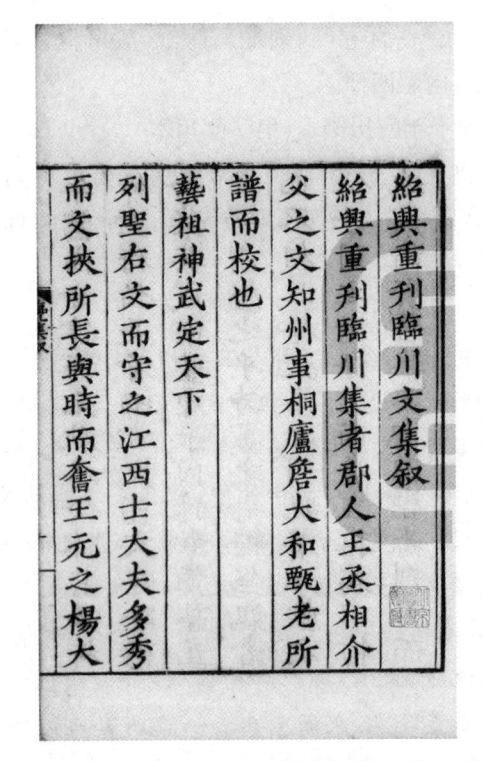

圖版2-1：嘉靖三十九年(1560)《臨川先生文集》卷首黃次山序
（中國國家圖書館藏，善本書號03247）

　　此序作於紹興十年(1140)五月，又據汪藻所撰《詹大和墓志銘》，其"卒于臨安客舍，年四十八，時紹興十年十月癸未也。"① 前後僅五月，詹大和即已故去。加之詹大和自言"而慮歲之不我與也"，故而劉成國推測："或因詹已染痼疾，自覺時日無多，'念少遲之，盡更其失，而慮歲之不我與也'。"② 然細覽汪藻《詹大和

---

① [宋]汪藻：《浮溪集》，《四部叢刊》初編本。
② [宋]王安石撰，劉成國點校《王安石文集·整理前言》，北京：中華書局，2021年版，第12頁。

墓誌銘》,詳細記載其仕宦履歷云:

君擢政和八年進士第,官自迪功郎八遷爲左朝請大夫,職自直秘閣再遷爲顯謨閣,嘗歷真州揚子縣尉、監泗州糧料院、河北河東路宣撫司書寫機宜文字、尚書水部員外郎、淮南路轉運使、知江、虔、撫三州,再知虔州以歿。

文後又言:

轉朝請大夫,移撫州。到官擴廩濟饑民,所活以萬計。召對,復知虔州。又召對,卒于臨安客舍,年四十八,時紹興十年十月癸未也。

其撫州任後更被召對,復知虔州。再次召對時,卒於臨安客舍。若其"已染痼疾"何能一再召對,並更知虔州? 故而,其之亡故,當是召對途中突發疾病而亡。至於其所謂"而慮歲之不我與也",當是其於撫州任之末期,已知將召對移知虔州,更無暇校讎文稿,"盡更其失"。

序文言及,詹大和本之前已有閩、浙版流行於世,"丞相之文流布閩、浙"。其所校本"仍閩、浙之故耳"。又紹興二十一年(1151)王珏於《臨川先生文集》跋文言:

曾大父之文,舊所刊行,率多舛誤。政和中門下侍郎薛公、宣和中先伯父大資皆嘗被旨編定。後罹兵火,是書不傳。比年臨川、龍舒刊行,尚循舊本。①

---

① 王珏杭州刻本《臨川先生文集》卷首跋文,中國國家圖書館藏,善本書號03575。

此處所謂"臨川"本或即指詹大和所刊刻。由此亦可知，詹本多承襲薛昂本而來。而閩、浙之地廣爲流傳的也正是薛昂"被旨編定"本。

除去史料之檢索，今存王安石文集衆本唯明嘉靖三十九年江西巡撫何遷刻本（可概稱爲甲一何遷本），似當翻刻自詹大和本，由此可窺其端倪。傅增湘《藏園群書題記》卷一三《紹興本臨川先生文集殘卷跋》記載：

荆公文集今世通行者，以明嘉靖本爲最善，然嘉靖本實源出紹興十一年所刊，即此本是也。其版至明時尚存，後歸入南京國子監，故流傳印行至多。余曾於南中收得全帙，就新刊校勘一過，撰有題記。此殘本爲劉君翰臣所贈，存卷三十七至四十九、卷六十至六十九，凡二十三卷，其中所存宋刻約十之九。……此本半頁十二行，行二十字。白口，雙闌。版心下方記刊工姓名。①

傅氏所言"紹興十一年"近似於詹大和紹興十年刻本，而嘉靖本確源自於詹大和本（詳見下文）。然之後所記刊版歸入南京國子監者，實則爲楊士奇《題王臨川文後》所言："獨北京有荆公《臨川集》板，在國子監舊崇文閣。"②丁丙《善本書室藏書志》卷二十七"臨川先生文集一百卷目錄三卷（元刊本）"即記載有此跋文。③可知此當爲紹興二十一年王珏刻本，"紹興十一年"誤脱"二"，當

---

① 《藏園群書題記》，第671頁。
② ［明］楊士奇撰，劉伯涵、朱海點校：《東里集》卷十《題跋·題王臨川文後》，北京：中華書局，1998年版，第143頁。
③ 《清人書目題跋叢刊二·善本書室藏書志》卷二十七《集部·臨川先生文集一百卷目錄三卷（元刊本韓世能藏書）》，第719頁上。

爲"紹興二十一年"。

詹大和本遲至清嘉慶二年(1797)猶存内府,《天禄琳琅書目後録》卷六《宋版集部》著録共有兩部《臨川先生文集》,後即不得其詳。第一部二函二十册,提要曰:

宋王安石撰,書一百卷。前有紹興十年黄次山序稱:丞相之文流布閩、浙,今所校本仍閩、浙之故,蓋知州事桐廬詹太和甄老所譜校。標曰"紹興重刊臨川文集序",今閩、浙兩本無傳,此其最古矣。

第二部四函十四册,提要曰:"同上,係一版摹印。"①

祝尚書《宋人別集叙録(增訂本)》懷疑北京大學圖書館藏四卷殘宋本(存卷五十二至五十五)"不詳是否與詹本有關"。②王嵐《宋人文集編刻流傳叢考》經過版本比對以爲此殘宋本實乃"王珏所刻杭本"。③

劉成國于《王安石文集·整理前言》又認爲詹大和本當爲一百八十卷:"《通志》著録有王安石《臨川集》一百卷、《臨川後集》八十卷,應當就是臨川本(臨川本自閩、浙舊本刊刻而來,僅做譜校,則二者亦應相同)。"④其依據爲汪藻《跋半山詩》曰:"近觀《臨川前後集》,猶識其在集中者數十首,因擇出録之。而表、啓不存一字,可惜也。"⑤由此與《通志》對應。然汪藻所見未必爲

---

① 《清人書目題跋叢刊十·天禄琳瑯書目後編》,第315頁上。
② 《宋人別集叙録(增訂本)》,第315頁。
③ 《宋人文集編刻流傳叢考》,第160頁。
④ 《王安石文集》,第13頁。
⑤ 《永樂大典》第一册,卷九百七《詩(諸家詩目三)》,北京:中華書局,1986年版,第397頁上。

詹大和本,故劉成國補充以爲:"畢竟詹大和的墓志銘便是汪藻所撰,對於詹刻,汪藻必然知曉。"然汪藻所撰《詹大和墓志銘》長達數千言,卻無一字提及此書。若是"必然知曉",何以能對此一百八十卷之大著如此視而不見。① 故而,難以"墓志銘便是汪藻所撰"推證汪藻所言"《臨川前後集》"即是詹大和所刻。再之,《通志》原文:"《臨川集》,一百卷(王安石)。又《臨川後集》,八十卷。"②《臨川後集》前加一"又"字。沒有任何證據明示兩者爲同時所刻。

劉薔女士《天禄琳琅知見書録》又以爲此兩部均存於今世。第一部分藏於中國國家圖書館(新編書號1191,存卷十二至十四、十八至二十,兩册)、吉林省博物院(書號05593,存卷九十五至九十六,一册)。劉薔描述第一部版式特徵爲"每半葉十二行,行二十字,白口,左右雙邊,單線魚尾,書口中刊'臨川集幾',下刊葉次。"③依據乃《中華人民共和國圖書館博物館群藝館文化館大典》第二卷"吉林省博物館"條所載書影一幀。劉女士斷定此乃"明嘉靖二十五年應雲鷟刻本",並對此書提要批駁道:"以爲宋紹興十年詹太和刊本,實爲明嘉靖間影宋刻本,嘉靖二十五年應雲鷟據劉氏安世堂本整理重刻,成爲《臨川文集》的明代通行之本。每册俱鈐天禄繼鑑諸璽,前後副葉所鈐爲'中三璽'。"④此論似未確。首先,"劉氏安世堂"爲"劉氏安正堂"之誤。其次,作者並未親見原本,乃依據他書所載書影。《中華人民共和國圖書館博物館群藝館文化館大典》第二卷"吉林省博物

---

① 《浮溪集》"詹大和"誤爲"詹太和"。《全宋文》第一百五十七册,卷三千三百九十三《汪藻三十一》,第378頁,據此亦誤。
② [宋]鄭樵撰,王樹民點校:《通志二十略·藝文略第八》,第1773頁。
③ 劉薔:《天禄琳琅知見書録》,北京:北京大學出版社,2017年版,第229頁。
④ 《天禄琳琅知見書録》,第229頁。

第二章・王安石文集和刻本研究

館"只標識爲"明刻本",並未言明具體年代、何人所刻。①劉薔據此頁圖版以爲乃應雲鷟本,然其據此圖版所描述之版本樣式除去白口,均乃何遷本獨有之特徵,與應雲鷟本迥異。且應雲鷟本卷首並無黄次山序,而何遷本卷首則有之(詳見下文)。

第二部分藏於中國國家圖書館(新編書號 1317,存目録上、一卷,一册)、日本鹿兒島大學圖書館(書號 IK322/漢・集部 22,卷首至卷一百,四函二十册)。其所描述之版本樣式爲:"每半葉十二行,行二十字,白口,左右雙邊。卷首有《紹興重刊臨川文集叙》。"劉薔斷定此書:"實爲明代翻宋刻本,與《四部叢刊》所收明嘉靖三十九年何遷刻本《臨川先生文集》比勘,此本佚失首末之明嘉靖三十九年王宗沐、明嘉靖二十五年陳九學後序、明嘉靖二十五年章衮書《臨川文集後》、明嘉靖二十五年應雲鷟刻書跋,以致天禄諸臣將其誤入宋版。書品寬大、品相上佳。每册俱鈐天禄繼鑑諸璽,前後副葉所鈐爲'大三璽'。"②此論亦未確。首先,"陳九學"爲"陳九川"之誤植。其次,此書卷首黄次山序每半葉七行,行十四字,確是"書品寬大"。然正文每半葉十二行,行二十字,雕版密櫛,並無"寬大"可言。再之,今中國國家圖書館另藏有四部何遷本,館藏書號分别爲:02084 號、03247 號、05044 號、17277 號。其中僅有 17277 號有全部序文,其他三者均僅有卷首黄次山《紹興重刊臨川文集叙》。另,日本蓬左文庫藏本,③美國國會圖書館所藏兩種均如此。④可見此種情況普遍存在於

---

① 吕章申、詹福瑞主編:《中華人民共和國圖書館博物館群藝館文化館大典》,北京:國家圖書館出版社,2009 年版,第 25 頁。《天禄琳琅知見書録》將"吕章申"誤植爲"吕福申",見此書第 229 頁,脚注①。
② 《天禄琳琅知見書録》,第 230 頁。
③ 嚴紹璗:《日藏漢籍善本書録・集部・别集類》,北京:中華書局,2007 年版,第 1518 頁。
④ 《中國善本書提要・集部・别集類》,第 517 頁。

何遷本中，並非罕見。版本鑒定要素諸多，序之有無僅爲其一。若僅以此爲據以斷，上述六種藏本均可疑爲宋本，然各種著錄並未如此，何以唯獨天祿諸臣如此拙乏。且四部何遷本版式相同，字體整飭刻板，明顯帶有後世匠體風格，與宋世風格差異甚大。

（2）紹興二十一年杭州刻本（甲一杭州本）

此本亦無完整宋刻流傳於今，唯宋刻遞修本多有存世。中國國家圖書館藏有此書五種版本。03575 號清黄廷鑒校本，卷首抄錄黄次山《紹興重刊臨川文集叙》一則，隨後是刊本王珏題跋一則、總臨川先生文集目。卷末抄補兩頁半，無序跋。

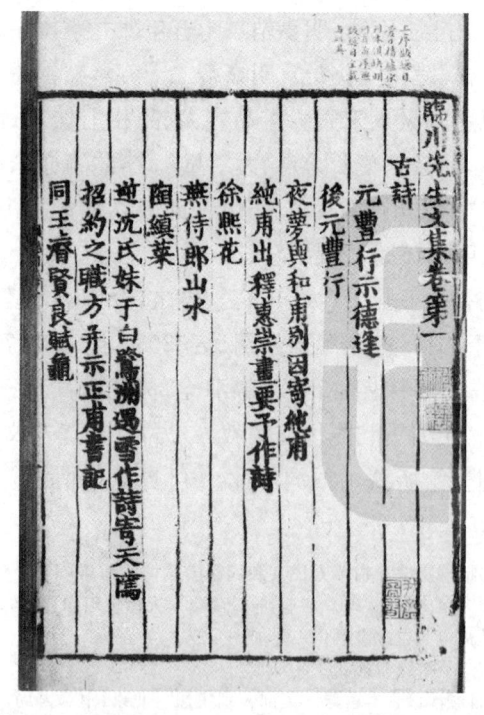

圖版 2-2：紹興辛未（二十一年，1151）《臨川先生文集》
（中國國家圖書館藏，善本書號 03575）

08721號卷首無序跋、總目之類。卷末有王安石曾孫王珏題跋一則,與03575號兩者版式全同。

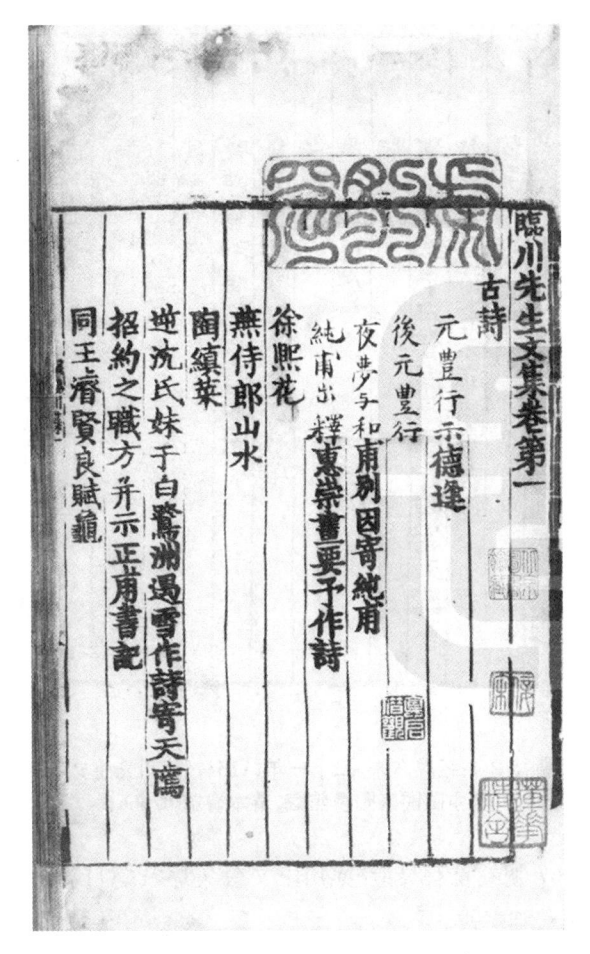

圖版2-3:紹興辛未(二十一年,1151)《臨川先生文集》
(中國國家圖書館藏,善本書號08721)

07666號卷首無序跋,有總目,卷末無序跋。

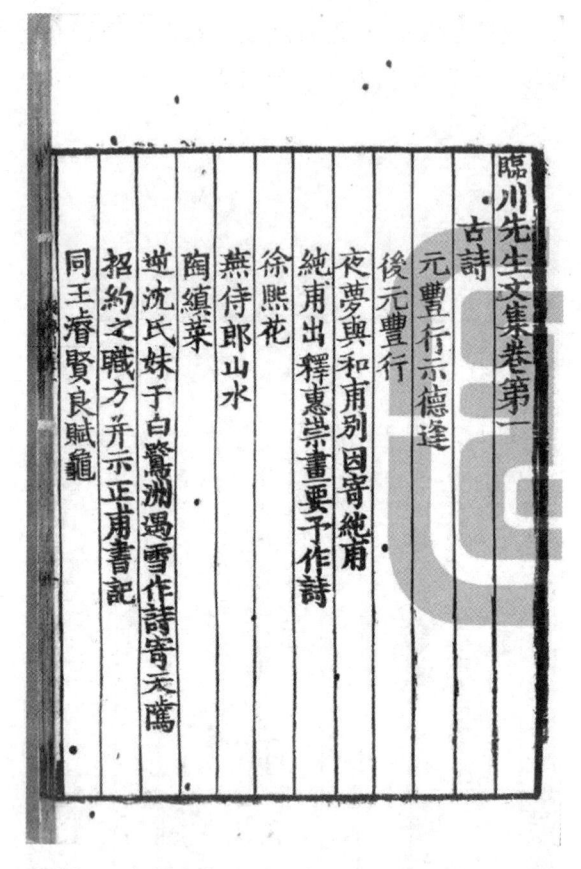

圖版 2-4：紹興辛未(二十一年，1151)《臨川先生文集》
（中國國家圖書館藏，善本書號 07666）

  07667 號卷首有吳澄《臨川王文公集序》、總目、詳細總目錄上下，卷末無序跋。①

---

① 吳澄序又見於明成化二十年(一四八四)刊本《草廬吳文正公文集》卷十三。李修生主編《全元文》卷四八五《臨川王文公集序》，南京：鳳凰出版社，1998 年版，第 350 頁。

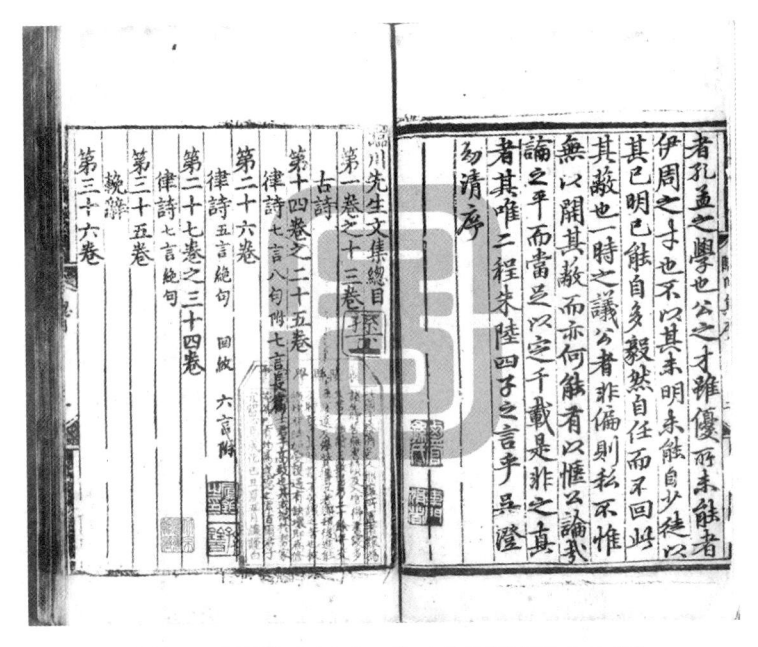

圖版 2-5：紹興辛未（二十一年，1151）《臨川先生文集》
（中國國家圖書館藏，善本書號 07667）

　　A01031 爲殘卷，卷首無序跋，有總目錄上、下，卷一至三十四爲總目上，卷三十五至一百爲總目下。

　　王玨此題跋對於梳理王安石早期刻本尤爲重要，其跋曰：

曾大父之文，舊所刊行，率多舛誤。政和中門下侍郎薛公、宣和中先伯父大資皆嘗被旨編定。後罹兵火，是書不傳。比年臨川、龍舒刊行，尚循舊本。玨家藏不備，復求遺稿於薛公家，是正精確，多以曾大父親筆、石刻爲據。其間參用衆本，取舍尤詳。至於斷缺，則以舊本補校足之。凡百卷，庶廣其傳云。紹興辛未（二十一年，1151）孟秋旦日，右朝散大夫、提舉兩浙西路常平茶鹽公事王玨謹題。

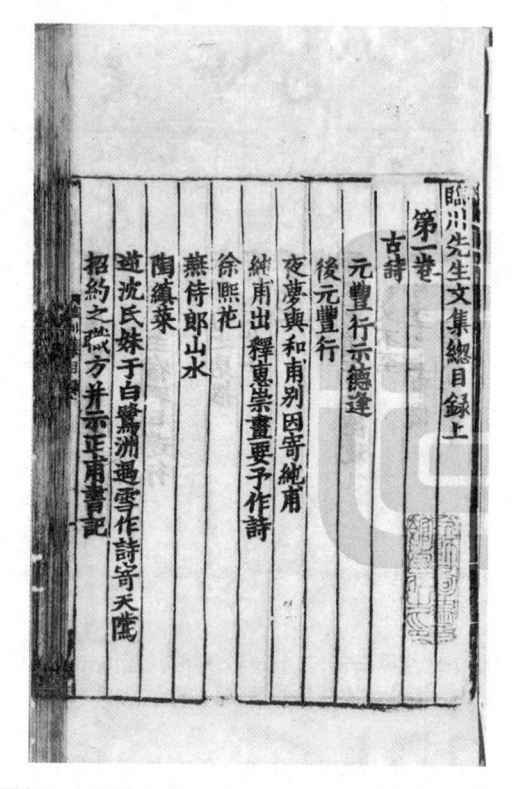

圖版2-6：紹興辛未（二十一年，1151）《臨川先生文集》
（中國國家圖書館藏，善本書號A01031）

由王珏所言可知，王安石文集曾由薛昂等"被旨編定"，然此集罹火不傳，唯有臨川本、龍舒本尚承其舊。而其所編校，首先"求遺稿於薛公家，是正精確，多以曾大父親筆、石刻爲據"，隨後又"參用衆本，取舍尤詳"。仍有斷缺，則用臨川、龍舒此類舊本校足之，可見其校讎之精良。而詹大和本"吾今所校本，仍閩、浙之故耳，先後失次，訛舛尚多。念少遲之，盡更其失，而慮歲之不我與也"。兩者相較，王珏本自當勝出諸多。由此以至王珏本廣爲流行於後世，而詹大和本幾乎消散殆盡，也是良有以也。

第二章·王安石文集和刻本研究

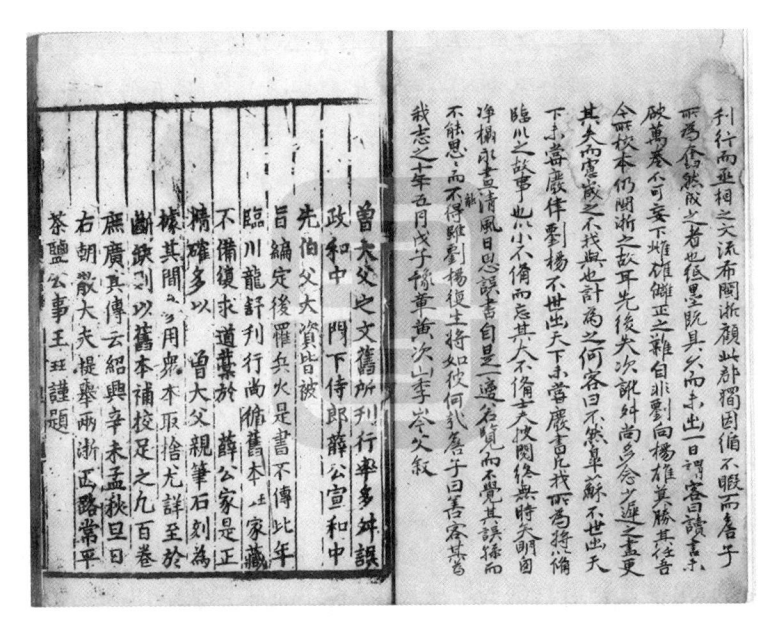

圖版 2-7：杭州刻本《臨川先生文集》卷首跋文
（中國國家圖書館藏，善本書號 03575）

另見於書目文獻記載之版本主要有如下幾種。瞿鏞《鐵琴銅劍樓》所錄"臨川先生文集一百卷（宋刊本）"，卷首有王珏題跋，版式爲每半葉十二行，行二十字。①丁丙《善本書室藏書志》卷二十七"臨川先生文集一百卷目錄三卷（元刊本）"，行字數與瞿鏞所藏相同。另記卷首有吳澄序、楊士奇跋語，以及"此版心間有嘉靖五年補刊之葉"。②李盛鐸《木犀軒藏書題記》所錄"臨川先生文集一百卷，宋王安石撰，宋刻明印本"：

---

① 《清人書目題跋叢刊三·鐵琴銅劍樓藏書目錄》，瞿鏞撰，北京：中華書局，1990年版，第306頁下。
② 《清人書目題跋叢刊二·善本書室藏書志》卷二十七《集部·臨川先生文集一百卷目錄三卷（元刊本韓世能藏書）》，丁丙撰，北京：中華書局，1990年版，第719頁上。

此本前有吴草廬序，稱危太樸搜索諸本增補校定。其實即以宋板略加修補掩爲新刻（元人此類甚多），又間有嘉靖五年（1526）補刊之葉，知此板明時尚存，宋刻十存六七。宋諱如竟、讓、縣、懲、完，皆缺末筆，'恒'字注'淵聖御名'，蓋紹興中公曾孫玨所刊，元、明以來遞有修版。①

潘宗周《寶禮堂宋本書錄》所錄"臨川先生文集一百卷"，卷末有王玨題跋，其版式爲："半葉十二行，行二十一二字。左右雙闌，版心白口，單魚尾。上記字數，下記刻工姓名。書名題'臨川集幾'。其闊黑口者，皆補版，無刻工姓名。"②行字數之分歧乃後世補版過多所致。

傅增湘《藏園群書經眼錄》卷十三《集部二》"臨川先生文集一百卷"記載："有嘉靖五年補刊字。宋諱北宋皆缺筆，'構'字注御名。有紹興辛未王玨題九行，刊於浙西。前有吴澄序，稱危素搜索諸本增補校訂，比臨川、金谿、麻沙、浙西諸本頗爲備悉。永樂十五年楊士奇集諸家論説語錄於總目後，密行小字。卷末有 嘉靖丁亥秋仲國子監補刊完"。③葉啓勛《拾經樓紬書錄》"臨川先生文集一百卷，目錄二卷（宋刊明印本）"，亦記："首有吴澄幼清序，次永樂十五年十月一日廬陵楊士奇語錄，蓋明時補刻也。""宋板至明永樂猶存，楊士奇修補所缺十一，復增入吴序語錄印行。迨至嘉靖又有缺板，今此書板心上方有'嘉靖五年補刊'六

---

① 《木犀軒藏書題記及書錄》之《題記·臨川先生文集一百卷（宋刻明印本）》，第39頁。
② 《中國歷代書目題跋叢書第二輯·寶禮堂宋本書錄》，潘宗周撰，柳向春標點，上海：上海古籍出版社，2007年版，第300頁。
③ 傅增湘撰：《藏園群書經眼錄》，北京：中華書局，1983年版，第1156頁。

字者,即其時修補印行之證也。"① 楊士奇跋語《題王臨川文後》又見《東里集》卷十:

歐、蘇、曾、王四家全集,今書坊皆無刻板,獨北京有荆公《臨川集》板,在國子監舊崇文閣,而所闕什一。用之永樂八年扈從在北京,印二本,以一本寄余,凡十册。既已錄補,遂取吴草廬先生所爲序,冠諸卷首,又取二程、朱、陸四先生及司馬文正諸賢所論公平生者附于序後。蓋凡天下後世之狺狺於公者,皆吠聲而已,豈其真有所見哉? 夫的然有所見者,余之所錄是已。②

由此題跋可知,此版至明時國子監舊崇文閣所存版片猶闕什一。永樂十五年,楊士奇予以錄補,並"取吴草廬先生所爲序,冠諸卷首,又取二程、朱、陸四先生及司馬文正諸賢所論公平生者附于序後",此爲第一次補刻。再由丁丙、李盛鐸所記可知,嘉靖五年又予以第二次補刻。衆本卷首之元吴澄序實乃明代方由楊士奇於第一次補刻時錄入,可見楊士奇當依據元本以爲訂補。然吴澄序文記載:"金谿危素好古文,慨公集之零落,搜索諸本,增補校訂,總之凡若干卷,比臨川、金陵、麻沙、浙西數處舊本頗爲備悉。"亦並未涉及版本來源。"增補校訂"乃相對於"臨川、金陵、麻沙、浙西數處舊本",並非僅爲浙西之王珏杭州刻本。故而,杭州本是否經元代修補,且是否爲危素所"增補校訂",概不可知。唯確知至明代永樂十五年楊士奇始因元本對此有所訂補。祝尚書《宋人別集叙錄》(增訂本)以爲"由此知王珏本板片元末猶存,

---

① 葉啓勛撰,《拾經樓紬書錄》,長沙:岳麓書社,2011年版,第110、111頁。
② [明]楊士奇撰,劉伯涵、朱海點校:《東里文集》卷十《題跋·題王臨川文後》,北京:中華書局,1998年版,第143頁。

• 203 •

只是已經'零落',危素爲之'增補校訂'而已。所謂'增補校訂',當指修補王珏浙西板,而非重刻。""既有吴澄序,其底本當即宋刻元修王珏本。"多爲推測之辭,似有不妥。①

甲一臨川本與甲一杭州本之版式,瞿鏞《鐵琴銅劍樓藏書目錄》"臨川先生文集一百卷(宋刊本)"記載:"蕨之明繙詹大和刻本,卷第皆同,惟輓詞類中少《蘇才翁輓詞》二首,集句中少《離昇州作》一首,而多《移桃花》一首。"②余嘉錫亦言:"僅有詩三首彼此不同,其餘竟無以大相遠。"③故而,祝尚書先生以爲"王珏本與詹大和本其實相同"。④詹大和本今已散佚,嘉靖三十九年何遷本據其翻刻,今選擇王安石所作絶句將之與王珏杭州本對勘,如附錄所示,兩者文字相異處有:卷二十七《歌元豐五首》之五杭州本"筴",何遷本作"栅"。《酬宋廷評請序經解》杭州本"急",何遷本作"忽"。卷二十八杭州本《定林院》,何遷本作《定林》。卷二十九杭州本《與黄道原過西莊遂遊寶乘》,何遷本作《與道原過西莊遂遊寶乘》。《與黄道原過西莊遂遊寶乘》杭州本"窣堵波",何遷本作"窣堵坡"。《示寶覺二首》之一杭州本作"火頓窻",何遷本作"火暖窻"。卷三十三《精衛》杭州本"我",何遷本作"幾"。《縣舍西亭二首》之二杭州本"立",何遷本作"滿"。《蘇州道中順風》杭州本"清曉",何遷本作"清早"。卷三十四《寄和甫》杭州本"坼",何遷本作"拆"。可見兩本僅文字些微差異,確是"無以大相遠"。

---

① 《宋人别集叙録》(增訂本),祝尚書撰,北京:中華書局,2020年,第307、314頁。原版文字,見《宋人别集叙録》,祝尚書撰,北京:中華書局,1999年版,相關章節。
② 《清人書目題跋叢刊三·鐵琴銅劍樓藏書目録》,第306頁下。
③ 《四庫提要辨證》卷二十一·《集部二·臨川集一百卷》,余嘉錫撰,北京:中華書局,1980年版,第1352頁。
④ 《宋人别集叙録》,第321頁。

第二章・王安石文集和刻本研究

(3) 北京大學所藏殘宋本(甲一北大本)

此類共有三種。《中國古籍總目》記載兩種：第一種《臨川先生文集》，宋紹興間刻本，存卷五十二至五十五；第二種《臨川王荆公先生文集》，宋刻本，未標明卷數。①《北京大學圖書館藏古籍善本書目》記載最爲詳細，共有三種：一者《臨川王荆公先生文集》，存卷三十至三十四，宋刻本，虞鬷題語，可稱甲一北大本 A；二者《臨川先生文集》，存卷五十二至五十五，南宋紹興刻本，蝶裝，可稱甲一北大本 B；三者《臨川先生文集》，存四十八卷，宋紹興刻本，十六册，可稱甲一北大本 C。由此可知，《中國古籍總目》所載第一種《臨川先生文集》，即《北京大學圖書館藏古籍善本書目》第二種。《中國古籍總目》所載第二種《臨川王荆公先生文集》，即《北京大學圖書館藏古籍善本書目》第一種虞鬷題語本。五卷均爲七言絶句，半葉 11 行，行 22 字，四周雙邊，細黑口。該殘卷前有光緒十年虞鬷題詞："此宋刻小字本《臨川集》，存三十至三四，爲各家所未見，集中恒字下注'聖名'，此爲宋之確證，未可以殘臠輕之。"②《宋人文集編刻流傳叢考》十七《王安石集》以爲："所收卻與杭本相同，都爲律詩中的七言絶句，則此本與杭州本定有淵源關係，可能是杭本衆校本的一個。"③第二種《臨川先生文集》，《文禄堂訪書記》卷四記載："半葉十二行，行二十字，白口，板心下記刊工姓名。"④上述甲一北大本 A、甲一北大本 B，《中國古籍總目》均將之歸於"集10202266《臨川先生

---

① 中國古籍總目編纂委員會撰：《中國古籍總目・集部・別集類・宋代之屬》，北京：中華書局；上海：上海古籍出版社，2012 年版，第 212 頁。
② 王嵐撰：《宋人文集編刻流傳叢考》，南京：鳳凰出版社，2003 年版，第 161 頁。
③ 《宋人文集編刻流傳叢考》，第 161 頁。
④ 《中國歷代書目題跋叢書第二輯・文禄堂訪書記》，王文進撰，柳向春標點，上海：上海古籍出版社，2007 年版，第 283 頁。

・205・

文集》(一百卷目録二卷)"，即王珏所刻杭州本系統。第三種甲一北大本 C 當與中國國家圖書館所藏 A01031 號杭州本殘卷相似，A01031 號存四十三卷，此存四十八卷。上述三種均當爲杭州本系統宋刻殘本。

（4）龍舒本《王文公文集》(甲二龍舒本)

龍舒又稱舒城，即今安徽舒城，因城旁有龍舒水流入巢湖而得名。西漢時曾置有龍舒縣，北宋屬於淮南西路廬州。此本刊刻年代未能確知，僅由王珏《臨川先生文集跋》"比年，臨川、龍舒

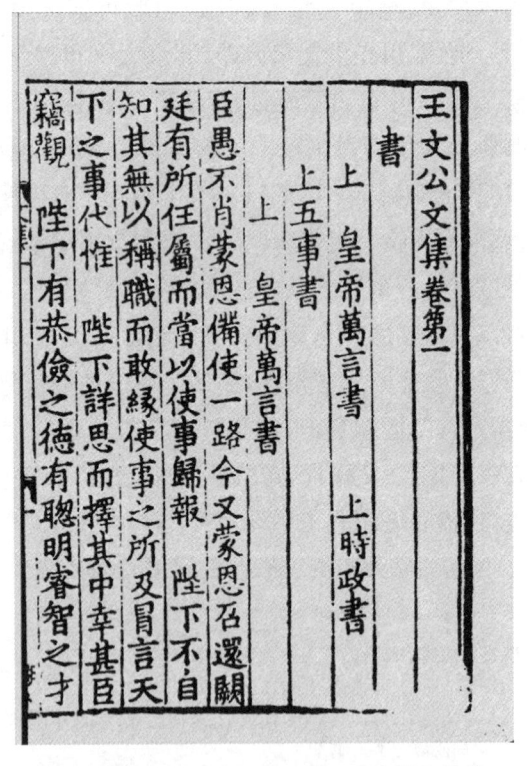

圖版 2-8：龍舒本《王文公文集》(上海博物館藏，取自中華書局上海編輯所 1962 年版《王文公文集》)

刊行,尚循其舊",可知其刊刻於紹興二十一年之前,具體編撰者亦不得其詳。王珏《臨川先生文集跋》言:"政和中門下侍郎薛公,宣和中先伯父大資皆被旨編定。"楊仲良《續通鑑長編紀事本末》卷一百三十四亦記載:"(重和元年)六月壬申,門下侍郎薛昂奏:'承詔編集王安石遺文。'"故島田翰以爲:"此書依其異同考之,蓋肇明所編次也。"此種推論過於臆測,未可爲據。① 此本流傳至今,有兩種宋刻殘本分藏於上海博物館與日本宫内廳書陵部。上博所藏據《藏園群書經眼録》記載:"缺四至七,三十七至四十七,六十一至六十九,共缺二十四卷,存七十六卷,又目録二卷。"其版式爲:"十行十七字,白口,左右雙闌。版心上記字數,下記刊工姓名。"

日本宫内廳所藏存卷一至七十,據傅增湘所言版式與上博所藏者相同。② 據筆者親見,其版式可補充者,版心無魚尾,上書文集卷幾,中書本卷頁數,下書刻工姓名。每卷首頁右上方鈐識紅色陽文"宫内省圖書印",右下方鈐識紅色陽文"賜蘆文庫"、黑色陽文"金澤文庫"及一花押等印章四枚。"賜蘆"乃新見正路,生於寬政三年(1791),通稱吉次郎,字義卿,號賜蘆,爲官伊賀守。以藏書家聞名於世,其藏書處名賜蘆書院、賜蘆堂等。精通和歌,有《賜蘆詠草》傳世,卒於嘉永元年(1848),年五十八歲。③ 金澤文庫日本語當寫爲"金沢文庫",而此處全用漢文"金澤文庫"之印章,可見其於中國文化之癡迷與謹嚴。金澤乃武藏國六浦莊金澤鄉,北條義實之子北條實泰始以金澤爲氏,實泰之子實

---

① 島田翰《殘宋本王文公文集跋》,見《宋人別集叙録》第 326 頁。
② 均參見《藏園群書經眼録》卷十三《集部二》,第 1155 頁。
③ 《圖書寮叢刊·書陵部藏書印譜》上《武家》,東京:宫内廳書陵部,1997 年 3 月 25 日發行,第 180 頁。

時於此營設別業，由此開始金澤氏世代相襲名聞遐邇之金澤文庫。①

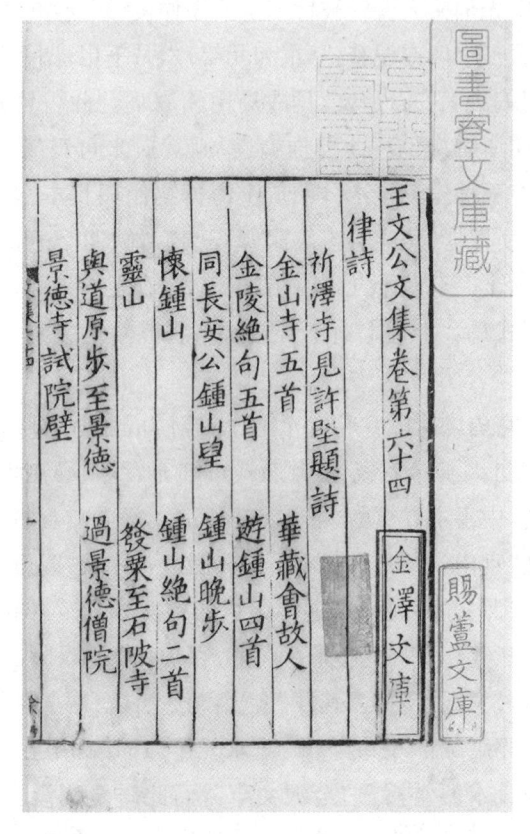

圖版 2-9：龍舒本《王文公文集》（日本宮內廳書陵部圖書寮文庫藏）

就文集內容而言，亦與甲一大相徑庭。甲一之編排是詩前文後，而甲二之編排卻是文前詩後。每卷之排列遠不如甲一整齊劃一，如律詩，甲一七言、五言、八句、絕句分別歸類，幾乎不予

---

① 《圖書寮叢刊・書陵部藏書印譜》下《文庫・學校》，第 588 頁。

錯亂。而甲二則一卷之類四種皆有。古詩之編排同樣是五古、七古不加分別。兩者所收詩歌也相差數十首之多。

2. 明代文集本

宋以後之文集本，元代未有刊本流傳至今。永樂十五年楊士奇遞修杭州本採錄吳澄所撰《臨川王文公集序》，後嘉靖十三年安正堂本、嘉靖二十五年應雲鸑本均錄有此序。其中言及"金谿危素好古文，慨公集之零落，搜索諸本，增補校訂，總之凡若干卷，比臨川、金陵、麻沙、浙西數處舊本頗爲備悉"。由此於元代刊刻情況略有所聞。丁丙《善本書室藏書志》卷二十七所錄"臨川先生文集一百卷目錄三卷（元刊本）"，實如葉啓勛所言，當爲王玨杭州本之"宋刊明印本"。故，今存最早宋代文集翻刻本始於明代。主要有三種：嘉靖十三年劉氏安正堂本、嘉靖二十五年應雲鸑本、嘉靖三十九年何遷本。

（1）嘉靖十三年《臨川王先生荆公文集》（甲一安正堂本）

今多以爲日本内閣文庫所藏《臨川王先生荆公文集》乃"明初刻本"，如《宋人別集叙錄》（增訂本）、《宋人文集編刻流傳叢考》、《日藏漢籍善本書錄》均如此。[1]且《宋人別集叙錄》（增訂本）、《宋人文集編刻流傳叢考》均先於嘉靖十三年（1534）安正堂刻本介紹之，似早於此本。實則三者均未曾親見此書。《日藏漢籍善本書錄·集部·別集類》記載詳細，卻未載行數、字數、黑白口之類具體版式，由此可知，這些描述亦當轉述而來，實未親睹文本。

此書藏日本内閣文庫，番號：3445，檢索書號：別056—0006，七册，六十三卷。今得以親見，由此可釐清諸多史實。卷

---

[1] 分見：《宋人別集叙錄》（增訂本）第314頁，《宋人文集編刻流傳叢考》第162頁，《日藏漢籍善本書錄》，第1517頁。

和刻本宋人文集叢考

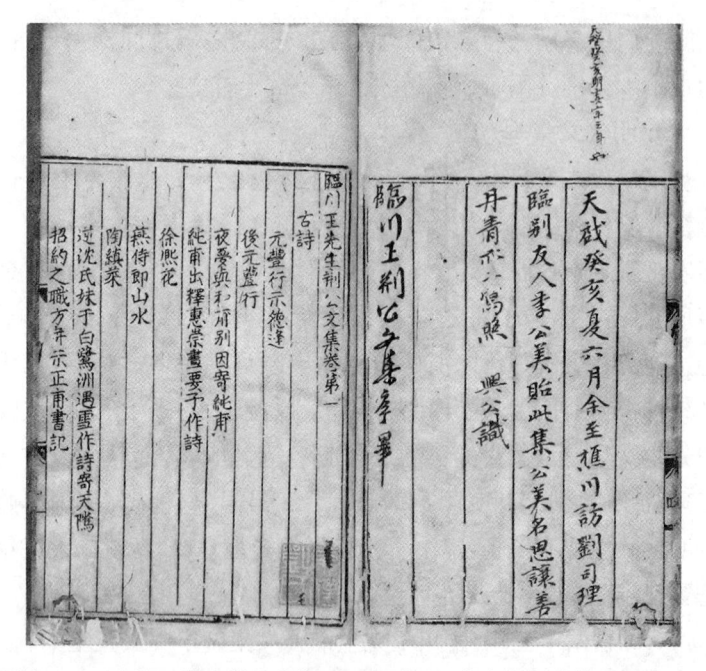

圖版 2-10:《臨川王先生荊公文集》卷一目錄（日本內閣文庫藏,番號 3445）

首無總目,每卷正文前有篇目。半葉十一行,行二十二字。四周雙欄,細黑口,上下同向雙魚尾。版心上方刊有"荊公文集",中間刊有卷數,下方爲本卷頁碼。是書卷首有吳澄序,隨後爲徐𤊹跋語:

　　天啓癸亥夏六月,余至樵川,訪劉司理。臨別,友人李公美貽此集。公美名思謙,善丹青,亦工寫照。興公識。

徐𤊹字興公,又字惟起,福建閩縣人。天啓癸亥爲 1623 年,樵川在今福建省邵武市。此年四月,曾送曹學佺至邵武,①六月至邵

---

①　陳慶元撰:《徐𤊹年譜》,《福州大學學報》2010 年第 3 期,第 63 頁。

· 210 ·

第二章・王安石文集和刻本研究

武樵川訪友,遂獲此書。六十三卷末有龜田鵬齋跋語:

> 元刻《王半山集》十卷,明徐興公所藏之本也。興公自題于前。按,此本吴草廬有《序》,而集中諱淵聖之名,則翻南宋槧本者無疑矣。往歲我得之書肆,而三卷失傳爲恨耳。嗚呼,此集興公縹囊中之物而流落海外歸于我,實不勝百六飈迴之感也。官醫丹波永世見此集而懇求焉,因識其事而與之。亡佚三卷,永世行問於不知何人之手,則神物豈得不合耶? 癸丑之夏,鵬齋龜田興。

落款後有"長興私印"朱色陰文方印一枚。《日藏漢籍善本書錄・集部・別集類》將"癸丑"誤爲"癸亥"。此因未曾親見,轉抄而來,以致以訛傳訛。又以爲"'長興'爲江户時代儒者龜田鵬齋之號"。[1]實則,龜田鵬齋名長興,亦可略稱爲興,由此題跋落款即可證知。其字穉龍,初名翼,字圖南。鵬齋爲其號。寶曆二年(1752)十月四日生於江户神田,文政九年(1826)三月九日卒,葬於淺草今户正福寺。爲江户中期儒學家,被譽爲下町儒者巨擘。善詩文、工書道、尤嗜酒,人稱"金杉醉先生"。[2]鵬齋所言"十卷"當爲十册之誤。由此題跋可知,此書流落日本爲龜田鵬齋所得七册,後轉贈名醫丹波永世。丹波氏自丹波康賴始世爲名醫。其祖先爲漢靈帝五世孫阿智王,避亂東渡扶桑,至丹波元胤以成中醫煌煌巨著《醫籍考》。故而,丹波永世於漢籍之熱愛由來已久。是書每册首均有"盛方院"朱色陽文橢圓印一枚,即其名號。是書後歸昌平坂學問所、淺草文庫,故每册後均有"昌平坂學問

---

[1] 《日藏漢籍善本書錄》,第1517—1578頁。
[2] 《日本人名大事典》第二册,第175頁下—176頁上。

所"墨色陽文長文印一枚,每册首均有"淺草文庫"朱色陽文長方印一枚。

　　王重民曾見北京大學圖書館所藏國内所存明代最早刻本,嘉靖十三年劉氏安正堂本《臨川王先生荆公文集》一百卷,二十册。《中國善本書提要》記載:

　　明嘉靖間刻本,十一行二十二字。宋王安石撰。此本無總目,每卷篇目在正文前,有吴澄序,應從元本出,然集内"構"字悉注"御名",則又源出宋本也。卷末有"歲次甲午年仲春安正堂新刊"牌記,不見諸家著録。玫《書林清話》卷五《明人私刻坊刻書》條,載劉氏安正堂刻書頗詳,亦未及是書。牌記未標年號,玫明代有三甲午,一爲永樂十二年,一爲成化十年,一爲嘉靖十三年,此殆嘉靖十三年刻本也。據吴澄序,此本爲危素所校,較臨川、麻沙等四刻爲善。然此本經後人據别本校補,各卷内脱詩極多,各爲補遺於卷末。及持嘉靖間翻臨川本相較,脱詩每均在一整葉上,而此本既不標明脱葉,反將脱葉抹煞,連接其葉數,以泯其跡。葉相接矣,而詩不相接,爲此本舊主所發覺,因用嘉靖本校補之。安正堂刻書頗多,於是集乃竟草草若是,此坊本所以不見重於學人也。[1]

王嵐《宋人文集編刻流傳叢考》亦載其所見北大圖書館所藏此本,版本信息更爲詳細:

　　該書卷首有元人吴澄所作《臨川王文公集序》,無總目,直接

---

[1] 王重民撰:《中國善本書提要·集部·别集類》,上海:上海古籍出版社,1983年版,第517頁。

便入卷一,各卷皆先出該卷細目,下連正文;半葉 11 行,行 22 字;書口上方標題"荆公文集",中間爲卷數,下方題頁碼,雙黑魚尾。核其正文一百卷的分卷編次全同宋王珏"杭本",但大多數卷末均有手抄"補遺"之詩,如"臨川集卷一補遺""臨川集卷五補遺"等,當爲後人校補之跡。卷一〇〇末有方形牌記一塊,"歲次甲午年仲春安正堂新刊",甲午即嘉靖十三年。①

而這些版式特徵,以及卷首序文、"構"字悉注"御名"等,與日本内閣文庫所藏徐燉題跋本完全相同。

再之,王嵐《宋人文集編刻流傳叢考》又言:

此本與劉氏安正堂本相較,僅卷首吴澄《序》中提到吴澄字幼清,與安正堂作"勿清"不同。②

此論有誤,詳見下文。然其言及北京大學圖書館所藏安正堂本吴澄落款字形爲"勿清",此正與日本内閣文庫所藏本相同:

由此可知,此被歷來衆人標識爲"明初刻本"之日藏徐燉題跋本,即爲嘉靖十三年劉氏安正堂本。唯此書僅存六十三卷,然未被他人校補,存有此書原真樣貌。

祝尚書《宋人别集叙録》中於此書亦"疑即安正堂本","疑即安正堂本,蓋以'甲午'爲永樂十二年,故著録爲明初本"。③其大概未明王重民所言"卷末有'歲次甲午年仲春安正堂新刊'牌記",實指此書一百卷末。故而内閣文庫所藏本僅六十三卷,並

---

① 《宋人文集編刻流傳叢考》,第 162 頁。
② 同上,第 163 頁。
③ 分見《宋人别集叙録》,北京:中華書局,1999 年版,第 331、332 頁。

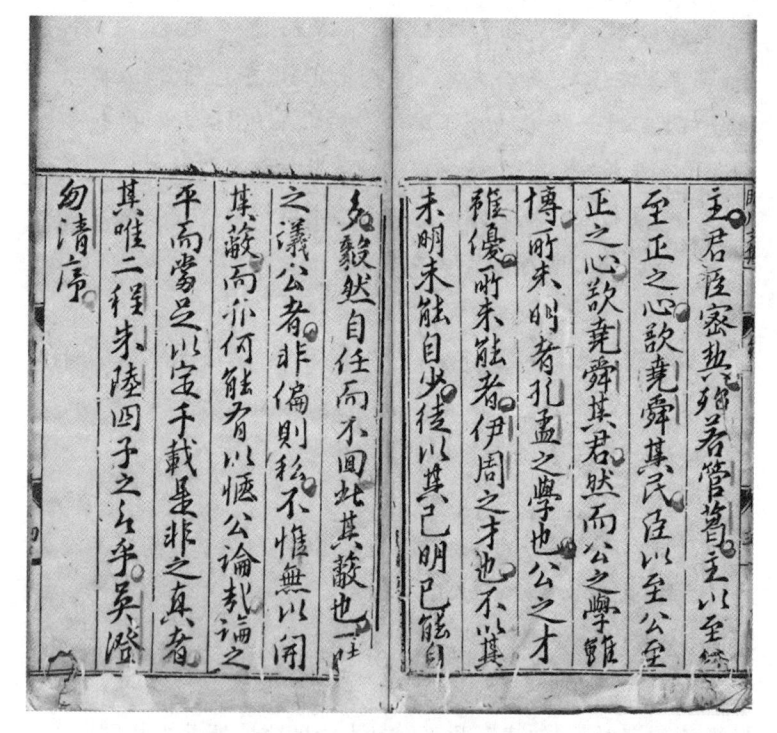

圖版 2-11：《臨川王先生荊公文集》卷首吳澄《臨川王文公集序》
（日本內閣文庫藏，番號 3445）

無此牌記。"蓋以'甲午'爲永樂十二年"也即無從談起。加之，其後得見嚴紹璗所著《日藏漢籍善本書錄》對此書之詳細記載，亦同樣標識爲"明初刊本"。故而《宋人別集叙錄》（增訂本）遂將此推測全部刪去。① 實則，如上所言，嚴紹璗並未親見此書，《日藏漢籍善本書錄》亦是輾轉抄錄。而日本收藏者因此書僅六十三卷，未有卷一百末之牌記。國內所存百卷安正堂本僅藏於北京大學圖書館、上海圖書館，日本學者難以獲知，故而僅能推知

---

① 分見《宋人別集叙錄》（增訂本），第 314、315 頁。

爲明初刻本。①

由文後附錄及其他卷例舉可知，安正堂本與王珏杭州本不僅如王嵐所言"正文一百卷的分卷編次全同"，而且文本本身亦多相同。其相異處，有些當爲安正堂本因字形相近以致誤。如：

卷四《泉》，"取遥皆甘覺近美"，衆本皆作"取遥比甘覺近美"。"比""甘"二字上下相隨近似於"皆"，安正堂本由此誤以爲"皆"。"疾傾橫逼勢未足"，衆本皆作"疾傾橫逗勢未足"。

卷二十七《酬宋廷評請序經解》，安正堂本"忽"，杭州本作"急"。

卷二十九《與黃道原過西莊遂遊寄乘》，杭州本及衆本均爲"寶乘"。"蕙帳銅并皆舊匕"，杭州本爲"蕙帳銅屏皆舊事"。

卷三十四《殘菊》"好左"，杭州本及衆本均爲"好在"。《右寺》，杭州本作《古寺》。

尤其卷三十三《鐵幢浦》"綠去"，衆本皆爲"歸去"或"歸客"，無爲"綠"者。實則乃杭州本"歸"字頗爲獨特乃絞絲旁：

圖版2-12：王珏杭州刻本《臨川先生文集》

由此導致安正堂本誤以爲"綠"。

安正堂本另有一些不同於杭州本之文字，則別有所本。如：卷二十六《與徐仲元自讀書臺上過定林》，安正堂本同於大德本、朝鮮本，杭州本則爲《與徐仲元自讀書臺上定林》，同於龍舒本。

再之，其另有一些獨有文字亦非誤植所致。如：卷三十四九

---

① 中國古籍總目編纂委員會編：《中國古籍總目·集部》第七冊，北京：中華書局，2012年版，第212頁。

《寄和甫》"舉家傳賞小同盤",衆作皆爲"舉家憐汝(女)不同盤"。全詩爲:"水村悲喜坼書看,聞道并州九月寒。憶得此時花更好,舉家傳賞小同盤。"亦是詩意盎然。此當別有所本,今已不得而知。猶如卷四《泉》,"山前灌後各自足",衆本皆作"山前灌輸各自足"。

安正堂本除上述誤植外,更大問題乃在疏漏。此與應雲鸞刻本對勘則清晰可知。

(2)嘉靖二十五年《臨川王先生荆公文集》(甲五應雲鸞本)

歷來以爲,嘉靖二十五年(1546)臨川知縣應雲鸞刊刻《臨川王先生荆公文集》百卷,乃最早翻刻詹大和本,何遷或據應雲鸞本翻刻以成。丁丙《善本書室藏書志》卷二十七《集部》"新刊臨川王先生荆公文集一百卷(明嘉靖臨川刊本)"記曰:

此書版匡狹縮,繕刻精整,每半葉十一行,行二十字。前無總目,每卷篇目接正文,首列吳澄序,後有陳九川序云:"邑侯應君象川刻荆公集成,既屬介菴章子序之。余適歸,復俾序其後。……"按,《臨川縣志·職官表》應侯名雲鸞,象山人,嘉靖間任,則版爲嘉靖廿年前所刻。章介菴序則未見也。①

此即爲嘉靖二十五年應雲鸞刻本。其版本特徵爲:1.每半葉十一行,行二十字;2.卷首無總目;3.卷首有吳澄序,後有陳九川序,應有章衮序而此本無。

又,"臨川先生文集一百卷目録二卷(明嘉靖撫州刊本,時還軒藏書)"記曰:

---

① [清]丁丙撰:《善本書室藏書志》,《清人書目題跋叢刊二》,北京,中華書局,1990年版,第719頁下。

前有豫章黄次山李（當爲"季"）岑叙，稱："紹興重刊《臨川集》者，郡人王丞相介甫之文，知州事桐廬詹大和甄老所譜而校也。"次有嘉靖三十九年江西布政司右參政臨海王宗沐序云："德安吉陽何先生巡撫江西，表章往哲，刻公集於撫州，命沐爲序。"四庫館臣即據是本著録者也。時還軒藏書記琴谿草堂通侯喜忘先生諸印。①

此即爲嘉靖三十九年何遷刻本。其版本特徵爲：1.卷首有目録二卷；2.卷首依次有黃次山序、王宗沐序。

另，葉德輝《郋園讀書志》卷八逐一有更爲詳細之記載。"臨川先生文集一百卷（宋紹興辛未曾孫珏刻本）"記曰：

元明以來惟詹太和本有嘉靖廿五年（丙午）臨川縣知縣象山應雲鷟翻刻。又三十九年，江西巡撫何某翻刻。兩本均每葉二十四行，每行二十字，與宋詹、王本同，蓋源出一本也。②

"又一部（明嘉靖庚申江西巡撫何遷刻本）"記曰：

此嘉靖庚申江西巡撫何遷刻《臨川先生文集》一百卷，蓋據嘉靖丙午臨川知縣應雲鷟仿刻宋紹興十年詹太和本重刊。前宋黃次山序，應本"藝祖"二字擡起提行，此不提行，其餘版式行字兩本相同，皆從宋本之舊。

---

① 《善本書室藏書志》，《清人書目題跋叢刊二》，第 719 頁上。
② ［清］葉德輝撰：《郋園讀書志》，《中國歷代書目題跋叢刊第三輯》，上海，上海古籍出版社，2010 年版，第 386 頁。

"又一部(明嘉靖丙午應雲鵷重刻宋紹興十年詹太和本)"又言：

荆公《臨川集》，明嘉靖中有兩次仿宋紹興十年詹太和本，一爲嘉靖丙午臨川知縣應雲鵷刻，一爲嘉靖庚申江西巡撫何遷刻。兩本皆用詹本翻雕，同一百卷，白口本。每半葉十二行，行二十字。大題"臨川先生文集卷第幾"，前有總目上下二卷，每卷有子目，文即銜接目下，悉沿宋本之舊。何本似未見宋刻，但從應本重刊。應本《紹興重刊臨川文集序》(黄次山序)"藝祖"二字提行頂格，何本不提行。可見何未見宋本，故任意改刻也。從子康侯兄弟藏有明北監修補宋本，余藏何義門評校嘉靖何刻本。此從子囑甫所藏應刻本，紙白版新，完好無缺。自來藏書家書目往往知有應本，而又誤以何本即應本。不知何本尚是重刊應本，故並刻有應序。非余家藏本俱在，又烏從而分辨之？①

其所記應雲鵷本與何遷本特徵爲：1.兩者同爲白口，每半葉十二行，行二十字；2.應雲鵷本翻雕詹大和本，而何遷本則重刊自應雲鵷本；3.兩者卷首皆有總目上下兩卷；4.卷首皆有黄次山序，唯應雲鵷本"藝祖"兩字提行頂格，何遷本不提行頂格。由此可知兩本幾乎完全相同，唯一區別即"藝祖"兩字提行與否。

對於葉德輝所言，王重民先生頗有疑問。《中國善本書提要》"臨川先生文集一百卷(二十册，《四庫總目》卷一百五十三、國會、明嘉靖間刻本、十二行二十字、19.6×15.3)"記載：

———————
① 《郋園讀書志》，第 387—388 頁。

宋王安石撰。按此本已影印入《四部叢刊》。影印本有嘉靖三十九年王宗沐序,稱:"德安吉陽何先生,巡撫江西,悉鼇百工,表章往哲,刻公集於撫州。"故後人稱此本爲何刻本。然影印本卷後又有嘉靖二十五年陳九川後序,章衮書後,及臨川縣知縣應雲鷟序,又知應侯於十四年前曾有刻本。《善本書室藏書志》卷二十七將應、何兩本分別著録,葉德輝《郋園讀書志》卷八亦分別著録,並有攷辯云:……余因檢《四部叢刊》所印何本,"藝祖"二字固提行頂格也;此本無嘉靖間序跋,不知爲應爲何,"藝祖"二字亦提行頂格也。葉君不應有目誤,或所據本黄序適爲補刻,不然既照刻陳、章、應三序跋,何以獨於黃序有改易?余疑是集初爲應侯所刻,何氏巡撫撫州時,攘爲己功,不過屬王宗沐另冠新序而已。又臨川爲撫州首治,諸家謂應刻則稱臨川,謂何刻則稱撫州,論地則同爲一地,論時間不過相距十四年,實無重刻之必要也。

黄次山序[紹興十年(一一四〇)]

又"臨川先生文集一百卷目録二卷"(二十二册、國會、明嘉靖間刻本、十二行二十字、19.6×15.3)

宋王安石撰。按此亦臨川刻本,與前本同,亦缺嘉靖間翻刻諸序跋。

黄次山序[紹興十年(一一四〇)]①

今檢視四種應雲鷟刻本,兩種爲中國國家圖書館所藏,館藏書號分别爲09871號、13662號;第三種爲日本内閣文庫所藏,

---

① 《中國善本書提要·集部·别集類》,第517頁。

番號爲 11731 號；第四種爲臺北故宮博物院所藏，統一編號爲故善 013738—013777[①]。

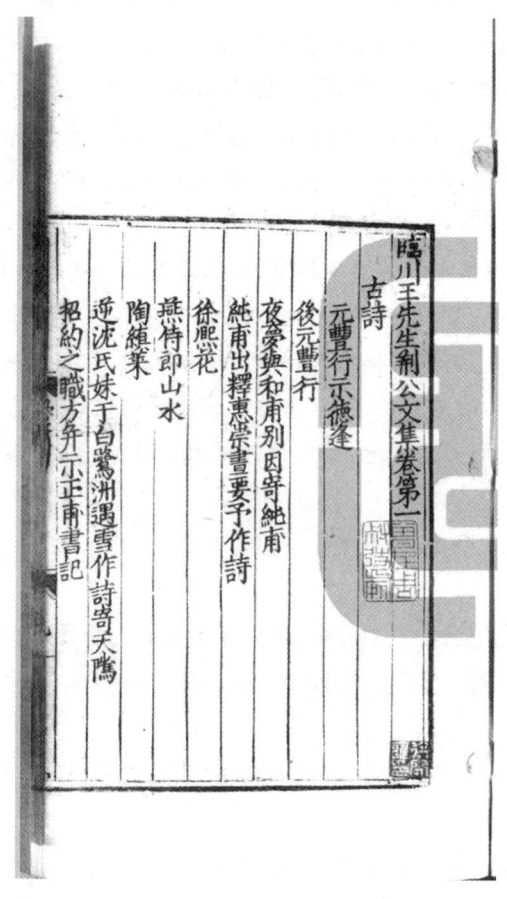

圖版 2-13:《臨川王先生荊公文集》(中國國家圖書館藏，善本書號 09871)

[①] 此本亦載於《故宮博物院善本舊籍總目》下冊《臨川先生文集》一百卷《集部·別集類》"宋王安石撰，明嘉靖丙午(二十五年)臨川知縣應雲鷥刊本，四十冊"，臺北：故宮博物院出版，1983 年版，第 1054 頁。

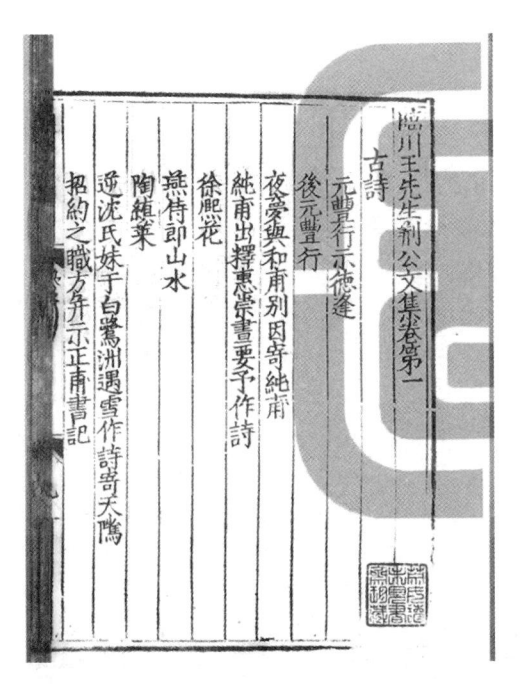

圖版 2-14：《臨川王先生荊公文集》（中國國家圖書館藏，善本書號 13662）

　　四者版式幾乎全同，唯 09871 號多有漶漫，卷首有崐嶼子萬曆庚辰（八年，1580）跋文："此集手自編次，命工裝成，今無訛釘者矣。欲讀其文者頗稱便焉。萬曆庚辰六月廿五日崐嶼子跋。"四者版式特徵爲：1.中國國家數字圖書館·中華古籍資源庫對兩書版本說明均爲半葉 11 行，行 22 字，細黑口，上下雙魚尾，四周雙邊。臺北故宮博物院·圖書文獻館·善本古籍全文影像資料庫所作版本說明與之相仿，唯一區別在於行字數，20 至 31 字不等。2.卷首無總目。3.卷首有元吳澄《臨川王文公集序》，明嘉靖丙午秋八月望日章袞《新刊王臨川集序》。卷末有嘉靖丙午秋九月既望陳九川《王臨川文集後序》、嘉靖丙午九月既望應雲鷟序。唯臺北故宮博物院藏本僅有吳澄序。如此版本樣式，與

• 221 •

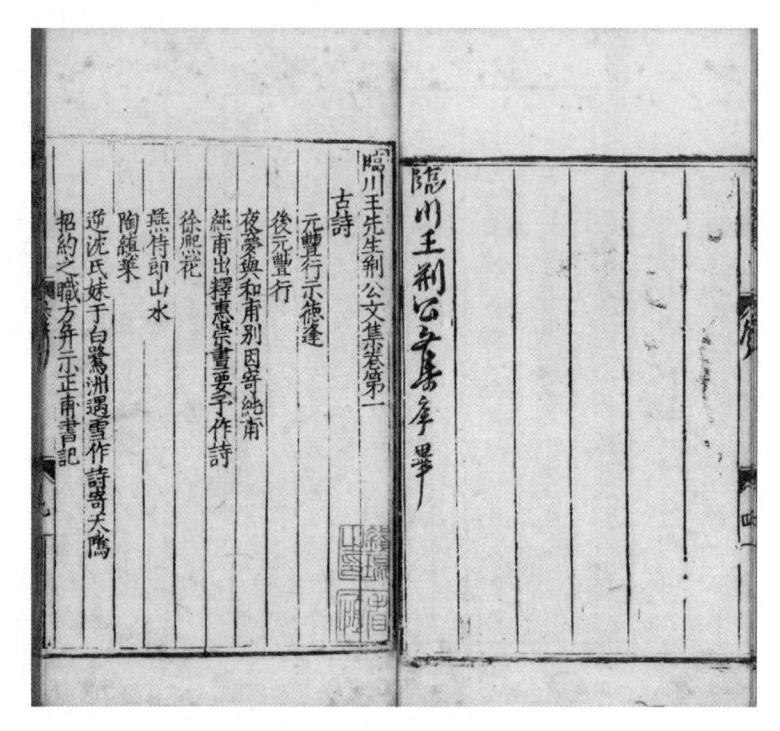

圖版 2-15：《臨川王先生荊公文集》
（臺北故宮博物院藏，統一編號 013738—013777）

上文丁丙、葉德輝所記多有衝突。

第一，丁丙所記卷首無總目，葉德輝所記卷首有總目，而此四種均無總目，與丁丙所記相同。葉德輝所記有誤。

第二，丁丙所記卷首無黃次山序，有吳澄《臨川王文公集序》。葉德輝所記卷首有黃次山序。而此四種卷首均無黃次山序，有吳澄序。葉德輝所記有誤。

第三，丁丙記爲半葉 11 行，行 20 字。葉德輝記爲半葉 12 行，行 20 字。國圖版本說明爲半葉 11 行，行 22 字。臺北故宮博物院版本說明爲半葉 11 行，行 20 至 31 字不等。嘉靖二十五

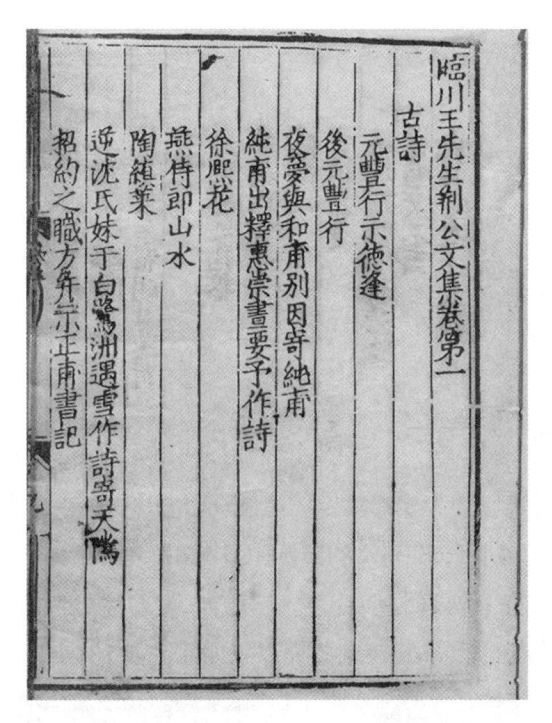

圖版 2-16:《臨川王先生荆公文集》(日本内閣文庫所藏,番號 11731)

年應雲鷟所刻本不應有如此矛盾。細覽該刻本全文,發現應雲鷟刻本版式頗爲複雜,非如此簡單說明可以概括之。如,卷九十四《臨川吳子善墓志銘》自"不辭子善"開始至此卷終,卷九十七《都官郎中致仕周公墓志銘》始,至此卷終,均是半葉 11 行,行 20 字。卷四《泉》本爲 11 行 22 字,然從"没羽"開始,整頁版式明顯高於前版,同時變成 11 行 20 字。如下圖①:

---

① 以下應雲鷟本圖版均截取自日本内閣文庫所藏 11731 號刻本。

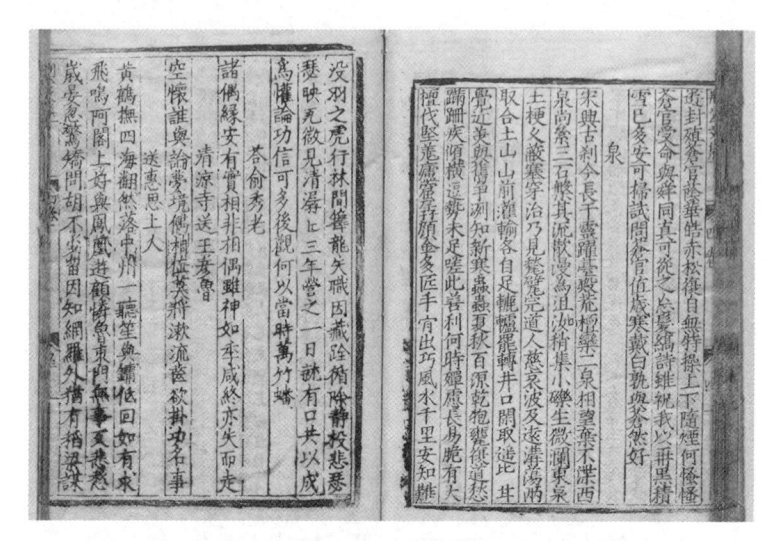

圖版 2-17：《臨川王先生荊公文集》卷四（日本內閣文庫所藏，番號 11731）

而此版頁《雜詠八首》之一、之二，更將字體壓縮成每行 20 之雙行小字形式雕版，顯爲湊補版面以致如此。如下圖：

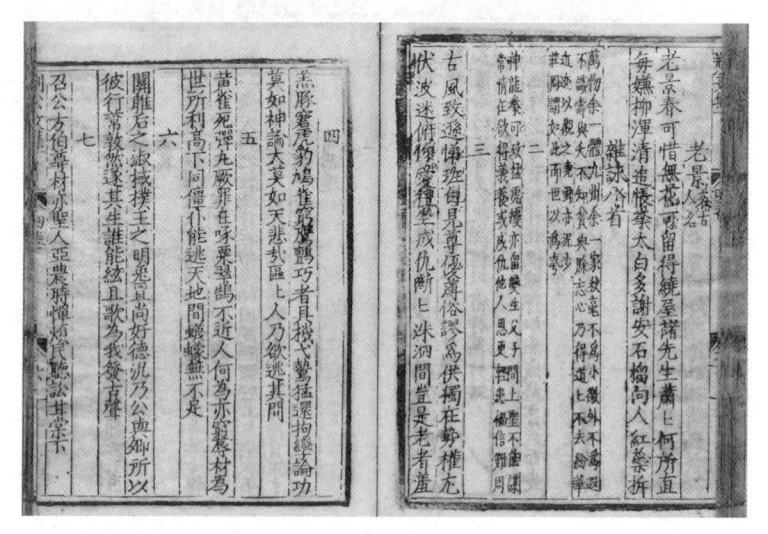

圖版 2-18：《臨川王先生荊公文集》卷四（日本內閣文庫所藏，番號 11731）

此種情況同樣發生於同卷《司馬遷》《諸葛武侯》《讀墨》《讀秦漢間事》，此四詩被同樣壓縮爲雙行20小字形式雕版。另，卷九十八卷首目錄依次爲：

《御史王公墓志銘》
《孔處士墓志銘》
《致仕王君墓志銘》（注：以上三篇見後）
《員外郎張君墓志銘》
《謝景回墓志銘》
《參軍杜君墓志銘》
《金溪吳君墓志銘》
《南京沈公墓志銘》
《吳録事墓志銘》
《郡公宗辯墓志銘》
《南康侯仲行墓志銘》
《華陰侯仲庞墓志銘》
《祁國公宗述墓志銘》（注：以上四篇見後）
《將軍仲夔墓志銘》
《大將軍世仍墓志銘》

如下圖：

目録兩處所注文字"以上三篇見後""以上四篇見後"，字體迥異正文，顯爲後補。此目録後緊隨《員外郎張君墓志銘》，隨後依次排列《謝景回墓志銘》《參軍杜君墓志銘》《金溪吳君墓志銘》《南京沈公墓志銘》《吳録事墓志銘》《將軍仲夔墓志銘》《大將軍世仍墓志銘》《御史王公墓志銘》《孔處士墓志銘》《致仕王君墓志銘》《郡公宗辯墓志銘》《南康侯仲行墓志銘》《華陰侯仲庞墓志

· 225 ·

和刻本宋人文集叢考

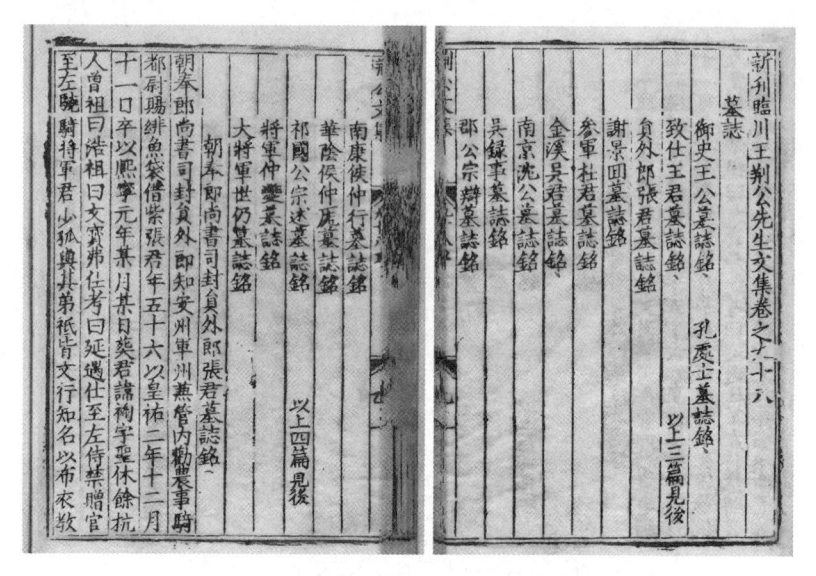

圖版 2-19：《臨川王先生荊公文集》卷九十八
（日本內閣文庫所藏，番號 11731）

銘》《祁國公宗述墓誌銘》。全卷文章均前後緊隨，唯至《大將軍世仍墓誌銘》篇尾空四行。另頁再續以《御史王公墓誌銘》以下七篇文章，版式同時由之前半葉 11 行 22 字變爲半葉 11 行 20 字，墨色亦更爲鮮亮。由目錄標注，以致版本樣式，均表明，此七篇文章乃後來補配而成。

而就應雲鷥本補刻版面而言，亦遠非如此簡單。其補版雖均爲半葉 11 行，然行字數卻頗爲複雜。以行 20 字補版爲主，更有少至 19 字，多至 31 字之補刻版面，此均爲湊補原版，不得已而勉爲其難。如卷一《陶縝菜》至《招約之職方並示正甫書記》爲行 24 字，如下圖：

• 226 •

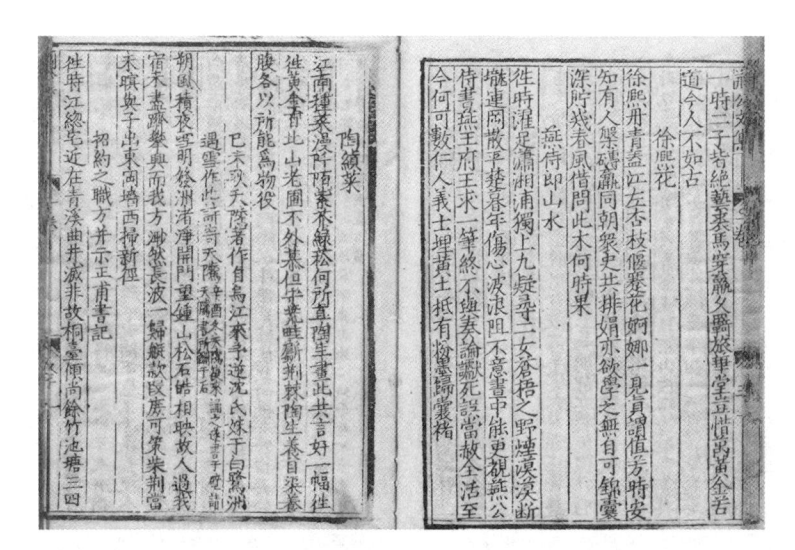

圖版 2-20：《臨川王先生荆公文集》卷一（日本內閣文庫所藏，番號 11731）

再如卷五十四《參知政事歐陽修三代制六道》之《祖贈某官》，此頁本爲正常之行 22 字版。然從"此朕所以褒寵大臣"開始，突然變成行 20 之雙行小字。自《祖母》始爲下一頁，爲行 20 字版，然位於同半頁之《父》又變爲行 25 字版。之後均半頁行 20 字。至《樞密使張□封贈三代制八道》之《祖母》《父惠贈太師可贈中書令餘如故》《嫡母追封德國大夫人劉氏可追封許國太夫人》《所生母追封慶國大夫人王氏可追封蜀國大夫人》，此連續四篇同版文章，爲湊補這一版面，《祖母》自"凡以稱其"開始變爲行 20 雙行小字。隨之，《父惠贈太師可贈中書令餘如故》每行字數分別爲 23、23、23、22、22。《嫡母追封德國大夫人劉氏可追封許國太夫人》每行字數分別爲 22、22、23、23、22。《所生母追封慶國大夫人王氏可追封蜀國大夫人》前五行字數分別爲 22、19、19、20、20，最後一行"封以鴻後慶尚其冥漠享此恩榮可"已爲下一版面，乃行 22 字之原版。如下圖：

• 227 •

和刻本宋人文集叢考

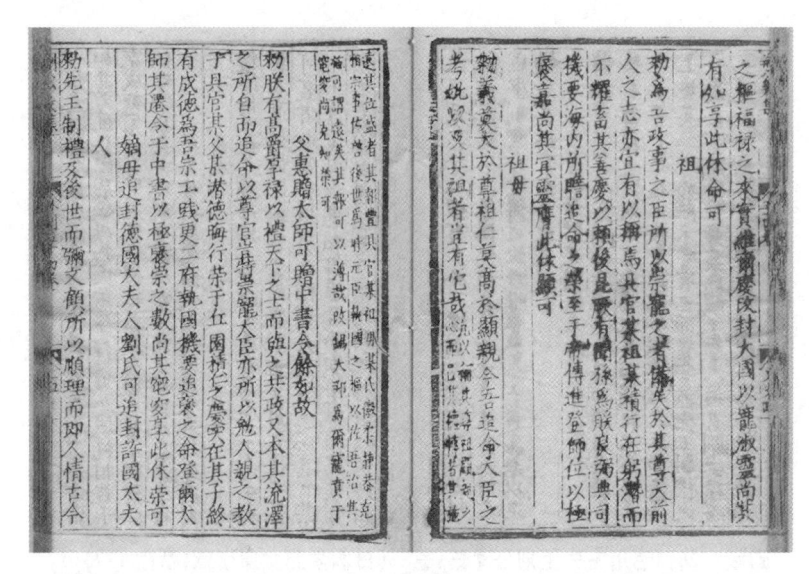

圖版 2-21:《臨川王先生荊公文集》卷五十四（日本內閣文庫所藏，番號 11731）

圖版 2-22:《臨川王先生荊公文集》卷五十四（日本內閣文庫所藏，番號 11731）

第二章·王安石文集和刻本研究

同一頁面竟有如此多種雕版樣式,尤顯補版者用心之良苦與無奈。

應雲鷟本何以如此訂補,當與其所據底本有關。王嵐曾親見北京大學圖書館所藏安正堂本,對比應雲鷟本以爲:

此本與劉氏安正堂本相較,僅卷首吳澄《序》中提到吳澄字幼清,與安正堂作"勿清"不同,且卷末無安正堂刊刻牌記,又多出3篇明人新序;其餘書名、編卷、行款、書口特徵等等皆同。無疑,應雲鷟據以翻刻的"家藏舊本"就是劉氏安正堂本,同時又有他本作參校。①

兩者相較確多相同,但並非僅"幼清""勿清"之別。王嵐所言安正堂本吳澄《序》最後落款爲"勿清",實則安正堂本亦爲"幼清"。乃因其"幼"形近於"勿",王嵐疏於細覽而致誤。如下圖所示:

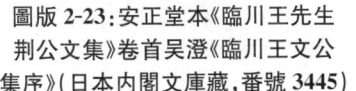

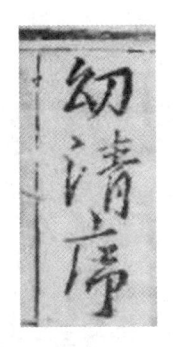

圖版 2-23:安正堂本《臨川王先生荆公文集》卷首吳澄《臨川王文公集序》(日本内閣文庫藏,番號 3445)

圖版 2-24:應雲鷟本《臨川王先生荆公文集》卷首吳澄《臨川王文公集序》(日本内閣文庫所藏,番號 11731)

其次,以卷四《酧王濬賢良松泉二詩·泉》相較:安正堂本"其流散漫爲沮汝",應本"其流散漫爲沮洳";安正堂本"山前灌

---

① 《宋人文集編刻流傳叢考》,第163頁。

後各自足",應本"山前灌輸各自足";安正堂本"取遥皆甘覺近美",應本"取遥比甘覺近美";安正堂本"疾傾横逼勢未足",應本"疾傾横逗勢未足";安正堂本"金多匠手肯出巧",應本"金多匠手宜出巧";安正堂本"映瓦微見清潺潺",應本"映瓦微見清潺匕"。不僅是異體字、疊字習慣寫法,就是文本本書亦多是迥然不同。有的可能是誤植,如"皆"爲"比、甘"之連綴,"逼"與"逗"形近而誤。然"後"與"輸"亦難以誤植爲論。故,並非王嵐所言僅吳澄《序》"幼清""勿清"之別。

　　再之,如上文所述,應雲鷟本有大量補版,行字數、小字雙行等情況極爲複雜。故而並非如王嵐所言"行款"等等皆同。

　　今將兩本詳爲勘對可知,應雲鷟本對於安正堂本既有模仿亦有訂補。

　　第一,應雲鷟本的確在諸多方面努力模仿安正堂本。

　　一者,版式特徵之模仿。行數、行字數、邊欄之單雙、版心之黑白口、魚尾之數量、版心上中下之刊刻內容,應雲鷟本均完全模仿安正堂本。如:

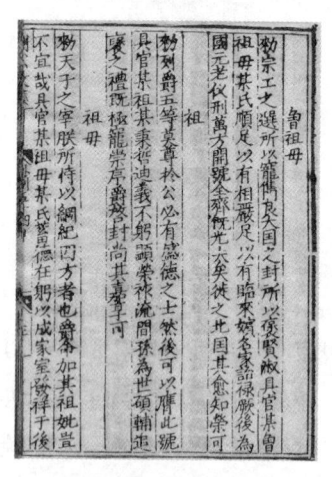

圖版2-25:安正堂本卷五十四（日本內閣文庫藏,番號3445）

圖版2-26:應雲鷟本卷五十四（日本內閣文庫所藏,番號11731）

二者,字體風格之模仿。兩版存有大量相同異體字。如:卷三十《題中書壁》兩者均爲簡體“辞臣”,而其他衆本或爲“辭臣”,或爲“詞臣”。卷三十四《竹窻》,應本亦是如此,非如杭州本之“竹窓”、大德本之“竹牕”。

三者,刀法風格之模仿。兩者雕版刀法高度相似,甚至一些極細微之習慣性刀法亦是惟妙惟肖。如:

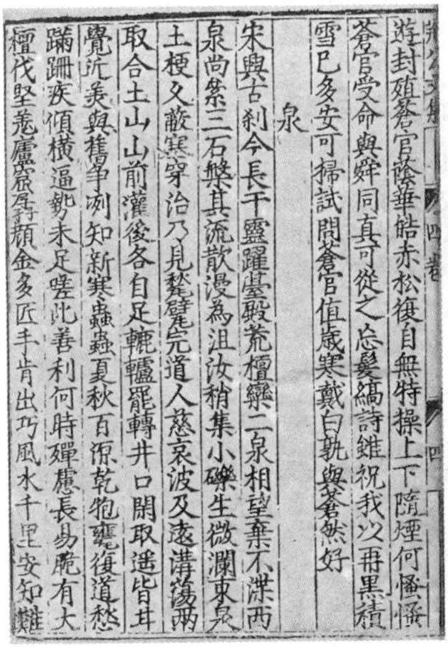
遊封殖蒼官蔭華皓赤松後自無特操上下隨煙何慅慅
蒼官受命與舜同真可從之忘髮縞詩雖祝我以再黑積
雪已多安可掃試問蒼官值歲寒戴白孰與蒼然好
泉
宋興古刹今長干靈躍臺殿荒檀欒一泉相望棄不渫西
泉尚祭三石槃其流散漫為沮洳稍集小礫生微瀾東泉
土梗久蔽塞穿治乃見甃甓完道人慈哀波及遠溝蕩兩
取合土山山前灌後各自足轆轤罷轉井口開取遥皆井
覺近羨與舊爭洌知新寒蟲蟲夏秋百源乾抱甕復道愁
蹣跚疾傾横逗勢未足嗟此善利何時殫慮長易脆有大
檀代堅葢廬蒼孖頳金多匠手肯出巧風水千里安知難

圖版 2-27:安正堂本卷四
(日本内閣文庫藏,番號 3445)

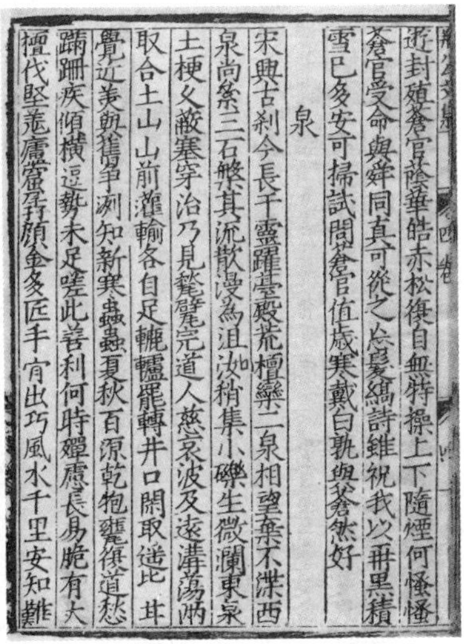
遊封殖蒼官蔭華皓赤松後自無特操上下隨煙何慅慅
蒼官受命與舜同真可從之忘髮縞詩雖祝我以再黑積
雪已多安可掃試問蒼官值歲寒戴白孰與蒼然好
泉
宋興古刹今長干靈躍臺殿荒檀欒一泉相望棄不渫西
泉尚祭三石槃其流散漫為沮洳稍集小礫生微瀾東泉
土梗久蔽塞穿治乃見甃甓完道人慈哀波及遠溝蕩兩
取合土山山前灌輸各自足轆轤罷轉井口開取遥比 丼
覺近羨與舊爭洌知新寒蟲蟲夏秋百源乾抱甕復道愁
蹣跚疾傾横逗勢未足嗟此善利何時殫慮長易脆有大
檀代堅葢廬蒼孖頳金多匠手宵出巧風水千里安知難

圖版 2-28:應雲鷟本卷四
(日本内閣文庫所藏,番號 11731)

“蒼”“華”“試”“久”“甘”“源”“傾”“羌”“顔”等之習慣性筆畫刻法,兩本完全相同。

四者,不規範行字數之模仿。安正堂本版式,行數始終爲 11 行,然行字數卻非統一。以行 22 字爲主,另雜有諸多不同行字數之版葉。而對於這些雜亂版葉,應雲鷟本同樣逐行模擬之。如:

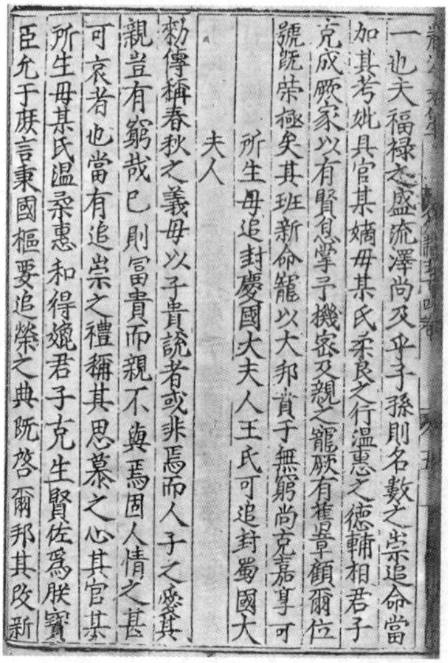

和刻本宋人文集叢考

圖版2-29：安正堂本卷五十四
（日本內閣文庫藏，番號3445）

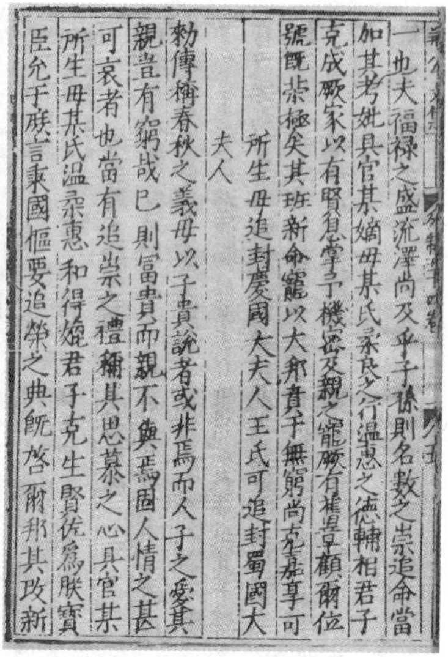

圖版2-30：應雲鷟本卷五十四
（日本內閣文庫所藏，番號11731）

安正堂本此頁行字數依次爲：22、23、23、22、22、22、22、19、19、20、20。而應雲鷟本則同樣如此，逐行模擬刊刻版葉。

　　五者，版葉排列之模仿。應雲鷟本有衆多補版，如此自然要打亂原版面貌。然，應本卻是努力調整，力求與安正堂本版葉排列盡量一致。此亦爲應本版式雜亂最主要之原因所在。如，卷四《酢王濬賢良松泉二詩·泉》之後，應本補入《答俞秀老》一詩。如此，隨後四詩《清涼寺送王彦魯》《送惠思上人》《老景》《雜詠八首》之排版必然要變動。但應本卻於《詠懷詩八首》第一、第二首改爲小字雙行，以調整版面，保持與安正堂本排版一致，將《雜詠八首》之三，排於相同之版葉。如下圖：

· 232 ·

第二章・王安石文集和刻本研究

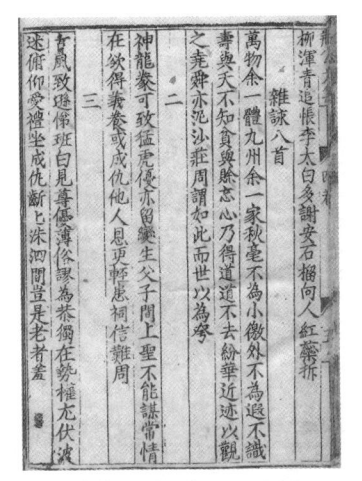

圖版 2-31：安正堂本卷四
（日本内閣文庫藏，番號 3445）

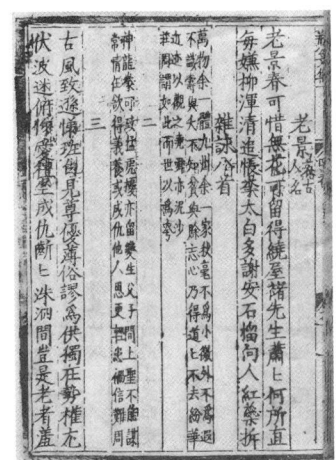

圖版 2-32：應雲鷟本卷四
（日本内閣文庫所藏，番號 11731）

同樣，卷五十四，安正堂本《祖贈某官》與《父惠贈太師可贈中書令餘如故》之間疏漏諸多。應本在訂補完整之後，亦以雙行小字形式調整版面與安正堂本保持一致。

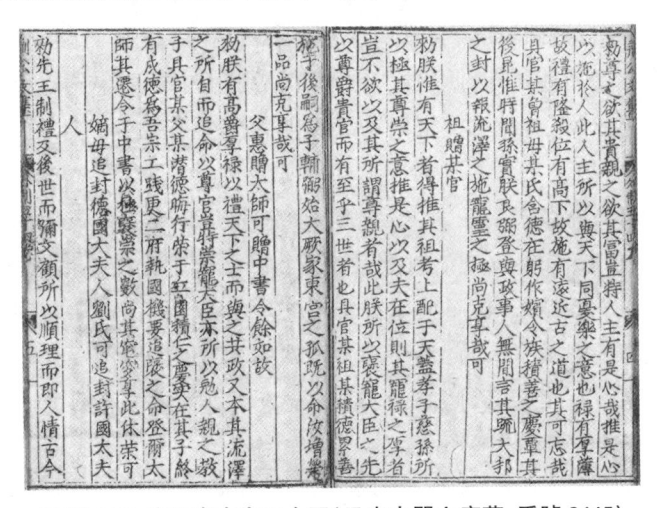

圖版 2-33：安正堂本卷五十四（日本内閣文庫藏，番號 3445）

• 233 •

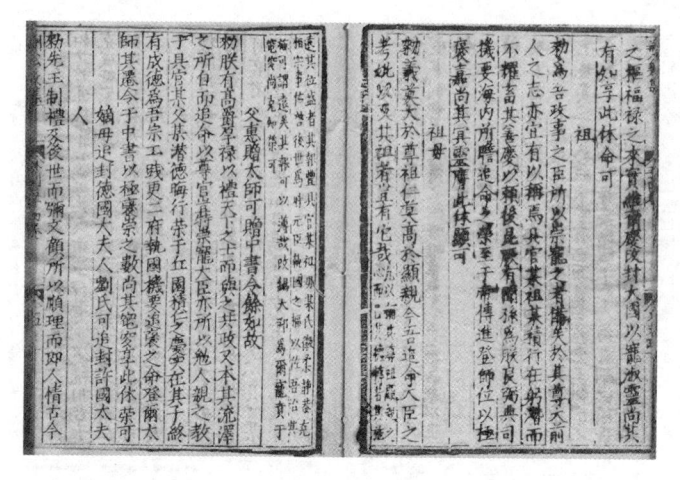

圖版 2-34：應雲鷟本卷五十四（日本內閣文庫所藏，番號 11731）

再如上文所舉如卷一《陶縝萊》至《招約之職方並示正甫書記》爲行 24 字，均是爲了訂補之後，與安正堂本版面保持一致。

第六，應雲鷟本補版盡量保持行 20 字，以此與原版行 22 字相區分，令人能清楚識別。

應雲鷟《跋》語言此版乃"走取家藏舊本，校讎而翻刻焉"。然由上文所述可知，此版之"翻刻"實乃雕版中極爲罕見之影刻。李致忠於《古書版本鑒定》（重訂本）中對此界定之：

以某一版本爲底本，逐葉覆紙，將原底本的邊欄界行、版口魚尾、行款字體等，毫不改變地照樣描摹下來，然後將描摹好的書葉逐一反貼上版，而後雕出新的版片。這樣雕印出來的書，因爲版樣是影摹下來的，對於那個原底本來說就稱爲影刻本。影刻本書多發生在影刻宋元本書上，少數明刻本也有影刻者。①

---

① 李致忠撰：《古書版本鑒定》（重訂本），北京：北京聯合出版公司，2021 年版，第 190 頁。

如上列舉諸多圖版所示，畢竟是第二次雕版，少數字體還是有所不同，"毫不改變"過於誇大。但全版總體而言，確是努力有意仿效原版樣式以刊刻。這是影刻本與其他刻本迥然之別。由此也產生雕版印刷中最爲困難複雜，也是技藝最爲高超之雕版書籍。李致忠於《古書版本鑒定》（修訂本）曾言"國家圖書館今藏影刻本 36 種"，①雖然這一統計數據不可能如此精確，後於"重訂本"將之修改，但亦大致可以説明，影刻本之極爲罕有。

第二，應雲鷟本極力模擬之餘，更對安正堂本有諸多訂補。

一者，文本訂補。如卷一上文所舉卷四《酹王濬賢良松泉二詩·泉》之校勘。再如"文本對勘表"例：

卷二十八：安正堂本《定林院》，應本作《定林》。

卷二十九：安正堂《與黃道原過西莊遂遊寄乘》"蕙帳銅并皆舊匕"，應本作《與道原過西莊遂遊寶乘》"蕙帳銅屏皆舊事"。

卷三十三：《縣舍西亭二首之二》，安正堂本"到得明年官又立"，應本作"到得明年官又滿"。《鐵幢浦》，安正堂本"緑去"，應本作"歸去"。

卷三十四，《殘菊》，安正堂本"好左"，應本作"好在"。安正堂本《右寺》，應本作《古寺》。

二者，詩句補充。此點，上述所引王重民、王嵐所論，均已言及。這也是安正堂本歷來最爲後人訛病之處。

建陽劉氏刻書，可謂淵源悠久，流傳廣遠，名家輩出，最爲出衆。據方彥壽《增訂建陽刻書史》統計，南宋建陽私家刻書二十二家中，劉氏七家、魏氏四家、虞氏三家、余氏三家。書坊刻書二十九家中，劉氏、余氏各六家，王氏、蔡氏、陳氏、黃氏各兩家。至

---

① 李致忠撰：《古書版本鑒定》（修訂本），北京：北京圖書館出版社，2007 年版，第 97 頁。

元代，四十餘家書坊，劉氏最多，有七家。①建陽刘氏源自宋代，劉叔剛一經堂爲今日所知南宋最早之劉氏刻書堂。另有劉日新三桂堂於當時最爲知名。

安正堂，亦名安正書堂，如《管子》二十四卷牌記"太歲癸巳孟春安正書堂重刊"。始於劉氏家族之劉宗器，取"安身立命，買賣公正"之意。堂號前，有時附以"京兆"二字，乃源於劉氏唐代始祖劉翺爲陝西京兆人。如《四明先生續資治通鑑節要》二十卷牌記"宣德己酉京兆安政堂劉氏校刊"。②自宣德四年（1429）刊刻張光啟撰、劉剡編《四明先生續資治通鑑節要》，至康熙三十八年（1699）刊刻不斷，其子孫劉朝瑄（雙松）、劉蓮臺等相繼承續近二百七十餘年時間。③

歷時如此悠久，刊本自是衆多。葉德輝《郋園讀書志》言："安正堂爲明書枋劉宗器牌名，當時刻书甚多，立堂最久。"④其《書林清話》卷五《明人私刻坊刻書》記載安正堂本有：《刻鍼灸資生經》七卷、《新刊京本詳增補注東萊先生左氏博議》二十五卷、《類聚古今韻府群玉續編》四十卷、《集千家注批點杜工部詩集》二十卷、《象山先生集》二十八卷、《詩經疏義》二十卷、《宋濂學士文集》二十六卷、《增刊校正王狀元集諸家注分類東坡先生詩》三十卷、《韓文正宗》二卷、《止齋集》二十六卷、《春秋胡傳集解》三十卷、《璧水群英待問會元選要》八十二卷、《淮海集》四十卷、《後集》六卷、《新編事文類聚翰墨大全》一百二十五卷。⑤據張秀統

---

① 分《增訂建陽刻書史》，第 90、103、201 頁。
② 《書林清話》附《書林餘話》卷下，第 28 頁。
③ 《中國印刷史》，第 271 頁。《增訂建陽刻書史》，288 頁。
④ 《郋園讀書志》卷六《子部·新刊河間劉守真傷寒直格論方三卷、後集一卷、續集一卷、張子和心鏡一卷（明嘉靖壬辰劉氏安正堂刊本）》，第 298 頁。
⑤ ［清］葉德輝撰：《書林清話》，北京：中華書局，1957 年版，第 132 頁。

計,共有二十四種書籍。①實則更多,據方彥壽統計,安正堂明代前期刊本十三種,明代後期刊本四十五種,共五十八種。其中經部十三種,史部四種,子部二十六種,集部十五種,涵蓋經史子集四類。②一家書肆能刊印如此衆本,實屬罕見。

潘承弼、顧廷龍同纂《明代版本圖錄初編》卷八《書林》對建陽書業,尤其是劉氏安正堂、慎獨齋著意論述道:

建陽書林之業,自宋迄明六百年間,獨居其盛。劉宗器之安正堂、劉洪之慎獨齋,其尤著者也。兩家書業,自弘治迄萬曆,亘延不絶,安正堂刊多集部,慎獨齋則以鉅帙稱。③

《明代版本圖錄初編》卷八"《管子》二十四卷"又言:

安正書堂爲京兆劉宗器書林之堂名,所刊甚富,歷時甚久。④

承此論述,《中國版刻圖錄》於《新刊金文靖公前北征錄·楊文敏公後北征記》提要亦言:

劉氏安正堂爲明時建陽名肆,刻書甚多。⑤

---

① 張秀民撰,韓琦增訂:《中國印刷史》,杭州:浙江古籍出版社,2006年版,第271頁。
② 方彥壽撰:《增訂建陽刻書史》,福州:福建人民出版社,2020年版,第289、360頁。
③ 潘承弼、顧廷龍撰:《明代版本圖錄初編》卷八《書林》,《民國叢書》第五編,第一百册"綜合類",上海:上海書店,1989年版,第1頁。
④ 《明代版本圖錄初編》卷八《書林》,第19頁。
⑤ 北京圖書館編:《中國版刻圖錄》(增訂本),北京:文物出版社,1990年版,第68頁。

如上文統計，安正堂刊本最多爲子部二十六種。然方彦壽《增訂建陽刻書史》統計子部實則包括醫書十一種、類書六種、道書兩種、小説三種，以及本屬經部之《周易本義》，①真正之子書僅《新序》《孔叢子》《管子》三種而已。故而確如潘承弼、顧廷龍所言："安正堂刊多集部。"

安正堂刊本不僅衆多，更是以"精良"著稱於世。丁丙《善本書室藏書志》卷三十《集部》於《止齋先生文集》二十八卷評之爲：

此本密行細字，併曹本爲二十六卷，無一刪削。附錄一卷，遺文一卷，則仍其舊。爲嘉靖間安正書堂刻本。安正堂者，當爲麻沙書肆之號，寫刻精良。卷中空格、提行一遵宋式，後之林刻、陳刻，遠不及也。②

葉啓勛亦將《分類補注李太白集》二十五卷譽之爲"可稱雙璧"，③以致其刻板常被誤以爲元刻本。如《增刊校正王狀元集諸家注分類東坡先生詩》三十卷，陸心源以爲元刊本。④《詩經疏義》二十卷，李希聖以爲"元槧中之善本也"。⑤《象山先生集》二十八卷，《天禄琳瑯書目》以爲"元時翻刻之書"。⑥《臨川王先生荆公文集》，龜田鵬齋以爲"元刻"。對此，葉啓勛總結道：

---

① 《增訂建陽刻書史》，361 頁。
② 《善本書室藏書志》卷三十《集部》，第 753 頁下。
③ 葉啓勛撰，湖南圖書館編：《拾經樓紬書錄》卷下"集千家注分類杜工部詩二十五卷、文二卷"，長沙：岳麓書社，2011 年版，第 96 頁。
④ [清]陸心源撰，馮惠民整理：《儀顧堂書目題跋彙編·皕宋樓藏書志案語摘錄》之《皕宋樓藏書志案語摘錄》，北京：中華書局，2009 年版，第 628—629 頁。
⑤ [清]李希聖撰，湖南圖書館編：《雁影齋題跋》卷三《詩經疏義》二十卷，長沙：岳麓書社，2011 年版，第 347 頁。
⑥ 《天禄琳瑯書目》卷六，第 129 頁上。

自來收藏家重視安正堂之書,皆經著錄,唯此李集向不經見,爲諸家目中所無,其當日印行之稀概可知矣。至劉宗器所刻之書,丁丙稱其"精良",(《止齋先生文集》二十八卷云:安正堂者,當爲麻沙書肆之號,寫刻精良,卷中空格提行一遵宋式,後之林刻、陳刻遠不及也。)吳騫稱其"可貴"。(《詩經疏義》二十卷云:蓋是書雖刻於明之中葉,而猶爲元儒手筆,悉仍文公之舊,未經妄刪者,洵可貴也。)若《欽定天祿琳琅書目》之於《象山先生集》,("元板類"云:《正集》二十八卷、《外集》五卷,後有"辛巳歲孟冬月安正書堂重刊"木記,按嘉定十三年,歲在庚辰,則木記所記"辛巳"當爲嘉定十四年,但此書墨暗紙黝,決非宋本,當屬元時翻刻之書。)歸安陸心源《皕宋樓藏書志》之於《增刊校正王狀元集諸家注分類東坡先生詩》,(三十卷云:元刊,目後有"龍集丙戌秋月劉安正堂刊本"一行,卷末有"丙戌歲孟冬月安正堂新刊"一行。)竟誤以安正堂刻書爲元板者,亦可想見宗器刻書,殊有元人風味,魚目原可混珠,毋怪館臣與陸氏皆爲其板式所迷惑也。①

此正如葉德輝所言:

明書估劉宗器安正堂刻書甚多,自來藏書家皆重視其書,著錄於四部,初未嘗以坊本薄之也。余撰《書林清話》,詳考所刻書,按年號先後分載。②

---

① 《拾經樓紬書錄》卷下"分類補注李太白詩二十五卷",第93—94頁。
② 《郋園讀書志》卷七《集部·分類補注李太白詩二十五卷(明正德庚辰劉氏安正堂刊本)》,第334頁。

由此可見，王重民所質疑"此坊本所以不見重於學人也"，然安正堂本卻是"未嘗以坊本薄之也"。然而，與安正堂其他刻本形成鮮明對比，嘉靖十三年刊《臨川王先生荆公文集》不僅殘缺嚴重，更有造假之嫌。此殊非常情。

面對如此殘破、造假之刊本，應雲鸑卻以此爲底本，並用極爲罕見之影刻法最大限度保存還原其版刻原貌，更爲之煞費苦心增補詩句拼湊版葉。此更殊非常情可及。應雲鸑作爲臨川知縣，爲人"稱循吏而廟食焉，至今神之"。①應雲鸑《跋》文言："公二十二世孫王生瑞從予乞祀田，予既刻公文，復稍助之，以延公祀云。"可知，應雲鸑刻此文集乃頗爲鄭重嚴肅之事。

安正堂刻本罕有"草草"之作，"至今神之"。應雲鸑於此"草草"之作卻是如此鄭重其事，以極爲罕見之影刻竭力模仿之、訂補之。如此殊非常情之處，亦當自有其因。

嘉靖十三年安正堂本卷首吳澄《臨川王文公集序》言：

> 金谿危素好古文，慨公集之零落，搜索諸本，增補校訂，總之凡若干卷，比臨川、金陵、麻沙、浙西數處舊本備悉，請予序其成。

早在永樂十五年楊士奇所作題跋已言：

> 獨北京有荆公《臨川集》板，在國子監舊崇文閣，而所闕什一。用之永樂八年扈從在北京，印二本，以一本寄余，凡十册。既已錄補，遂取吳草廬先生所爲序，冠諸卷首。

楊士奇似當以元代危素本"錄補"所闕什一，故以吳澄序冠諸卷

---

① 嘉靖二十五年刊本《臨川王先生荆公文集》文後所附陳九川《王臨川文集後序》。

首。而嘉靖十三年安正堂刻本亦以吳澄序冠諸卷首,應雲鷟又是如此鄭重其事影刻之,則此本必有非凡之處。安正堂亦當獲得甚爲罕見之危素本,然於永樂十五年楊士奇所得相比,此本殘破過甚。安正堂出於保存珍本之故,毅然依照此殘破本原樣雕版刊刻。對於底本大量詩句之疏漏,安正堂因別無可尋,只能將殘句略去,不相鄰之詩句拼接雕版。

另,今日對安正堂本之訂補,均以他本參校而爲之。至於安正堂所依據元危素本之原真樣貌,因"購善本而無從",至今並未親睹。今日僅能從吳澄《臨川王文公集序》略知一二。《序》中僅記載:"金谿危素好古文,慨公集之零落,搜索諸本,增補校訂,總之凡若干卷,比臨川、金陵、麻沙、浙西數處舊本頗爲備悉。"楊士奇曾用其"錄補"《臨川集》,據傅增湘《藏園群書經眼錄》卷十三《集部二》記載,楊士奇所"錄補"者即是王玨刊杭州本。①危素《序》中所言"浙西"即使是杭州本,亦僅爲比較優劣,乃臨川、金陵、麻沙衆本之一。並未言及其"增補校訂"之本與杭州本之關聯。祝尚書以爲"所謂'增補校訂',當指修補王玨浙西板",②僅爲想象之辭。故而,以杭州本校勘安正堂本,杭州本所有安正堂本所無之詩句是否即是疏漏,似尚難定論之。

無論底本是否殘損,安正堂本保存了元代刻本之真貌。應雲鷟本對於安正堂本之影刻,從一個側面說明,安正堂本不僅是文本,而且版式亦照原樣雕版。其"構"字悉注御名,即是如此。或由應雲鷟本之影刻,亦推知安正堂本同樣亦是對於危素本之影刻。如此,方激發應雲鷟如此不畏繁難,再爲影刻訂補之,再

---

① 《藏園群書經眼錄》,第1156頁。
② 《宋人別集叙錄》(增訂本),第307頁。

之，《象山先生集》《增刊校正王狀元集諸家注分類東坡先生詩》《詩經疏義》等被天禄琳瑯諸臣、陸心源、李希聖等文獻版本名家誤以爲元本，可見安正堂對於元刻本之蒐集、模仿頗爲用心。"亦可想見宗器刻書，殊有元人風味。"此種"元人風味"正充分體現在《臨川王先生荆公文集》中。即使確如王重民、王嵐等所言《臨川王先生荆公文集》疏漏殘損過甚，亦正可見安正堂對於元刻本之著意用心。如此疏漏，依舊雕版刊刻，力求保存元刻本之真貌。

由此可知，王重民對此本"乃竟草草"之論，實乃未得其真。此本"脱詩極多"正見其可貴之處，非可"以坊本薄之"。釐析諸多似是而非之論，終可知此實爲早已失傳之王安石詩文元刻本之難得遺存。

由此可見，中國國家數字圖書館與臺北故宮博物院對應雲鶯刻本之版式説明均有誤，此刻本實乃補版書籍。原版爲11行，行22字。因多有殘缺，全卷後配以11行、行19至31字不等之版葉。丁丙所記"每半葉十一行，行二十字"，誤脱"二"字，實爲"每半葉十一行，行二十二字"。至於葉德輝何以記爲半葉12行20字，卻又並非補版以致誤，更涉及何遷本版式之複雜問題。

(3) 嘉靖三十九年《臨川先生文集》（甲一何遷本）

今蒐集七種何遷刻本，四種爲中國國家圖書館所藏，館藏書號分別爲02084號、03247號、05044號、17277號，第五種爲《四部叢刊》初編影印本，第六、七種均爲王重民先生《中國善本書提要》所記美國國會圖書館（下簡稱"圖會"）所藏本。此七種版式特徵爲：1.國圖版式説明均爲半葉12行，行20字，白口，單上魚尾，左右雙邊。《四部叢刊》初編本、國會兩種均如此。2.七種均有上下兩卷總目。02084號國圖標注"目録配另一明刻本"，可見原亦有之。3.02084號、03247號、05044號,以及國會兩種,五者僅有卷首紹興十年五月戊子黃次山《紹興重刊臨川文集叙》,卷尾無序。其中,02084號"藝祖"未提行頂格,而03247號、05044號,以及國會兩種"藝祖"提行頂格。17277號卷首則依次錄有嘉靖三十九年四月王宗沐《臨川文集序》、紹興十年五月戊子黃次山《紹興重刊臨川文集叙》,《紹興重刊臨川文集叙》"藝祖"未提行頂格。卷尾依次錄有嘉靖丙午秋九月既望陳九川《王臨川文集後序》、明嘉靖丙午秋八月望日章袞《書臨川文集後》、嘉靖丙午九月既望應雲鷟序。張元濟《四部叢刊》初編影印本(高麗活字本),前後序順序、篇數均與17277號相同。唯一區

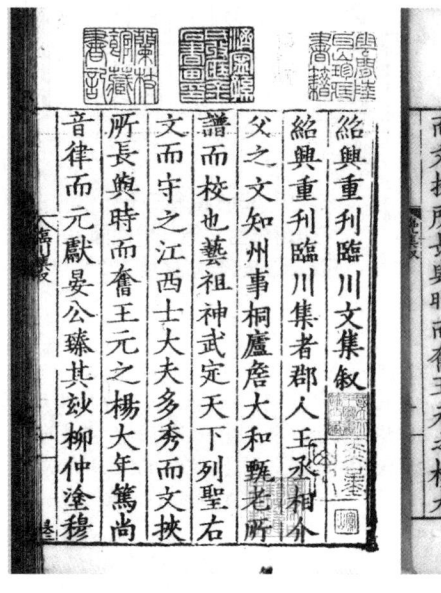

圖版2-35:嘉靖三十九年《臨川先生文集》(中國國家圖書館藏,善本書號02084)

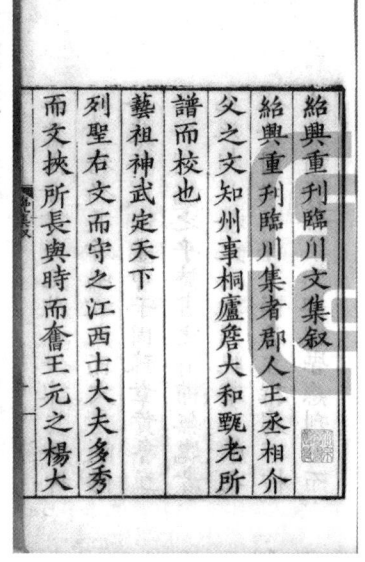

圖版2-36:嘉靖三十九年《臨川先生文集》(中國國家圖書館藏,善本書號03247)

別，其"藝祖"二字提行頂格，此點又與 03247 號、05044 號相同。①

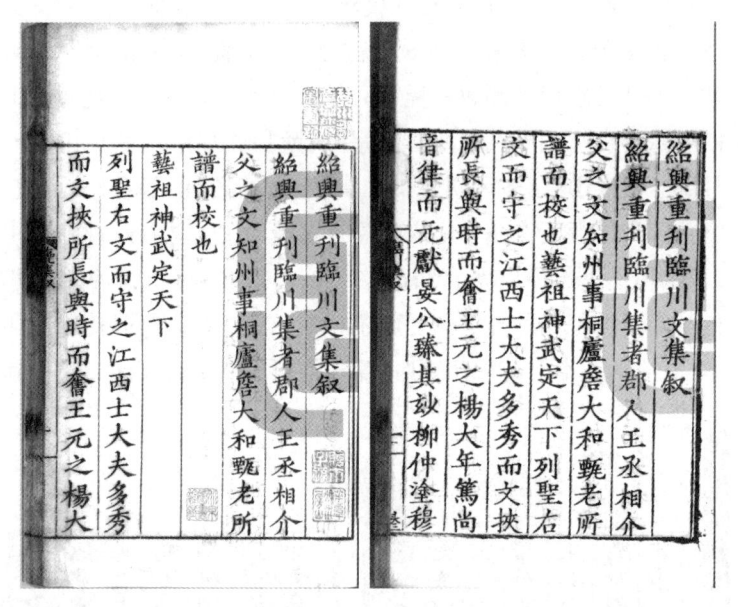

圖版 2-37：嘉靖三十九年《臨川先生文集》（中國國家圖書館藏，善本書號 05044）

圖版 2-38：嘉靖三十九年《臨川先生文集》（中國國家圖書館藏，善本書號 17277）

---

① 另見臺灣"國家圖書館"所藏四種，書號分別爲 10152（14 冊，一百卷）、10155（24 冊，一百卷）、10158（20 冊，一百卷）、10157（32 冊，一百卷）。10157 號未見原圖，僅見版本標注。臺灣所藏卷首均有陳九川序。10152 號卷尾有陳九川序、章袞序、應雲鷟序。10155 號卷尾僅有陳九川序。10158 號館方標注有黃次山、王宗沐、陳九川、章袞、應雲鷟全部序文，然經實際核查，僅有卷首黃次山序、卷尾王宗沐序。10157 號，按其標注，有黃次山、王宗沐、陳九川、章袞、應雲鷟完整序文，未見原圖不知正確否。除未見之 10157 號，其他三者黃次山序"藝祖"均未提行頂格，當爲翻刻本。劉成國《王安石文集·整理前言》第 25 頁言："本書整理，以臺北'國家圖書館'藏明嘉靖三十九年何遷刻《臨川先生文集》一百卷爲底本。……它最接近於王玨刻本原貌。"然並未具體說明哪種書號之何遷本。第 21 頁介紹臺灣版時言："臺北'國家圖書館'所藏爲二十冊。"由此知其所據底本乃 10158 號。其序文殘損嚴重，非最爲完備之何遷本。

· 244 ·

上述七種何遷本，首先，就卷首序文而言。03247號、05044號、國會兩種卷首僅有黃次山序，"藝祖"提行頂格，此當爲原版。03247號、05044號均爲上單黑魚尾版式，國會兩種亦當如此。而02084號、17277號卷首黃次山序"藝祖"未提行頂格，兩者均爲上單白魚尾。17277號所錄王宗沐《臨川文集序》版心多爲上單白魚尾，自"往哲刻公集"至"王宗沐書"，此葉雕版則變爲上單黑魚尾。下一篇《紹興重刊臨川文集叙》全文又爲上單白魚尾，如下圖：

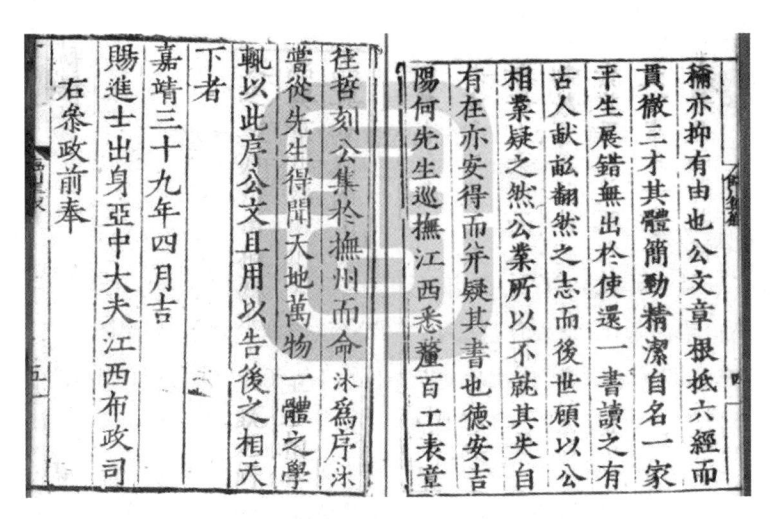

圖版2-39：嘉靖三十九年(1560)《臨川先生文集》
(中國國家圖書館藏，善本書號17277)

此均當爲後世補版。故，02084號、17277號之黃次山序之所以"藝祖"未提行頂格，均乃後世補版。《四部叢刊》初編影印本，卷首兩序均全。王宗沐《臨川文序》版式與國圖17277號相同。然隨後之黃次山《紹興重刊臨川文集序》則異於17277號，而與05044號、03247號相同，乃上單黑魚尾。此王宗沐序亦當後世

• 245 •

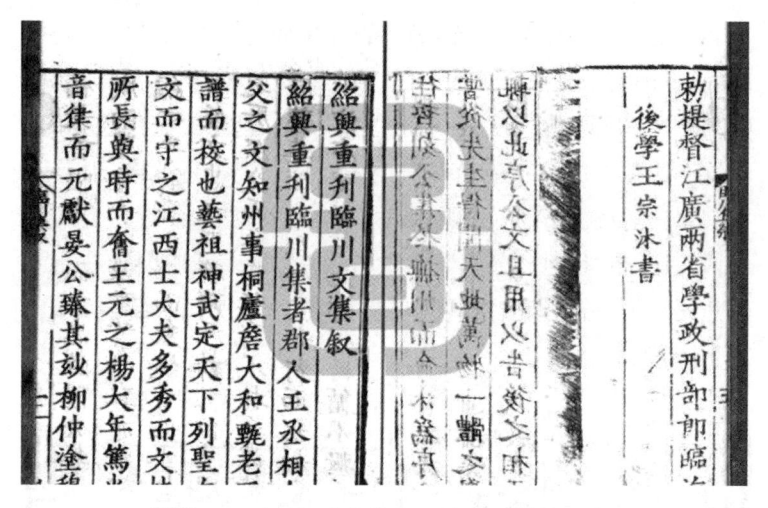

圖版 2-40：嘉靖三十九年(1560)《臨川先生文集》
（中國國家圖書館藏，善本書號 17277）

配補以成。

其次，就卷尾序文而言。國圖 17277 號所録陳九川序文均爲上單白魚尾，章衮序文多爲上單白魚尾，唯"強民少則國弱"至"肆意橫行建旗"、"而出不遜之語"至"自來行之則乎"、"時在位亦皆偷合苟容"至"權其輕重而"、"尤存不能不競"至"乘崇高富貴之"此四葉變爲上單黑魚尾。應雲鷟序均爲上單黑魚尾。故而，陳九川序與章衮序少部分版片乃補配以成，章衮大部分序文以及應雲鷟序文乃原版所有。《四部叢刊》初編影印本後序情況與之相同。

最後，再就字體而言。03247 號、05044 號、《四部叢刊》初編影印本，卷首黃次山序"藝祖"提行頂格，02084 號、17277 號未提行頂格。兩者相較，可見後者對前者之模仿甚爲有心，略觀之風貌近同。有些特殊字體更刻意模仿之，如"我""妄""閱""愡"。然刻工長期養成之習慣刻法，終難以完全掩蓋。提行頂格者"妙

· 246 ·

柳""久""戌",未提行頂格者均作"鈔柳""久""戌"。另外,尚有"所""故"等雕版手法之區別。如提行頂格:

妙 柳 久 戌 所 所 故

未提行頂格:

鈔 柳 久 戌 所 故

而17277號、《四部叢刊》初編影印本王宗沐序之補刻版葉"所"字,刻法與未提行頂格之黃次山序文之刻法完全相同:

所

由此更可知,黃次山序之提行頂格者與未提行頂格者必出於不同刻工,而黃次山序與王宗沐序則爲同一刻工補刻雕版。

上述衆本各項版式數據列表如下:

何遷刻本版式

	02084	03247	05044	17277	《四部叢刊》初編	國會本
雕版樣式	半葉12行,行20字,白口,單上魚尾,左右雙邊	半葉12行,行20字,白口,單上魚尾,左右雙邊	半葉12行,行20字,白口,單上魚尾,左右雙邊	半葉12行,行20字,白口,單上魚尾,左右雙邊	半葉12行,行20字,白口,單上魚尾,左右雙邊	半葉12行,行20字

續表

	02084	03247	05044	17277	《四部叢刊》初編	國會本
目録	缺失	有	有	有	有	有
黄次山序	"藝祖"未提行頂格,白魚尾	"藝祖"提行頂格,黑魚尾	"藝祖"提行頂格,黑魚尾	"藝祖"未提行頂格,白魚尾	"藝祖"提行頂格,黑魚尾	"藝祖"提行頂格
王宗沐序	無	無	無	有(在黄序前),白、黑魚尾	有(在黄序前),白、黑魚尾	無
陳九川序	無	無	無	有,白魚尾	有,白魚尾	無
章袞	無	無	無	有,白、黑魚尾	有,白、黑魚尾	無
應雲鷟	無	無	無	有,黑魚尾	有,黑魚尾	無

將之與上文丁丙、葉德輝、王重民所記對勘可見何遷刻本之特徵如下：

第一,卷首有總目上下兩卷。

第二,卷首有黄次山序、王宗沐序,無吴澄序。就其排列順序而言,國圖17277號與《四部叢刊》初編影印本相同,均是王宗沐序在前,黄次山序隨後。然如上所述,王宗沐序當爲補版。丁丙以及李盛鐸所記均爲黄次山序在前,王宗沐序隨後,①當以此爲是。就黄次山序而言,國圖03247號、05044號、《四部叢刊》初編影印本、王重民所見美國國會圖書館所藏本,均爲原版,故其序文之"藝祖"提行頂格。而國圖02084號、17277號乃後人補刻版葉,未依何遷原本雕版,由此出現何遷本所謂兩種黄次山序文樣式。

除卷首兩序文外,李盛鐸記載另有章袞序,國圖17277號與

---
① 李盛鐸:《木樨軒藏書題記及書録·書録》,北京:北京大學出版社,1983年版,第283頁。

《四部叢刊》初編影印本卷尾均有陳九川序、章袞序、應雲鸑序，此均爲應雲鸑刻本序文。然丁丙所記一種、王重民所記兩種、國圖02084號、03247號、05044號均無此類序文。何遷原本或未有此序，國圖17277號與《四部叢刊》初編影印本乃後人補刻附綴。即使何遷本原有之，亦如今日整理本卷後之題跋彙編，不能據此即以爲何遷本必然翻刻自應雲鸑本。

葉德輝三處記載均反復強調應雲鸑本與何遷本版式完全相同，唯一區別在於"應本《紹興重刊臨川文集序》（黃次山序）'藝祖'二字提行頂格，何本不提行"，此亦令王重民先生疑慮重重。由本文上述論述可以確證，葉德輝此處出現嚴重誤判，誤以"藝祖"二字之提行頂格與否作爲區分應雲鸑本與何遷本之標準。而實則，此兩者均爲何遷本。如此造成之後一系列錯誤，以爲應雲鸑本行數、字數、序文等均與何遷本完全相同。而王重民先生限於聞見，未知何遷本序文有兩種雕版樣式，亦囿於葉德輝之大名"葉君不應有目誤"，故而倍感困惑。更由此直接導致其誤以爲："余疑是集初爲應侯所刻，何氏巡撫撫州時，攘爲己功，不過屬王宗沐另冠新序而已。"然其另一推測"或所據本黃序適爲補刻"卻頗爲正確，葉德輝判定之之何遷本即"藝祖"未提行頂格之補刻本。

葉德輝此處誤判於後世最大影響，乃在於何爲宋詹大和本翻刻本問題。其誤以爲應雲鸑本卷首有宋黃次山序文，更誤以爲"藝祖"提行頂格者爲應雲鸑本，且此提行頂格顯然乃宋版樣式，與未提行頂格區別明顯，故而其強烈以爲"元明以來惟詹太和本有嘉靖廿五年（丙午）臨川縣知縣象山應雲鸑繙刻"，更甚至以爲"何本似未見宋刻，但從應本重刊。應本《紹興重刊臨川文集序》（黃次山序）'藝祖'二字提行頂格，何本不提行。可見何未見宋本，故任意改刻也"。或與王重民先生相同，有感於葉德輝於版本學之顯赫聲譽，後世學者論及此處多承襲其言。如《宋人文集編刻流傳叢考·十七·王安石集》亦言："卷一○○末又錄嘉靖二十五年陳九川、章袞、應雲鷟三篇舊序，顯然何遷乃據應雲鷟臨川刻本重刊。"①祝尚書先生於《宋人別集叙録》中亦誤以爲："猶有黄次山序，因知即翻刻詹大和本。"②後於增訂本，則將此句删去。然令人費解處，增訂本後文又完全如原版所言："應本、何本即通常所稱嘉靖翻宋詹大和本。"③劉薔以爲應雲鷟本與何遷本同爲每半葉十二行，行二十字，以致吉林省博物院誤以何遷本爲應雲鷟本，④均可溯源於葉德輝此誤判。

應雲鷟本半葉 11 行，行 22 字。後世所存補以半葉 11 行，行 19 至 31 字不等之版葉。細黑口，上下雙魚尾，四周雙邊。卷首無總目，有元吴澄序，據此可判斷其源自元本。⑤卷首吴澄《臨川王文公集序》言："金谿危素好古文，慨公集之零落，搜索諸本，增補校訂，總之凡若干卷，比臨川、金陵、麻沙、浙西數處舊本頗爲備悉。"可知此源自危素校訂本。此版更早有嘉靖十三年(1534)劉氏安正堂《臨川王先生荆公文集》，兩者版式全同。唯安正堂版疏漏極多，"及持嘉靖間翻臨川本相較，脱詩每均在一整葉上，而此本既不標明脱葉，反將脱葉抹煞，連接其葉數，以泯其跡"，⑥卷後多有手抄補遺，如"臨川集卷第一補遺""臨川集卷第五補遺"，而應雲鷟本均無，後出之應雲鷟本當源自更爲完整

---

① 王嵐撰：《宋人文集編刻流傳叢考》，第 163 頁。
② 祝尚書撰：《宋人別集叙録》，北京：中華書局，1999 年版，第 332 頁。
③ 《宋人別集叙録》，第 333 頁；祝尚書撰：《宋人別集叙録》(增訂本)，北京：中華書局，2020 年版，第 317 頁。
④ 《天禄琳琅知見書録》，第 229 頁，脚注②。
⑤ 《中國善本書提要·集部·别集類》"臨川王先生荆公文集一百卷"，以爲安正堂本"有吴澄序，應從元本出"。第 517 頁。
⑥ 《中國善本書提要·集部·别集類》"臨川王先生荆公文集一百卷"，第 517 頁。

之元本。

今分別擇取應雲鷟本、何遷本卷二十六、二十七兩卷與宋代杭州本《臨川先生文集》、龍舒本《王文公集》、元大德本《王荊文公詩箋注》、朝鮮活字本《王荊文公詩李壁注》、清綺齋本《王荊文公詩》、和刻本《王荊公絶句》勘對可知：一者，應雲鷟本、何遷本兩者版式迥異，且雕版風格一粗疏一謹嚴。如應本於疊字一律於第二字用重復符號替代，何本則與之完全不同。然深入文本可見兩者整齊劃一、幾乎全同。以至於一些雕版中常見混用之異體字，兩者絕大部分亦是相同。兩卷之中，唯卷二十七《初晴》應本作"壠"，何本作"隴"，《外厨遺火二首》之一應本作"清"，何本作"清"。另外，卷二十九《與黃道原過西莊遂遊寶乘》，應本作"窣堵波"，何本作"窣堵坡"。二者，應本、何本與杭州本高度相似，以至於異體字亦多有相同。唯卷二十七之《歌元豐五首》之五，杭州本作"筴"，應本、何本與其他衆本同爲"栅"。《元日》，杭州本、和刻本作"總"，應本、何本作"總"，其他衆本作"揔"。《酬宋廷評請序經解》應本、何本作"忽"與龍舒本同，而其他衆本均作"急"。另外，卷二十九《示寶覺二首之一》杭州本作"火頓窗明"，應本、何本作"火暖窗明"。

元以後首先於卷首冠以吴澄序者，乃永樂十五年楊士奇録補本，之後嘉靖十三年劉氏安正堂本卷首亦有此序，再之則爲嘉靖二十五年應雲鷟本。依據王嵐所言安正堂本與應雲鷟本"書名、編卷、行款、書口特徵等等皆同"。[①] 王嵐遂以爲安正堂本"源於元代危素刻本"，應雲鷟本"據以翻刻的'家藏舊本'就是劉氏安正堂本，同時又有他本作參校"。劉成國亦如此認定："所謂

---

① 《宋人文集編刻流傳叢考》，第163頁。

'家藏舊本',應當就是安正堂本。"①

劉成國更由上述推論判斷:"應本翻刻自安正堂本,而安正堂本或翻刻自有大量闕葉的黃廷鑑校本,改變行款,内容多有缺損、訛誤、墨釘等,或徑删或臆補,錯訛處處可見。二者皆非善本。""儘管何刻本與應刻本同刻於江西,刊刻時間相距不過十五年,但二者版刻風格不同。内容方面,應本文字之訛誤脱漏,可謂俯拾皆是,實難與何刻本相提並論。"②如上所列,今將應雲鷟本與杭州本逐字對勘可知,雖然"二者版刻風格不同",應雲鷟本雕版字體過於疏略,然文本内容兩者卻是高度相似,並非如安正堂本一樣"非善本"。

應雲鷟所用之元刻本當與王珏本來源相近,但並非即爲王珏本。一者,兩者仍有少許文字之差異。二者,完整杭州本乃中國國家圖書館所藏 07667 號,卷首有吴澄《臨川王文公集序》、總目、詳細總目録上下。而應雲鷟本既無總目,更無上下兩卷詳細總目録。至於是否如祝尚書所言:"章衮後序中曾兩次提到吴澄序,亦可知應氏所謂'家藏舊本',必是宋刻元修王珏本。"③則顯然有誤。吴澄序文記載:"金谿危素好古文,慨公集之零落,搜索諸本,增補校訂,總之凡若干卷,比臨川、金陵、麻沙、浙西數處舊本頗爲備悉。"其中並未言及底本爲何。其刻本"增補校訂"之後,相對於"臨川、金陵、麻沙、浙西數處舊本頗爲備悉"。未曾言及對浙西王珏杭州本之修補。所謂"元修王珏本"實乃無從談起。故而,追溯應雲鷟本之來源,今日唯可推知其依據與王珏本極爲相近之元刻本而已。

---

① 《王安石文集·整理前言》,第 21 頁。
② 同上。
③ 《宋人别集叙録》(增訂本),第 315 頁。

應本刊刻於嘉靖二十五年，何遷本刊刻於嘉靖三十九年。開雕如此百卷之巨帙，誠可謂浩大之工程。何以在短短十四年後再次雕版，殊爲不解。故而王重民先生以爲："是集初爲應侯所刻，何氏巡撫撫州時，攘爲己功，不過屬王宗沐另冠新序而已。又臨川爲撫州首治，諸家謂應刻則稱臨川，謂何刻則稱撫州，論地則同爲一地，論時間不過相距十四年，實無重刻之必要也。"①王先生因未見應雲鸞本，故不知兩者版式迥異，祝尚書遂予以糾正之。然亦爲其同地短時再版而困惑："但在短時期内，一地竟有兩刻，的確令人費解。"②然，看似不應當而強爲之事，恰更有其必爲之所因。若兩版完全相同，且前版並非罕見，廣爲流傳，則實無模仿之必要。再之，身爲巡撫之何遷，需要如此迫切勞民傷財模仿本地一知縣不久之前所刊書籍，實非人情可及。身爲巡撫之何遷，時隔不久於同地刊刻如此卷帙浩繁同題材著作，當有其必爲之因，否則不足以爲之。

何遷本之所以屢被質疑翻刻應雲鸞本，究其原因：一者，今藏最爲完整之國圖所藏 17277 號以及後世翻刻之高麗活字本，卷尾均錄有應雲鸞本三篇序文：陳九川《王臨川文集後序》、章袞《書臨川文集後》、應雲鸞序。尤其是應雲鸞序，似可謂確證無疑。二者，兩者文字幾乎相同。故而王嵐以爲："顯然何遷乃據應雲鸞臨川刻本重刊。"③祝尚書亦言："何遷本卷次結構與應氏本全同，其所用底本亦當爲王珏本。"④然正因此確證，亦令人往往漠視何遷本獨有之特徵。一者，兩書版本形式迥別。二者，兩書文字並非全同。三者，何遷本有總目錄上下兩卷，而應雲鸞本

---

① 《中國善本書提要·集部·別集類》"臨川先生文集一百卷"，第 517 頁。
② 《宋人別集叙錄》(增訂本)，第 317 頁。
③ 《宋人文集編刻流傳叢考》，第 163 頁。
④ 《宋人別集叙錄》(增訂本)，第 316 頁。

並無。四者,何遷本獨有詹大和本唯一之確證宋黄次山《紹興重刊臨川文集叙》。此均表明兩人所據底本當有不同之來源,且何遷本後來居上更優於應雲鸞本。由其獨存黄次山序可推知,其所獲底本似爲難得之詹大和本。且序文"藝祖"提行頂格,當根源於宋本。故於短短十四年後,何遷更爲耗費巨資再次開雕同樣之文集。

何遷本並非翻刻自應雲鸞本,然或因何遷本與杭州本高度相似,劉成國先生又以爲其出自杭州本:"由於何刻本收録黄次山《紹興重刊臨川文集叙》,明代以後,許多學者認爲何遷是根據南宋紹興十年詹大和刻臨川本覆刻。……然此説並不可靠。何刻本並非翻刻自南宋詹大和臨川本,而是另一王珏刻元明遞修本《臨川文集》,與一百八十卷之臨川本,分屬不同的版本系統。"[1]其所撰《王安石文集在宋代的編撰、刊刻及流傳再探——以"臨川本"與"杭州本"關係爲核心的考察》一文中,更爲詳細考證之。[2]

劉成國先生先是推想何遷本卷首黄次山序文乃何遷取自《三餘集》,因《三餘集》"文字與'臨川本'全同"。再論證以爲:

> 下迄明代,《三餘集》仍然廣爲流傳,猶存全帙。明《文淵閣書目》卷九著録:"黄次山《三餘集》,一部二册,全。"《内閣藏書目録》卷三載:"《三餘集》二册,全,宋知邵州豐城黄次山著,凡十卷。"作爲江西巡撫,何遷在刻王集時,完全可能將《三餘集》中黄次山爲"臨川本"所撰序言,冠於所刻王集之首。這也是明人刻書的一貫作法。[3]

---

[1]　《王安石文集·整理前言》,第22頁。
[2]　《文史》,2021年第3輯,總第136輯,第147—242頁。
[3]　同上,第162頁。

第二章・王安石文集和刻本研究

如此,何遷實乃僞造詹大和臨川本。然其所論似多有可商之處。

《四庫全書・三餘集》,爲館臣自永樂大典所輯。①卷四《王介甫文集序》與何遷本卷首所載《紹興重刊臨川文集叙》並非文字"全同",實多有出入,如下:

何遷本《紹興重刊臨川文集叙》與《三餘集》卷四《王介甫文集序》比對

何遷本	三餘集
紹興重刊臨川文集叙	王介甫文集序
穆伯長首唱古文	穆伯長倡古文
丞相旦登文忠之門	丞相早登文忠之門
近歲諸賢舊集	近世諸賢舊業
而詹子所爲	子詹子所爲
不可妄下雌雄	不可妄下雌黃
楊雄	揚雄
閩浙之故耳	閩浙之舊爾
劉楊	劉揚
覽而不覺其誤孫而不能思思而不能得	覽而不覺其誤誤而不能思思而不能得
十年五月戊子豫章黃次山季岑父叙	(無)

由此可知何遷本卷首序文與《三餘集》所載當爲不同版本,或並非源自《三餘集》。

《文淵閣書目》編成於正統六年,此早於嘉靖三十九年何遷刻本。《內閣藏書目錄》編成於萬曆三十三年,確晚於何遷刻本。然如《文淵閣書目題本》所言:"近奉聖旨,移貯于文淵閣東閣,臣等逐一打點清切,編置字號,寫完一本,總名曰《文

---

① 《景印文淵閣四庫全書》第一一三二冊,《集部四・別集類三・宋・三餘集》卷四,臺北:商務印書館,2008年版,第785頁下—786頁上。

淵閣書目》。"①《内閣藏書目録》亦是："奉中堂諭，校理並纂輯。"②這些都是宫内藏書，無法由此證知《三餘集》於民間"廣爲流傳"。實則，此集至清即已散佚，館臣唯於《永樂大典》輯得四卷，相較於十卷之數量不及其半。很難想象此書於嘉靖時，卻是"廣爲流傳"。

　　隨後，更舉出《能改齋漫録》所記詩文論證此爲臨川本之"珍貴資料"，亦其最爲重要之"新見史料"。而《能改齋漫録》所記某些詩文確與何遷本不同，由此證知何遷本並非翻刻自詹大和臨川本，實爲傳承自杭州本。其引以爲據之《能改齋漫録》兩條資料，其一爲卷十一"卜築兼無市井囂"：

　　王荆公有唐律一首，寄池州夏太初，今集不載。其叙云："不到太初郎中兄所居，遂已十年，以詩奉寄。"詩云："一水衣巾翦翠綃，九峰環珮刻青瑶。平生故有山川氣，卜築兼無市井囂。三葉素風門閥在，十年陳跡履綦銷。歸來早晚重攜手，莫負幽人久見招。"③

此爲上海古籍出版社點校本。劉成國先生所引依據爲《全宋筆記》本，首句標點爲：

　　王荆公有《唐律一首寄池州夏太初》，今集不載。④

---

① 《宋元明清書目題跋叢刊》四《明代卷》第一册，北京：中華書局，2006年版，第2頁上，據清嘉慶四年顧修輯刊《讀畫齋叢書》本影印。
② 《宋元明清書目題跋叢刊》四《明代卷》第一册，張鈞衡所撰《跋》，第435頁下。
③ 吴曾撰：《能改齋漫録》，上海：上海古籍出版社，1960年版，第321頁。
④ 劉宇整理：《能改齋漫録》，《全宋筆記》第五編第四册，鄭州：大象出版社，2012年版，第48—49頁。

第二章·王安石文集和刻本研究

此實有誤,故劉成國先生將之改爲:

> 王荊公有唐律一首《寄池州夏太初》,今集不載。

其二爲卷十一"荊公親札詩":

> 荊公嘗任鄞縣令。昔見一士人,收公親劄詩文一卷,内有兩篇,今世所刊文集無之。其一《馬上》云:"三月楊花迷眼白,四月柳條空老碧。年光如水盡東流,風物看看又到秋。人世百年能幾許,何須戚戚長辛苦。富貴功名自有時,簞瓢菜茹亦山雌。"其二《書會别亭》云:"西城路,居人送客西歸處。年年即問去何時,今日扁舟從此去。春風吹花落高枝,飛來飛去不自知。路上行人亦如此,應有重來此處時。"①

"卜築兼無市井囂"條所引詩句杭州本卷二十收録,②題爲《不到太初兄所居遂已十年以詩攀寄》,何刻本、應刻本等同,龍舒本無。故而劉成國先生以爲吴曾所見"今集""必非紹興二十一年'杭州本'"。《馬上》《書會别亭》二詩,杭州本、何刻本、應刻本等皆收。龍舒本不收第一首,但收有第二首。故而其以爲"他當時所見到的王集,也決非'龍舒本'"。另外,又推斷"他幾乎没有可能接觸到'薛本'"。遂由此斷定"吴曾所見只能是詹刻'臨川本'"。並於全文最後詳細列表 2"《能改齋漫録》所載'臨川本'與各本對勘",將《能改齋漫録》所載所謂臨川本詩文與今存之龍

---

① 《能改齋漫録》,第 337 頁。劉成國引文,據《全宋筆記》第五編第四册《能改齋漫録》,第 63 頁。其中"菜"誤爲"捽"。
② 《王安石文集在宋代的編撰、刊刻及流傳再探》以爲卷三十,有誤。

舒本、杭州本、何遷本對勘，共舉四十例。然論似有未確之處。

其論證成立必須具備兩個關鍵因素：

其一，吳曾所言"今集不載""今世所刊文集無之"，只能爲一種文集。否則，無法確知吳曾所言即爲臨川本。顯然，"今集""今世所刊"不可能僅有一種。而事實亦是如此。如黃次山《紹興重刊臨川文集序》所言"閩浙之故"，以及《西清詩話》所載："而其文迄無善本，蓋鬻書者誇新逐利，牽多亂真。"紹興之前，王安石文集早有衆本流行。爲消解此矛盾，遂強調"臨川本自閩浙舊本刊刻而來，僅做讐校，則二者亦應相同"。此難免推測之辭。更何況，亦有大量"鬻書者"所刻。於是，又將其等同閩浙本，"則似乎宣和年間在'薛本'之前，已有王集刻本行世。以時間推測，這很可能便是'閩浙舊本'"。如此，紹興之前各種刻本被其完全整齊劃一爲臨川本系列，從而確定"今集""今世所刊"之唯一性。

其二，如其所言：

既然吳曾所見只能是詹刻"臨川本"，那麼通過《漫録》中所徵引的王安石詩文（吳自文集得見，而非其他詩話、筆記），就可以進一步瞭解"臨川本"與"杭州本"系統的差異。

誠如其括號中注語"吳自文集得見"，由此方能確定其所見乃臨川本之類文集。劉成國先生前引《能改齋漫録》所言"今集""今世所刊"，確實具有文集性質。然，《能改齋漫録》僅此兩處記載三詩而已。其他所列三十七例，沒有任何一例《能改齋漫録》言其來自文集。這其中必有來自"其他詩話、筆記"等多種途徑。

上述兩點均難成立，其所論《能改齋漫録》所存臨川本之"珍貴史料"似亦多有可商之處。

這一點也從其所列表格數據之自相矛盾處體現出來。由其所列表2"《能改齋漫錄》所載'臨川本'與各本對勘"可見,所謂《能改齋漫錄》所引"臨川本"文字與杭州本、何遷本非有大量差異,反有大量相同相似之處。其所引四十例,有二十一列完全相同,有四例僅詩題不同。古代詩文題目之隨意性,由上文所引"寄池州夏太初"可見一斑,故可將此忽略不計。另一例,"寒風"作"風寒",顯爲雕版偶誤。再去除五首杭州本、何遷本未收,無法比對文字。剩下僅有九例有文本之差異。且多爲一二字之不同,差異甚小。與其反復強調的"'臨川本'與'杭州本',理應屬於兩個不同的版本系統,相差甚遠",似有不符。

劉成國先生不僅於《能改齋漫錄》中發掘久已失傳之臨川本新資料,又於《能改齋漫錄》中窺知更爲久遠之薛昂本面貌。劉成國先生以爲薛昂本乃王珏杭州本之主要來源,而何遷本傳承杭州本,故而亦是何遷本之重要來源。於是《王安石文集在宋代的編撰、刊刻及流傳再探》一文中又例舉《與薛肇明弈棋賭梅詩輸一首》李壁注引吳曾《能改齋漫錄》:

荆公在鐘山下棋,時薛門下與焉,賭梅花詩一首,薛敗而不善詩,荆公爲代作,今集中所謂薛秀才者是也。①

其中"薛秀才",今杭州本、應雲鸞本、何遷本均爲"薛肇明",劉成國先生遂由此以爲:

元豐六年,薛至金陵拜訪王安石,弈棋賭作梅花詩,王安石爲之代作。其時薛尚未及第,故吳曾所見"臨川本"稱其爲"薛秀才"

---

① 王安石撰,李壁注:《王荆文公詩李壁注》,上海:上海古籍出版社,1993年版,第1843頁。

("龍舒本"同),應是王詩原本。而今"杭州本""何刻本"等,"薛秀才"皆易作"薛肇明"。這極有可能是薛昂編文集時所改,以更加明顯地凸顯薛、王之間不同尋常的關係,而王玨刻印時則沿襲了薛本。於是"臨川本""龍舒本"中的"薛秀才",被改成了"薛肇明"。"應刻本""何刻本"等皆源自"杭州本",故全部相同。①

然而,就在此詩同一卷,杭州本、應刻本、何刻本均有詩《償薛肇明秀才橙木》。另,李壁注本同卷除了《與薛肇明弈棋賭梅詩輸一首》《償薛肇明秀才橙木》,更有《又代薛秀才一首》。同本同卷"薛肇明""薛秀才"均同時出現。

除此之外,又於葉夢得《石林詩話》中發現"關於薛昂編刻王集的重要材料",②以爲:"葉夢得卒於紹興十八年(1148),自然無從得見王玨'杭州本';《石林詩話》撰成於建炎年間,則'臨川本'(紹興十年)、'龍舒本'(紹興十年後)等,葉也無從獲知。他所見之王集,最有可能是'薛本'。是以將《石林詩話》所引出自王集的詩文,與'杭州本'對勘,可窺'薛本'之一斑。"③遂徵引《石林詩話》卷上所引詩文:

(王荆公)嘗與葉致遠諸人和頭字韻詩,往返數四,其末篇有云:"名譽子真矜谷口,事功新息困壺頭。"以"谷口"對"壺頭",其精切如此。後數日,復取本追改云:"豈愛京師傳谷口,但知鄉里勝壺頭。"只今集中,兩本並存。④

---

① 《文史》,2021年第3輯,總第136輯,第170—171頁。
② 同上,第151頁。
③ 同上。
④ [宋]葉夢得撰、逯銘昕校注:《石林詩話校注》卷上,北京:人民文學出版社,2011年版,第12—13頁。

第二章・王安石文集和刻本研究

以爲此"集"即是薛昂本,"豈愛"與杭州本、何遷本之"未愛"不同。又言:"今《石林詩話》共引王詩數十首,與'龍舒本''杭州本'對勘,頗有異文。"①然,此論亦似未確。

首先,對於《石林詩話》撰成時間,劉成國以郭紹虞《宋詩話考》爲據,以爲:"一般認爲,《石林詩話》撰成於南渡之初。"②更由"一般"進一步斷定爲"建炎年間"。實則,誠如《宋詩話考》所論,對其撰成時間之推測或早年"此說亦可通"、或晚年"似更較長",終無一定論,且均爲推測之辭,今已不可考知所撰時間。③

其次,"只今集中"之所謂"集",並非如其所言"他所見之王集,最有可能是'薛本'"。紹興之前,"閩浙之故"等各種版本衆多。"只今集中"所言之"集",今日已完全不可確知到底爲何"集"。

再之,《石林詩話》所記四句詩均屬於"末篇",後兩句爲前兩句之修改。然今所見各種版本,此四句分屬兩首不同詩作。"豈愛(未愛)"兩句屬於杭州本、何遷本、朝鮮本《次韻酬朱昌叔五首》之一,④龍舒本《次韻酬朱昌叔六首》之一。⑤"名譽"兩句屬於杭州本、何遷本、朝鮮本《次韻酬朱昌叔五首》之五,龍舒本《次韻酬朱昌叔六首》之五。而各本又都有次韻葉致遠之作。可見,葉夢得所載既誤記了詩題又誤記了詩句。

探討何遷本問題,必然要涉及應雲鷟本。然此文中劉成國先生僅將之一筆帶過:"危刻本迄今未睹,刊行與否,不得而知,

---

① 《王安石文集在宋代的編撰、刊刻及流傳再探——以"臨川本"與"杭州本"關係爲核心的考察》,《文史》2021年第3輯,總第136輯,第152頁。
② 《文史》,2021年第3輯,總第136輯,第151頁注7。
③ 《宋詩話考》,中華書局,1979年版,第33頁。
④ 《王荊文公詩李壁注》卷二十六,第1201頁。
⑤ 《王文公文集》卷五十四,上海:上海人民出版社,1974年版,第609頁。

僅有吳序流傳。""應雲鸞、何遷皆據此'杭州本'遞修版刻印,於是八百年來王珏'杭州本'得以一枝獨秀。"究其原因,實則嘉靖十三年劉氏安正堂刻本,以及嘉靖二十五年應雲鸞刻本卷首均保存有危素請吳澄所作序文《臨川王公文集序》。此序文乃危素刻本重要證據,王嵐《宋人文集編刻流傳叢考》即以爲安正堂本"當源於元代危素刻本"。①猶如何遷本卷首存有黄次山《紹興重刊臨川文集叙》,均乃判定版本之重要依據。劉成國先生既然否定了何遷本卷首序文之價值,以爲明人造假,自然對於安正堂本、應雲鸞本之卷首吳澄序亦將一概予以否定。

　　古籍之序跋爲判定其年代、版本之重要依據。雖不可完全以此爲據,亦不可完全棄之不顧。宋代筆記所載史料往往内容駁雜、版刻粗糙,以此所載詩文予以文本對勘,企圖由此識别不同之版本,確是難之又難。劉成國先生亦認識到筆記史料之複雜:"現存宋人筆記、詩話中多引王安石詩歌,然來源不明,且難以確認作者單憑記憶還是按核文集,不宜直接用來校勘王集,除非是極少數大致可確認直接引自王集的作品。"②實則,由上述闡釋可知,宋人筆記、詩話不僅極少有引自王集者,更不可確知此王集又爲何樣版本。除此之外,絶大多數詩文亦不可確知其來源依據。

　　如上文勘對所列,何遷本與應雲鸞本,以及應、何兩本與杭州本高度相似,均表明何遷本與之差異不大,然差異不大並非即是同版。此即如祝尚書所言:"就版本體系而言,王珏本與詹大和本其實淵源相同。"就今日所知,因其卷首黄次山序文,何遷本

---

① 《宋人文集編刻流傳叢考》一七《王安石集》,第162頁。
② 《王安石文集在宋代的編撰、刊刻及流傳再探——以"臨川本"與"杭州本"關係爲核心的考察》,《文史》2021年第3輯,總第136輯,第151頁,注⑧。

實爲與詹大和本最有關聯之傳承本。①或正因如此重要,天禄琳琅將之納入其中。

結　語

多年以來,所謂"元修王玨本"、應雲鷟"據以翻刻的'家藏舊本'就是劉氏安正堂本"、何本"從應本重刊"、"應本、何本即通常所稱嘉靖翻宋詹大和本"、"天禄諸臣將其誤入宋版"、詹大和本有一百八十卷、何遷本所據乃"另一王玨刻元明遞修本"等等,重重矛盾完全遮蔽詹大和本之本來面貌。葉德輝以爲:"非余家藏本俱在,又烏從而分辨之。"然止因其囿於家藏之局限,未得要領。後人雖得時事之便,卻又未得細覽而勇於疑古,以致率爾操觚輕下雌黄。如此考索,只能徒增煩擾。唯當實事求是,方能略窺久已失傳"此其最古"之宋代詹大和刻本原真面貌。

第二節　箋注本

1. 李壁注釋本(乙一李壁本)

就乙種詩歌箋注本而言,有僅爲李壁注釋者,可稱乙一李壁本。其詩李壁注歷來與施元之、施宿、顧禧《注東坡先生詩》,任淵《山谷黄先生大全詩注》《後山詩注》並譽爲宋人注宋詩最佳範本。而眉山李壁以家學之淵源,與父李燾、弟李𡊎媲美三蘇,享譽天水一朝,故而使其所注尤享大名。早在趙希弁《讀書附志》中對此即有簡單記載:"《王荆公詩注》五十卷。右李文懿公壁所

---

① 中國國家圖書館所藏 03575 號王玨杭州本《臨川先生文集》,爲清黄廷鑒校本,卷首亦有黄次山《紹興重刊臨川文集叙》,然此乃後人抄録,並非刻本。

注,魏文靖公了翁序。"①而《直齋書録解題》所載則更爲詳細:"《注荆公集》五十卷。參政眉山李壁季章撰,謫居臨川時所爲也。助之者曾極景建,魏鶴山爲作序。"②是書前有魏了翁嘉定七年十一月庚午所作序,言"而其門人李西美醇儒必欲以是書板行",可知此書最早刻本爲李壁門人李西美於嘉定七年刊刻於眉州。③此本今已不傳。今日存世者乃"庚寅增注本"。嚴元照《書宋版王荆公詩注殘卷後》言:

乾隆乙卯,予從友人借得宋刻本兩册,卅四至卅七,卅(案,當爲册)八至五十,共七卷。每葉十四行,行十五字,卷端有晉府書畫之印,卷後有敬德堂圖書印,又子子孫孫永寶用印,蓋明晉藩藏書也。五十卷之末葉在焉,并有嘉定甲申中和節胡衍跋,知是撫州刻本。每一卷後有庚寅補注數葉,卷内修版,版心亦有"庚寅换"三字。案,嘉定之十七年爲甲申,實寧宗之末年也。庚寅則理宗紹定之三年。……越數年,偶於書坊又得廿七、廿八、卅五、卅六、冊五、冊六、冊七共七卷,字畫行款一同晉府本。④

可知嚴元照前後共見宋刻本二十七、二十八、三十四、三十五、三十六、三十七、四十五、四十六、四十七、四十八、四十九、五十,共十二卷。其胡衍跋文今已不可見,僅能由其所記略窺端倪。其

---

① [宋]趙希弁撰,孫猛校證:《郡齋讀書志校證》之《讀書附志》卷下《别集類二》,上海:上海古籍出版社,1990年版,第1184頁。
② [宋]陳振孫撰,徐小蠻、顧美華點校:《直齋書録解題》卷二十《詩集類下》,上海:上海古籍出版社,1987年版,第591頁。
③ 《王荆文公詩李壁注》(據朝鮮活字本影印),第4頁。
④ 《悔庵學文》卷八,湖城義塾棗行,《湖州叢書》本。

文於確定版刻年代至關重要,可知寧宗嘉定十七年又曾刊刻,再於理宗紹定三年再刊"庚寅補注"(實爲庚寅增注)。其後此庚寅增注之零散卷楮,曾被多人收藏。如汪士鍾《藝芸精舍宋元本書目·宋板書目·集部》著錄有《荆公詩注》"存(刻二十七、二十八、三十四之三十八、四十八之五十,抄四十五、四十六、四十七)"。①由此可知汪士鍾所藏宋刻本有二十七、二十八、三十四、三十五、三十六、三十七、三十八、四十八、四十九、五十,共十卷。另,鮑廷博知不足齋藏有十七卷本,傅增湘曾見之,《藏園群書經眼錄》卷十三《集部二·王荆文公詩注五十卷(宋雁湖李壁撰,存十七卷)》記載:

宋刊本,半葉七行,行十五字,注雙行同,注語間有刊補擠寫者,各卷後有庚寅增注及抽換之葉,即曾極景建所補也。按:此書宋槧孤本,今藏南潯劉氏嘉業堂,繆藝風曾假影摹,余即以之覆刻,爲《蜀賢叢書》之一。②

此十七卷抗戰後從嘉業堂散出,爲張百熙購得,張氏後轉贈予謝承炳,其於1949年攜歸臺灣,1991年11月謝承炳將之捐贈予臺北故宫博物院,成爲至今唯一存世之宋刻王安石詩注。據犖本棟記載:

是書一函六册,存目録三卷、卷一至三、卷十五至十八、卷二十三至二十九、卷四十五至四十七。版高20公分、寬14.3公分,左右雙欄,白口,雙魚尾,中縫上記大小字數及卷次、頁次,下

---

① [宋]汪士鍾撰:《藝芸精舍宋元本書目》,《滂喜齋叢書》本。
② 《藏園群書經眼錄》卷十三《集部二》第1158頁。

記刻工名。……半頁 7 行，行 15 字，楮墨精良。①

可知此十七卷分別是：一、二、三、十五、十六、十七、十八、二十三、二十四、二十五、二十六、二十七、二十八、二十九、四十五、四十六、四十七。唯稍有歧義之處，傅增湘所記此宋本爲"注雙行同"，而鞏本棟則記載"將朝鮮本與宋本中的補註相對照，我們會發現朝鮮本的補刻特徵，多數都與宋本相合，只是宋本三行小字的補刻，朝鮮本皆已改爲雙行小字。"②或傅氏所言過於簡略，未言及補註乃三行。

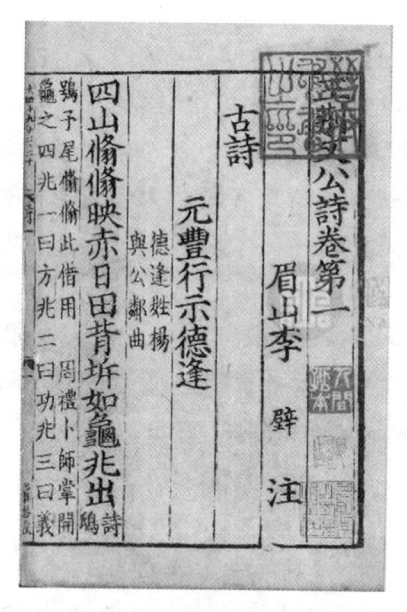

圖版 2-41：《王荊文公詩李壁注》（臺灣故宮博物院藏，贈善 022416—022421）

---

① 鞏本棟撰：《宋集傳播考論·論〈王荊文公詩李壁注〉——從宋本到朝鮮活字本》，北京：中華書局，2009 年版，第 122 頁。
② 《宋集傳播考論·論〈王荊文公詩李壁注〉——從宋本到朝鮮活字本》，第 125 頁。

第二章·王安石文集和刻本研究

又，1958年中華書局上海編輯所曾出版汪東整理《王荆文公詩箋注》，其中第二十七、二十八、三十五、四十六卷末各有補注與庚寅增注，第三十六、四十七卷尾有補注。今將此六卷與"保留宋本原貌"之朝鮮活字本對比以細究其詳。①

卷二十七，補註，汪東本共十詩三十九條，活字本共兩詩三條，此三條全部包括於汪東本中。其中唯《榮上人遽欲歸以詩留之》"聖胎"一條多有文字出入。"蘇養直家居"，活字本誤作"蘇養有家居"；"令某持此度公"，活字本作"令某持丹度公"；"余竊疑"，活字本誤作"竊余疑"。汪東本除卻與活字本相同三條補註之外，其餘三十六條中只有兩條爲活字本正文箋註所無，其餘均包括於活字本正文箋註之中。此兩條分別是《全椒張公有詩在北山西菴僧者墁之悵然有感》之"裴延上疏魏玄：'願經書安覽，孔釋兼存，則內外俱周，真俗斯鳴矣。'"以及《讀眉山集次韻雪詩五首》之三"劉夢得《送僧元嵩南游詩引》云：'將迎者皆赤髭白足之侶。'"另，《讀眉山集次韻雪詩五首》之三文字稍有出入，所引李白詩"無花只有香"，活字本誤"只"爲"八"，汪東本不誤。②

增註，汪東本共六詩九條，活字本共六詩十條。兩者幾乎相同，唯活字本多出一條《公闢枉道見過獲聞新詩因叙歎仰》首句"青丘神父能爲政"之"神父"補註："唐張楚金歷虞鄉令，略無留事，亦號神宰。"汪東本正文箋註亦無。

卷二十八，補註，汪東本共十二詩二十六條，活字本共三詩五條。此五條活字本補註，《次韻元厚之平戎慶捷》之"湟中"一條，汪東本正文箋註已收錄。其餘均收錄於汪東本補註中。而汪東本多出之二十一條，則均存於活字本正文箋註中。唯文字

---

① 《王荆文公詩李壁注·前言》，上海：上海古籍出版社，1993年版，第6頁。
② 《王荆文公詩李壁注》，第1257頁。

稍有出入。計有,《次韻陪駕觀燈》引王維詩"陌上堯樽傾北斗",活字本誤"陌"爲"白"。①《和蔡樞密南都種山藥法》"徐知證《東林聯句》'嵐蒸山徑緑苔封'",汪東本誤爲"徐知證《棗林聯句》'嵐蒸山經緑苔封'"。汪東於"經"出校勘記指出其誤,然"棗"未知其亦誤。②《和蔡副樞密賀平戎慶捷》"徧天下有其二垂",活字本誤"徧"爲"編"。③

增註,汪東本共七詩九條,活字本與之相同,唯文字偶有歧出。《次韻吴沖卿聽讀詩義感事韻》之"周南召南"一條補註實爲引自《夢溪筆談》,兩書均脱漏此出處。活字本誤將"胥鼓南"誤爲"詩鼓鍾",汪東本不誤。④《張侍郎示東府新居詩因而和酬二首》其二之"賜設"汪東本"他",活字本作"它"。

卷三十五,補註,汪東本共二十六詩七十二條,活字本無補註。其中《金陵懷古四首》之四:"蘇子美詩:'小蟬帶響穿疎户,野蔓盤青入破窗。'亦佳句也。"《次韻舍弟遇子固憶少年》:"又按《戰國策》,龍泉太阿,皆陸斷馬牛,水擊鴻雁。'"《次韻答平甫》:"蔭越之下,日不能病也。"《爲裴使君賦擬峴臺》:"《左傳》:'歌鍾二肆'。劉禹錫《楚室賦》:'驚雷出火,喬木糜碎。殷地燒空,萬夫皆廢。'白詩《題周大夫亭子》:'十載歌鍾地,三朝節鉞臣。'"爲活字本所無。其餘均見於其正文箋註中,唯文字稍有歧出。《清風閣》"日雲如火炎天涼",活字本作"白雲如火炎天涼"。《慶老堂》"未知母之存亡",活字本作"未知母之存否"。

增註,汪東本共十二詩二十條,與活字本增註全同,唯文字

---

① 《王荆文公詩李壁注》,第1281頁。
② 《王荆文公詩箋注》,第343頁。
③ 《王荆文公詩李壁注》,第1285頁。
④ 胡道靜撰,虞信棠、金良年編:《胡道靜文集·新校正夢溪筆談·夢溪筆談補證稿》,上海:上海人民出版社,2011年版,第32頁。

稍有出入。計有:《次韻和甫春日登臺》"兩鳥鳴相酬",活字本誤作"兩鳥鳴相和"。《寄張劍州》引《文選》束晢《補南陔詩》"嗷嗷林鳥",活字本誤作"漫教林鳥"。《酬微之新句》"沈寥",活字本誤作"沉寥"。《次韻子履》"羌磨勘西京官物",汪東本出校勘記"'羌'字疑誤"。活字本"羌"作"差",正確。

卷三十六,汪東本僅有補註,共十五詩三十八條。活字本有補註三條,有增註十五條。汪東本補註與活字本補註完全不同,其内容大多見於活字本正文箋註中。唯《和平甫寄陳正叔》之"《荀子·強國篇》:堂上不糞,則郊草不瞻",活字本無此註。此詩另一則註語"《易·咸卦》:'滕口,說也。'注:'徒登反,達也。九家作乘,虞作媵。鄭云,送也。'"①活字本缺"注"以後文字。《到舒州次韻答平甫》引杜詩"地僻衣裳冷",活字本作"地僻懶衣裳"。此乃《田舍》詩句,今所見各版均爲後者。《送劉貢父》"密子賤事",汪東校勘記"'密'當作'宓'",活字本正作"宓"。《安豐張令修芍陂》,活字本引李白詩:"魴魚滿市井,布帛如雲煙。"汪東本僅前半句。

卷四十六,補註,汪東本共九詩十一條,活字本補註共兩詩兩條。汪東本補註與之完全不同,多見於活字本正文箋註之中。唯《望夫石》"戴叔倫詩亦云:'遊湘有餘怨,直是聖人心。'"爲活字本所無。其餘十條文字亦稍有出入。見《獨臥二首》之二引張籍詩"桃生葉婆娑,枝葉四向多",活字本爲"桃生蘗婆娑,枝葉四向多"。今各本均爲前者。然上下兩句,兩"葉"重疊,句意復沓,故而當以"蘗"爲是。

增註,汪東本共兩詩兩條,活字本共十六詩二十一條。汪東本雖標爲"增註",然此兩條註文卻與活字本兩條補註完全相同,

---

① 《王荆文公詩箋注》卷三十六,第474頁。

唯文字稍有出入。《雜詠六首》其二"大寧宮"條,"后土廟",活字本誤爲"后七廟"。"漢武遠祀地祇",活字本誤爲"漢武遠祁地祇"。"爲塑像以配食",汪東本脱一"像"字。《題正覺院籜龍軒二首》之"籜龍軒"條,"雖若質",活字本誤爲"擇若質"。"大抵"誤爲"入祇"。

卷四十七,汪東本僅有補註,共四詩五條。活字本僅有增註。汪東本此五條補註全部保存於活字本正文箋註中。

由此對勘可見,汪東本之補註、增註與活字本不同。活字本之補註、增註"是此書宋刊本特有的版式標志"。[1]而汪東本則多爲後人依據宋本拼湊以成。如卷二十七補註三十九條,而活字本僅有三條;卷二十八補註二十六條,而活字本僅有五條,其餘多出部分均爲活字本正文箋註內容。卷三十五,活字本並無補註,而汪東本七十二條補註除一條之外,均來自活字本正文箋註。卷三十六補註與活字本完全不同。三十八條補註除一條之外,均來自活字本正文箋註。卷四十六,十一條除一條之外,均來自活字本正文箋註。卷四十七,活字本並無補註,汪東本五條,均來自活字本正文箋註。六卷補註,無一不是拼湊而成。而卷三十六居然漏抄一句李白詩歌;卷四十七補註《暮春》一條,又與本詩之箋註抄重。

增註情況稍好於補註,共四卷有增註,其中卷二十七、二十八、三十五均與活字本相同,而卷四十六實爲活字本之補註。汪東本此六卷内容之價值僅爲卷二十七、三十五、三十六、四十六中保存有九條活字本所缺箋註,頗爲可貴,另有若干文字可資校勘。

汪東所用底本爲張宗松清綺齋刻本,清綺齋本卷首張宗松

---

[1] 《王荆文公詩箋注·補記》,第14頁。

《重刊王荆公詩箋註序》記載:"予十年前購得華山馬氏所藏元刻本,間取通行《臨川集》勘之,篇目既多寡不同,題字亦增損互異。……因重鋟之,以廣其傳。"①後其六世孫張元濟於《影印大德本跋》中亦言:"先六世祖嘗得華山馬氏元刊五十卷本,於乾隆辛酉之歲,覆刻行世。"究竟此爲哪種元刻本,經核對版式可知乃大德十年毋逢辰刻本(詳見下文)。王水照先生《王荆文公詩箋註‧補記》以爲:

> 其實,汪東本所據之清綺齋本,乃是乾隆四十一年補刻本,而非初刻本。張宗松於乾隆六年刻印《王荆公詩箋注》,即清綺齋本,原缺魏了翁序;後族人張燕昌在乾隆四十年於鮑廷博知不足齋得觀宋刊殘本十七卷(卷一——三、十五——十八、二十三——二十九、四十五——四十七),"每卷尾有庚寅增注",且有魏序,錄以贈予張宗松之弟張載華,張載華即於次年囑侄張廷一補刻於清綺齋本。②

鮑廷博所藏十七卷本並無三十五、三十六兩卷。因此,鞏本棟先生推測"這些殘卷的來源疑出於汪士鍾《藝芸精舍宋元本書目》所著錄的宋本"。③今此十七卷重歸臺北故宮博物院,鞏本棟先生曾將之與朝鮮活字本對勘,於《論〈王荆文公詩李壁注〉——從宋本到朝鮮活字本》一文中詳細記載宋本有而朝鮮本所無之文字。此十七卷包括了汪東本六卷之二十七、二十八、四十六、四十七四卷。而上文所列汪東本所有、朝鮮活字本所無之九條,卷

---

① 《王荆文公詩箋注》,清綺齋本乾隆六年刊本,國家圖書館藏。
② [宋]王安石撰,李壁箋注,高克勤點校:《王荆文公詩箋註‧補記》,上海:上海古籍出版社,2010年版,第15頁。
③ 《宋集傳播考論‧論〈王荆文公詩李壁注〉——從宋本到朝鮮活字本》,第135頁。

二十七有兩條,卷四十六有一條。然據鞏本棟所記載,此殘宋本僅有二十七卷一條,即《全椒張公有詩在北山西菴僧者墁之悵然有感》之"裴延上疏魏玄:'願經書安覽,孔釋兼存,則内外俱周,真俗斯鳴矣。'"①其他兩條均無。如此可以肯定清綺齋本這六卷内容應當别有他本爲據,並非臺北故宫博物院所藏十七卷殘宋本。亦由此可知,李壁註當别有宋本。

清綺齋並非僅僅於此六卷末對元大德本之箋註有所增補,而是更散見於全書正文之中。如卷四十六末尾補註有《書陳祈兄弟屋壁》一條爲元大德所無,而朝鮮活字本此詩箋註中有之。然除此卷後補註,此詩題下亦有小註:"按,公皇祐二年,自舒州通判將告歸臨川,訪鄉人,作此詩。"②正如汪東對此之校勘記所言:"大德本題下無註。"大德五年本僅在此詩最後有一小註:"予於撫州,得此詩石本。乃新授將仕郎守惠州河原縣主簿陳祈立石。"清綺齋本亦同之。朝鮮活字本詩尾亦同有此小註,然此註之後,更有註文:

公又有與陳君一束,併附於此。按,公皇祐二年自舒川(當爲州)通判得告歸臨川,訪鄰人,作此詩。"安石頓首,還弊廬,幸數對接,發日更承出餞,寵以佳句,尤愧怍不敢當厚意之辱。宿宇下,嘗成一絶,今書奉寄,想一笑而已,秋涼加愛。安石頓首陳君畀弟足下,九月十二日。"③

可知清綺齋本截取了其中按語部分補入題下。而四十六卷末尾

---

① 《宋集傳播考論》,第140頁。
② 《王荆文公詩箋注》卷四十六,第634頁。
③ 《王荆文公詩李壁注》卷四十六,第2030頁。

第二章·王安石文集和刻本研究

之補註正是此段註文除去按語之部分。如此一句話拆分兩處，顯然兩者不是同時雕版。再查對乾隆六年初刻本，正有此題下註。清綺齋本乃覆刻大德十年毋逢辰本，而毋本一般以爲與大德五年本多相仿，①故當亦無此題下註。如此，此註亦是清綺齋本依據宋本所加。

據此可知，今日可見王安石詩歌李壁注之全部宋刻文本，一者幸存於臺北故宫博物院十七卷宋刻本，二者幸存於汪東整理《王荆文公詩箋注》之三十五、三十六兩卷整理本。②

2. 劉辰翁删節評點本（乙二劉辰翁本）

單獨之李壁注本後世流傳甚少，廣爲傳播者乃李壁注而劉辰翁删節評點本，可稱乙二劉辰翁本。此本後世刊刻衆多，最早於元大德五年（1301）由其弟子王常刊行。此本無"庚寅增注"内容，但保留有少量"補注"於若干卷末，非如王水照先生所論斷"補注和增注是此書宋刊本特有的版式標志"。③也由此可知劉辰翁所用底本不可能爲理宗紹定三年"庚寅增注"本，當爲寧宗嘉定十七年再刊本之類。元大德五年王常刻本《王荆文公詩箋注》今收藏於中國國家圖書館，善本書號：12378。每半葉10行，行19字，小字雙行同，細黑口，左右雙邊，上下雙魚尾，版心上書卷數，下書頁數。④

元版另有大德十年毋逢辰刊刻本。此本唯日本宫内廳書陵部皮藏一部，《日藏漢籍善本書録》記載每半葉11行，行21字，

---

① 《宋人别集叙録》卷七《王荆文公詩箋注》："大德十年，又有毋逢辰翻刻本。"第338頁。
② ［宋］王安石撰，李壁箋注：《王荆文公詩箋注》，上海：中華書局上海編輯所，1958年版，第455—459頁，第473—474頁。
③ 《王荆文公詩箋注·補記》，第15頁。
④ 《王荆文公詩箋注》元大德五年王常刻本，中國國家圖書館藏。

273

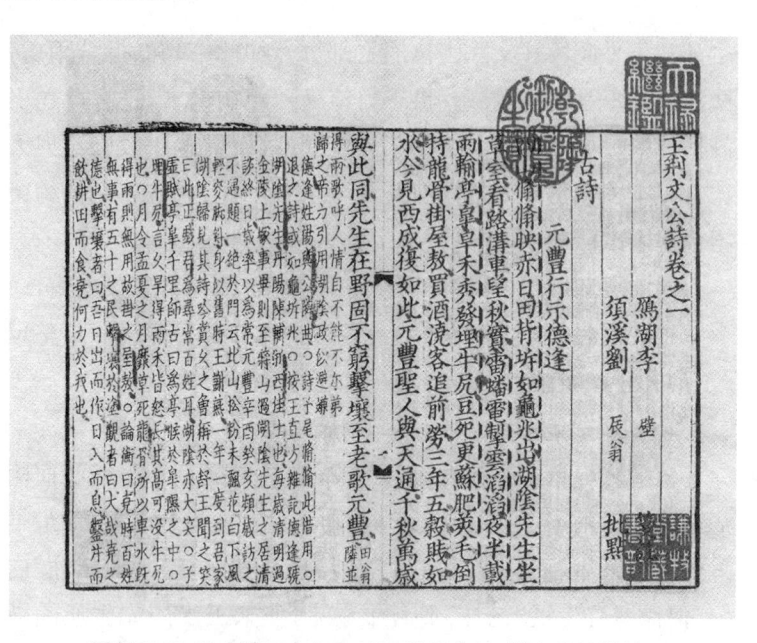

圖版 2-42：元大德五年（1301）王常刻本《王荊文公詩箋注》
（中國國家圖書館藏善本書號：12378）

黑口，雙邊。卷前有"大德丙午中秋龍門毋逢辰序"。文本首行題"王荊公詩卷之一"，次行題"雁湖李壁箋注"，第三行題"須溪劉辰翁評點"。①《書舶庸譚》卷三亦載有"《王荊文公詩》五十卷、目錄三卷"：

  元槧，題"雁湖李壁箋註，須溪劉辰翁評點"（分兩行）。每半葉十一行，每行廿一字。魚尾下標王文公詩幾，上下黑口，有圈點，附評語（或作陰文），有補注（陰文），或標欠注（陰文），前有毋逢辰序。備錄於後。此本乾隆間海鹽張氏嘗翻雕之，近年張菊

---

① 《日藏漢籍善本書錄》，第 1520 頁。

生又有石印本,所據皆此本也。①

傅增湘《藏園群書經眼録・集部二》亦曾著録有元刊本:

　　《王荆文公詩註》五十卷,宋李壁撰,劉辰翁評點。元刊本,十一行二十一字,細黑口,左右雙欄。前年譜六葉,目録三卷。題"雁湖李壁箋注""須溪劉辰翁評點"。卷中有圈點評語,"評曰"二字作陰文,在每句下。②

可知傅氏所記即日本所藏大德十年毋逢辰本。將之與大德五年王常本相較,兩者行數、字數均有明顯區别。祝尚書《宋人别集叙録》卷七《王荆文公詩箋註》因未曾親睹大德五年本,故將傅增湘所記誤以爲大德五年王常刊本,由此導致其書所載大德五年與大德十年兩者版式相同。③毋逢辰序文言:"予偶由臨川得善本,鋟梓於考亭。"④並未言翻刻自大德五年本。後人卻多以其翻刻大德五年本,如祝尚書:"大德十年,又有母逢辰翻刻本。"⑤鞏本棟:"大德十年,毋逢辰得王常的刊本,翻刻重印。"⑥兩本版式如此不同,並非爲大德五年本之簡單翻刻重印。上文所引董康所記"此本乾隆間海鹽張氏嘗翻雕之"即乾隆五年至六年(1740—1741)所刊清綺齋本。由中國國家圖書館所藏本可知,

---

① 《日本藏漢籍善本書志書目集成》第二册,《書舶庸譚》,北京:北京圖書館出版社,2003年版,第164—165頁,據民國二十八年自刻本影印。
② 《藏園群書經眼録》卷十三《集部二》第1158頁。
③ 《宋人别集叙録》,第338頁。
④ 《日藏漢籍善本書録》,第1520頁。
⑤ 《宋人别集叙録》,第338頁;《宋人别集叙録》(增訂本),第322頁。
⑥ 《宋集傳播考論・論〈王荆文公詩李壁注〉》,第121頁。

確是每半葉11行,行21字,細黑口,左右雙欄。而祝尚書先生因未睹原刻本,更忽略董康所記,遂將此清綺齋本誤以爲"版式與大德五年本同"。①

3. 朝鮮活字本(乙三朝鮮本)

王安石詩歌李壁注劉辰翁評點另有朝鮮活字本,可稱乙三朝鮮本。據王水照先生所言,此本概有二類,一類乃宋本、元版合刻本,僅藏於日本蓬左文庫,可稱乙三朝鮮本A,最具版本價值者即爲此本。一類承續元刻本而來,今藏日本尊經閣文庫等,可稱乙三朝鮮本B。②據韓國學者研究,蓬左文庫此本所用活字乃"甲寅字"體,即朝鮮世宗十六年,明宣宗宣德九年(1434)鑄造。而其排印年代,"大概刊印於中宗初(1506)至宣祖六年(1572)或宣祖十二年(1578)之間。"③相當於明朝正德元年至隆慶六年,其刊印年代並非久遠,顧廷龍先生遂將原定之"朝鮮古活字本"改爲"朝鮮活字本"。④然此書版本價值彌足可珍。其雖有劉辰翁評點,卻不是沿用元刻本而來,而是將宋本李壁注與元毋逢辰本劉辰翁評點拼合以成,⑤由此保留有"補注"與"庚寅增注"等宋本面貌。且因日本、朝鮮自古文化資源匱乏,遂格外珍重自中國傳來之典籍。忠實原版、一絲不苟,成爲其刊印之優良傳統。此書亦是如此,雖是活字本,亦力求完整保留宋本諸多版式特徵。因宋本嘉定七年刊刻之後,更經嘉定十七年訂補、紹定三年增補,故而版式複雜,"注語間有刊補擠寫者,各卷後有庚寅

---

① 《宋人別集叙録》,第342頁;《宋人別集叙録》(增訂本),第325頁。
② 《王荆文公詩箋注·記蓬左文庫所藏王荆文公詩李壁注(朝鮮活字本)》,第7頁。
③ 《王荆文公詩箋注·補記》,第17頁。原文公元紀年有誤。
④ 同上,第18頁。
⑤ 《宋集傳播考論·論〈王荆文公詩李壁注〉——從宋本到朝鮮活字本》:"朝鮮本中的劉辰翁評應是據毋逢辰本刊入的。因爲凡是毋本中所缺的劉評,朝鮮本中都沒有。"第137頁。

增注及抽換之葉"。而活字本排印之際，亦不避繁難，力求忠實宋本原樣。唯將宋本時有三行小注之處改爲雙行，另偶有將補注混爲原注等失誤之處。與此相反，於劉辰翁評點，此本則有所選擇。評點依據毋逢辰本刊入，然對於王安石詩歌以及李壁注之批評，此本則大部分予以刪除。①此亦更可見其於宋本之珍視。此本僅日本名古屋蓬左文庫有完整五十卷存世，韓國則尚存有殘卷若干，分別是：奎章閣兩卷（卷五、卷六），延世大學八卷（卷九至十一、卷三十七至四十一），高麗大學四十卷，缺卷十、卷十一、卷二十八至三十、卷三十七至四十一共十卷。②1993年上海古籍出版社將此五十卷完整影印出版，題爲《王荆文公詩李壁註》。其版式半頁九行，行十七字，注爲雙行小字，行十七字。上下雙魚尾，白口，版心寫有"王文公詩"及卷數與每卷頁碼，四周雙欄。

第三節　詩歌節選本
——和刻本《王荆公絶句》

王安石詩歌向以絶句最博令名，和刻本《王荆公絶句》九卷即專選五七言絶句，可爲丙類之代表。《宋人別集叙錄》於王詩李註和刻本情況所言甚略，僅一句介紹："日本天保七年（1836）有官板，又有明治時印本，見《和刻目錄》。"③據長澤規矩也撰、長澤孝三編《和刻本漢籍分類目錄》（增補補正版）所載，和刻本王安石文集唯有《王荆文公詩》五十卷《補遺》一卷與《王荆公絶

---

① 《宋集傳播考論·論〈王荆文公詩李壁注〉——從宋本到朝鮮活字本》，第137頁。
② 同上，第123頁。
③ 《宋人別集叙錄》，第343頁。

句》九卷兩種。而《王荆文公詩》五十卷《補遺》一卷唯有天保七年官刻本。《王荆公絶句》則有兩種，最早有天保四年（1833）江户萬笈閣刻本，之後有天保七年江户玉山堂山城屋佐兵衛政吉刊本。①萬笈閣本又被影印收録於長澤規矩也編《和刻本漢詩集成》第十一輯。

1. 英遵與萬笈閣

書前有長澤規矩也所撰解題，卷首有署名"羽澤山人明復"於天保癸巳（四年）所作序文。明復乃松崎復之字，松崎復（1771—1844），名復，字明復。初名密，字退藏。後又以明復爲名，字希孫。號益城、慊堂、羽澤山人等。明和八年（1933）九月二十七日生，肥後國益城郡木倉村人。父名惠法，母爲米倉氏。家世爲農，然其早慧，數歲即能誦讀四書五經。十歲際，其父欲其爲僧。然慊堂矢志儒學，十五歲遠赴江户爲學昌平黌。後拜入名師林述齋門下。享和二年（1802）爲掛川藩儒臣，於德造書院任教，振興士風。後隱退於石經山房。其學由朱子學入手，上溯漢唐經學，而尤重考證。如其所述自學心得："究心訓詁，根源《説文》，斟酌漢注唐疏，旁通三史、《文選》，如此自有所成。"②曾精心考訂《孟子》《大戴記》以付梓，可見其用心。最爲難得處，有感於昌明國學元本典籍，故尤重古典善本之校讎刊印。曾撰寫《擬刻書目》獻於執政者。弘化元年（1844）四月二十一日殁，壽年七十四。及門如鹽谷甲藏、安井衡、林伊太郎，皆一時俊彦。所著有《慊堂全集》《慊堂先生遺墨》《慊堂日録》《海録碎事》等數十種。由其序文可知，此書乃其好友江户書賈英遵

---

① 《和刻本漢籍分類目録（增補補正版）·四集部·2別集·（三）宋》，第172頁。
② 《日本人名大事典》第五卷，東京：平凡社，1938年初版，1979年覆刻版，第634d—635a頁。

第二章・王安石文集和刻本研究

發願以成。

　　英遵字平吉,江户人,其家以書肆相承,號爲"萬笈閣"亦名"萬笈堂"。英遵雖混跡書肆,卻非同等閑之輩,爲人傲岸不苟流俗,中年耽於聲色,以爲:"人生必死,快死爲佳耳。如疢痃纏綿,歲月惱人,此苦豈可耐忍乎?"①誠有魏晉風度之灑脱,自是心氣高遠,志意難酬,遂爲放浪形骸以洩愁抒憤。其人之爲學,"能溯洄四庫之源流,辨古鈔古刻之精粗真贋",由是"江户書賈不降數百人,雖惡其傲岸,不得不奉爲圭臬"。英遵有感於世人沉迷蘇、黄、陸、楊忽略荆公,深感其詩歌之"精金粹玉",故而囑咐好友館機柳灣予以校勘荆公全部詩歌。②館機校勘完畢,未及修繕即賫志而没。其子顥遂承其遺志,唯力有不及,僅以荆公最擅之絶句九卷付梓刊行。

　　《和刻本漢詩集成》第十五輯收録文政十一年(1830)刊行《茶山集》,第十六輯收録文化八年(1811)刊行之《菊礀遺稿》,卷後均附有《萬笈閣新鐫發行詩集類略目》共三十種,其中多爲漢詩集:《晚唐詩選》四册、《中唐十家絶句》二册、《同二十家絶句》三册、《晚唐十家絶句》二册、《同十二家絶句》二册、《同二十家絶句》二册、《香奩集》一册、《四詠唱和詩》一册、《茶山集》四册、《宋百家絶句》二册、《金詩選》四册、《佩文齋詠物詩選》二册、《真山民詩集》一册、《授時圖》一幅、《佩文齋題畫詩類》二册、《杜牧樊川集》三册、《清四大家詩鈔》四册、《佩文齋詠物詩選續編》二册、《林園月令》四册、《三家妙絶》一册、《廣三大家絶句》一册、《梧窗詩話》二册、《采風集》三册、《錦城百律》一册、《竹沙小品》一帖、《宋畫人名録》一帖、《篋中集》一册、《中晚唐百家律》五册、《雙疊

---

① 《和刻本漢詩集成》第十一輯,第44頁。
② 所引均見《和刻本漢詩集成》第十一輯,第43—44頁。

・279・

集》四册、《宋四靈詩抄》二册。①加之《菊磵遺稿》,其文化八年(1811)之前刊印之漢詩文集就有三十一種。可見其對於漢詩之熱愛、興趣之廣博。尤其一些少有人問津之作,如《菊磵遺稿》《真山民詩集》,亦能獨具慧眼加以刊行,尤可見其心性之所向。

　　館機與英遵、慊堂均是摯交。館機(1762—1844),名機,字樞卿,號柳灣、石香齋、賞雨老人、三十六灣外史等,通稱雄次郎。寶曆十二年生,越後國(今新瀉縣)大川前通七番町人,父迴船問屋小山安兵尉。館機早年多難,七歲喪母,八歲亡父,爲親戚茶問屋館源右衛門德信收爲義子。二十二歲赴江戶,拜龜田鵬齋受業。曾任職幕府,管理武藏、下總、下野等地,三十九歲爲高山、金山代官。文化九年致仕後謝絕招聘而歸隱,以讀書賦詩著述自娛。天保十五年四月往生,壽年八十三。爲江戶時期著名漢詩詩人,備受菊地五山、大窪天民所推尊,時有"東柳灣、西竹田(田能村)"之美譽。著有《柳灣詩鈔》《柳灣漁唱》《授時圖》《山村充糧志》等。②柳灣亦爲校勘名家。編輯校勘書籍衆多,爲世罕見,其編校刊印情況略述如下:

《中唐十家絕句》二卷,館機輯校,文化七年

《中唐二十家絕句》三卷,館機輯校,文政七年

《晚唐詩選》七卷,明曹學佺撰,館機點校,文化六年

《晚唐詩鈔》二十六卷,清查克弘撰,館機校,天保十一年　江戶須原屋伊八等刊

---

① 分見《和刻本漢詩集成》第十五輯,第 227—230 頁;《和刻本漢詩集成》第十六輯,第 305—306 頁。
② 《日本人名大事典》第四卷,東京:平凡社,1937年初版,1979年覆刻版,第164d頁。王福祥、汪玉林、吳漢櫻編:《日本漢詩擷英》,北京:外語教學與研究出版社,1995年版,第425頁。

第二章・王安石文集和刻本研究

《晚唐十家絕句》一卷,館機輯校,文化四年

《晚唐十二家絕句》二卷,館機輯校,文化五年

《晚唐百家絕句》五卷,館機輯校,天保十五年江戶玉山堂山城屋佐兵衛英文藏

《樊川詩集》八卷(《樊川詩集》四卷《別集》一卷《外集》一卷《補遺》二卷),唐杜牧撰,館機點校,文化十四年

《韓內翰香奩集》三卷,唐韓偓撰,館機、卷大任同校,文化七年

《四詠唱和》四卷,唐陸龜蒙、皮日休撰,館機輯校,文化七年

《唐詩三體家法》三卷,宋周弼撰,館機點校,天保十二年

《茶山集》八卷,宋曾幾撰,館機點校,文政十一年

《金詩選》四卷,清顧奎光撰,館機點校,文化四年

《佩文齋詠物詩選》初編二卷,館機點校,文化五年

《佩文齋詠物詩選》二編二卷,館機點校,文政十三年

《林園月令》八卷、《二遍》八卷,館機輯校天保三年

《林園月令三編》十六卷,館機、伊澤信厚輯校,明治三年

上述全部典籍,除卻《晚唐詩鈔》二十六卷由須原屋伊八等刊行,其他均爲英遵萬笈堂所刊刻。刊刻《晚唐百家絕句》五卷之江戶玉山堂實則亦當是萬笈堂之板片。如長澤規矩也所言:"其子顯秉其遺志刊刻《絕句》九卷不久之後,板片即歸玉山堂山城屋。"[1]如此終生幾乎只爲一家書肆編校典籍,可謂出版史之佳話,亦正可見日人忠誠於友朋之高情厚誼。纂集編校上述數十卷十餘種典籍,可真切感受館機於中華詩文之熱愛,尤其醉心於中晚唐詩歌,一而再編校中晚唐名家作品。而其今存大量詩作

---

[1] 《和刻本漢詩集成》第十一輯《王荊公絕句解題》。

亦是承襲唐風餘韻而來。其作均爲律體，尤以絕句爲多，其中五七言俱有佳篇。如

山村八九家，笆籬趁溪斜。山林夕陽白，秋風蕎麥花。（五絕《村路即目》）

村雞遠報曉，野橋皎有霜。天寒人未過，殘月弄清光。（五絕《長橋霜曉》）

長亭相送處，新柳弄輕煙。苦學三年客，還鄉二月天。花開江上寺，人候渡頭船。高會談玄日，先驚舊侶眠。（五律《送貫道上人歸越後》）

靜裏空驚歲月流，閒亭獨坐思悠悠。老愁如葉掃難盡，簌簌聲中又送秋。（七絕《秋盡》）

南窗眠日拂塵床，哦句啜茶坐夕陽。世事飽嘗貧有味，機心已息拙何妨。江山幽夢家千里，風月閒懷詩一囊。隨分自知多適意，向人不復說窮忙。（七律《偶題》）

綠樹煙村望欲迷，閒行數里入幽溪。花飛野墅鶯漂蕩，雨足池塘蛙勃谿。過眼繁華春忽忽，無情芳草日萋萋。沉吟句就誰相問，獨立斜陽倚短藜。（七律《春晚郊行》）

詩句清新可人，深得山水田園之趣意。《長橋霜曉》前二句承襲溫庭筠《商山早行》，後綴以"天寒人未過，殘月弄清光"，亦是渾然一體，別樣風情尤是情趣盎然。《送貫道上人歸越後》最是搖曳多姿。起首長亭相送，細柳輕煙。典型環境典型意象。日本無長亭、短亭之類，然館機癡迷漢學唐詩，如夢如幻般習而效之，效而成之，舉手投足，當行裏手。頷、頸二聯對仗精工，構思精巧，即使廁身唐詩名家之列亦是無多遜色。全詩格律謹嚴又絲毫不束縛詩情畫意之描摹，可謂館機代表之作。館機最擅長絕

句,故而編校大量晚唐絕句出版。於五、七言中又以五言最佳,七言爲遜。東瀛友鄰能有如此筆力也是可佩可感。

館機對於唐詩絕句之喜愛與精通,自然愛屋及烏於深受唐詩影響之王安石詩歌。王安石之絕句深得唐人真髓,極大吸引館機之目光,也是順理成章。同受此影響之英遵,"將刻其全詩,以惠來學"。英遵力避"近世學者專尚宋詩,其盛行於世者前有蘇黃,後有楊陸",於宋代偏好王安石,此處正可見英遵卓爾不群之個性。囑託摯友館機校勘全部王安石詩歌也確是慧眼識英雄,不二人選。

《王荆公絕句》九卷於天保四年萬笈堂首次刊行。英遵去世不久,是書板片全歸於此玉山堂山城屋左兵衛。其即於天保七年再次刊行。天保七年官版刊行《王荆公詩》五十卷補遺一卷之時,其中絕句部分即採用萬笈堂此版爲底本,可見其編校、刊印之精良。[1]王安石詩歌於和刻本僅有此三種,故而溯其根源,均源於館機輯校、英遵刊行、松崎復作序此一版本。

2. 和刻本《王荆公絕句》九卷

該本收錄於《和刻本漢詩集成》第十一輯《宋詩篇》第一輯。[2]半頁七行,行十五字,小注雙行,行十五字,上單魚尾,白口。卷首爲毋逢辰大德丙午中秋所作序文,之後爲《王荆公本傳》,無總目。

卷一爲五言絕句,其餘八卷均爲七言絕句。五絕共六十九題,七十九首。七絕共四百三十三題,五百四十九首。兩者共五百二題,六百二十八首。其每卷詩歌排列順序,大致等同於紹興

---

[1] 《和刻本漢詩集成》第十一輯《王荆公絕句解題》。
[2] 長澤規矩也編:《和刻本漢詩集成》第十一輯《宋詩篇》第一輯,東京:汲古書院,1976年11月發行。

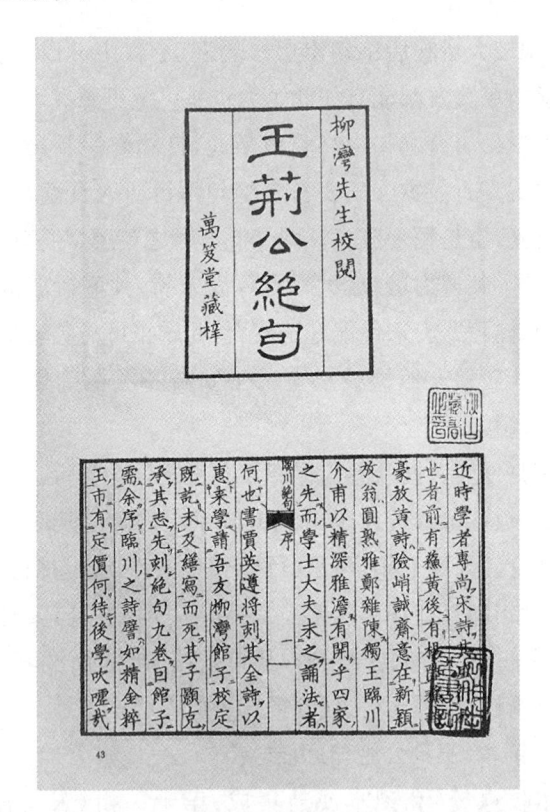

圖版 2-43：天保四年（1833）江戶萬笈閣刻本《王荊公絶句》卷首毋逢辰序

二十一年王珏刻《臨川先生文集》卷二十六至卷三十四之內容，亦大致等同於承襲宋本而來的朝鮮活字本《王荊文公詩李壁註》卷四十至四十八之內容，而與龍舒刊本《王文公文集》迥異。復旦大學出版社《王安石全集》乃王安石詩文最新最完整之整理本，其詩歌部分依據《四部叢刊》影印嘉靖三十九年何遷刻本。今將上述甲、乙、丙各本先附錄四"版式對勘表"，更列附錄五"文本對勘表"，詳見於後。

第二章・王安石文集和刻本研究

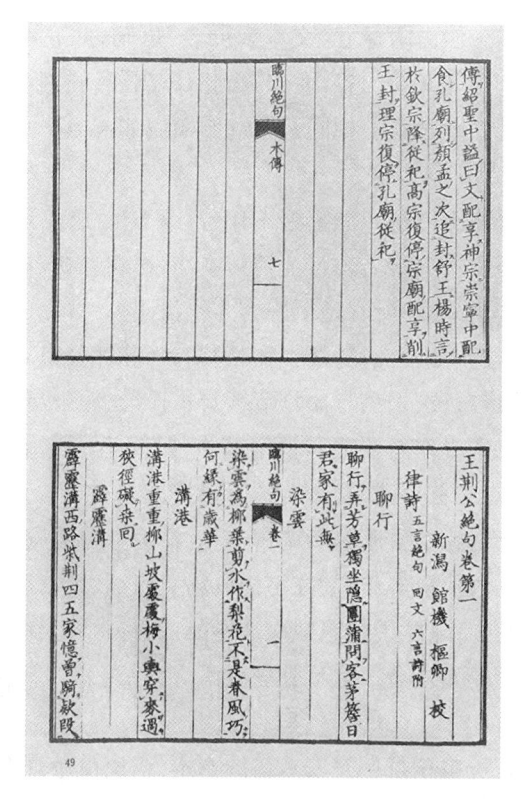

圖版 2-44：天保四年(1833)江户萬笈閣刻本《王荊公絕句》卷一

有關和刻本《王荊公絕句》之版本來源，長澤規矩也於卷首《解題》中並未言及。唯《王荊文公詩箋注・出版説明》中曾言及"日本天保七年刊本……完全照清綺齋本"，①此即指天保七年《王荊文公詩》五十卷《補遺》一卷。而此本由長澤規矩也《解題》可知，其中絕句部分即採用《王荊公絕句》爲底本。故而依照《王荊文公詩箋注・出版説明》則此九卷《王荊公絕句》亦當以清綺

---

① 《王荊文公詩箋注》，上海：中華書局上海編輯所，1958 年版，第 2 頁。

・ 285 ・

齋本爲底本。然由附録五"文本對勘表"可知，此底本問題並非如此簡單。全部九卷内容，從標題到詩歌内容，和刻本與清綺齋本共有一百二十三處不相同。尤爲明顯處如：

（1）詩題顯著差異

卷一，《北山淯亭》，清綺齋本作《淯亭》；①《送陳景初金陵持服舉族貧病煩君藥石之功》，清綺齋本作《送陳景初》；《送丁廓秀才歸汝陰》，清綺齋本作《送丁廓秀才歸汝陽》。

卷二，《題畫扇》，清綺齋本作《題扇》；《和郭公甫》，清綺齋本作《和郭功甫》；《次朱昌叔韻》，清綺齋本作《次韻朱昌叔》；《承慶院送道原還儀真作詩要之》，清綺齋本作《送道原還儀真作詩要之》；《芙蓉堂二首》，清綺齋本作《答韓持》。

卷三，《清涼白雲庵》，清綺齋本作《清涼寺白雲庵》；《欲往北山以雨止》，清綺齋本作《欲往鍾山以雨止》；《耿天騭惠梨次韻奉詶》，清綺齋本作《耿天騭惠梨次韻奉酬三首》；《與天騭宿清涼廣惠僧舍》，清綺齋本作《與天騭宿清涼寺》；《馬斃》，清綺齋本作《馬死》。

卷四，《庚申正月遊齊安》，清綺齋本作《庚申遊齊安院》。

卷五，《試院中作》，清綺齋本作《試院五絶》；《見鸚鵡戲作四句》，清綺齋本作《見鸚鵡戲作》。

卷六，《和惠思韻二首之一·醴泉觀》，清綺齋本作《和僧惠岑遊醴泉觀》；《蟬》，清綺齋本作《和惠思聞蟬》；《送王石甫學士知湖州》，清綺齋本作《送王介學士赴湖州字中甫》；《和平甫寄道光法師》，清綺齋本作《寄北山詳大師》（移至卷四十八）。

卷七，《雜詠五首》，清綺齋本作《雜詠六首》。

卷九，《次韻和張仲通見寄三絶句》，清綺齋本作《和張仲通

―――――――――

① 和刻本一至九卷依次對應於清綺齋本卷四十至卷四十八。

第二章・王安石文集和刻本研究

見寄三絶句》;《達本》,清綺齋本作《寓言三首》之三。

(2) 詩句顯著差異

卷一,《和惠思波上鷗》"水上",清綺齋本作"水中";《晚歸》"姮娥",清綺齋本作"嫦娥";《雜詠四首》之四"章江",清綺齋本作"漳江"。

卷二,《歌元豐五首》之三"秜",清綺齋本作"旅"。

卷五,《觀明州圖》"當時山水故依然",清綺齋本作"當時風月故依然"。

卷七,《相州古瓦硯》"瓦硯",清綺齋本作"屋瓦"。

卷八,《龍泉寺石井二首》之二"湫水",清綺齋本作"此井"。

(3) 和刻本爲清綺齋本"一作"

卷一,《代陳景元書于太一宮道院壁》,清綺齋本作《代陳景初一作元書于太一宮道院壁》;《雜詠四首》之四"石城塢",清綺齋本作"白一作石城塢";《病中睡起折杏花數枝二首之一》"起",清綺齋本作"處一作起"。《題西太一宮壁二首之一》"草色浮雲漠漠,樹陰落日潭潭",清綺齋本"柳葉鳴蜩綠暗,荷花落日紅酣一作草色連雲漠漠,樹陰落日潭潭"。

卷二,《歌元豐五首》之二"成山",清綺齋本作"山禾一作成山";《杖藜》"時",清綺齋本作"猶一作昨";①《竹裏》"石根",清綺齋本作"石門一作石根";《酬宋廷評請序經解》"亦有緣",清綺齋本作"或一作亦有緣"。

卷三,《與天騭宿清涼廣惠僧舍》"封植",清綺齋本作"對植對一作封"。

卷六,《蟬》"亦自",清綺齋本作"憶似憶似別本作一似又作亦自"。

卷八,《燕》"長""自",清綺齋本作"常一作長""似一作自";《別

---

① 清綺齋本"昨"乃"時"之誤字。

· 287 ·

鸂鶒二山》"窮",清綺齋本作"頻—作窮"。

卷九,《秋日》"草木",清綺齋本作"秋早—作草木";《出定力院作》"爲",清綺齋本作"未—作爲"。

(4) 清綺齋本爲和刻本"一作"

卷二,《九日》"慘—作澹",清綺齋本作"澹"。

(5) 和刻本無清綺齋本"一作"

卷五,《觀明州圖》"投老心情非復昔",清綺齋本作"投老心情—作光陰非復昔"。

卷七,《伯牙》"故人捨我歸黃壤",清綺齋本作"故人捨我歸—作閉黃壤"。

卷九,《嘲叔孫通》"便許當時作聖人",清綺齋本作"便許當時—作先生作聖人";《送李生白華嚴修道》"學道禪",清綺齋本作"學道—作坐禪"。

(6) 清綺齋本無和刻本"一作"

卷二,《九日》"蔣陵西曲—作面",清綺齋本作"蔣陵西曲";《一陂》"一陂—作段㴱水",清綺齋本作"一陂㴱水"。

(7) 和刻本與清綺齋本詩句完全相反

卷四,《與黃道原過西莊遂遊寶乘》"今日隱侯孫亦老,偶尋陳迹到煙蘿—作蕙帳銅屏皆舊事,飄然陳迹在松蘿",清綺齋本作"蕙帳銅缾皆夢事,翛然陳迹翳松蘿—作今日隱侯孫亦老,偶尋陳迹到煙蘿"。

卷九,《信州迴車館中作二首》之二"西窗一榻芭蕉雨—作芭蕉一枕西窗雨",清綺齋本作"芭蕉一枕西窗雨—作西窗一榻芭蕉雨"。

(8) 兩本編排互異

卷一,卷尾和刻本無《宮詞》,清綺齋本有。

卷六,卷尾有《試院中作》《和平甫寄道光法師》,清綺齋本無。清綺齋本乃將《試院中作》移入卷四十四《試院五絕》;將《和

第二章·王安石文集和刻本研究

平甫寄道光法師》移入卷四十八,即和刻本卷九,詩名亦變爲《寄北山詳大師》。

卷七,《揚子二首》,清綺齋本無,乃將之移於卷四十八《揚子三首》。

卷九,《寄伯兄》編入《寄和甫》之後,而清綺齋本編入《張工部廟》之後,且無《寄和甫》。

由上述諸多迥然歧義處可見和刻本並非"完全照清綺齋本",《王荆文公詩箋註·出版説明》有誤。雖然和刻本之序言以及長澤規矩也之題跋均未言及其版本來源,然由附錄五之文本對勘,可以一窺其淵源所在。

由附錄可知,和刻本具有如下數則版本特性。

(1) 和刻本獨具而爲衆本所無。

卷一,《草堂一上人》衆本爲《草堂一山主》;《池上看金沙花數枝過酴醾架盛開》,衆本"酴醾"作"醾";《和惠思波上鷗》"水上",衆本爲"水中"。

卷三,《自定林過西庵》"牛雞",衆本作"午雞";《中年》"壙垠",衆本作"壙埌"。

卷四,《與黃道原過西莊遂遊寶乘》,龍舒本作《草堂懷古》,其餘衆本均無"黄"字。

卷六,《書汜水關寺壁》"李",衆本作"季"。

卷七,《懷舊》"吹破春風水放光",衆本作"吹破春冰水放光";《相州古瓦硯》"瓦硯"衆本作"屋瓦"。

這其中有誤字如"牛""李",但大多另有所本,如"春風"之於"春冰"。

(2) 和刻本與清綺齋相同而爲他本所無。

卷一,《題齊安驛》"驛",衆本作"壁";《春雨》"嚼",衆本作"醨"。

289

卷二，《外廚遺火二首》之二"巷"，衆本作"户";《和耿天騭以竹冠見贈四首之二》"穀"，衆本作"穀"。

卷四，《經局感言》"就食"，衆本作"自食"。

卷七，《雜詠五首》之一"人家"，衆本作"家人"。

（3）和刻本同於龍舒本、元大德五年本、活字本、清綺齋本而異於杭州本。

卷一，《昭文齋》"山中"，杭州本作"中山";《草堂一山主》，杭州本作《草堂一上人》;《口占示禪師》，杭州本作《口占》;《淨相寺》"減"，杭州本作"滅";《離昇州作》，杭州本無;《回文四首》，杭州本無此題，而分別命名爲《碧燕》《夢長》《迸月》《泊鴈》。

卷二，《歌元豐五首》之一"第一秋"，杭州本作"第二秋"。

卷六，《江寧夾口三首》之二"夜泝"，杭州本作"店圻"。

卷七，《海棠花》"嬌"，杭州本作"驕";《伯牙》"歸"，杭州本作"閉";《讀後漢書》"黨錮"，杭州本作"錮黨"。

卷八，《城東寺菊》"辜"，杭州本作"孤";《諸葛武侯》"楊顒"，杭州本作"何顒"。

卷九，《題玉光亭》"玉"，杭州本作"下";《郭解》"雖"，杭州本作"唯";卷九《晚春》《樓上望湖》《寄李道人》《憶江南》《謝微之見過》《惜春》《子貢》，杭州本均無;《對棋呈道原》，杭州本則將之納入卷三"古詩"，題爲《對棋與道原至草堂寺》。

（4）和刻本同於杭州本、龍舒本而異於元大德五年本、活字本、清綺齋本。

卷一，《雜詠四首》之二"章江"，三本作"漳江";《送陳景初金陵持服舉族貧病煩君藥石之功》，三本作《送陳景初》;《晚歸》"姮娥"，三本作"嫦娥";《與徐仲元自讀書臺上定林》，三本作《與徐仲元自讀書臺上過定林》;《病中睡起折杏花數枝二首》之二"起"，三本作"處"。

卷二,《夢》"蝴蝶",三本作"胡蝶";《九日》"蔣陵西曲風煙慘",三本作"蔣陵西曲風煙澹"。

卷五,《觀明州圖》"當時山水故依然",三本作"當時風月故依然"。

卷八,《燕》"長",三本作"常";宋十七卷本作"常(一作長)"。

卷九,《出定力院作》"爲",三本作"未";《無錫寄正之》,三本作《無錫寄孫正之》;《寓言二首》之一"謾",三本作"漫"。

(5)和刻本同於元大德五年本、活字本、清綺齋本而異於杭州本、龍舒本。

卷八,《烏江亭》"爲",杭州本、龍舒本作"與";《欲雪》"旨酒",杭州本、龍舒本作"新酒";《精衛》"幾",杭州本、龍舒本作"我";《黃河》"尾閭",杭州本、龍舒本作"屋閭";《鐵幢浦》"客",杭州本、龍舒本作"去"。

此中第一條"和刻本亦有其獨具而爲眾本所無",多爲和刻本偶誤所致。其他數條則多含校勘之意。由此亦體現出此和刻本異於一般典籍之校勘方式。

古籍校勘當確定某一底本,謹守而不爲改易,再以眾本校勘文字異同,詩文有無。於文字異同,以校勘記標注之。於詩文有無,以附錄輯佚之。此本則頗爲特異,其整理者非僅爲簡單校勘,更是擇善而從,編而校之,故可謂"編校"。其書之編校,首先確定一主要底本,由附錄五"文本對勘表"可知,和刻本以杭州本系統爲主體,又非僅守於此,更是多方採擷、擇善而從,體現於如下兩方面。

一者,文本訂訛。或依據龍舒本、大德本、活字本,不從杭州本。或依據大德本、活字本,不從杭州本、龍舒本。或依據杭州本、龍舒本,不從大德本、活字本。此中多蘊含校勘之意,訂正文字之是否,顯示最佳文本。如上文所舉"和刻本同於龍舒本、元大德五年本、活字本、清綺齋本而異於杭州本"中：

卷一，《昭文齋》"山中"，杭州本作"中山"。此出、對兩句爲："我自山中客，何緣有此名？"顯然當以"山中"爲是，杭州本誤植。《口占示禪師》，比杭州本《口占》更優，杭州本當脫離"示禪師"三字。《淨相寺》"曾遭減劫壞"，杭州本作"曾遭滅劫壞"。李壁註曰："《維摩經》：'若一劫，若減一劫，而供養之。'樂天《重修香山寺》詩：'曾隨減劫壞，今遇勝緣修。'減，音限。"可知，杭州本錯將"減"形近而誤爲"滅"。

卷二，《歌元豐五首》之一"共賽元豐第一秋"，杭州本作"共賽元豐第二秋"。而《歌元豐五首》之二亦言"豈見元豐第二秋"，兩者復沓，顯然不合情理，《景定建康志》卷四十六記載即爲"共賽元豐第一秋"。①故杭州本誤"一"而"二"。

卷六，《江寧夾口三首》之二"夜泝"，杭州本作"店圻"。龍舒本、元大德本、活字本等均作"夜泝"，《景定建康志》亦如是，②故當以"夜泝"爲是。臺北故宫所藏宋十七卷本正作"夜泝"。

卷七，《海棠花》"綠嬌隱約眉輕掃"，杭州本作"綠驕隱約眉輕掃"，再看其對句"紅嫩妖嬈臉薄粧"，如此必是"綠嬌"爲宜。杭州本因形近而誤以爲"驕"。宋十七卷本正作"嬌"。《伯牙》"歸"，杭州本作"閉"。出、對兩句爲"故人捨我歸黃壤，流水高山心自知。"此或爲王安石前後修改所爲，然就最佳善本而言，"歸"遠勝於"閉"，自當以"歸"爲優。宋十七卷本正作"歸"。《讀後漢書》"黨錮"，杭州本作"錮黨"。李壁註言："杜牧詩：'黨錮豈能留漢鼎，清談空解識胡兒。'此詩實採此意。"③當以常見之"黨錮"

---

① [宋]周應合撰：《景定建康志》卷四十六《祠祀志三·寺院·半山報靈禪寺》，《宋元方志叢刊》，北京：中華書局，1990年版，第2076頁上。
② 《景定建康志》卷十九《山川志三·河港》，《宋元方志叢刊》，第1619頁下。
③ 《王荆文公詩李壁注》，第2053頁。

爲是,杭州本誤顛倒之。宋十七卷本正作"黨錮"。

卷八,《城東寺菊》"辜",杭州本作"孤"。"辜"有辜負之意,比"孤"意更長,當以"辜"爲優。宋十七卷本正作"辜"。

卷九,《題玉光亭》"玉",杭州本作"下"。此句爲"傳聞天玉此埋堙",顯然杭州本因形近誤"玉"爲"下"。《諸葛武侯》"楊顒",杭州本作"何顒"。此顯誤。正如李壁註所言:"蜀楊顒字子昭,襄陽人,爲丞相亮主簿。"①《郭解》"雖",杭州本作"唯"。出、對兩句爲"藉交雖有不貲恩,漢法歸成棄市論。"兩句之意如李壁所註:"言藉交雖於人有恩,漢法所不許也。"②故當以"雖"爲是。

又如"和刻本同於元大德五年本、活字本、清綺齋本而異於杭州本、龍舒本"中,雖然杭州本、龍舒本乃宋本,彌足珍貴,然和刻本中依然有依據他本而訂補者:

卷八,《烏江亭》"爲",杭州本、龍舒本作"與"。此出、對兩句爲:"江東子弟今雖在,肯爲君王卷土來?""爲""與"均可通,但"爲"所顯示效命君王之意願、心志,遠非"與"之平淡可及。宋蔡正孫《詩林廣記》所載正作"爲",③故當以"爲"爲是。宋十七卷本正作"爲"。《欲雪》"旨酒",杭州本、龍舒本作"新酒"。宋十七卷本正作"旨酒"。《精衛》"幾",杭州本、龍舒本作"我"。此出、對兩句爲:"情知木石無云補,待見桑田幾變更。"此當以"幾"爲是。宋十七卷本正作"幾"。《黃河》"尾閭",杭州本、龍舒本作"屋閭"。李壁註引《莊子·秋水篇》:"尾閭泄之。"故當以"尾閭"爲是。宋十七卷本正作"尾閭"。《鐵幢浦》"客",杭州本、龍舒本

---

① 《王荊文公詩李壁注》,第2094頁。
② 同上,第2144頁。
③ 蔡正孫撰,常振國、降雲點校:《詩林廣記》卷六《杜牧之(附·王介甫題烏江亭)》,北京:中華書局,1982年版,第114頁。

作"去"。此出、對兩句爲："如今身是西歸客,回首山川覺有情。"《夢粱錄新校注》卷十一《溪潭澗浦》、①《咸淳臨安志》卷三十六所引此詩均爲"客",②可見以"客"爲是。宋十七卷本正作"客"。

另,卷二《酬宋廷評請序經解》："訓釋雖工君尚少,不應急務世人傳。""急"龍舒本作"忽",《王安石全集·臨川先生文集》亦作"忽"。而李壁註言："下聯言著書當務精研,以求進益未宜輕出。所謂傳不習乎者,急於傳也。"③正是"急"意。另,杭州本、元大德本、活字本、清綺齋本均同於和刻本。故"忽"當爲形近而誤。

二者,文本編排。和刻本之詩歌編排總體以杭州本爲骨幹,然同樣是突破杭州本之範圍,多方參考,以爲善本。如卷一《春怨》《離昇州作》,乃杭州本系統所無。《離昇州作》共有兩首,一首七言、一首五言。和刻本卷一收錄五言,杭州本相應之卷二十六未收,而是將之收錄於卷三十六"集句(古律詩)"。另《回文四首》,杭州本系統亦無此題,而分別命名爲《碧蕪》《夢長》《迸月》《泊鴈》。卷九《晚春》《樓上望湖》《寄李道人》《憶江南》《謝微之見過》《惜春》《子貢》,均杭州本所無。而卷九《對棋呈道原》,杭州本則將之納入卷三"古詩",題爲《對棋與道原至草堂寺》。這些和刻本又都是參考了元大德本、朝鮮活字本之編排方式。

可見此九卷和刻本《王荊公絶句》實則乃依據王安石文集杭州本爲主體,多方採擷龍舒本、元大德本、活字本等詳加勘對,廣泛考證以求最佳文字而成最佳善本。誠如上述"和刻本亦有其

---

① 闞海娟校注：《夢粱錄新校注》,成都：巴蜀書社,2015年版,第186頁。
② 《景定建康志》卷三十六《山川十五·昌化縣·鐵幢浦》,《宋元方志叢刊》,第3684頁下。
③ 《王荊文公詩李壁注》,第1815頁。

獨具而爲衆本所無"所列,翻檢全部九卷《王荆公絕句》文字訛誤處僅有五處,確可爲王安石絕句之善本。

　　日本歷來珍重中華典籍,就王安石詩歌而言,其甲、乙二類版本系統,均有藏本。甲類文集本有龍舒本七十卷、明嘉靖二十五年應雲鸑本、明嘉靖三十九年何遷本。乙類箋註本有元大德本五十卷、朝鮮活字本五十卷。清代刻本更有多部。而中國僅有者,亦可多方購得影印本,以廣見聞。編校者得此便利,方成此九卷善本。由附錄四"版式對勘表"可知,其雕版樣式乃模仿王安石詩李壁箋註系統之宋本版式。雖然此本目前僅存於臺北故宮博物院,然之前多有流傳。如上文所述,已有嚴元照所得十二卷本、汪士鍾所藏十卷本、鮑廷博所有十七卷本。英遵、館機編校此書之際,必於此十七卷本已有聞見,由是選擇以此宋本版式爲藍圖,依此雕版。而王安石詩歌宋本有更爲完整易得之杭州本、龍舒本存世,由此九卷《王荆公絕句》內容可知,英遵、館機等人亦頗爲知曉,於文字有所取捨。然而其卻是捨近求遠、避易取難,依照此十七卷宋殘本版式開雕。其意,一者或欲存古;二者或以李壁之學殖深厚於文集之選擇編校更具典範。無論何因,英遵等選擇此世間僅有之王安石詩文七行十五字版式開雕製版,其好古慕學之心,立意高遠之志,已盈溢楮墨之間。

　　和刻本全卷無校勘文字,亦無輯佚之文,均蘊含於文本之精心選擇與編排中。更配以渾厚之顏體雕版,選擇半葉七行十五字,字體尤顯寬大,以是版式明暢疏朗、潔淨洗練。無論內容還是外觀,俱彰顯宋本之美學品質,可見英遵、館機之良苦用心,亦體現日人一貫一絲不苟之精工精神。

　　和刻本如此精益求精,偶爾亦有過猶不及處。如卷四《與黃道原過西莊遂遊寶乘》,杭州本作《與道原過西莊遂遊寶乘》,龍舒本作《草堂懷古》,元大德本、活字本、清綺齋本作《與道原遊西莊過寶乘》，均無"黃"字。此字當爲和刻本編校者所加，以完善題旨。又如卷五《試院中作》一首、卷六《試院中作》四首與杭州本相同，然杭州本分別爲《試院中》一首、《試院中四首》。另，龍舒本作《試院中五絶句》，元大德本作《試院五絶》，朝鮮活字本作《試院五絶句》，清綺齋本作《試院五絶》，均無和刻本之標題方式。顯然是其編輯者爲整齊劃一而修正之。追求完美際，卻疏忽版本校勘之原則，妄自改動文本，多有欠妥之處。

第四節　朝鮮活字本《王荆文公詩李壁註》

和刻本《王荆公絶句》更涉及刊印於十六世紀之朝鮮活字本《王荆文公詩李壁註》。[①]此書唯一完整保存於日本蓬左文庫，自然會令人設想兩者之間是否存在版本淵源。此問題必然要考察朝鮮活字本之版本淵源。

高津孝先生於1985年1月出版之《東方學》第六十九輯發表《關於蓬左文庫本〈王荆文公詩箋注〉》，遂使世人知曉扶桑有此珍貴南宋李壁箋注本傳世。後王水照先生將之複印攜歸，上海古籍出版社於1993年全本影印出版，名《王荆文公詩李壁注》，世人遂得親覽此本之真容。2010年上海古籍出版社出版高克勤先生依此整理之《王荆文公詩箋注》，於此本之研究更上層樓。中華書局2021年又出版董岑仕點校《王安石詩箋注》尤是錦上添花，極大促進此活字本之研究。此本保存李壁注文遠超劉辰翁删節本，可謂宋代文學研究近來難得之新發現。由此引起學術界極大關注，對其版本來源之追索亦成尤爲重要之

---

① 刊印時間之推測參見：王水照撰《記蓬左文庫所藏王荆文公詩李壁注（朝鮮活字本）·補記》第二節"朝鮮活字本"諸問題，見《王荆文公詩箋注》，第17頁。

問題。

王水照先生在《記蓬左文庫所藏王荆文公詩李壁注(朝鮮活字本)·補記》第二節"'朝鮮活字本'諸問題"中,首先就是追究"所據底本之來源"。文中疑慮"是中國元明人所爲,抑或出於朝鮮士人之手? 如是中土原刻,又是何時傳入朝鮮的?"最終,"目前限於材料,尚未找到確切答案,只能待諸來日"。[1]可見限於目前所知外在歷史資料之匱乏,未能確知其流傳脈絡。然對其版本之淵源,或可通過内在不同書版之勘對,以明其傳承。

1. 朝鮮活字本與今存諸本之版本對勘

今選擇王安石詩中全部絶句以爲代表,將朝鮮活字本與杭州本、龍舒本、等諸本詳細對勘,由文後附録"王安石文集文本對勘表"可見如下數則:

首先,朝鮮活字本與元大德五年本幾乎全同,全部九卷文字差異處僅有如下幾處:活字本卷四十二《與薛肇明弈棋賭梅花詩輸一首》,元大德本作《與薛肇明弈棋賭梅詩輸一首》;《與天騭宿清凉詩》,元大德本作《與天騭宿清凉寺》,活字本誤"寺"爲"詩";卷四十三《與道原遊西莊過寶乘》"窣堵波",元大德本作"窣堵坡",活字本誤"坡"爲"波";卷四十四《試院五絶句》,元大德作《試院五絶》;卷四十七《杭州望湖樓回馬上作呈王汝樂道》,元大德本作《杭州望湖樓回馬上作呈玉汝樂道》,活字本誤"玉"爲"王";卷四十八《越人以幕養花因遊其下二首之二》"怜",元大德本作"憂",活字本"怜"爲"憐"之俗字,亦是由"憂"之俗字"忧"誤以爲"怜"。可知除《與薛肇明弈棋賭梅花詩輸一首》《試院五絶句》兩首之外,其餘文字差異,均乃活字本偶誤所致。

其次,朝鮮活字本與大德五年本獨有而與杭州本、龍舒本完

---

[1] 《王荆文公詩箋注》,第17頁。

全不同之文字。如：

卷四十《代陳景初—作元書于太一宫道院壁》，杭州本作《代陳景元書于太一宫道院壁》，龍舒本作《代陳景文書》。《送陳景初》，杭州本、龍舒本作《送陳景初金陵持服舉族貧病煩君藥石之功》；《晚歸》"嫦娥"，杭州本、龍舒本作"姮娥"；《與徐仲元自讀書臺上定林》，杭州本、龍舒本作《與徐仲元自讀書臺上過定林》；《病中睡起折杏花數枝二首》之二"處—作起"，杭州本、龍舒本作"起"；《送丁廓秀才歸汝陽》，杭州本作《送丁廓秀才歸汝陰》，龍舒本作《送丁廓秀才三首》。

卷四十四《觀明州圖》"當時風月故依然"，杭州本、龍舒本作"當時山水故依然"。

卷四十六《雜詠六首》，杭州本作《雜詠五首》、龍舒本作《雜詠絕句十五首》。

卷四十七《別灊皖二山》"飽食頻—作窮年報禮虛"，杭州本作"飽食窮年報禮虛"，龍舒本作"飽食虛年執禮虛"；《金山寺》，杭州本作《金山三首》，龍舒本作《金山寺五首》。

卷四十八《出定力院作》"未—作爲"，杭州本、龍舒本作"爲"；《默默》"謾追隨"，杭州本、龍舒本作"强追隨"。

再之，在文本編排上活字本亦與大德五年本高度相似，而與杭州本、龍舒本迥異。杭州本卷三十《試院中》一首（少時操筆坐中庭）、卷三十一《試院中四首》，元大德本、活字本則將五首全部放置於卷四十四，而卷四十五則無。① 杭州本卷三十一《和平父寄道光法師》，元大德本、活字本則將之置於卷四十八，詩名亦變

---

① 杭州本之文集本卷二十六、二十七、二十八、二十九、三十、三十一、三十二、三十三、三十四，對應元大德本、朝鮮活字本之箋注本卷四十、四十一、四十二、四十三、四十四、四十五、四十六、四十七、四十八。

爲《寄北山詳大師》。杭州本卷三十二《揚子二首》，元大德五年本、活字本則將之置於卷四十八，詩名亦變爲《揚子三首》。杭州本卷三十四《寄和甫》，元大德五年本、活字本則將之置於卷四十七。而尤爲顯著者是，元大德五年本、活字本卷四十八末尾《晚春》《樓上望湖》《寄李道人》《憶江南》《對碁呈道原》《謝微之見過》《惜春》，相應杭州本卷三十四全無。而其中，《對碁呈道原》，杭州本將之置於卷三"古詩"類，其餘詩歌則杭州本全卷所缺。

除排版之外，甚至元大德五年本之錯字，活字本亦承續之。如元大德五年本卷四十六《獨卧三首》實則只有兩首，經比對，杭州本卷三十二爲《獨卧二首》，龍舒本卷七十六則爲《獨卧三首》，元大德五年本當錄自龍舒本，唯漏脱了第三首（午枕花前簟欲流），而活字本同樣如此，標題、詩句全同。

最後，朝鮮活字本對勘臺北故宮博物院所藏宋十七卷之絕句部分卷四十五、四十六、四十七，並與大德五年本相比如下：

卷四十五，《同陳和叔遊北山》，宋十七卷本同之，大德本作《同陳和叔北山遊》；《夜直》"翦翦"，宋十七卷本同之，大德本作"剪剪"；《和崔公度家風琴八首》之七"鏌耶"，宋十七卷本同之，大德本作"鏌鋣"。

卷四十六，《海棠花》"妖饒"，宋十七卷本同之，大德本作"妖嬈"；《破冢二首》其一"埋没殘草碑自春"，宋十七卷本、大德本均作"埋没殘碑草自春"；《望夫石》"九疑山"，大德本同之，宋十七卷本作"九嶷山"；《范雎》"禍故"，宋十七卷本同之，大德本作"禍"；《張良》"當"，宋十七卷本同之，大德本作"於"。

卷四十七，《金山寺》"泊叩垂"，兩本均作"泊四垂"。

朝鮮活字本獨有之文字"埋没殘草碑自春""泊叩垂"，其他杭州本、龍舒本、和刻本亦無，當爲其版刻偶誤所致。一者"草""碑"上下顛倒，一者，"四"因字形殘缺誤爲"叩"。由此可知，三本文字几乎全同，不同處亦爲異體字導致字形稍有差異，無關文意。由此也愈發印證朝鮮活字本、大德五年本之價值，頗爲忠實傳承宋本之面貌。

由此衆多書版文本對勘可知，朝鮮活字本與大德五年本高度相似，兩者當有相同之文本來源。

元大德五年本卷首劉將孫序："先君子須溪先生於詩喜荆公，嘗點評李註本，刪其繁，以付門生兒子。安成王吉士，往以少俊，及門有聞。"此付予"門生兒子"之"李註本"，當即爲王常元大德五年刊刻《王荆文公詩箋註》所依據之底本。李壁註本系列宋刻本，今存僅有臺北故宮博物院所藏十七卷本。朝鮮活字本源自宋、元本，被認爲"非常忠實地保存了宋刻本的原式"。①唯十六世紀活字翻刻，年代過晚，而此大德五年本因劉辰翁大量"刪其繁"常被後人忽略。然劉辰翁刪節者僅爲李壁註，底本之詩歌部分與大德五年本自當相仿，唯一差異僅李壁注之多寡而已。故而大德五年本所依據未"刪其繁"之底本，即爲與宋版李壁注原本相關之某一版本。再由朝鮮活字本與大德五年本正文高度相似，可以概知朝鮮活字本當源自劉辰翁"付門生兒子"之"李注本"，亦與今唯一所存臺北故宮十七卷殘宋本有相同之版本來源。然三者注文卻多有不同。大德五年本注文問題簡單，源自劉辰翁之刪節，唯朝鮮活字本與十七卷殘宋本注文亦多有差異。據鞏本棟先生所校，"有不少宋本有而朝鮮本無的地方"。②究其原因，則涉及王安石詩李壁注本獨特之刊刻過程。

2. 李壁註本之刊刻

朝鮮活字本另一令人困擾之問題乃所據底本之刊刻次數與

---

① 《王荆文公詩李壁注》，第9頁。
② 《宋集傳播考論·論〈王荆文公詩李壁注〉——從宋本到朝鮮活字本》，第138頁。

第二章・王安石文集和刻本研究

時間。昌彼得先生最早於《連城寶笈蝕無嫌：談宋版李壁註王荊公詩》一文中推論：

　　李氏在撫州作註時，他的門生李醇儒替他整理繕抄，當時即錄有副本。嘉定七年將稿在撫州雕印，請魏了翁作序。十七年撫州再印時，李醇儒可能得到李壁在八至十一年罷官閒居時，就原稿陸續增入的資料，乃就舊版挖改擠刻後印行。李壁卒後，整理其遺稿，續有發現新增的註文，紹定三年計劃再印時，無法再就舊版補入，於是只有將少數版片或抽換重刻，其餘的增刻附於每卷之末，致發生現在印本的情形。①

其嘉定七年來自魏了翁序文所屬日期"嘉定七年十一月庚午"。②嘉定十七年、紹定三年則來自嚴元照《書宋版王荊公詩注殘卷後》：

　　乾隆乙卯，予從友人借得宋刻本兩冊，卅四至卅七，卅（案，當爲冊）八至五十，共七卷。每葉十四行，行十五字，卷端有晉府書畫之印，卷後有敬德堂圖書印，又子子孫孫永寶用印，蓋明晉藩藏書也。五十卷之末葉在焉，并有嘉定甲申中和節胡衍跋，知是撫州刻本。每一卷後有庚寅補注數葉，卷內修版，版心亦有"庚寅換"三字。案，嘉定之十七年爲甲申，實寧宗之末年也。庚寅則理宗紹定之三年。③

---

① 《連城寶笈蝕無嫌：談宋版李壁注王荊公詩》，載《故宮文物月刊》九卷十一期，引自《宋集傳播考論・論〈王荊文公詩李壁注〉——從宋本到朝鮮活字本》，第127頁。
② 《王荊文公詩箋注》，第2頁。
③ 《悔庵學文》卷八，湖城義塾槧行，《湖州叢書》本。

・301・

昌彼得先生此論已多爲學界認可與採納，如鞏本棟先生據此更爲明確以爲：

揆之情理，嘉定七年眉州初刻本問世後，當不久即傳至撫州，並在撫州得以重新翻刻。嚴元照所加嘉定十七年胡衍跋文已是撫州翻刻的補刻本，此時當有補註，可稱爲嘉定十七年補刻本；而紹定三年（庚寅）有增註的刻本則是嘉定十七年"補刻本"的"補刻本"，因爲增註的內容較多，卷內修版已不能容納，故置於卷後。此是第三次印本，可稱爲"庚寅增註本"。①

今核對全部五十卷朝鮮活字本，可見卷尾"庚寅增註"均集中於卷末，版式單一。唯"補註"頗爲複雜，散見於全書。因卷尾多有空餘版面，更能體現補註之刊刻情況，故就全書卷尾補註形式概括如下。

一者，卷尾補注標識樣式：

1. 有陰文"補註"、"補注"標識。此最爲常見。
2. 無陰文"補註"、"補注"標識。如卷七、卷十五、卷三十四。
3. 詩題、詩句後加一陰文"注"、"補註"。如卷七、卷十八。
4. 加陽文大字"補注"以標識。如卷十八。
5. 加陽文小字"補注"以標識。如卷二十八。
6. 詩題陽文大字，詩句與箋註同爲雙行小字。如卷六《讀墨》"惜乎不見正，遂與中庸詭。"②
7. 詩題、詩句同爲陽文大字，箋註爲雙行小字。如卷八《送

---

① 《宋集傳播考論·論〈王荆文公詩李壁注〉——從宋本到朝鮮活字本》，第120頁。
② 《王荆文公詩李壁注》，第461頁。

李屯田》"石爛",《李氏書堂》"私智爲公卿"。①

8. 詩題、詩句同爲陽文大字,唯中間用圈號分隔,箋註爲雙行小字。如卷二十二《題雩祠堂》"鳳鳥梁木"。②

9. 詩題、詩句同爲雙行小字。如卷六"《明妃曲》聞道長安吹戰塵,春風回首一沾巾"。③

10. 僅有詩題,後加一圈分隔雙行小註。如卷十二《陸忠州》。④

11. 詩題、詩句中間隔以圈號。如卷十六"《送董伯懿》〇蒿矢"。⑤

12. 所引詩句如同"補註"之標識,用黑底陰文形式。如卷二十七"聖胎"一詞。⑥

二者,卷尾補註排列樣式:

1. 卷二末尾有《游土山示蔡天啓秘校》兩條補註。一條大字陰文列出詩句"累卵",一條卻又以大字陰文列出詩名《游土山詩》之後再接以雙行小字列出詩句"妄言履齒折,吾欲刊史牒"。而此詩尚有另一條補刻更擠刻於詩題之下。

2. 卷六末尾有《桃源行》之補註。然此詩題下已有"戰塵"之補註,並用陰文大字"補註"標識。而卷末之補註,不僅無"補註"標識,更將詩題、詩句均用雙行小字,且詩題變爲"明妃曲"。

3. 卷七末補註,陽文大字詩題"白溝行"、詩句"萬里鋤耰接塞垣,幽燕桑葉暗川原"之後突然加一陰文"注"。四條補註之後,又有陽文大字"白溝行",之下再以陰文"補註"標識。

---

① 《王荆文公詩李壁注》,第543頁。
② 同上,第1056頁。
③ 同上,第462頁。
④ 同上,第705頁。
⑤ 同上,第871頁。
⑥ 同上,第1261頁。

4. 卷九兩"補註"標識,體例不一。前一"補註"詩題大字,詩句小字。後一"補註",無詩題,僅有詩句,爲大字。

5. 卷十二末,前三條補註緊隨最後一詩《陰山畫虎圖》之後,起首以陰文"補註"標識,亦未换行。其中第二條爲"楊劉詩"箋註。後兩條補註則另起行,加陰文"補注"標識。且同樣有《楊劉》詩之箋註,標爲"楊劉"。

6. 卷十六末,兩條補註,第一條詩題、詩句緊隨,第二條,詩題、詩句中間隔以圈號。

7. 卷十八末,兩條補註,第一條首起標識以陽文"補注"二字,後接詩題。而第二條則在詩題之後標識以陰文"補註"。

8. 卷二十二,第一條補註,詩題、詩句以圈號分隔。之後均爲詩題、詩句緊隨。

9. 卷二十五末,起首標識"補註",後緊隨《暮春詩》《讀鎮南邸報》兩條註文,兩詩題均爲陽文大字,而所引詩句與註文均爲雙行小字。空三行至第八行爲卷尾題識"王荆文公詩卷第二十五",緊隨之第九行又有《秋中晚晴詩》補註,此詩題與所引詩句、註文均爲雙行小字。隨後再换行,起首標識"補注"之兩條註文。詩題《送周都官》《雙廟》均爲陽文大字。

10. 卷二十八末,緊隨《和御製賞花釣魚詩二首》之二後,起首以雙行小註形式標識"補注"二字,後接"湟中""區種"兩條補註。此顯然即是傅增湘所言"刓補擠寫者"。①而另三條補註《和蔡樞密南都種山藥法》之"玳瑁筵"、《和蔡樞密孟夏旦書事》、《次韻元厚之平戎》,則單獨雕版於"庚寅增注"之後,更標識以陰文大字"補註"二字。而且此頁補註只占九行,尚有三行空白。而前頁"刓補擠寫"之"補注"正好不滿三行,若是同時雕版,完全可

---

① 《藏園群書經眼錄》卷十三《集部二》,第1158頁。

第二章・王安石文集和刻本研究

以同版雕刻。且"補注"之"湟中"與"補註"之"《次韻元厚之平戎》"爲同一首詩《次韻元厚之平戎慶捷》之注釋。

11. 卷三十末,八條補註分別有三處"補註"標識,兩處在卷尾標題"王荆文公詩卷第三十"右側,一處在左側。且兩"補註"三處涉及《和徽之重感南唐事》,然卻又分別名爲"重感南唐事""感南唐事詩"。另有兩處涉及《思王逢原三首》,一處無任何標識僅箋註文字,一處爲"思王逢原三"。

12. 卷四十三末,《送黄吉父三首》之三後緊隨之標識以陰文"補註",下接《示禹秀老》一詩箋註。此即"刓補擠寫"而爲。於卷末題名"王荆文公詩卷第四十三"之後,又換行標識以陰文"補注",下接《金陵郡齋》之箋註。而此版有半葉空白,完全可以雕刊《示禹秀老》之補註。

上述諸多卷尾補註樣式以及補註排列方式,差異巨大,更甚至前後矛盾處比比皆是。或者不同刻工於同一時間段内分工合作,由於書成衆手,難免各卷多有差異。然此無法解釋,何以同一卷同一頁上會有諸多雕版矛盾,如卷三十。又何以在"庚寅增註""王荆文公詩卷第幾"之後再接以"補註",且前後標識"補注"與"補註"完全不同,如卷二十五、卷二十八。這些只能説明補註來自不同之雕版習慣、版式規定、刊刻時間。故而昌彼得先生首言,鞏本棟先生明確所謂三次刊刻時間多有可爲商榷處。庚寅增註,版式整齊,當爲一時所爲。然補註形式如此雜亂,當爲不同時段陸續增補,非僅嘉定十七年補刻以成。

3. 朝鮮活字本之文本流動性

朝鮮活字本王安石詩歌李壁注爲近來宋代文獻少有之重要新發現,其爲宋代文學研究,尤其爲王安石、李壁、劉辰翁研究均提供了全新文本。相較于傳統文獻,新增注釋一倍左右。其數量之巨大,爲歷來宋代名家研究文本輯佚所罕見,亦爲今人瞭解久已失傳之宋版李壁注原貌，提供了最佳範本。唯限於歷史資料之匱乏，對其版本淵源、流傳樣態，殊乏所知。今另闢蹊徑，由存世衆多宋元善本之對勘，可以略知其版本來源自與十七卷殘宋本、元大德五年本相同之底本。然此底本之樣態頗爲特殊，一般文獻刊刻之後，後世翻刻雖時常修訂，亦是依據原本適當訂補若干文字之訛誤、脱漏而已，不會再有重大改動。故而甚少補刻版頁，僅少量刓補擠寫。而王安石詩歌李壁注本則與此迥異，不僅有大量補刻版頁，刓補擠寫處亦是層出不窮，故而使其版本始終處於一流動狀態之中。

　　文稿付梓刊行之後，儼然即爲定本。然亦有衆多文本並非一蹴而就，呈現出頗爲獨特之文本流動性。究其原因，一者最爲常見，乃於後世不斷繙刻與遞修中，誤、脱、衍之失誤層出不窮。此種流動性多有尷尬與無奈之處，以致學者時有"真不如不刻之歎"。①然由此也導致學者們一再爲之匡謬正訛，以期近於善本，使得此種流動性亦趨向于正確之塗軌。二者甚爲罕見，即以此朝鮮活字本王安石詩李壁注最爲代表。此本由兩部分組成，王安石詩歌之正文以及李壁之注文。正文部分即如十七卷殘宋本、元大德五年本、朝鮮活字本所示，少有差池。唯李壁注文，卻是不斷訂補，使得此文本之每一次刊刻均成爲未確定之"半成品"。如上文所列，"補注"樣式多達十餘種，其複雜性爲歷來流傳之宋版宋人作家文集所罕見。其初次開雕當始于南宋寧宗嘉定七年（1214）左右，其間經過多次雕版訂補工作，書成衆手歷時十六載，至南宋理宗紹定三年（庚寅，1230）再集中以"庚寅增注"

---

① ［清］何焯《弘治馬暾本後山先生集跋》，見［宋］陳師道撰、任淵注，冒廣生補箋、冒懷辛整理：《後山詩注補箋・附録・序跋題記》，北京：中華書局，1995年版，第612頁。

形式大量訂補。然仍未完稿，"庚寅增注"之後，還有少量補注，如卷二十八。顯然，其訂補時間已延續至紹定三年之後，並非至"庚寅增注"而結束。因其版本之流動性，必然導致其版本衆多，故而臺北故宮十七卷本亦與朝鮮活字本多有注文之差異。實則，彼時當有更多不同版本流傳，唯歷時久遠均已散佚。推究此流動性之成因，一則當爲作者于注文反復增補，二則當爲雕版者於注文反復增刻，由此珠聯璧合，成就此版本之流動性特質。與前者相比，此種流動性彌足珍貴。十六年内，文本變動不居，踵事增華，歷久彌新，竭力爲世人呈現出最佳範本。尤可見前賢爲人之嚴謹、爲學之精進。而後世朝鮮活字本之排印者亦不憚煩難，盡心摹勒原版樣貌，將此流動性完整傳遞，充分詮釋了文化之固守與傳承。正由此不分國界之固守與傳承，華夏文明得以慧命相繼經久不息。

附錄七：王安石文集版式對勘表[1]

簡稱	全稱	年代	行數	字數	小注	魚尾	黑白口	欄	卷數
甲一杭州本	臨川先生荊公文集	宋紹興辛未二十一年(1151)	12	20	雙行20	上單魚尾	白口	左右雙欄	100
甲一劉氏安正堂本	臨川王先生荊公文集	明嘉靖甲午十三年(1534)	11	22		上下雙魚尾			100
甲一應雲鸞本	臨川王先生荊公文集	明嘉靖丙午二十五年(1546)	11	22	雙行22	上下雙魚尾	細黑口	四周雙欄	100
甲一何遷本	臨川先生文集	明嘉靖庚申三十九年(1560)	12	20	雙行20	上單魚尾	白口	左右雙欄	100
甲二龍舒本	王文公文集	南宋初	10	17		無魚尾	白口	左右雙欄	100

[1] 應雲鸞《臨川王先生荊公文集》，中國國家圖書館藏，嘉靖二十五年刊藏。王珏《臨川先生文集》，中國國家圖書館藏，嘉靖三十九年刊本。王珏《臨川王先生荊公文集》，中國國家圖書館藏，宋紹興二十一年兩浙西路轉運司王珏刻元明遞修本。《王文公文集》，前七十卷，據傅增湘從劉啓瑞曾藏齋藏本所攝膠片影印，中華書局上海編輯部，日本宮內廳書陵部所藏宋本；後三十卷《王文公文集》，元大德五年刊本。《王荊文公詩李璧注》，據朝鮮活字本影印，上海古籍出版社，1993年版。王常《王荊文公絕句》，據天保四年萬發堂刊本影印，《和刻本漢詩集成》第十一輯。1962年。

· 308 ·

續表

簡稱	全稱	年代	行數	字數	小注	魚尾	黑白口	欄	卷數
甲一北大本A	臨川王荊公先生文集	南宋初	11	22		上下雙魚尾	細黑口	四周雙欄	存卷三十至三十四
甲一北大本B	臨川先生文集	南宋初	12	20			白口		卷五十二至五十五
甲一北大本C	臨川先生文集	南宋初	12	20					存四十六卷
乙一李壁注本	王荊文公詩注	南宋	7	15	雙行15	上下雙魚尾（間有單魚尾）	白口	左右雙欄	50（存十七卷）
乙二劉辰翁王常本	王荊文公詩箋注	元大德辛丑五年(1301)	10	19	雙行19	上下雙魚尾	細黑口	左右雙欄	50
乙二劉辰翁毋逢辰本	王荊文公詩	元大德丙午十年(1306)	11	21	雙行17		細黑口	左右雙欄	50
乙三朝鮮本A	王荊文公詩李壁注（朝鮮活字本）	十六世紀	9	17	雙行17	雙魚尾	白口	四周雙欄	50
丙	《王荊公絕句》（和刻本）	天保五年(1833)	7	15	雙行15	上單魚尾	白口	左右雙欄	9

· 309 ·

附錄八：王安石文集文本對勘表[1]

版本卷數	和刻本《王荊公絕句》所用題名	杭州本《臨川先生文集》	龍舒本《王文公文集》	元大德五年《王荊文公詩箋註》	朝鮮活字本《王荊文公詩李壁注》	内閣文庫藏	應雲鷥本	何遷本	清綺齋本《王荊文公詩》	利刻本《王荊公絕句》	《王安石全集》
卷一	題齊安驛	題齊安壁	題齊安壁	題齊安壁	題齊安壁	題齊安	題齊安壁	題齊安壁	題齊安驛	題齊安驛	題齊安壁
	昭文齋	中山	山中	山中	山中	中山	中山	中山	山中	山中	山中（原作中山，據龍舒本改）
	草堂一山主 題黃司理園	草堂一上人	草堂一山主	草堂一山主	草堂一山主	草堂一上人	草堂一山主	草堂一山主	草堂一山主	草堂一山主	草堂一上人
		騰	騰	騰	騰	騰	騰	騰	騰	騰	騰
	北山湖亭	北山湖亭	湖亭	湖亭	湖亭	北山湖亭	北山湖亭	北山湖亭	湖亭	北山湖亭	北山湖亭
	題永昭陵	題永昭陵	永昭陵	題永昭陵	題永昭陵	題永昭陵	題永昭陵	題永昭陵	題永昭陵	題永昭陵	題永昭陵
		澹	淡	淡	淡	澹	澹	澹	淡	澹	澹
		沓	沓	沿	沿	沓	沓	沓	沿	沓	沓
	池上看金沙花數枝過酴醿架盛開	池上看金沙花數枝過酴醿架盛開	池上看金沙薔薇四首之四	池上看金沙花數枝過酴醿架盛開	池上看金沙花數枝過酴醿架盛開	池上看金沙花數枝過酴醿架盛開	池上看金沙花數枝過酴醿架盛開	池上看金沙花數枝過酴醿架盛開	池上看金沙花數枝過酴醿架盛開	池上看金沙花數枝過酴醿架盛開	池上看金沙花數枝過酴醿架盛開

[1] 聶安福等整理：《臨川先生集》《王安石全集》之第五、六、七三册，上海：復旦大學出版社，2017年版。

第二章・王安石文集和刻本研究

续表

版本\卷数	和刻本《王荆公绝句》所用题名	杭州本《临川先生文集》	龙舒本《王文公文集》	元大德五年《王荆文公诗笺注》	朝鲜活字本《王荆文公诗李壁注》	内阁文库藏	应云鸑本	何遷本	清绮斋本《王荆文公诗》	和刻本《王荆公绝句》	《王安石全集》
卷一	送王补之行风忽作因题四句於舟中	便		便	便	便	便	便	便	便	便
	被召作	被召作	北山。又，游锺山四首之四	被召作	被召作（一本作北山）	被召作	被召作	被召作	被召作（一本作北山题）	被召作	被召作
	江上（一首）	江上	江上五首之三	江上	江上	江上	江上	江上	江上	江上	江上
	春雨	䴙	䴙	䴙	水中	䴙	䴙	䴙	䴙	䴙	䴙
	和惠思波上鸥	水中		水中	水中	水中	水中	水中	水中	水上	水中
	次青阳	次青阳	次青春	次青阳	次青阳	次青阳	次青阳	次青阳	次青阳	次青阳	次青阳
	眇	眇	眇	眇	眇	眇	眇	眇	眇	眇	渺
	代陈景元书一大一宫道院壁	代陈景元书子大一宫道院壁	代陈景书文	代陈景初（一作元）书子大一宫道院壁	代陈景初（一作元）书子大一宫道院壁	代陈景元书子大一宫道院壁	代陈景元书子大一宫道院壁	代陈景元书子大一宫道院壁	代陈景初（一作元）书子大一宫道院壁	代陈景元书子大一宫道院壁	代陈景元书子大一宫道院壁

· 311 ·

續表

版本卷數	和刻本《王荊公絕句》所用題名	杭州本《臨川先生文集》	龍舒本《王文公文集》	元大德五年《王荊文公詩箋注》	朝鮮活字本《王荊文公詩》李壁注	內閣文庫藏	應雲鶚本	何遷本	清綺齋本《王荊文公詩》	和刻本《王荊公絕句》	《王安石全集》
卷一	之二	山雞	金陵絕句四首之十四	山雞	山雞	山雞	山雞	山雞	山雞	山雞	山雞
	之四	雜詠四首	雜詠絕句之十一、二十三、二十四	雜詠四首	雜詠四首	雜詠四首	雜詠四首	雜詠四首	雜詠四首	雜詠四首	雜詠四首
		章江	章江	漳江	漳江	章江	章江	章江	漳江	章江	章江
		石城塢		白（一作石）城塢	白（一作石）城塢	石城塢	石城塢	石城塢	白（一作石）城塢	石城塢	石城塢
		口占	口占示禪師	口占示禪師	口占示禪師	口占	口占	口占	口占示禪師	口占示禪師	口占
		偶書	雄聘	偶書	偶書（一作雄聘）	偶書	偶書	偶書	偶書（一作雄聘題）	偶書	偶書
		送陳景初金陵舉族持服貧病煩君藥石之功	送陳景初金陵舉族持服貧病煩君藥石之功	送陳景初	送陳景初	送陳景初金陵舉族持服貧病煩君藥石之功	送陳景初金陵舉族持服貧病煩君藥石之功	送陳景初金陵舉族持服貧病煩君藥石之功	送陳景初金陵舉族持服貧病煩君藥石之功	送陳景初金陵舉族持服貧病煩君藥石之功	送陳景初金陵舉族持服貧病煩君藥石之功

第二章·王安石文集和刻本研究

續表

版本\卷數	和刻本《王荆公絕句》所用題名	杭州本《臨川先生文集》	龍舒本《王文公文集》	元大德五年《王荆文公詩箋注》	朝鮮活字本《王荆文公詩李璧注》	內閣文庫藏	應雲鸑本	何遷本	清綺齋本《王荆文公詩》	和刻本《王荆公絕句》	《王安石全集》
卷一	淨相寺	減	減	減	減	減	減	減	減	減	減
	晚歸	短坡	短坡	嫦娥	嫦娥	短坡	短坡	短坡	嫦娥	短坡	短坡
	芳草	增	增	階	階	增	增	增	階	增	階
	與徐仲元自讀書臺上定林	與徐仲元自讀書臺上定林	與徐仲元自讀書臺上定林	與徐仲元自讀書臺上過定林	與徐仲元自讀書臺上過定林	與徐仲元自讀書臺上定林	與徐仲元自讀書臺上定林	與徐仲元自讀書臺上定林	與徐仲元自讀書臺上過定林	與徐仲元自讀書臺上定林	與徐仲元自讀書臺上定林
	病中睡起折杏花數枝二首	病中睡起折杏花數枝二首	庵中睡起二首（第二首。又見：折花病中）	病中睡起折杏花數枝二首	病中睡起折杏花數枝二首	病中睡起折杏花數枝二首	病中睡起折杏花數枝二首	病中睡起折杏花數枝二首	病中睡起折杏花數枝二首	病中睡起折杏花數枝二首	病中睡起折杏花數枝二首
	病中睡起折杏花數枝之一	隱		隱	隱	隱	隱	隱	窗	隱	窗
	之二	起	起	處（一作起）	處（一作起）	起	起	起	處（一作起）	起	起

续表

版本卷数	和刻本《王荆公绝句》所用题名	杭州本《临川先生文集》	龙舒本《王文公文集》	元大德五年《王荆文公诗笺注》	朝鲜活字本《王荆文公诗》李壁注	内阁文库藏	应云鸾本	何迁本	清绮斋本《王荆文公诗》	和刻本《王荆公绝句》	《王安石全集》
	送丁廓秀才归汝阴	送丁廓秀才归汝阴	送丁廓秀才归汝阴三首之三	送丁廓秀才归汝阳	送丁廓秀才归汝阳	送丁廓秀才归汝阴（卷三十九另有送丁廓秀才归汝阴一首：好去颍然）	送丁廓秀才归汝阴	送丁廓秀才归汝阴	送丁廓秀才归汝阳	送丁廓秀才归汝阴	送丁廓秀才归汝阴
书定林院窗	总	示无著上人	怨	怨	怨	总	总	隐	窗	隐	窗
题徐浩书法华经	题徐浩书法华经		题徐浩书法华经	题徐浩书法华经	题徐浩书法华经	题徐浩书法华经	题徐浩书法华经	题徐浩书法华经	题徐浩书法华经	题徐浩书法华经	题徐浩书法华经
春怨	无	春怨	春怨	春怨	春怨	无	无	无	春怨	无
离昇州作（五绝）	无（在卷三十六"集古律诗"）	离昇州作二首（之一）	离昇州作二首（只有一首诗）	离昇州作（只有一首诗）	无	无	无	离昇州作	离昇州作	无
卷一	回文四首	碧芜	回文三首	回文四首	回文四首	碧芜回纹	碧芜	碧芜	回文四首	回文四首	碧芜
	其二	梦长	其二	其二	其二	梦长	梦长	梦长	其二	其二	梦长
	其三	进月	其三	其三	其三	进月	进月	进月	其三	其三	进月

314

第二章・王安石文集和刻本研究

续表

版本卷数	和刻本《王荆公绝句》所用题名	杭州本《临川先生文集》	龙舒本《王文公文集》	元大德五年《王荆文公诗笺注》	朝鲜活字本《王荆文公诗李壁注》	内阁文库藏	应云鸑本	何迁本	清筠斋本《王荆文公诗》	和刻本《王荆公绝句》	《王安石全集》
卷一	其四	草色浮云漠漠、树阴落日潭潭（一作柳叶鸣蜩绿暗，荷花落日红酣）	柳叶鸣蜩绿暗，荷花落日红酣	柳叶鸣蜩绿暗，荷花落日红酣（一作草色浮云漠漠，树阴落日潭潭）	柳叶鸣蜩绿暗，荷花落日红酣（一作草色浮云漠漠，树阴落日潭潭）	草色浮云漠漠、树阴落日潭潭（一作柳叶鸣蜩绿暗，荷花落日红酣）	草色浮云漠漠、树阴落日潭潭（一作柳叶鸣蜩绿暗，荷花落日红酣）	草色浮云漠漠、树阴落日潭潭（一作柳叶鸣蜩绿暗，荷花落日红酣）	柳叶鸣蜩绿暗，荷花落日红酣（一作草色浮云漠漠，连云漠漠，树阴落日潭潭）	草色浮云漠漠、树阴落日潭潭	草色浮云漠漠、树阴落日潭潭
题西太一宫壁二首之一		三十六陂流（一作宫）水烟水	三十六宫烟水	三十六陂春水（一作烟水）	三十六陂春水（一作烟水）	三十六陂流（一作宫）水烟水	三十六陂流（一作宫）水烟水	三十六陂流（一作宫）水烟水	三十六陂春水（一作烟水）	三十六陂流（一作宫）水烟水	三十六陂流水
		无	宫词	宫词	宫词	无	无	无	宫词	无	无
卷二	歌元丰五首之一	歌元丰五首	半山即事十首之四、五、七、八、九	歌元丰五首	歌元丰五首	歌元丰五首	歌元丰五首	歌元丰五首	歌元丰五首	歌元丰五首	歌元丰五首
	第一秋	第二秋	第一秋	第一秋	第一秋	第二秋	第二秋	第二秋	第一秋	第一秋	第二秋
	漫	漫	漫	漫	漫	漫	漫	漫	漫	漫	漫

續表

版本 卷數	和刻本《王荊公絕句》所用題名	杭州本《臨川先生文集》	龍舒本《王文公文集》	元大德五年《王荊文公詩箋注》	朝鮮活字本《王荊文公詩李壁注》	內閣文庫藏	應雲鷥本	何遷本	清綺齋本《王荊文公詩》	和刻本《王荊公絕句》	《王安石全集》
	之二	成山	山禾	山禾（一作成山）	山禾（一作成山）	該詩無	成山	成山	山禾（一作成山）	成山	成山
	之三	稻	旅	旅	旅	詩題作二稻	稻	稻	旅	稻	稻
	之四	土階	玉階	玉階	玉階	土階	土階	土階	玉墀	土階	玉階（原為土階，校改成玉）
	之五	筊	栅	栅	栅	筊	栅	栅	栅	栅	栅
卷二	某	某	某	某	某	某	某	某	某	某	某
	題畫扇	題畫扇	題扇	題扇	題扇	題畫扇	題畫扇	題畫扇	題扇	題畫扇	題扇
		斜	橫	橫	橫	斜	斜	斜	橫	斜	斜
	夢	蝴蝶	蝴蝶	胡蝶	胡蝶	蝴蝶	蝴蝶	蝴蝶	胡蝶	蝴蝶	蝴蝶
	清明	清明	東城	清明	清明	清明	清明	清明	清明	清明	清明
		餅	餅	瓶	瓶	餅	餅	餅	瓶	餅	瓶
		青枝	青枝	青枝	青陂	青枝	青枝	青枝	青陂	青枝	青枝

續表

版本卷數	和刻本《王荊公絕句》所用題名	杭州本《臨川先生文集》	龍舒本《王文公文集》	元大德五年《王荊文公詩箋注》	朝鮮活字本《王荊文公詩李壁注》	內閣文庫藏	應雲鷟本	何遷本	清綺齋本《王荊文公詩》	和刻本《王荊公絕句》	《王安石全集》
	元日	元日	除日	元日	元日	元日	元日	元日	元日	元日	元日
	九日	爭插（一作總把）新	總把新	總把新	總把新	爭插（一作總把）新	爭插（一作總把）新	爭插（一作總把）新	總把新	爭插（一作總把）新	爭插（一作總把）新
		蔣陵西曲（一作面）風煙慘（一作憯）	蔣陵西曲風煙慘	蔣陵西曲風煙憯	蔣陵西曲風煙憯	蔣陵西曲（一作面）風煙慘（一作憯）	蔣陵西曲（一作面）風煙慘（一作憯）	蔣陵西曲（一作面）風煙慘（一作憯）	蔣陵西曲風煙憯	蔣陵西曲（一作面）風煙慘（一作憯）	蔣陵西曲（一作面）風煙慘（一作憯）
卷二	南蕩	南蕩	即事十五首之一	南蕩	南蕩	南蕩	南蕩	南蕩	南蕩	南蕩	南蕩
		奈此	奈爾	奈爾	奈爾	奈此	奈此	奈此	奈此	奈此	奈此
	芙蕖	便滿溝	已滿溝	已（一作便）滿溝	已（一作便）滿溝	便滿溝	便滿溝	便滿溝	已滿溝	便滿溝	便滿溝
		耐夏	耐夏	奈夏	耐夏	耐夏	耐夏	耐夏	耐夏	耐夏	耐夏
	一陂	一陂（一作段）餕水	一陂餕水	一陂餕水	一陂餕水	一陂（一作段）餕水	一陂（一作段）餕水	一陂（一作段）餕水	一陂餕水	一陂（一作段）餕水	一作段）焰水

和刻本宋人文集叢考

續表

版本 卷數 / 所用題名	和刻本《王荊公絕句》	杭州本《臨川先生文集》	龍舒本《王文公文集》	元大德五年《王荊文公詩箋注》	朝鮮活字本《王荊文公詩李壁注》	內閣文庫藏	應雲鶿本	何遷本	清綺齋本《王荊文公詩》	和刻本《王荊公絕句》	《王安石全集》
	倏然	倏然		蕭然	蕭然	倏然	倏然	倏然	蕭蕭	倏然	倏然
	倏然	倏然	蕭蕭	蕭蕭	蕭蕭	倏然	倏然	倏然	蕭蕭	倏然	倏然
杖藜	時	時	猶	猶(一作時)	猶(一作時)	時	時	時	猶(一作時)	時	時
卷二 移柳	臨流遇興能賦、自還比淵明或未斷		即事十五首之八能令心與身無累覺公於長者斷	臨流遇興能賦、自還比淵明或未斷	臨流遇興能賦、自還比淵明或未斷	臨流遇興能賦、自還比淵明或未斷	臨流遇興能賦、自還比淵明或未斷	臨流遇興能賦、自還比淵明或未斷	臨流遇興能賦、自還比淵明或未斷	臨流遇興能賦、自還比淵明或未斷	臨流遇興能賦、自還比淵明或未斷
竹裏	石根			石門	石門(一作石根)	石根	石根	石根	石門(一作石根)	石根	石根
隨意	竟	竟		覓(真本作覓字)	覓(真本作覓字)	竟	竟	竟	覓(真本作覓字)	竟	竟
外廚遺火二首	外廚遺火二絕	外廚遺火二絕	外廚遺火二絕	外廚遺火二絕	外廚遺火二絕	外廚遺火二首	外廚遺火二首	外廚遺火二首	外廚遺火二絕	外廚遺火二首	外廚遺火二首
外廚遺火二首之一	清	清	清	清	清	清	清	清	清	清	清

· 318 ·

第二章 · 王安石文集和刻本研究

續表

版本 卷數	和刻本《王荊公絕句》所用題名	杭州本《臨川先生文集》	龍舒本《王文公文集》	元大德五年《王荊文公詩箋注》	朝鮮活字本《王荊文公詩李璧注》	內閣文庫藏	應雲鷴本	何遷本	清綺齋本《王荊文公詩》	和刻本《王荊公絕句》	《王安石全集》
卷二	和聊天贈以竹冠見贈四首之一	戶	戶	戶	戶	戶	戶	戶	巷	巷	戶
	之二	穀	穀	穀	穀	穀	穀	穀	穀	穀	穀
	之三	懽	歡	歡	歡	懽	懽	懽	歡	懽	歡
卷三	和郭公甫	和郭公甫 山郭	和郭功甫 城郭	和郭功甫 城郭	和郭功甫 城郭	和郭公甫 山郭	和郭公甫 山郭	和郭公甫 山郭	和郭功甫 城郭	和郭公甫 城郭	和郭公甫 山郭
	葉致遠置洲田以詩次其韻二首之一	葉致遠置洲田以詩次其韻二首	次韻酬葉致遠五首	次韻葉致遠置洲田以詩（四首）	次韻葉致遠置洲田以詩（四首）	葉致遠置洲田以詩次其韻二首	葉致遠置洲田以詩次其韻二首	葉致遠置洲田以詩次其韻二首	次韻葉致遠置洲田以詩四首	葉致遠置洲田以詩次其韻二首	葉致遠置洲田以詩次其韻二首
	之二	數	數	數	數	數	數	數	數	嘆	數
	次朱昌叔韻	次朱昌叔韻	次韻酬昌叔六首	次韻朱昌叔	次韻朱昌叔	次昌叔韻	次昌叔韻	次昌叔韻	次韻昌叔	次朱昌叔韻	次朱昌叔韻
	酬耒廷評請序經解	急	忽	急	急（小注：一作忽）	忽	忽	忽	急	急	忽
		亦有緣	或有緣	或（一作）亦有緣	或（一作）亦有緣	亦有緣	亦有緣	亦有緣	或（一作）亦有緣	亦有緣	亦有緣

· 319 ·

和刻本宋人文集叢考

续表

版本 卷数	和刻本《王荆公绝句》所用题名	杭州本《临川先生文集》	龙舒本《王文公文集》	元大德五年《王荆公文公诗笺注》	朝鲜活字本《王荆文公诗李壁注》	内阁文库藏	应云鹣本	何遷本	清绮斋本《王荆文公诗》	和刻本《王荆公绝句》	《王安石全集》
卷二	承慶院送道原還儀真作詩要之	承慶院送道原還儀真作詩要之	送道原至永慶院	送道原還儀真作詩要之	送道原還儀真作詩要之	承慶院送道原還儀真作詩要之	承慶院送道原還儀真作詩要之	承慶院送道原還儀真作詩要之	送道原還儀真詩要	承慶院送道原還儀真作詩要之	永慶院送道原還儀真作詩要之
	芙蓉堂二首	芙蓉堂一首	答韓持國芙蓉堂	答韓持國芙蓉堂二首	答韓持國芙蓉堂二首	芙蓉堂二首	芙蓉堂二首	芙蓉堂二首	答韓持國芙蓉堂二首	芙蓉堂二首	芙蓉堂二首
	過法雲寺	過法雲	過法雲寺	過法雲寺	過法雲寺	過法雲	過法雲	過法雲	過法雲寺	過法雲寺	過法雲
卷三		摁	摁	摁	摁	摁	摁	摁	摁		
	與寶覺宿龍華院三絕句	與寶覺宿龍華院三絕句	與寶覺宿龍華院	與寶覺宿龍華院三絕	與寶覺宿龍華院三絕	與寶覺宿龍華院三絕句	與寶覺宿龍華院三絕句	與寶覺宿龍華院三絕句	與寶覺宿龍華院三絕	與寶覺宿龍華院三絕句	與寶覺宿龍華院三絕句
	瓜洲	瓜洲		瓜洲	瓜洲	瓜洲	瓜洲	瓜洲	瓜洲	瓜洲	瓜洲
		無"某"	無小註	某	某	無"某"	無"某"	無"某"	某	無"某"	無"某"
	清凉白雲庵	清凉白雲庵	無小註	清凉寺白雲庵	清凉寺白雲庵	清凉白雲庵	清凉白雲庵	清凉白雲庵	清凉寺白雲庵	清凉白雲庵	清凉寺白雲庵
	自定林過西庵	午雞	午雞	午雞	午雞	午雞	午雞	午雞	午雞	午雞	午雞

· 320 ·

第二章·王安石文集和刻本研究

續表

版本卷數	和刻本《王荊公絕句》所用題名	杭州本《臨川先生文集》	龍舒本《王文公文集》	元大德五年《王荊公詩箋注》	朝鮮活字本《王荊文公詩李壁注》	內閣文庫藏	應雲鶚本	何遷本	清箋齋本《王荊公詩》	和刻本《王荊公絕句》	《王安石》全集
	雪中遊北山呈廣州使君和叔同年	南枝	南枝	南枝	南枝	南州	南州	南州	南枝	南枝	南州
	欲在北山以雨止	欲在北山以雨止	欲在鍾山以雨止	欲在鍾山以雨止	欲在鍾山以雨止	欲在北山以雨止	欲在北山以雨止	欲在北山以雨止	欲在鍾山以雨止	欲在北山以雨止	欲在北山以雨止
		落	落	落	落	落	落	落	落	落	落
卷三	耿天騭惠梨次韻奉詶	耿天騭惠梨次韻奉詶		耿天騭惠梨次韻奉酬三首	耿天騭惠梨次韻奉酬三首	耿天騭惠梨次韻奉酬三首	耿天騭惠梨次韻奉酬三首	耿天騭惠梨次韻奉酬（目錄有"三首"）	耿天騭惠梨次韻奉酬三首	耿天騭惠梨次韻奉詶	耿天騭惠梨次韻奉詶三首
	定林院	定林院	定林院	定林院	定林院	定林完（目錄定林）	定林	定林	定林院	定林院	定林
	與薛肇明奕棋賭梅花詩輸一首	與薛肇明奕棋賭梅花詩輸一首	與薛秀才奕棋賭梅花詩輸一首	與薛肇明奕棋賭梅花詩輸一首	與薛肇明奕棋賭梅花詩輸一首	與薛肇明奕棋賭梅花詩輸一首	與薛肇明奕棋賭梅花詩輸一首	與薛肇明奕棋賭梅花詩輸一首	與薛肇明奕棋賭梅花詩輸一首	與薛肇明奕棋賭梅花詩輸一首	與薛肇明奕棋賭梅花詩輸一首
	與天騭宿清涼廣惠僧舍	與天騭宿清涼惠僧舍	與天騭宿清涼寺	與天騭宿清涼寺	與天騭宿清涼寺	與天騭宿清涼廣惠僧舍	與天騭宿清涼廣惠僧舍	與天騭宿清涼廣惠僧舍	與天騭宿清涼廣惠僧舍	與天騭宿清涼廣惠僧舍	與天騭宿清涼廣惠僧舍
	封殖	封殖	對植	對植（對）作一	對（一作）封植	封殖	封殖	封殖	對植（對）作一	封植	封殖

· 321 ·

和刻本宋人文集叢考

續表

版本/卷數	和刻本《王荆公絕句》所用題名	杭州本《臨川先生文集》	龍舒本《王文公文集》	元大德五年《王荆文公詩箋注》	朝鮮活字本《王荆文公詩》李壁注	内閣文庫藏	應雲鸞本	何遷本	清綺齋本《王荆文公詩》	和刻本《王荆公絕句》	《王安石全集》
卷三	中年	馬斃	馬死	馬死	馬死	馬斃	馬斃	馬斃	馬死	馬斃	馬斃
		壙浪	壙浪	壙浪	壙浪	壙浪	壙浪	壙浪	壙浪	壙浪	壙浪
	陳俞二君忽然不見	俞秀老忽然不見	陳俞二君用前日韻作口號用過法雲寺韻	陳俞二君忽然不見	陳俞二君忽然不見	俞秀老忽然不見	俞秀老忽然不見	俞秀老忽然不見	陳俞二君忽然不見	陳俞二君忽然不見	俞秀老忽然不見
	與黃道原過西莊遂遊寶乘	與道原過西莊遂遊寶乘	草堂懷古	與道原遊西莊過寶乘	與道原遊西莊過寶乘	與黃道原過西莊遊寄乘	與道原過西莊遂遊寶乘	與道原過西莊遂遊寶乘	與道原過西莊遂遊寶乘	與黃道原過西莊遂遊寶乘	與道原過西莊遂遊寶乘
	宗堵波	宗堵波	宗堵波	宗堵波	宗堵波	宗堵波	宗堵波	宗堵波	宗堵波	宗堵波	宗堵波
卷四	今日隱侯孫亦老,偶尋陳迹到煙蘿(一作松蘿)	蕙帳銅瓶,僧夢事,皆陳迹,屏飄然在松蘿	蕙帳銅瓶,僧夢事,皆陳迹,屏飄然在松蘿	蕙帳銅缾,僧夢醫,皆陳迹屏飄然在松蘿	蕙帳銅瓶,僧夢事,皆陳迹,屏飄然在松蘿 今日隱侯孫亦到,尋陳迹到煙蘿(一作松蘿)	今日隱侯,孫亦老,偶尋陳迹到煙蘿(一作松蘿) 蕙帳銅屏,飄皆舊陳迹,然在松夢)	今日隱侯孫亦老,偶尋陳迹到煙蘿(一作松蘿) 蕙帳銅屏,飄皆舊陳迹,然在松蘿)	今日隱侯孫亦到,偶尋陳迹到煙蘿(一作松蘿) 蕙帳銅屏,飄皆舊陳迹,然在松蘿)	蕙帳銅缾,僧夢醫,皆陳迹然在松蘿 今日隱侯孫亦到,尋陳迹煙蘿	今日隱侯孫亦老,偶尋陳迹到煙蘿(一作松蘿) 蕙帳銅屏,飄皆舊陳事,然在松蘿)	今日隱侯孫亦到,偶尋陳迹煙蘿

第二章・王安石文集和刻本研究

續表

版本卷數	和刻本《王荊公絕句》所用題名	杭州本《臨川先生文集》	龍舒本《王文公文集》	元大德五年《王荊文公詩箋注》	朝鮮活字本《王荊文公詩李壁注》	內閣文庫藏	應雲鰦本	何遷本	清綺齋本《王荊文公詩》	和刻本《王荊公絕句》	《王安石全集》
	庚申正月遊齊安	庚申正月遊齊安	庚申正月遊齊安	庚申正月遊齊安院	庚申正月遊齊安院	庚申正月遊齊安	庚申正月遊齊安	庚申正月遊齊安	庚申正月遊齊安院	庚申正月遊齊安山林外	庚申正月遊齊安
	經局感言	趁	趁	趁	趁	趁	趁	趁	趁	趁	趁
	鍾山晚步	白食	白食	白食	白食	白食	白食	白食	就食	就食	白食
	示寶覺三首之一	楝花	楝花	楝花	楝花	楝花	楝花	楝花	楝花	楝花	楝花
卷四		火頓慭明	火煖慭明	火煖慭明	火煖慭明	火頓慭明	火煖慭明	火煖慭明	火煖窗明	火暖窗明	火暖窗明
	離昇州作(七絕)	超然聖寺山林外	儵然迴出山林	儵然迴出山林	儵然迴出山林外	超然聖乙山林外	超然聖寺山林外	超然聖寺山林外	儵然迴	儵然迴出山林外	超然聖寺山林外
	中書即事	離昇州作	離昇州作二首(之二)	離昇州作	離昇州作	離昇州作	離昇州作	離昇州作	離昇州作	離昇州作	離昇州作
	贈外孫	負	誤	負(一作誤)	負(一作誤)	負	負	負	負(一作誤)	負	負
		白上	白石	白石	白石	白上	白上	白上	白石	白石	白上
		畫	畫	畫	畫	畫	畫	畫	畫	畫	畫
	東流頓令龔官阻風示文有牧風伯奏天閻之語答以四句	憑	憑	憑	憑	憑	憑	憑	憑	憑	憑

323

续表

卷数	版本 和刻本《王荆公绝句》所用题名	杭州本《临川先生文集》	龙舒本《王文公文集》	元大德五年《王荆文公诗笺注》	朝鲜活字本《王荆文公诗李壁注》	内阁文库藏	应云鹥本	何迁本	清绮斋本《王荆文公诗》	和刻本《王荆公绝句》	《王安石全集》
卷四之三	送黄吉父将赴官归金谿三首	送黄吉父将赴南康金谿官归三首	送黄吉父三首(将赴南康官)(将赴南康金谿)	送黄吉父三首(将赴南康官归金谿)	送黄吉父三首(将赴南康官归金谿)	送黄吉父将赴南康金谿官归三首	送黄吉父将赴南康金谿官归三首	送黄吉父将赴南康金谿官归三首	送黄吉父将赴南康金谿官归三首	送黄吉父将赴南康金谿官归三首	送黄吉父将赴南康金谿官归三首
	我如逆旅客当去遂	我如逆旅客当去遂	我如逆旅客当去遂	我如逆旅客当去遂	我如逆旅客当去遂	我如逆旅客当去遂	我如逆旅客当去遂	我如逆旅客当去遂	我如逆旅客当去遂	我如逆旅客当去遂	我如逆旅客当去遂
	後会有无那得知	後会有无那得知	後会有无那得知	後会有无那得知	後会有无那得知	後会有无那得知	後会有无那得知	後会有无那得知	後会有无那得知	後会有无那得知	後会有无那得知
	未觉遥	未觉遥	未觉遥	故未遥	故未遥	未觉遥	未觉遥	未觉遥	故未遥	故未遥	未觉遥
卷五	观明州图	观明州图	观明州图,又名鄞州	观明州图	观明州图	观明州图	观明州图	观明州图	观明州图	观明州图	观明州图
	观明州图	尚记西亭一棱船	尚记西亭一棱船	尚忆西亭一棱船	尚忆西亭一棱船	尚记西亭一棱船	尚记西亭一棱船	尚记西亭一棱船	尚忆西亭一棱船	尚记西亭一棱船	尚记西亭一棱船
		投老心情非复昔	投老心情非复昔	投老心情(一作光阴)非复昔	投老心情(一作光阴)非复昔	投老心情非复昔	投老心情非复昔	投老心情非复昔	投老心情(一作光阴)非复昔	投老心情非复昔	投老心情非复昔
		当时山水故依然	当时山水故依然	当时风月故依然	当时风月故依然	当时山水故依然	当时山水故依然	当时山水故依然	当时风月故依然	当时山水故依然	当时山水故依然

第二章・王安石文集和刻本研究

续表

版本卷数	和刻本《王荆公绝句》所用题名	杭州本《临川先生文集》	龙舒本《王文公文集》	元大德五年《王荆文公诗笺注》	朝鲜活字本《王荆文公诗李壁注》	内阁文库藏	应云鹫本	何迁本	清绮斋本《王荆文公诗》	和刻本《王荆公绝句》	《王安石》全集
卷五	春春	山		风	风	山	山	山	风	风	山
		绿	绿	绿	绿	绿	绿	绿	绿	绿	绿
		浑	渌	浑	浑	浑	浑	浑	浑	浑	浑
	题中书壁	辟臣	都	词臣	词臣	辞臣	辞臣	绿臣	词臣	词臣	辟臣
	试院中作	试院中	试院中五绝句	试院中五绝	试院五绝句	试院五绝句	试院中	试院中	试院五绝	试院中作	试院中四首（原无"四首"，据目录改）
	之一	材	才	才	才	才	才	才	才	才	材
	学士院燕侍郎画屏	学士院燕侍郎画图	学士院图屏	学士院燕侍郎画屏	学士院燕侍郎画屏	学士院燕侍郎画图	学士院燕侍郎画图	学士院燕侍郎画图	学士院燕侍郎画屏	学士院燕侍郎画屏	学士院燕侍郎画图
	见鹦鹉戏作四句	见鹦鹉戏作四句	见鹦鹉戏作	见鹦鹉戏作	见鹦鹉戏作	见鹦鹉戏作四句	见鹦鹉戏作四句	见鹦鹉戏作四句	见鹦鹉戏作	见鹦鹉戏作四句	见鹦鹉戏作四句
	真	真	直	直	直	真	真	真	直	直	真
	乌石	乌石	游草堂寺	乌石（一作游草堂）	乌石（一作游草堂）	乌石	乌石	马石	乌石（一作游草堂）	乌石（一作游草堂）	乌石

续表

和刻本《王荆公绝句》所用题名	杭州本《临川先生文集》	龙舒本《王文公文集》	元大德五年《王荆文公诗笺注》	朝鲜活字本《王荆文公诗李璧注》	内阁文库藏	应云鸒本	何迁本	清绮斋本《王荆文公诗》	和刻本《王荆公绝句》	和刻本《王安石全集》
同陈和叔游北山	同陈和叔游北山	同陈和叔游北山	同陈和叔游北山	同陈和叔游北山	同陈和叔游北山	同陈和叔游北山	同陈和叔游北山	同陈和叔游北山	同陈和叔游北山	同陈和叔游北山
和惠思韵二首之二·体泉观	和惠思韵二首之二·体泉观	和僧岑参游体泉观	和僧惠岑游体泉观	和僧惠岑游体泉观	无	和惠韵二首	和惠思韵二首	和僧惠岑游体泉观	和惠思韵二首之二·体泉观	和惠思韵二首之二·体泉观
住灵山	共灵山	住灵山	住(小注：一作共灵山)	住(小注：一作共灵山)		共灵山	共灵山		住灵山	共灵山
卷六之二·蝉	蝉	和惠思闻蝉(卷五十二)、蝉(卷七十七)	和惠思闻蝉	和惠思闻蝉	无	蝉	蝉	和惠思闻蝉	蝉	蝉
	亦自	忆似(和惠思闻蝉)、亦自	忆似(忆一作一)	忆似(一作一似)		亦自	亦自	忆似(忆似别本作一亦又作自一作一)	亦自	亦自
送石甫学士赴湖州	送石甫学士赴湖州	送王介甫学士赴湖州	送王介甫学士赴湖州(字中甫)	送王介甫学士赴湖州(字中甫)	无	送石甫学士赴湖州	送石甫学士赴湖州	送王介甫学士赴湖州(字中甫)	送王甫学士知湖州	送王甫学士知湖州

第二章·王安石文集和刻本研究

续表

版本 卷数	和刻本《王荆公绝句》所用题名	杭州本《临川先生文集》	龙舒本《王文公文集》	元大德五年《王荆文公诗笺注》	朝鲜活字本《王荆文公诗李璧注》	内阁文库藏	应云鷟本	何迁本	清绮斋本《王荆文公诗》	和刻本《王荆公绝句》	《王安石全集》
		吴兴	东吴	东吴	东吴		吴兴	吴兴	东吴	吴兴	吴兴
		未足多	不足多	未足多	未足多		未足多	未足多	未足多	未足多	未足多
		下檐	下檐	下檐	下檐		下檐	下檐	下檐	下檐	下檐
	江宁夹口三首	江宁夹口三首	江宁夹口五首	江宁夹口三首	江宁夹口三首	无	江宁夹口三首	江宁夹口三首	江宁夹口三首	江宁夹口三首	江宁夹口三首
	之二	店坏	夜泊	夜泊	夜泊		店坏	店坏	夜泊	夜泊	店坏
卷六	省中	省中	第一首金陵郡斋偶作（卷六十八）第二首省中（卷七十六）	省中二首	省中二首	无	省中	省中	省中二首	省中	省中二首
	夜直	剪剪	剪剪	剪剪	剪剪	无	剪剪	剪剪	剪剪	剪剪	剪剪
	试院中	试院中	卷七十六试院中五绝句之后四首	无	此处无诗，均在卷四十五试院句之后绝句四首	无	试院中	试院中	无	试院中作	试院中四首

续表

版本卷数	和刻本《王荆公绝句》所用题名	杭州本《临川先生文集》	龙舒本《王文公文集》	元大德五年《王荆文公诗笺注》	朝鲜活字本《王荆文公诗李壁注》	内阁文库藏	应云鹫本	何迁本	清篇斋本《王荆文公诗》	和刻本《王荆公绝句》	《王安石全集》
	之一	床	床		床	床	床	床		床	床
	之二	鹰	鹰		鹰		鹰	鹰		鹰	雁
		堵	堵		阶		堵	堵		阶	堵
	之三	宋	宋		李		宋	宋		宋	宋
		趁	趁		趁		趁	趁		趁	趁
	之四	踈	踈		踈		踈	踈		踈	疏
	出城	豀	豀		溪		豀	豀	溪	豀	溪
	涿州	此路	此路	此路	北路	此路	此路	此路	此路	此路	此路
	书湖阴先生壁	李	李		李	李	李	李	李	李	李
卷六	和平甫舟中 道光法师	和平甫寄北山诗大师	寄北山诗大师	无,在卷四十八寄北山诗大师	无,在卷四十八寄北山诗大师	和平父寄道光法师	和平父寄道光法师	和平父寄道光法师	无,在卷四十八寄北山诗大师	和平甫寄道光法师	和平父寄道光法师
	和崔公度家风琴八首之七	镇鄘		镇鄘	镇鄘	镇鄘	镇鄘	镇鄘	镇鄘	镇鄘	镇鄘

328

續表

版本卷數	和刻本《王荆公絕句》所用題名	杭州本《臨川先生文集》	龍舒本《王文公文集》	元大德五年《王荆文公詩箋注》	朝鮮活字本《王荆文公詩李壁注》	內閣文庫藏	應雲鶴本	何遷本	清綺齋本《王荆文公詩》	和刻本《王荆公絕句》	《王安石全集》
	懷舊	冰		冰	冰	冰	冰	冰	冰	風	冰
	訪隱者	碁		棋	碁	碁	碁	碁	棋	碁	棋
	海棠花	驕	嬌	嬌	嬌	驕			嬌	嬌	驕
		饒	饒	燒	饒	饒			燒	饒	饒
卷七	雜詠五首之一	雜詠五首	雜詠絕句十五首	雜詠六首	雜詠六首	雜詠四首	雜詠四首	雜詠五首	雜詠六首	雜詠五首	雜詠五首
	之五	家人	家人	家人	家人	家人	家人	家人	人家	人家	家人
	破冢二首之一	(殘損)	蕭蕭	蕭蕭	蕭蕭	無	無	蕭蕭	蕭蕭	瀟瀟	蕭蕭
		埋沒殘碑草自春	埋沒殘碑草自春	埋沒殘碑草自春	埋沒殘碑草自春	埋沒殘碑草自春	埋沒殘碑草自春	埋沒殘碑草自春	埋沒殘碑草自春	埋沒殘碑草自春	埋沒殘碑草自春
	題景德寺試院壁	踈	踈	踈	踈	踈	踈	踈	踈	踈	疏
	金陵報恩大師西堂方丈二首之一	鑪	鑪	鑪	鑪	鑪	鑪	鑪	鑪	鑪	鑪
	相州古瓦硯	屋瓦	屋瓦	屋瓦	屋瓦	屋瓦	屋瓦	屋瓦	屋瓦	瓦硯	屋瓦

續表

版本卷數	和刻本《王荆公絕句》所用題名	杭州本《臨川先生文集》	龍舒本《王文公文集》	元大德五年《王荆文公詩箋注》	朝鮮活字本《王荆文公詩李壁注》	内閣文庫藏本	應雲鷥本	何遷本	清綺齋本《王荆文公詩》	和刻本《王荆公絕句》	《王安石全集》
卷七	望夫石	九疑山	九疑山	九疑山	九疑山	九疑山	九疑山	九疑山	九疑山	九疑山	九疑山
	山前	趁	趁	趁	趁	趁	趁	趁	趁	趁	趁
	揚子二首	揚子二首		無（見卷四十八揚子三首）	無（見卷四十八揚子三首）	揚子二首	揚子二首	揚子二首	無（見卷四十八揚子三首）	揚子二首	揚子二首
	獨臥二首	獨臥二首		獨臥三首（實爲二首）	獨臥三首（實爲二首）	獨臥二首	獨臥二首	獨臥二首	獨臥三首（實爲二首）	獨臥二首	獨臥二首
	范睢	禍故	禍故	禍福	禍故	禍故	禍故	禍故	禍福	禍故	禍故
	張良	當（一作於）	當	於（一作當）	當（當一作於）	當（一作於）	當（一作於）	當（一作當）	於（一作當）	當（一作於）	當（一作於）
	伯牙	閉	歸	歸（歸一作閉）	歸（當一作閉）	閉	閉	閉	歸（歸一作閉）	歸	閉
	讀後漢書	心	深	心	心	心	心	心	心	心	心
		鋼黛	鋼黛	黛鋼	黛鋼	鋼黛	鋼黛	鋼黛	黛鋼	黛鋼	鋼黛
		無（在卷三十四）	寄和甫	寄和甫	寄和甫				寄和甫	無（在卷九）	無（在卷三十四）
		拆	拆	拆	拆	拆			拆	拆	拆

第二章・王安石文集和刻本研究

續表

版本卷數	和刻本《王荊公絕句》所用題名	杭州本《臨川先生文集》	龍舒本《王文公文集》	元大德五年《王荊文公詩箋註》	朝鮮活字本《王荊文公詩李壁注》	內閣文庫藏	應雲鷥本	何遷本	清綺齋本《王荊文公詩》	和刻本《王荊公絕句》	《王安石全集》
	城東寺菊										
	燕	孤	孛	孛	孛	無	孤	孤	孛	孛	孤
		長	長	常(一作長)	常(一作長)	無	長	長	常(一作長)	長	長
	真州東園作	自	似	似(一作自)	似(一作自)	無	自	自	似(一作自)	自	自
		歷遍	遍歷	歷遍	歷遍		歷遍	歷遍	歷遍	歷遍	歷遍
	別灊院二山	飽食窮年報禮虛	飽食虛執禮虛	飽食頻(一作窮)年報禮虛	飽食頻(一作窮)年報禮虛	無	飽食窮年報禮虛	飽食窮年報禮虛	飽食頻作窮年報禮虛	飽食窮年報禮虛	飽食窮年報禮虛
卷八	金山三首	金山三首	金山寺五首	金山寺(三山首)	金山寺(三山首)	金山三首	金山三首	金山三首	金山三首	金山三首	金山三首
	之一	四垂	四垂	四垂	叨垂	四垂	四垂	四垂	四垂	四垂	四垂
	遊鍾山	遊鍾山	遊鍾山四首	遊鍾山	遊鍾山	遊鍾山	遊鍾山	遊鍾山	遊鍾山	遊鍾山	遊鍾山
	龍泉寺石井二首之二	淑水	此井	此井	此井	淑水	淑水	淑水	此井	淑水	淑水
	杭州望湖樓回馬上作呈王汝樂道	杭州望湖樓回馬上作呈王汝樂道	望湖樓回馬上呈王汝樂道	杭州望湖樓回馬上作呈王汝樂道	杭州望湖樓回馬上作呈王汝樂道	杭州望湖樓回馬上作呈王汝樂道	杭州望湖樓回馬上作呈王汝樂道	杭州望湖樓回馬上作呈王汝樂道	杭州望湖樓回馬上作呈王汝樂道	杭州望湖樓回馬上作呈王汝樂道	杭州望湖樓回馬上作呈王汝樂道

· 331 ·

续表

版本卷数	和刻本《王荆公绝句》所用题名	杭州本《临川先生文集》	龙舒本《王文公文集》	元大德五年《王荆公文诗笺注》	朝鲜活字本《王荆文公诗李壁注》	内阁文库藏	应云鸑本	何迁本	清筠斋本《王荆文公诗》	和刻本《王荆公绝句》	《王安石全集》
卷八	奉和景纯十四丈三绝	奉和景纯十四丈三绝	奉和景纯十四丈三绝	奉和景纯十四丈三绝	奉和景纯十四丈三绝	奉和景纯十四丈三绝	奉和景纯十四丈三绝	奉和景纯十四丈三绝	奉和景纯十四丈三绝	奉和景纯十四丈三绝	奉和景纯十四丈三绝
	临津	临津	次韵和甫春日金陵登台二首之第二首 和张仲通忆钟陵绝句四首之第三首	临津 注:此平文诗或误刊於公集	临津(李壁注:此平文诗或误刊於公集)	临津	临津	临津	临津(李壁注:此平文诗或误刊於公集)	临津	临津
	汀沙	汀沙		汀沙	汀沙	汀沙	汀沙	汀沙	汀沙	汀沙	汀沙
	西山	西山	之第四首	西山	西山	西山	西山	西山	西山	西山	西山
	乌江亭	与	与	为	为	与	与	与	为	为	与
	诸葛武侯	何顗	杨顗	杨顗	杨顗	何顗	何顗	何顗	杨顗	杨顗	杨顗(已校改)
	春日席上	辞		词	词	辞	辞	辞	词	词	辞
	句容道中	多	多	长	长	多	多	多	长	多	多
	晏望驿释舟走信州	我	眼	眼	眼	我	我	我	眼	我	我

第二章・王安石文集和刻本研究

續表

版本 卷數	和刻本《王荊公絕句》所用題名	杭州本《臨川先生文集》	龍舒本《王文公文集》	元大德五年《王荊文公詩箋注》	朝鮮活字本《王荊文公詩李璧注》	內閣文庫藏	應雲鸑本	何遷本	清綺齋本《王荊文公詩》	和刻本《王荊公絕句》	《王安石全集》
卷八	送陳景初	送陳景初（陳善醫）	送陳景初金陵持服舉族飯術預君藥食之功小詩二首之二	送陳景初	送陳景初	送陳景初（陳善醫）	送陳景初（陳善醫）	送陳景初（陳普醫）	送陳景初	送陳景初（亦作送陳景初）	送陳景初
	欲雪	新酒	新酒	旨酒	旨酒	新酒	新酒	新酒	旨酒	旨酒	新酒
	木芙蓉	燕脂	燕脂	燕脂	臙脂	燕脂	燕脂	燕脂	燕脂	臙脂	燕脂
	精衛	我	我	幾	幾	我	我	幾	幾	幾	幾
	黃河	屋間	屋間	尾（一作屋）間	尾亦作屋間	屋間	屋間	屋間	尾（一作屋）間	尾作亦作屋間	屋間
	縣舍西亭二首之二	立	滿	滿	滿	立	滿	滿	滿	滿	滿
	鐵幢浦	歸去	歸去	歸客	歸客	綠去	歸去	歸去	歸客	歸客	歸去（無校勘）
	臨灰亭作	臨灰亭作	臨灰亭	臨灰亭	臨灰亭	臨灰亭作	臨灰亭作	臨灰亭作	臨灰亭	臨灰亭	臨灰亭作
	蘇州道中順風	清曉	清曉	清曉	清曉	清曉	清曉	清早	清曉	清早	清早

333

续表

版本 卷数	和刻本《王荆公绝句》所用题名	杭州本《临川先生文集》	龙舒本《王文公文集》	元大德五年《王荆文公诗笺注》	朝鲜活字本《王荆文公诗李璧注》	内阁文库藏	应云鹥本	何迁本	清绮斋本《王荆文公诗》	和刻本《王荆公绝句》	《王安石全集》
卷九	秋日	草木	秋草	秋早(一作草木)	秋早(一作草木)	草木	草木	草木	秋早(一作草木)	草木	草木
	残菊	撷	折	折	折	撷	撷	撷	折	撷	撷
		犹好在	还好在	还好在(一作犹好在)	还(一作犹)好在	犹好在	犹好在	犹好在	还好在(一作犹好在)	犹好在	犹好在
	竹窗	竹意	钟山绝句二首之二	竹愍	竹愍	竹愍	竹愍	竹愍	竹窗	竹窗	竹窗
	出定力院作	为	为	未(一作为)	未(作为)	未	为	为	未(一作为)	为	为
	无锡寄正之	无锡寄正之	无锡寄正之	无锡寄正之	无锡寄孙正之	无锡寄正之	无锡寄正之	无锡寄正之	无锡寄孙正之	无锡寄正之	无锡寄正之
	酬王微之	巾	巾	巾	巾	巾	巾	纱	巾	纱	纱
	题王光亭	下	玉	玉	玉	下	下	下	玉	玉	玉(下,校改)
	嘲叔孙系通	便许当时作圣人	便许当时作圣人	便许当时(一作先生)作圣人	便计当时(别本作先生)作圣人	便许当时作圣人	便许当时作圣人	便许当时作圣人	便许当时(一作先生)作圣人	便许当时作圣人	便许当时作圣人

第二章・王安石文集和刻本研究

續表

版本 卷數	和刻本《王荊公絕句》所用題名	杭州本《臨川先生文集》	龍舒本《王文公文集》	元大德五年《王荊文公詩箋注》	朝鮮活字本《王荊文公詩李壁注》	內閣文庫藏	應雲鷟本	何遷本	清綺齋本《王荊公詩》	和刻本《王荊公絕句》	《王安石全集》
	和淨因有作	慇		慇	慇	慇	慇	慇	窗	慇	窗
	張工部廟	張工部廟		張工部廟	張二部廟	張工部廟	張工部廟	張工部廟	張工部廟	張工部廟	張工部廟
	無	無(排在《寄和甫》後)		寄伯兄	寄伯兄	無	無	無	寄伯兄	無(排在《寄和甫》後)	無(排在《寄和甫》後)
	次韻和張仲通見寄三絕句	和張仲通見寄三絕句	和張仲通見寄三絕句	和張仲通見寄三絕句	和張仲通見寄三絕句	次韻和張仲通見寄三絕句	次韻和張仲通見寄三絕句	次韻和張仲通見寄三絕句	和張仲通見寄三絕句	次韻和張仲通見寄三絕句	次韻和張仲通見寄三絕句
卷九	之一	凭	凭	凭	凭	凭	凭	凭	凭	凭	慇
	韓子	舉世何人識道真(一本道真作獸獸誰令識道真)	舉世何人識道真(一本道真作獸獸誰令識道真)	舉世何人識道真	舉世何人識道真	舉世何人識道真(一本作獸獸誰令識道真)	舉世何人識道真(一本作獸獸誰令識道真)	舉世何人識道真(一本道真作獸獸誰令識道真)	舉世何人識道真	舉世何人識道真(一本道真作獸獸誰令識道真)	舉世何人識道真(一本作獸獸誰令識道真)
	郭解	籍文雖有	籍文雖有	籍文雖有	籍文雖有	無	籍文雖有	籍人唯有	籍文雖有	籍文雖有	籍文雖有
	越人以幕養花因遊其下二首之二	憂		憂	怜	憂	憂	憂	憂	憂	憂

335

續表

版本卷數	和刻本《王荆公絕句》所用題名	杭州本《臨川先生文集》	龍舒本《王文公文集》	元大德五年《王荆文公詩箋注》	朝鮮活字本《王荆文公詩李壁注》	內閣文庫藏	應雲鸞本	何遷本	清綺齋本《王荆公詩》	和刻本《王荆公絕句》	《王安石全集》
卷九	離鄭至菁江東望	秖有谿山	只有谿山	只有谿山	只有谿山	秖有谿山	秖有谿山	秖有谿山	只有谿山	秖有谿山	秖有溪山
	信州週車館中作二首之一	牀	床	床	床	牀	牀	牀	床	牀	牀
	之二	館	館	館	館	館	館	館	館	館	館
		西窻一榻芭蕉雨（一作芭蕉一枕西窻雨）	芭蕉一枕西窻雨（一作西窻一榻芭蕉雨）	芭蕉一枕西隱雨（一作西窻一榻芭蕉雨）	芭蕉一枕西窻雨（一作西窻一榻芭蕉雨）	西窻一榻芭蕉雨（一作芭蕉一枕西窻雨）	西窻一榻芭蕉雨（一作芭蕉一枕西窻雨）	西窻一榻芭蕉雨（一作芭蕉一枕西窻雨）	西窻一榻芭蕉雨（一作西窻一枕芭蕉雨）	西窻一榻芭蕉雨（一作芭蕉一枕西窻雨）	西窻一榻芭蕉雨（一作芭蕉一枕西窻雨）
	鄞縣西亭	鄞縣西亭	起縣舍西亭三首之三	鄞縣西亭	鄞縣西亭	鄞縣西亭	鄞縣西亭	鄞縣西亭	鄞縣西亭	鄞縣西亭	鄞縣西亭
	寄和甫	寄和甫	寄和甫	無（在卷四十六）	寄和甫	寄和甫	寄和甫	寄和甫	無（在卷四十六）	寄和甫	寄和甫
		拆	拆	拆	拆	拆	拆	拆	拆	拆	拆
	舉家憐汝	舉家憐汝（殘）不同盤	舉家憐汝 不同盤	舉家憐汝 不同盤	舉家憐汝 不同盤	小同盤	舉家憐汝 不同盤	舉家憐汝 不同盤	舉家憐汝 不同盤	舉家憐汝 不同盤	舉家憐汝 不同盤

續表

版本卷數	和刻本《王荆公絕句》所用題名	杭州本《臨川先生文集》	龍舒本《王文公文集》	元大德五年《王荆文公詩箋注》	朝鮮活字本《王荆文公詩李壁注》	內閣文庫藏	應雲鷟本	何遷本	清綺齋本《王荆文公詩》	和刻本《王荆公絕句》	《王安石全集》
	寄伯兄	寄伯兄	寄伯兄	無	無	寄伯兄	寄伯兄	寄伯兄	無	寄伯兄	寄伯兄
	別鄞女	行年	年登	行年	行年	行年	行年	行年	行年	行年	行年
		憂傷秖	離傷秖	憂傷只	憂傷秖	憂傷秖	憂傷秖	憂傷秖	憂傷只	憂傷秖	憂傷秖
		死生從此	此生蹤跡	死生從此	死生從此	死生從此	死生從此	死生從此	死生從此	死生從此	死生從此
	默默	默默	無題二首之二	默默	默默	無	默默	默默	默默	默默	默默
		強迫隨	強迫隨	護迫隨	護迫隨		強迫隨	強迫隨	護迫隨	強迫隨	強迫隨
卷九		謝		去	去		謝	謝	去	謝	謝
	達本	達本	寓言三首之三	寓言三首之三	寓言三首之三	無	達本	達本	寓言三首之三	達本	達本
		嚴	嚴	嚴	嚴	嚴	嚴	嚴	嚴	嚴	嚴
		原	源	源	源		原	原	源	原	原
		護	護	漫	漫		護	護	漫	護	護
	寓言三首之一	揚子	揚子三首之三	揚子三首之三	揚子三首之三		揚子	揚子	揚子三首之三	揚子	揚子
	揚子										

和刻本宋人文集叢考

續表

版本卷數	和刻本《王荆公絕句》所用題名	杭州本《臨川先生文集》	龍舒本《王文公文集》	元大德五年《王荆文公詩箋注》	朝鮮活字本《王荆文公詩李壁注》	內閣文庫藏	應雲鶩本	何遷本	清緒蕪本《王荆文公詩》	和刻本《王荆公絕句》	《王安石全集》
卷九	贈安大師	贈安大師	學道禪	贈安大師	贈安大師	贈安大師	贈安大(太)師	贈安大師	贈安大師	贈安大師	贈安大師
	送李生白華嚴修道	學道禪		學道(一作坐)禪	學道(一作坐)禪	李道禪	學道禪	學道禪	學道(一作坐)禪	學道禪	學道禪
	驢二首之一	久同參	久同參	久同參	久同參	久同參	久同參	久同參	久同參	久同參	久同參
	晚春	無	晚春	晚春	晚春	無	無	無	晚春	晚春	無
	樓上望湖	無	樓上望湖	樓上望湖	樓上望湖	無	無	無	樓上望湖	樓上望湖	無
	寄李道人	無	寄李道人	寄李道人	寄李道人	無	無	無	寄李道人	寄李道人	無
	憶江南	無	憶江南	憶江南	憶江南	無	無	無	憶江南	憶江南	無
		無。對棋與道原至草堂寺(在卷三"古詩")	對棋與道原至草堂寺"古詩",又"對棋呈道原""律詩"	蝴蝶	蝴蝶	胡蝶	無	無	蝴蝶	蝴蝶	無
	對棋呈道原			對棋呈道原	對棋呈道原	對棋呈道原	無	無	對棋呈道原	對棋呈道原	無

第二章・王安石文集和刻本研究

續表

版本 卷數	和刻本《王荊公絕句》所用題名	杭州本《臨川先生文集》	龍舒本《王文公文集》	元大德五年《王荊文公詩箋注》	朝鮮活字本《王荊文公詩李壁注》	内閣文庫藏	應雲鷟本	何遷本	清綺齋本《王荊文公詩》	和刻本《王荊公絕句》	《王安石全集》
卷九		明朝投局日未晚。投局亦未晚	明朝投局末晚。投局亦未晚	明朝投局亦末晚	明朝投局亦末晚				明朝投局亦末晚	明朝投局亦末晚	
		從此亦復不吟詩	從此亦復不吟詩	從此亦復不吟詩	從此亦復不吟詩				從此亦不復吟詩	從此亦不復吟詩	
	謝微之見過	無	謝微之見過	謝微之見過	謝微之見過	無	無	無	謝微之見過	謝微之見過	無
	惜春	無		惜春	惜春	無	無	無	惜春	惜春	無
			蓋紫藏紅 護惜春	蓋紫藏紅 邊紫惜春	邊紫殘紅 護惜春				蓋紫藏紅 邊惜春	蓋紫藏紅 邊惜春	
		無（見卷三十一和平父寄道光法師）		寄北山詳大師（一作和平甫寄道光法師）	寄北山詳大師（一作和平甫寄道光法師）	無	無	無	寄北山詳大師（一作和平甫寄道光法師）		無
	子貢	無	子貢	子貢	子貢	無	無	無	子貢	子貢	無

・339・

第三章
陳師道文集和刻本研究

陳師道(1053—1101)，字履常，又字無己，號後(后)山居士，徐州彭城人(今江蘇徐州市)。一生清苦，仕途未顯。然致力於宋調之苦吟，身後博得一祖三宗之令名。陳師道文集歷來概分爲二：文集本、詩注本。其詩集尤爲世人矚目，今分述如下。

第一節 文集本

據政和五年十月六日魏衍所作《彭城陳先生集記》記載："衍從先生學者七年，所得爲多，今又受其所遺甲乙丙藁，皆先生親筆。合而校之，得古律詩四百六十五篇，文一百四十篇。詩曰五七，雜以古律；文曰千百，不分類。衍今離詩爲六卷，類文爲十四卷，次皆從舊，合二十卷，目錄一卷，又手書之。"①其他《詩話》之類，另外結集，不在文集之內。另有政和六年王雲所作跋語記

---

① 引文見日本內閣文庫所藏元刻本《后山詩注》卷首。

載:"最後得昌世所集,凡六百五篇。"①正可與《彭城陳先生集記》相互印證。此文集爲魏衍依據"親筆",親力親爲,可謂陳師道詩文最爲明確可靠之版本。

《郡齋讀書志》卷十九載有"陳無己后山集二十卷":

> 右皇朝陳師道無己,彭城人。少以文謁曾南豐,南豐一見奇之,許其必以文著。元祐中,侍從合薦於朝,起爲太學博士。紹聖初,以進非科舉而罷。建中靖國初,入秘書爲正字,以卒。爲文至多,少不中意,則焚之。②

趙希弁《讀書附志》卷下"后山先生文集五十五卷"補充以爲:

> 右陳師道無己之文也。《讀書志》云二十卷。希弁所藏乃紹興二年謝克家所叙者。或謂二十卷者,乃魏衍所編,而《讀書志》不載。③

趙希弁注意到晁公武並未言及二十卷之編者,晁公武或不以爲其所載之二十卷乃魏衍所編。今唯一所存宋本《後山居士文集》正是如此。此本與魏衍所編同爲二十卷,詩六卷,文十四卷。然詩共有六百六十首,文共有一百六十八篇,較之魏衍所記,詩多一百九十五首,文多二十八篇,遠超原本數量。魏衍言"詩曰五七,雜以古律;文曰千百,不分類",可見詩當分五、七言。而此本每卷五、七言錯置,與原本迥異。故,此本顯然並非魏衍所編之二十卷本,是否爲晁公武所記亦未可知。

---

① 引文見日本内閣文庫所藏元刻本《后山詩注》卷首。
② 《郡齋讀書志》第1018頁。祝尚書《宋人別集叙錄(增訂本)》卷十二所引"衢本《讀書志》卷十九",實爲袁本文字,並非衢本。(第573頁)
③ 《郡齋讀書志》,第1190頁。

此本今藏中國國家圖書館，善本書號11456。版式爲九行十五字，白口，上單魚尾，左右雙欄，版心記有卷數與頁碼，無刻工名姓。前有紹興二年五月十日汝南謝克家序。序後有翁方綱題跋、"覃溪審定"、"吴榮光印"、"伯榮審定"、"南海吴榮光書畫之印"，大小不等朱色陽文印章。傅增湘《藏園群書經眼錄》"後山居士文集二十卷"條以爲："此帙字撫誠懸，其版式正與二蘇集、秦淮海集同，疑當時合刻尚不止此四家也。"①同書"淮海先生閒居集四十卷"條亦言："此蜀大字本，與蘇文忠、蘇文定、陳後山三集全同，當爲同時同地所刊也。"②然其於"蘇文忠公文後集"條又言："宋蘇軾撰，存卷十六、十七宋蜀中刊本，九行十五字，大字仿顏書，與余藏蘇文定集同。"③顏、柳兩體迥異，前後描述自相矛盾。

　　傅增湘所言"二蘇集"指蜀大字本《蘇文忠公文集》四十卷、《蘇文定公文集》五十卷。《蘇文忠公文集》今分别收藏於：北京大學圖書館，存卷三十七、三十八、四十，編號8282；④臺灣"國家圖書館"，存卷十七，編號000518673。《蘇文定公文集》今分别收藏於：臺灣"國家圖書館"，存卷二十五、二十六，編號000518740；臺灣故宮博物院，存卷四至六、十至十五、二十、二十六、二十七、三十七、三十八、四十一至四十四，共十八卷，編號：013074—013089。《淮海先生閒居集》今收藏於中國國家圖書館，存卷一至十八、二十七至三十四，共二十六卷。⑤今翻檢可

---

① 《藏園群書經眼錄》卷十三《集部二·北宋别集類》，第988頁。
② 同上，第992頁。
③ 同上，第973頁。
④ 《北京大學圖書館藏古籍善本書目》，北京：北京大學出版社，1999年版，第425頁。
⑤ 《中國古籍善本書目·集部上》，上海：上海古籍出版社，1989年版，第271頁。翁連溪編校：《中國古籍善本總目·集部上》，北京：線裝書局，2005年版，第1263頁。然，《中國古籍總目·集部1·别集類·宋代之屬》，北京：中華書局、上海：上海古籍出版社，2012年版，第254頁，並未著録此書。

見，二蘇集版心下均記有刊工名姓，而《後山居士文集》並無。另，核對原本文字，亦顯然與二蘇集不同。如下：

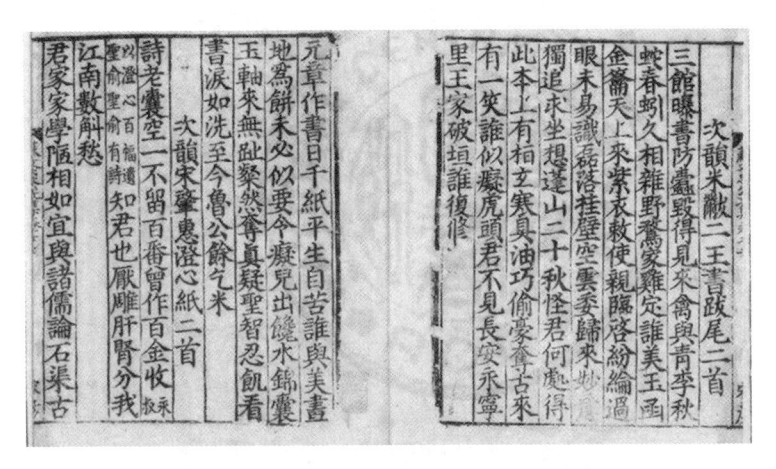

圖版 3-1：《蘇文忠公文集》（臺灣"國家圖書館"藏，編號 000518673）

圖版 3-2：《蘇文定公文集》（臺灣"國家圖書館"藏，編號 000518740）

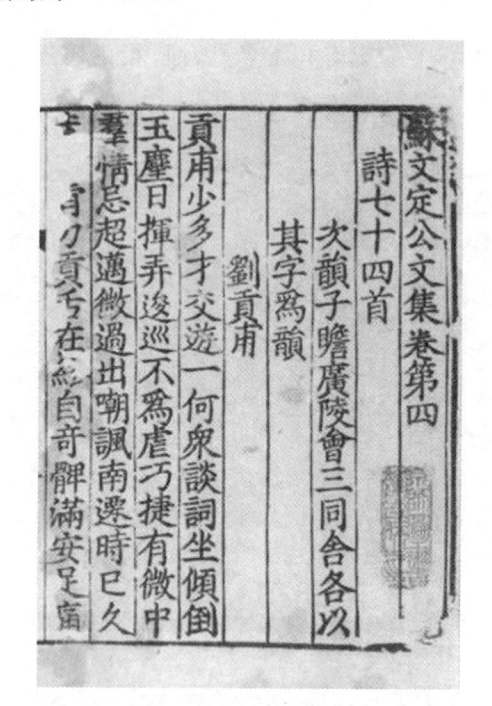

圖版 3-3：《蘇文定公文集》（臺灣故宮博物院藏，編號 013074—013089）

圖版 3-4：《後山居士文集》（中國國家圖書館藏，善本書號 11456）

可見,《後山居士文集》字體勁瘦,確如傅增湘所言"字撫誠懸"。二蘇集則筆畫粗碩爲顔體風格。

傅氏於《藏園群書經眼錄》"蘇文定公後集二十四卷"條推測《蘇文定公文集》的具體雕版時間曰:"按:此書與蘇文忠公集同刻,原藏内閣大庫,光宣之交,流散四出,北京圖書館尚餘十許卷,鄧氏羣碧樓藏六卷,卷一至三,十六至十八。沈氏海日樓藏五卷,余歷年假得,校於別本。是册爲寶應劉翰臣啓瑞所得,後歸余齋。按:此書初出時,群咸以爲北宋蜀本。後游虞山,見瞿氏藏秦淮海集,板式行格與此悉同,廓字缺筆,板心題'眉山文中刊'五字,始知爲寧宗時蜀之眉山刊本。"①《文禄堂訪書記》卷四"淮海先生文集四十卷,後集六卷"條亦記載:"宋諱避至'廓'字。"然同書卷四"蘇文定公文集五十卷"條又明確記載《蘇文定公文集》"宋諱避至'慎'字",②與《淮海先生文集》避諱迥異,若以此爲據推論刊刻時間,則不當爲同時雕版。

故而,傅氏以爲此四書"同時同地所刊"顯然有誤。依據避諱,二蘇集要早於淮海集,當爲南宋孝宗時期。而淮海集要晚自寧宗時期。至於《後山居士文集》版式與二蘇集迥異,未可依據二蘇集推測刊刻時間。祝尚書先生於《宋人別集叙録(增訂本)》中依據傅氏所論以爲"蓋寧宗慶元間眉山蘇氏功德寺刻本",③亦未允當。冒懷辛於《後山詩注補箋》以爲此乃紹興二年刻本,則依據此書卷首謝克家紹興二年五月十三日之序文。相較於諸種推測,此最爲切實有據。

《後山居士文集》未能確知元代是否曾有刊本,宋本之後今

---

① 王文進撰,柳向春標點:《中國歷代書目題跋叢書·文禄堂訪書記》,上海:上海古籍出版社,2007年版,第293頁。
② 《中國歷代書目題跋叢書·文禄堂訪書記》,第287頁。
③ 《宋人別集叙録(增訂本)》,第576頁。

唯存明清諸本，其版本價值實難以媲美宋元。明弘治十二年馬暾刻本《後山先生集》，何焯跋文以爲"明人錯本誤人，真有不如不刻之歎也"，①確爲良言。故略而不論，可參他著。

第二節　詩注本

1. 宋本《後山詩注》

天社任淵有感於"本朝山谷老人之詩，盡極騷雅之變，後山從其游，將寒冰焉"，故合註兩家詩歌，"暇日因取二家之詩，略註其一二。第恨寡陋，弗詳其秘，姑藏於家，以待後之君子有同好者相與廣之"。②此《黄陳詩集註序》作於政和元年（一一一一，辛卯）重陽日。其另有《後山詩註自序》曰：

政和中，王雲子飛，得後山門人魏衍親授本，編次有序，歲月可攷。今悉據依，略加緒正，詩止六卷，益以注，卷各釐爲上下。③

其後鄱陽許尹亦爲《黄陳詩集註序》言：

三江任君子淵博極群書，尚友古人，暇日遂以二家詩爲之註解，且爲原本立意始末，以曉學者，非若世之箋訓，但能標題出處而已也。既成，以授僕，欲以言冠其首。④

---

① 《藏園群書經眼錄》卷十三《集部二·北宋別集類》，第989頁。
② 《後山詩注補箋·附錄·序跋題記》，第592頁。
③ 《後山詩注補箋·目錄》，第1頁。
④ 《後山詩注補箋·附錄·序跋題記》，第593頁。

此序作於紹興乙亥(1155)冬十二月。由此可知,任淵早於魏衍五年即已完成陳師道詩集之收集箋註,因爲初稿,"姑藏於家"。之後更得王雲所獲魏衍編校本,"略加緒正"。最終於紹興二十五年完成定稿,亦當於此時刊行於世。此距初稿完成已有四十四年之久,可見其精謹黽勉。由"今悉據依,略加緒正",亦可知其註本與魏衍本大致相仿。今以《後山詩註補箋》爲據統計,其共選錄詩歌四百五十首,相較於魏衍所收四百六十五,略少十五首,僅占魏衍所收詩百分之三,遠非冒懷辛所言"詩的總數比魏衍本少三分之一弱"。[1]

今存宋刻殘本,卷三下至卷六下,封面題名"舊刊後山詩注",共七册,藏中國國家圖書館。[2]此本半葉十三行,行二十四字。左右雙欄,白口,上單黑魚尾,版心中記數字,下偶有刻工名姓。每頁版心魚尾下均記三字,分别爲"巳"、卷數、上下。如卷三下則記爲"巳三下",卷四上則記爲"巳四上"。版心下方記有本卷頁數。詩題低三格,詩文頂格,註文另起行低兩格,後山自註雙行小字。字體細小,版式細密,遠非《後山居士文集》可比。如圖版3-5。

《藏園群書題記》"宋刊殘本後山詩注跋"以爲:"字體古勁,與《册府元龜》、唐人詩集相類,斷爲蜀中所刊。宋諱缺筆止於'構'字,而'慎''敦'不缺,蓋南渡紹興刊本也。"[3]

2. 元本《后山詩注》

今則可知元刊本三種。兩種爲中國國家圖書館所藏。一者,卷一配日本抄本,卷二首頁有"靖齋"正方陽文紅色印章、"忻氏家藏"正方陽文紅色印章。善本書號01069。

---

[1] 《後山詩註補箋·前言》,第7頁。
[2] 《中國古籍善本書目·集部上》,第268頁。《中國古籍善本總目·集部·宋別集》,第1262頁。
[3] 《藏園群書題記》卷十三《集部三·宋別集類一》,第700頁。

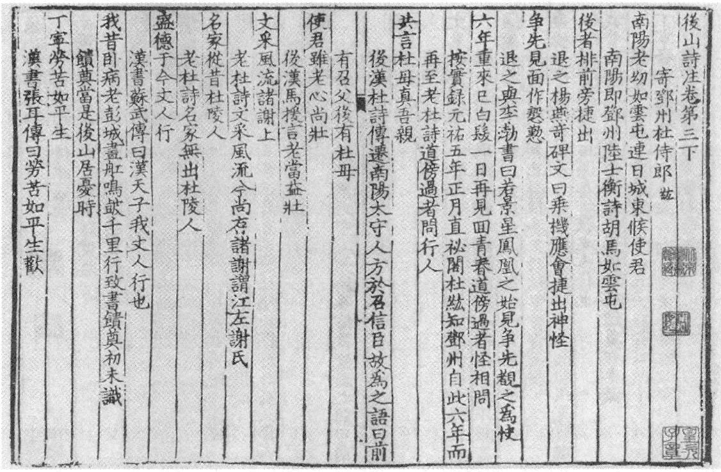

後山詩注卷第三下
寄鄧州杜侍郎 紘
南陽老幼如雲屯連日城東候使君
南陽即鄧州陸士衡詩胡馬如雲屯
後者排前旁捷出
退之楊燕奇碑文曰乘機應會捷出神怪
爭先見面作懃懃
退之與李翱書曰若景星鳳凰之始見爭先覩之爲快
六年重來已白鬚
按實録元祐五年正月直秘閣杜紘知鄧州自此六年而
再至老杜詩道傍過者問行人
共言杜母真吾親
後漢杜詩傳遷南陽太守人方於召信臣故爲之語曰前
有召父後有杜母
使君雖老心尚壯
後漢馬援言老當益壯
文采風流諸謝上
老杜詩文采風流今尚存諸謝謂江左謝氏
名家從昔杜陵人
老杜詩名家無出杜陵人
盛德于今丈人行
漢書蘇武傳曰漢天子我丈人行也
我昔卧病老彭城盡舡鳴獻千里行致書饋奠初未識
饋奠當是後山居憂時
丁寧勞苦如平生
漢書張耳傳曰勞苦如平生歡

圖版 3-5:《後山詩注》(中國國家圖書館藏)

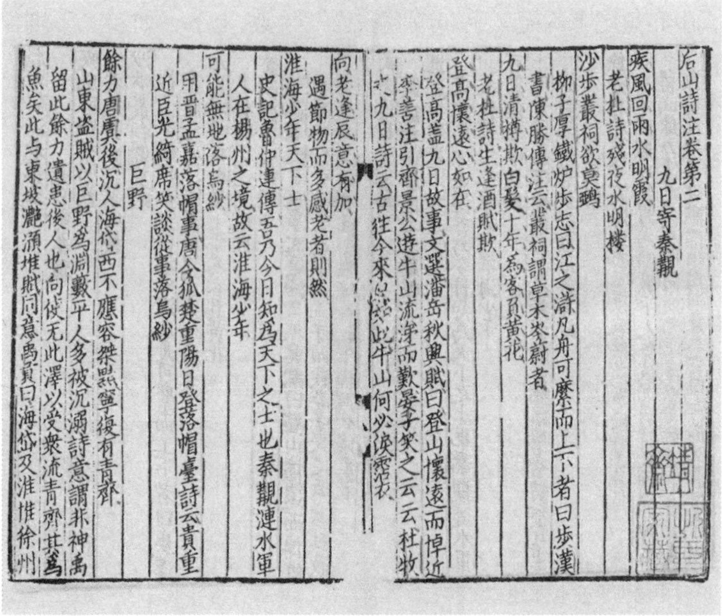

后山詩注卷第二
九日寄秦覯
疾風回雨水明霞
老杜詩殘夜水明樓
沙步叢祠欲莫鴉
柳子厚鐵爐步志曰江之滸凡舟可縻而上下者曰步漢
書陳勝傳注云叢祠謂草木岑蔚者
九日清樽欺白髮十年爲客負黃花
老杜詩生逢酒賦欺
登高懷遠心如在
登高蓋九日故事文選潘岳秋興賦曰登山懷遠而悼近
李善注引齊景公遊牛山流涕而歎晏子笑之云云杜牧
九日詩云古往今來只如此牛山何必淚沾衣
向老逢辰意有加
遇節物而多感老者則然
淮海少年天下士
史記魯仲連傳吾乃今日知爲天下之士也秦覯漣水軍
人在揚州之境故云淮海少年
可能無地落烏紗
用晉孟嘉落帽事唐令狐楚重陽日登落帽臺詩云貴重
近臣光綺席笑談從事落烏紗
巨野
餘力唐虞後沉人海岱西不應容桀黠寧復有青齊
山東盜賊以巨野爲淵藪平人多被沉溺詩意謂非神禹
留此餘力遺患後人也向使无此澤以受衆流青齊其爲
魚矣此与東坡灉澶堆賦同意禹貢曰海岱及淮惟徐州

圖版 3-6:《后山詩注》卷二(中國國家圖書館藏,善本書號 01069)

第三章・陳師道文集和刻本研究

其卷首有袁克文擬漢碑大字題名"宋槧后山詩註",筆法遒勁。之後有其行書小字跋文:

丁巳六月自滬歸來詣師子菴蕊微,夫子出示所藏宋槧《周禮》《說文》《后山詩註》諸精本,皆希世之孤秘。爰假歸斯册,展讀竟夕。謹識卷首用志古緣。袁克文。

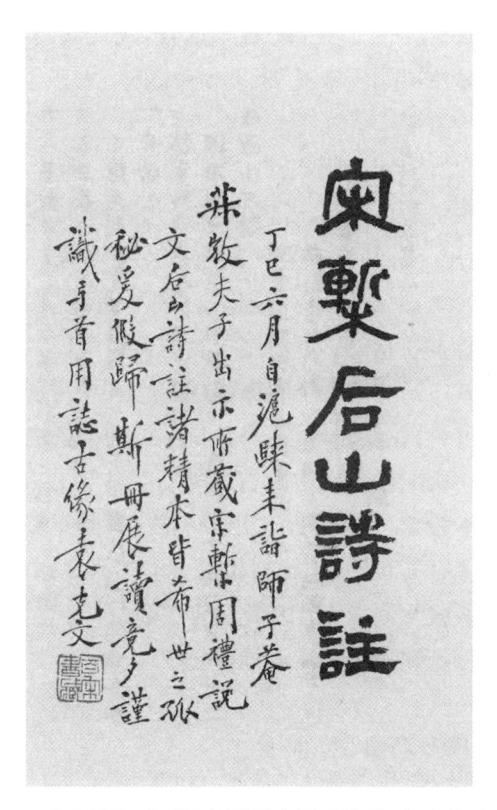

圖版 3-7:《后山詩注》卷首(中國國家圖書館藏,善本書號 01069)

文後鈐蓋"百宋書藏"朱紅陽文方印。由跋文可知此爲李盛鐸舊藏。《木犀軒藏書題記及書錄·附錄》收錄有十三篇李盛鐸爲袁克文藏書所寫題記。可見兩人時常以善本往還賞析，題拂品鑒。更檢視《木犀軒藏書題記及書錄》之《書錄》卷四《集部·別集類》有"後山詩註十二卷宋刊本"：

　　半葉十三行，行二十三字。黑綫口，左右雙邊。原詩頂格，注亦大字低一格。詩題均低五格，注低六格。首卷抄配。板心上有字數。魚尾下題已幾，或題陳已幾，或題後詩幾。收藏有"靖齋"朱文方印、"□氏家藏"朱文方印。①

此正乃袁克文所題刊本版式，"□"即"忻"字。唯李氏誤以爲宋刊本。今可確定其爲元刊，各書目多以此著錄。②其中縫實爲白口，上下雙魚尾，或同向，或魚尾相對之反向不等。上魚尾上有諸數字不詳何意，上魚尾下往往爲"已幾"，偶爲"陳已幾""後詩幾"，"幾"均爲本卷卷數。下魚尾後有單獨數字爲本卷本頁數。

　　李氏舊藏多歸北京大學圖書館，然今檢視《北京大學圖書館藏古籍善本書目》並無此書，當爲其早年抵押出售之。

　　此刊卷一所配抄本，《中國古籍總目》《中國古籍善本書目》均以爲乃日本鈔本。字體瘦硬，出鋒峭銳，模擬斧鑿之跡。每頁除手工抄錄偶有失誤外，均嚴格模擬元刻本版式。此當抄自日本內閣文庫所藏元刻本《后山詩注》十二卷。

　　二者，目錄、卷一至三配清抄本。③

---

① 《木犀軒藏書題記及書錄》，第286頁。
② 《中華再造善本》收錄此書標明"元刻本"。《中國古籍善本書目·集部上》，第268頁。《中國古籍總目·集部1·別集類·宋代之屬》，第259頁。
③ 《中國古籍善本書目·集部上》，第268頁。《中國古籍總目·集部1·別集類·宋代之屬》，第259頁。《中國古籍善本總目·集部·宋別集》，第1262頁，只記載配清抄本者，未錄有配日本抄本者。

第三章・陳師道文集和刻本研究

三者,乃日本內閣文庫收藏,編號:10236。共六冊。封面題簽"後山詩註",正文每卷首均題爲"后山詩注"。卷首鈐蓋"仁正侯長昭黃雪書屋鑒藏圖書之印"長方陽文紅色印章、"淺草文庫"長方陽文紅色印章、"日本政府圖書"正方陽文紅色印章。之後每卷卷首均鈐蓋"昌平坂學問所"長方陽文紅色印章、"淺草文庫"長方陽文紅色印章、"日本政府圖書"正方陽文紅色印章。

三者相較,版式全同。唯內閣文庫本保存最爲完整,國圖卷一配日本抄本者品相最爲精善。

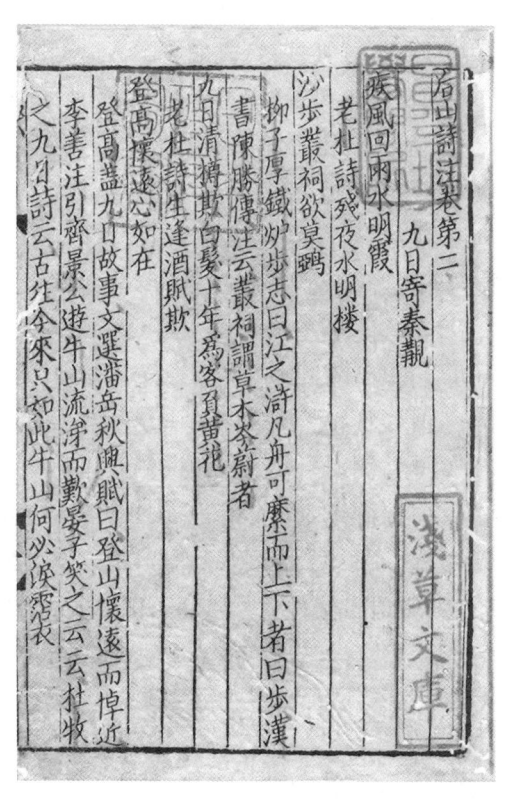

圖版 3-8:《后山詩注》卷二(日本內閣文庫藏,編號 10236)

內閣文庫此本首見於董康《書舶庸譚》卷三著録，唯其所記多有未確。其言"宋槧本""詩題低四字""□□侯長昭黃雪書屋鑒藏圖書之記"，均有脱、誤。此實爲元刻本，詩題低五字，印章當爲"仁正侯長昭黃雪書屋鑒藏圖書之印"。①後《日藏漢籍善本書録·集部·别集類》亦著録之，其文多抄録自《書舶庸譚》，如"詩題低四字"原樣照録，可見作者似未曾親見此書。然其依據其他史料對《書舶庸譚》亦有訂正。首先，修訂刊本年代爲"元刊本"。其次，將上文脱、誤之印章補充完整。②祝尚書《宋人别集叙録（增訂本）》卷十三"後山詩注（六卷）"條，因其未曾親睹內閣文庫及國圖所藏原書，故其抄録《書舶庸譚》卻未知其誤。亦未能對其與《日藏漢籍善本書録》宋槧、元刊之矛盾予以論斷。由此對《後山詩注》是否有元刻本，多有存疑，"當有元刻本""或有所據"。③其所引《書舶庸譚》實爲傅傑校點遼寧教育出版社1998年版。傅先生《本書説明》言："這裏印行的《書舶庸譚》四卷是根據戊辰（1928年）季冬董氏自印本標點的。"④此本實非《書舶庸譚》之善槧。《日本藏漢籍善本書志書目集成》第二册所影印《書舶庸譚》共有九卷，至民國二十五年九月十五日止，而四卷本僅至民國十六年五月一日止。九卷本牌記爲"歲次己卯季冬誦芬室重校定"，可知此乃民國二十八年（1939）董康再次校定之作，文字於四卷本多有修訂。尤其此版四卷本乃簡體字排印，由此造成諸多不當之處。《宋人别集叙録（增訂本）》乃繁體字排版，故繁簡轉换之際，混亂自是難免。如《書舶庸譚》原文"書名題后

---

① 《日本藏漢籍善本書志書目集成》第二册，《書舶庸譚》，北京：北京圖書館出版社，2003年版，第224頁，據民國二十八年自刻本影印。
② 《日藏漢籍善本書録》，第1548—1549頁。
③ 《宋人别集叙録（增訂本）》，第586頁。
④ 董康撰，傅傑標點：《書舶庸譚》，沈陽：遼寧教育出版社，1998年版。

山詩注卷第幾",《宋人別集叙錄(增訂本)》則誤爲"書名題後山詩注卷第幾",而"后山"與"後山"之別乃區別詩注版本之重要依據,如此混亂則將此依據消除殆盡。

　　內閣文庫本與國圖所藏版式相同,乃同版印製而成。唯版葉炱朽蟫斷多是漶漫,遠非國圖所藏楮墨燦然可比。內閣文庫本亦有殘損,如卷七闕首頁,遺失《春夜》《和三日》兩詩以及"登燕子樓"詩題。然其卷首、卷一完整保存。如此,魏衍《彭城陳先生集記》、王雲跋語,完好無損尤爲珍貴。無魏《記》、王跋乃國圖所藏兩種最爲缺憾之處。如下圖：

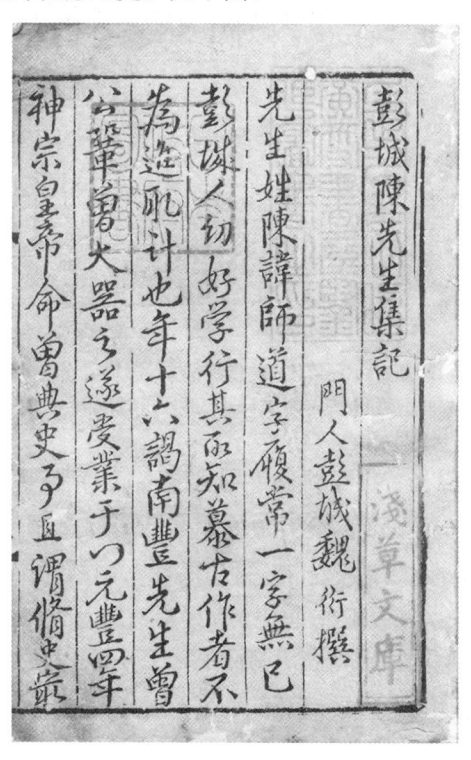

圖版 3-9:《后山詩注》卷首魏衍撰《彭城陳先生集記》
（日本內閣文庫藏,編號 10236）

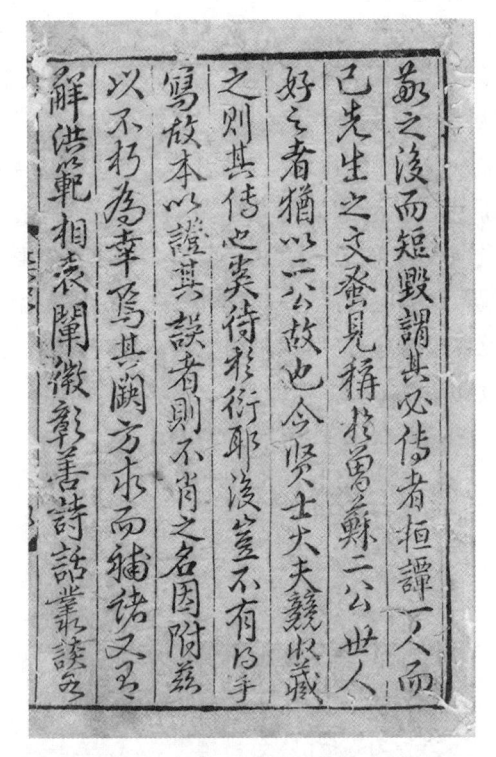

圖版 3-10：《后山詩注》卷首魏衍撰《彭城陳先生集記》
（日本内閣文庫藏，編號 10236）

  冒懷辛以爲："從紹興二年蜀大字本起，到清末的所有刊本中都保留這一篇集記。"①然中國國家圖書館藏宋本《後山居士文集》並無此記，另所藏宋本《後山詩注》、兩種元本《后山詩注》均是殘損，缺卷首。兩種元本雖有抄本補配，然原刻面貌亦不得其詳。今世唯此刻本乃此文最早刊本，可由此校勘後世各種翻刻文字。《後山詩注補箋》於此文所作諸條校勘記，若以此本録

---

① ［宋］陳師道撰，任淵注，冒廣生補箋，冒懷辛整理：《後山詩注補箋·附録·序跋題記》，北京：中華書局，1995 年版，第 591 頁。

入，則均可免去。①今據此本卷首將《彭城陳先生集記》原文抄錄如下：

先生姓陳，諱師道，字履常，一字無己，彭城人。幼好學，行其所知，慕古作者，不爲進取計也。年十六，謁南豐先生曾公鞏，曾大器之，遂受業于門。元豐四年，神宗皇帝命曾典史事，且謂修史最難，申敕切至。曾薦爲其屬，朝廷以白衣難之。方復請而以憂去，遂寢。太學又薦其文行，乞爲學錄，不就。樞密章公惇高其義，冀來見，特薦於朝，而終不一往。元祐初，翰林學士蘇公軾與侍從列薦，乃官之，俾教授其鄉。未幾，除太學博士。言事者謂先生嘗謁告，詣南都見蘇公爲私，遂罷，移潁州教授。紹聖初，又以餘黨罷，換江州彭澤令。未行，丁母憂，寓僧舍，人不堪其貧。暨外除，猶不言仕者凡四年。左右圖書，日以討論爲務。蓋其志專欲以文學名後世也。元符三年，除棣州教授，隨除秘書省正字。將用矣，歿於建中靖國元年十二月之二十九日，年四十九。友人鄒公浩買棺以殮，朝廷特賜絹二百疋，嘗與往來者共賻之，然後得歸。初，先生學於曾公，譽望甚偉，及見豫章黃公庭堅詩，愛不捨手，卒從其學，黃亦不讓。士或謂先生過之，惟自謂不及也。先生既歿，其子豐、登，以全藁授衍，曰："先實知子，子爲編次而狀其行。"衍既狀其行矣，親錄藏於家者，今十三年，顧未敢當也。衍嘗謂唐韓愈文冠當代，其傳門人李漢所編。衍從先生學者七年，所得爲多，今又受其所遺甲乙丙藁，皆先生親筆。合而校之，得古律詩四百六十五篇，文一百四十篇。詩曰五七，雜以古律；文曰千百，不分類。衍今離詩爲六卷，類文爲十四卷，次皆從舊，合二十卷，目錄一卷，又手書之。竊惟先生之文簡重

---

① 《後山詩注補箋》，第32頁。

典雅,法度謹嚴,詩語精妙,蓋未嘗無謂而作。其志意行事班班見於其中,小不逮意則棄去,故家之所留者止此。昔漢揚雄作《太玄》、《法言》、箴、賦,如劉歆號知文,始敬之,後而短毀,謂其必傳者,桓譚一人而已。先生之文早見稱於曾、蘇二公,世人好之者猶以二公故也。今賢士大夫,競收藏之,則其傳也奚待於衍耶?後豈不有得手寫故本以證其誤者?則不肖之名,因附茲以不朽爲幸焉。其闕方求而補諸。又有《解洪範相表》、《闡微》、《彰善》、《詩話》、《叢談》,各自爲集云。政和五年十月六日謹記。

據此對比後世各整理本所錄文字,最爲突出之差異在於記文題名以及文末數語多有不同如下:

《彭城陳先生集記》:"又有解洪範相表闡微彰善詩話叢談,各自爲集云。政和五年十月六日謹記。"①(《黃庭堅和江西詩派資料彙編》卷下《江西詩派二·陳師道一·宋代·魏衍》,錄自任淵《後山詩註》卷首。)

《彭城陳先生集記》:"又有《解洪範相表》、《闡微》、《彰善》、《詩話》、《談叢》,各自爲集云。政和五年十月六日門人彭城魏衍謹記。"②(《後山詩注補箋·卷首》,其底本依據武英殿聚珍版《后山詩注》。)

《後山集記跋》:"又有《解洪範》、《相表》,闡微彰善,詩話、叢談,各自爲集云。政和五年十月六日門人彭城魏衍謹記跋。"③

---

① 傅璇琮編:《黃庭堅和江西詩派資料彙編》卷下,北京:中華書局,1978年版,第478頁。
② 《後山詩注補箋》,第31頁。
③ 《全宋文》第一百三十三册,第218頁。

(《全宋文》卷二八七四,其底本依據影印文淵閣《四庫全書》本《後山集》,而此本所依底本則爲一再翻刻之清代雍正八年趙俊烈刊本。①)

《後山集記跋》:"又有《解洪範》、《相表》,闡微彰善,詩話、叢談,各自爲集云。政和五年十月六日門人彭城魏衍謹記跋。"②(《宋代序跋全編》卷一二一《題跋》二五,錄自文淵閣《四庫全書》本《後山集》卷末。)

《後山陳先生集記》:"又有《解洪範》、《相表》,闡微彰善,《詩話》、《叢談》,各自爲集云。政和五年十月六日門人彭城魏衍謹記。"③(《宋集序跋彙編》卷十八,錄自弘治本《後山居士集·卷首》。)

可見除題目混亂外,更有"叢談"、"談叢"之差異,"門人彭城魏衍"、"跋"之有無諸問題。再檢視明代各本以及和刻本、高麗活字本如下:

《彭城陳先生集記》:"又有解洪範相表闡微彰善詩話叢談各自爲集云。政和五年十月六日謹記。"(明弘治十年袁宏刊刻《後山詩注》,國圖編號:08458)

《彭城陳先生集記》:"又有解洪範相表闡微彰善詩話叢談各自爲集云。政和五年十月六日謹記。"(明弘治十二年馬暾刻本《後山先生集》,國圖編號:00352)

《彭城陳先生集記》:"又有解洪範相表闡微彰善詩話叢談各自爲集云。政和五年十月六日謹記。"(明嘉靖十年遼藩朱寵瀼

---

① 《宋人別集叙錄(增訂本)》卷十二,第579頁。
② 曾棗莊主編:《宋代序跋全編》,濟南:齊魯書社,2015年版,第3410頁。
③ 《宋集序跋彙編》,第826—827頁。

梅南書屋《後山詩注》，國圖編號：11174)

《彭城陳先生集記》："又有解洪範相表闡微彰善詩話叢談各自爲集云。政和五年十月六日謹記。"(《后山詩註》，元禄三年正月京都茨木多左衛門刊本)

《彭城陳先生集記》："又有解洪範相表闡微彰善詩話叢談各自爲集云。政和五年十月六日謹記。"(國圖標注爲"活字印本"，編號：13668。此實爲高麗活字印本，《四部叢刊》初編本即據此影印。亦爲日本内閣文庫所藏《后山詩註》(乙種)，編號：16812。封面題名"陳后山詩註"。)

可見明代各本均一律如元刻本所記，無一爲"談叢""門人彭城魏衍""跋"之類，此當爲清代一再翻刻所誤。上述所引各類現代出版物，唯《黄庭堅和江西詩派資料彙編》最爲謹嚴，文末言其録自《後山詩註》卷首。由其書卷首《引用書目》可知其爲《四部叢刊》初編本，即據傅增湘雙鑑樓所藏高麗活字本影印，此當據明以前刻本印製。祝尚書先生《宋集序跋彙編》自言録自明代弘治本《後山居士集·卷首》，卻依然多出"門人彭城魏衍"。實則，如上所列，陳師道詩文明代弘治刊本僅有弘治十年袁宏刻本《後山詩注》以及弘治十二年馬暾刻本《後山先生集》，未有名"後山居士集"者。其引文亦與兩種弘治刊本不符，故其引文出處有誤。其他如《後山詩注補箋》《全宋文》《宋代序跋全編》均引自清代刊本。可見，清代翻刻轉多謬誤，不可爲據。唯《直齋書録解題》卷十七《別集類中》收録"後山集十四卷、外集六卷、談叢六卷、理究一卷、詩話一卷、長短句二卷"，並言："談叢、詩話，或謂非后山作。"[①]《文獻通考》卷二百三十七《經籍考六十四·集·別集》亦

[①] 《直齋書録解題》，第510頁。

直接引用《直齋書錄解題》此語。①可見轉述之誤,早已有之。自當依據最早刊刻之最初文本,而非再三轉引,一誤再誤。

另,《蕘圃藏書題識》卷八《集類二》錄有"后山詩注一卷(殘宋本)":

> 余爲五硯主人幹一事,主人欲酬余,謂家有殘宋本幾種,當贈子,忽忽未果,而主人已作古矣。其孤,余塽也,向未經理書籍事,囑余爲之點檢,所云殘宋本亦甚寥寥,此《后山詩注》卻是宋刻,然止一卷。卷首及末俱已剜去,無從識別卷第,因取明刻本核之,始知是册爲第六卷。明刻注於當句下,正文與注牽接去,唯此正文與注各自爲行,當是舊式,存此猶見《后山》真面目也。庚午五月,復翁。②

之後,《藏園群書題記》"宋刊殘本後山詩注跋"條又續言之:

> 《愛日精廬目錄》載宋刊本,鈔補前三卷。今其書歸鐵琴銅劍樓,然觀其新印書影中所列,乃別一殘本,祇存第六卷。據其自記,與鈔補者同爲一本,核其版式行格,悉與此本合,第細審之,則又並非一刻。瞿本標題作"后山",此本作"後山",一也;瞿本題"卷第六",此作"卷三下",二也;瞿本版心上有字數,此本無之,三也;瞿本詩題低五格,注低一格,此本題低三格,注低二格,四也。依此四者推之,知此本爲蜀中初刻,而瞿本必出於覆刊。蓋分卷爲十二,既失原式,且刊工字體亦不如此本之氣韻古樸,

---

① [宋]馬端臨撰:《文獻通考》,北京:中華書局,1986年版,第6452頁。
② 《黄丕烈書目題跋·蕘圃藏書題識》,《清人書目題跋叢刊六》,第181頁下—182頁上。

非深知版刻者殆未足語此耳。至《瞿目》中所舉各卷異字，與此有不盡合者，如卷六"人去此事古未有"，此本仍作"人言"。（《瞿目》謂當作人云，去字乃云字之訛。）卷七"茅屋濕風霜"，此本仍作"漏風霜"。此尤足爲顯然兩本不同之明證矣。①

對此僅存第六卷之殘本，《中國古籍善本書目》著録爲："后山詩注十二卷（宋陳師道撰，宋任淵注，宋刻本，清黄丕烈跋）存一卷（六）。"《中國古籍總目》著録爲："後山詩註（後山詩）十二卷，宋陳師道撰，宋任淵注，宋刻本，國圖（存卷六，清黄丕烈跋）北大。"②祝尚書《宋人别集叙録（增訂本）》亦據此爲論。③然細讀黄、傅二文，多有困惑。黄氏所判宋本依據於"因取明刻本核之"，"明刻注於當句下，正文與注牽接去，唯此正文與注各自爲行，當是舊式。"此過於膚泛。傅氏所言則爲詳細，首言"《愛日精廬目録》載宋刊本，鈔補前三卷"，然如上所列，此實爲國圖所藏元刻本。而第六卷之殘本，"據其自記，與鈔補者同爲一本"。如此，兩者當爲同版。之後，更將之與殘宋本《後山詩注》對比。共有四點差異。一者，瞿本標題作"后山"，此本作"後山"。二者，瞿本題"卷第六"，此作"卷三下"。三者，瞿本版心上有字數，此本無之。四者，瞿本詩題低五格，注低一格，此本題低三格，注低二格。"瞿本"此四點特徵，均爲元刻本所有。由此可見此殘存之第六卷實爲元刻本，而非諸書所定之宋本。傅氏最終之論斷亦僅爲"瞿本必出於覆刊"而已。

---

① 《藏園群書題記》卷十三《集部三·宋别集類一》，第701頁。
② 《中國古籍善本書目·集部上》，第268頁。《中國古籍總目·集部1·别集類·宋代之屬》，第259頁，則以爲收藏於北京大學圖書館。然《北京大學圖書館藏善本書目·集部·别集類》第428頁，並無此本。《中國古籍總目》有誤。
③ 《宋人别集叙録（增訂本）》，第585頁。

與上述諸書判斷不同，《中國古籍善本總目》著錄爲："后山詩注十二卷（宋陳師道撰，宋任淵注，朱刻本，清黃丕烈跋，十三行二十三字白口左右雙邊）存一卷（六）。"①"朱刻本"未知何意。或誤"宋"爲"朱"，當爲"宋刻本"。然此書排列於清活字本、清抄本之後，並未與殘宋本《後山詩注》聯袂排列。②而緊隨此書之後者乃元刻本，故此"朱"又似"元"之訛誤。

第三節　文集本、詩注本、和刻本相互之關聯

由附錄可知宋刻本《後山居士文集》有諸多異於殘宋本《後山詩注》、元刻本、袁宏本、梅南書屋本、和刻本等之處。如：

卷一，《妾薄命二首》之二，宋刻本作"處"，諸本作"地"；《送外舅郭大夫西川提點刑獄》，諸本作《送外舅郭大夫槩西川提刑》；《寄外舅郭大夫》，宋刻本作"用"，諸本作"冠"；《贈二蘇公》，宋刻本作"伏""頌雅""渡""彊"，諸本作"服""雅頌""度""強"；《送江楚州》，宋刻本作"豪"，諸本作"濠"；《丞相溫公挽詞三首》之二，宋刻本作"世"，諸本"時"；《次韻秦觀聽鴈聞雞二首》，諸本作《次韻秦觀聽雞聞雁二首》；《次韻秦觀聽鴈聞雞二首》之一，宋刻本作"怨"，諸本作"恨"；《次韻秦觀聽鴈聞雞二首》之二，宋刻本作"階"，諸本作"堦"；《答張文潛》，宋刻本作"剪""賢"，諸本作"翦""然"。

卷二，《九日寄秦觀》，宋刻本作"獨能"，諸本作"可能"；《送杜侍御陝西轉運》，諸本作《送杜侍御純陝西轉運》；《送杜侍御純陝西轉運》，宋刻本作"鳥雀"，諸本作"烏雀"；《送外舅郭大夫夔

---

① 《中國古籍善本總目·集部·宋別集》，第1262頁。
② 《中國古籍善本總目》於此書錄爲"后山詩注"有誤。

路提點刑獄》，諸本作《送外舅郭大夫夔路提刑》；《次韻少游春江秋野圖二首》，諸本作《次韻秦少游春江秋野圖》；《贈歐陽叔弼學士》，諸本作《贈歐陽叔弼》；《贈歐陽叔弼》宋刻本作"寮""名"，諸本作"僚""言"。

卷三，《觀兗國文忠公家六一堂圖書》，諸本作《觀文忠公家六一堂圖書》；《送蘇迨》，宋刻本作"悟解""筆札"，諸本作"解悟""書札"；《次韻蘇公觀月聽琴之二》，諸本作《再次韻蘇公示兩歐陽》；《次韻蘇公勸酒與詩》，宋刻本作"毋"，諸本作"無"；《次韻蘇公題歐陽叔弼息齋》，宋刻本作"待""勿"，諸本作"願""莫"；《東禪》，宋刻本作"未"，諸本作"不"；《迎新將至漕城暮歸遇雨》，宋刻本作"晚旁塵泥"，諸本作"晚傍塵沙"；《十五夜月》宋刻本作"衆"，諸本作"萬"。

卷六，《寄晁無斁》"邊"，諸本作"間"；《別寶講主》"老"，諸本作"祖"；《還里》"悟"，諸本作"誤"；《送林朝奉》，諸本作《送杜擇之》；《觸目》"向"，諸本作"處"；《和黃預感秋》"蛮"，諸本作"蟲"；《和魏衍元夜同登黃樓》"浦""踈"，諸本作"渚""稀"；《和魏衍同遊阻風》"春風亦"，諸本作"東風未"。

由附錄九可知，殘宋本《後山詩注》同於宋刻本《後山居士文集》而異於元刻本等其他各本之處甚少。除去《寄晁無斁》"丁寧"之於"叮嚀"，《還里》"游"之於"遊"這些異體字，僅有《老柏三首》之三"記"，元刻本等各本作"託"。

由附錄十可知元刻本《后山詩注》同於宋刻本《後山居士文集》而異袁宏本、梅南書屋本之處如下：

卷一，《次韻秦觀聽雞聞雁二首》之一"不"，袁、梅二本作"下"。

卷二，《送張支使》，"下"，袁、梅二本作"不"；《送蘇公知杭州》，"如"，袁、梅二本作"爲"；《送秦觀二首》之二，"盡讀"，袁、梅二本作"盡得"；《別叔父錄曹》，"文"，袁、梅二本作"刑"；《寄豫章公三首》之一,"已是",袁、梅二本作"已足";《寄豫章公三首》之三,"生""粗",袁、梅二本作"人""踈";《贈秦覯兼簡蘇迨二首》之二,"益",袁、梅二本作"亦"。

卷三,《次韻蘇公勸酒與詩》"肯畏""記",袁、梅二本作"肯爲""紀";《次韻蘇公題歐陽叔弼息齋》"魚""貸",袁、梅二本作"餘""待"。

與之相較,元刻本更多同於袁宏本、梅南書屋本,而與宋刻本《後山居士文集》相異。

之前版本概述時已論述陳師道文集有文集本與詩注本兩個版本系統。僅依據形式上之劃分並不能真正明了其差異性。冒懷辛曾質疑:"從上可知宋元以前《陳後山詩集》已分有注、無注兩種。有任淵注的比無注本少三分之一弱。爲什麼任注本比魏衍編本少?是任淵没有見到陳詩的全帙,還是任淵祇選録了一部分加以注解?這一問題由於魏衍編本和任注本今天都存在,我們還可加以比較研究。"①其原因正在於此。首先,兩者編排完全不同。如文集本卷二始於《贈歐陽叔弼學士》,此詩於詩注本爲卷一。卷三始於《寄送定州蘇尚書》,此詩於詩注本爲卷四。其次,也是最爲主要之原因即兩者具體文本之異同。由附録列舉可知此僅存卷三下至卷六下之殘宋本《後山詩注》與宋刻文集本《後山居士文集》文字差異甚大。除此七卷宋版詩注本之外,其他卷文本情況更可由任淵注窺知端倪。如,卷二《贈歐陽叔弼》宋刻文集本"敢望功名答聖朝",元、明詩注本均作"敢望功言答聖朝",任淵注:"功言,見上注。"②卷三《次韻蘇公題歐陽叔弼

---

① 《後山詩注補箋·前言》,第8頁。
② 《後山居士文集》,中華再造善本。《後山詩注補箋》則誤爲:"功言,見前注。"第95頁。

息齋》宋刻文集本"一足不待餘",元、明詩注本均作"一足不願餘",任淵注曰:"一足字,見前注。左太冲《詠史》詩曰:飲河期滿腹,貴足不願餘。"由此均可知任淵所注宋本之文本樣貌。更由附錄可知元刻本《后山詩注》與文集本文字差異甚大,而與殘宋本《後山詩注》文字幾乎全同,可確知其爲此宋本之覆刻本。故而,今宋本《後山詩注》之殘缺部分,亦可由此覆刻本以窺全豹。

　　文集本與詩注本相異之文字,多難分優劣,各得其趣。如,卷一《答張文潛》,元、明以至武英殿各詩注本均爲"君婦定不然",而宋刻《後山居士文集》爲"君婦定不賢"。之後,明弘治馬暾本、清雍正八年趙駿烈本、清光緒十一年陶福祥本均是如此。清晰劃分出兩種版本傳承系統。卷二《送杜侍御純陝西轉運》,文集本作"烏雀貪生爾如許",元、明詩注本"烏鼠貪生爾如許",任淵注曰:"言烏鼠尚知貪生,而點羌輕生如此。"可知宋詩注本亦作"烏鼠"。"烏雀"與"烏鼠"各有其意,無對錯可辨。然亦有大致可推斷孰是孰非者。如,卷一《妾薄命二首》之二,詩注本"向來歌舞地",文集本作"向來歌舞處",遠遜於詩注本;《送江楚州》詩注本"濠梁初得意",文集本作"豪梁初得意",顯然有誤;《次韻秦覯聽雞聞雁二首》之一,詩注本"筆頭細字真堪恨",文集本作"筆頭細字真堪怨",遠遜詩注本;《次韻秦覯聽鴈聞雞二首》,詩注本系列均爲《次韻秦覯聽雞聞雁二首》,而黃庭堅亦有《次韻答少章聞雁聽雞二首》,[1]可知文集本有誤,當以詩注本爲是。

　　故而就文本而論,文集本與詩注本所據底本差異甚大,詩注本並非僅爲文集本重新編排之刪節本,當有不同之底本來源。

---

[1] ［宋］黃庭堅撰,任淵、史容、史季温注,劉尚榮點校:《黃庭堅詩集注·山谷外集詩注目錄》,北京:中華書局,2003年版,第1375頁。

第三章・陳師道文集和刻本研究

除卻今日可見《後山居士文集》《後山詩注》，陳師道文集於宋代更有其他今日不知之版本流傳。如，卷一《贈二蘇公》"探囊一試黃昏湯"，《後山居士文集》卷一同題之作亦是如此，然任淵注曰："一本云'願借上古黃昏湯'。"卷七《和魏衍三日二首》之二"踏青摸石修祓祝"，《後山居士文集》卷四同題之作亦是如此，然任淵注："一本'修'作'除'。"卷八《送檢法趙奉議》"切深疾惡反傷和"，《後山居士文集》卷五同題之作亦是如此，然任淵注曰："一本'傷'作'相'。"卷十《和范教授同遊恒山》"縮手吟邊更覺賢"，《後山居士文集》卷五同題之作亦是如此，然任淵注曰："一本作'題名留歲月'。"可見其所見別本之樣貌。如此即能部分解釋冒懷辛之疑惑。若僅以《後山居士文集》爲參考去探討《後山詩注》文本問題，自然有諸多疑惑無法闡釋。

詩注本之編撰時間應晚於文集本。卷二《送杜侍御純陝西轉運》最後一句"省內早要富民侯"，任淵注："一本此下又有兩句曰'可同一夫在所憫，歲晚得無溝壑憂'，后刪去。"而宋刻文集本《後山居士文集》卷一《送杜侍御陝西轉運》正以此兩句結尾。此當爲初稿，詩注本則據修訂稿以成。

詩注本發展至明代，版本狀況較爲複雜。首先，由附錄可知，總體而言明代詩注本與宋、元詩注本一脈相承，乃以之爲底本發展而來。其次，明代詩注本並非完全翻刻宋、元本，而是有諸多相異之處。經過文字堪對可知，這些相異文字，有些承續自文集本。如，卷三《再次韻蘇公示兩歐陽》之"聞"；卷六，《次韻晁無斁春懷》之"履"，《送高推官》之"先王"。有些則因誤植所致。如，卷二《送蘇公知杭州》"昔爲馬口銜，今爲禁門鍵"，上下兩"爲"頗爲生硬，而宋、元本上句爲"昔如馬口銜"，更爲妥帖，任淵注："鮑照詩：'昔如韝上鷹，今作檻中猿。'老杜詩：'昔爲水上鷗，今如罝中兔。'後山此句，頗有其律。"可見宋代任淵所見宋本即

· 365 ·

爲"如",明本誤植;卷三《送黃生兼寄二謝二首》之一"百歲論交見子知",宋、元本均爲"百歲論交見子心",任淵注曰:"老杜詩:'論交翻恨晚。'百歲,言其久要也。《左傳》曰:'他日吾見子面而已,今吾見子之心矣。'"可知任淵所見宋本即是如此,明本誤植。除此之外,更多相異文字當取校他本以成,如,卷二《送張支使》"不",《送秦觀二首》之二"盡得",《別叔父錄曹》"刑",《寄豫章公三首》之一"已足"、之三"人",《贈秦覯兼簡蘇迨二首》之二"亦";卷三《次韻蘇公西湖徙魚三首》之二"意",《次韻蘇公觀月聽琴》"一盃復一盃",《次韻蘇公勸酒與詩》"肯爲""紀",《次韻蘇公題歐陽叔弼息齋》"餘""待";卷六《寄鄧州杜侍郎》"公取",《老柏三首》之三"託",《柏山》"終有汙",《和元夜》"情"。

由此明代詩注本獨有之文字亦可推知,陳師道文集於明代尚存有今日不存之版本系統。而明代最早之袁宏本正是以殘宋本《後山詩注》爲主,更參酌《後山居士文集》以及其他不知來源之文本綜合以成,之後梅南本等均承續以成。卷六《柏山》,明代袁宏本、梅南本作"林巒特起終有汙",其下有注曰:"有作爲。"而宋、元詩注本均無此注,至明代始有之,活字本又誤爲"有爲作",武英殿本誤爲"有一作爲"。各本均於此三字末尾標識一"○",以與之後注語隔開。可知此並非任淵注語,實乃明代袁宏本編校者所爲案語。而"爲",正是宋刻《後山居士文集》特有之文字。由此可進一步佐證明詩注本乃參酌衆本以成。

明代以袁宏爲首之詩注本,參酌衆本以成,其編校水準亦當後來居上。如,卷二《寄豫章公三首》之一"密雲不雨卧烏龍,已足人間第一功",對句優於宋文集本、元詩注本之"已是人間第一功"。然大多數情況並非如此。如,《送秦觀二首》之二"端爲李君御,盡得鄡侯書",後句不如宋、元本"盡讀鄡侯書"更能表情達意以顯秦覯之博識;《別叔父錄曹》"爲吏專刑法",不如宋、元本

第三章・陳師道文集和刻本研究

"爲吏專文法"更爲合理;《寄豫章公三首》之三"人須百斛買雙鬢,水截龍章試虎斑。"前句甚劣,宋、元本爲"生須百斛買雙鬢",確然;卷六《寄鄧州杜侍郎》"公取爲德吾何取",前後兩"取"字重疊,宋文集本、宋詩注本、元詩注本均爲"公自爲德吾何取",顯然優於明本;《和元夜》"彭黄爭地勝,汴泗迫人情",宋文集本、宋詩注本、元詩注本均爲"彭黄爭地勝,汴泗迫人清",此律調上下兩句對仗謹嚴,彭黄以地而勝之,汴泗亦當以人而清之。

今已不可知明詩注本依據何本以爲此異文,與今傳宋、元本對勘,亦未能更嘉,反增諸多誤植之處。此影響至清代四庫全書采進本之編校。

《四庫全書》採進本並未標明版本依據。《後山詩注補箋·前言》曰:"《總目提要》没有説明所據是弘治袁宏本,還是嘉靖梅南書屋本。《四庫全書》中有一部分用活字刊行於世,稱爲武英殿聚珍本。"①之後祝尚書先生於《宋人别集叙録(增訂本)》以爲:"《四庫總目》著録浙江採進本,爲《後山詩注》十二卷,按其文字,當爲弘治本。同時又刊有武英殿聚珍本。"②《後山詩注補箋》之十二卷任淵注本即以武英殿本爲據。③今由文本對勘,可明確知武英殿本《後山詩注》之概況。總體而言,殿本承續詩注本之版本系統而來。故而遠紹宋、元本,更多依據於明本,但又非簡單因襲而已。故非如祝尚書所言"按其文字當爲弘治本"如此簡單。即使就主要依據本而言,按其文字亦並非爲弘治本。如,卷二《別負山居士》袁宏本作"何如",梅南本作"如何",武英殿本從梅南本;卷三《北渚》袁宏本作"度",梅南本作"渡",武英

---

① 《後山詩注補箋·前言》,第12頁。
② 《宋人别集叙録(增訂本)》,第588頁。
③ 《後山詩注補箋·點校凡例》:"《後山詩注補箋》分兩部分。第一部分有任淵注本十二卷,其來源爲武英殿聚珍版《后山詩注》。"第1頁。

殿本從梅南本；卷六《和魏衍元夜同登黃樓》袁宏本作"所在"，梅南書屋本作"在所"，武英殿本從梅南本。梅南本與袁宏本高度相似，當爲其翻刻本。兩者難得有相異文字，而武英殿本卻均同於梅南本。可知其所選底本當爲嘉靖梅南本而非弘治袁宏本。

對勘歷代傳本，武英殿本可謂瑕瑜互見。武英殿本《後山詩注》之弊端，首先在於其底本之選擇，主要依據明本而非宋、元本。由此帶來諸多不便，增加大量文本校勘工作。其次，誤植過多，可謂數不勝數。如：

卷一，《寄外舅郭大夫》"不忍"誤爲"不敢"。

卷二，《送杜侍御純陝西轉運》"扣"誤爲"劜"；《次韻李節推九日登南山》"鍾"誤爲"鐘"；《次韻春懷》"鳥跡"誤爲"馬跡"；《贈秦覯兼簡蘇迨二首》之二"過"誤爲"道"；《次韻秦少游春江秋野圖》之二"箇"誤爲"個"。

卷三，《觀兗國文忠公家六一堂圖書》"人與同"誤爲"與人同"；《送黃生兼寄二謝二首》之一"百歲論交見子心"誤爲"百歲論交見子知"；《次韻蘇公西湖徙魚三首》之一"丘"誤爲"邱"，"鱠"誤爲"膾"；《次韻蘇公西湖徙魚三首》之二"悞逐"誤爲"誤作"，"墮"誤作"墜"；《次韻蘇公西湖徙魚三首》之三"次韻蘇公西湖觀月聽琴"誤爲"次韻蘇公觀月聽琴"；《東禪》誤爲"東阡"；《胡士彥挽詞二首之二》"見未頻"誤爲"未見頻"；卷六《寄杜擇之》"衡陽"誤爲"洛陽"；《答魏衍黃預勉予作詩》"淺短"誤爲"短淺"，"夜燎齊"誤爲"夜齊燎"；《次韻夏日》"眇"誤爲"渺"；《答顏生》"毋"誤爲"無"；《晚望》"黑雲"誤爲"墨雲"；《送高推官》"難"誤爲"能"；《招黃魏二生》"偶"誤爲"遇"。

再之，改用通行俗字。如：

卷一，《嘲秦觀》"鴈"改爲"雁"。

卷二，《九日寄秦觀》"莫鴉"改爲"暮鴉"；《巨野》改爲《鉅野》;《秋懷示黄預》"窻"改爲"窗";《送杜侍御純陝西轉運》"麪"改爲"麫";《次韻秦少游春江秋野圖》之二"鴈"改爲"雁"。

卷六,《老栢三首》改爲《老柏三首》。

武英殿本之優處在於能適當參考宋、元本以校證明本之誤,如：

卷一,《贈二蘇公》宋文集本爲"大科異等固其常""妖狐幻人犬陸梁",袁宏本、梅南本作"太科異等固其常""妖狐幻人大陸梁",當以宋本爲是,武英殿本分别依據宋本而改正;《次韻秦觀聽雞聞雁二首》之一宋文集本、元詩注本爲"行斷哀多影不留",而袁宏本、梅南本則爲"行斷哀多影下留",任淵注曰："老杜《歸雁》詩:'行斷不堪聞。'又《孤雁》詩:'哀多如更聞。'《文選》江文通詩:'寒郊無留影。'""無留影"正爲注解"影不留",故當以宋、元本爲是。

卷三,《觀兖國文忠公家六一堂圖書》,元、明詩注本均爲《觀兖文忠公家六一堂圖書》,唯宋文集本多一"國"字,武英殿本據此而補之。《次韻蘇公勸酒與詩》,宋文集本、元詩注本爲"不憂甌九頭,肯畏語一誤?"袁宏本、梅南本均爲"不憂甌九頭,肯爲語一誤?"以"肯畏"反問,氣勢更爲翹傲跌宕,武英殿本依據宋、元本予以修正。《次韻蘇公西湖徙魚三首》之二,而宋文集本、元詩注本作"不如此魚今得所",袁宏本、梅南本作"不如此意今得所"。縱觀上下詩意,顯然當以宋、元本爲是。武英殿本此處依據宋、元本予以修正。《送黄生兼寄二謝二首》之一,宋刻文集本、元刻詩注本均爲"百歲論交見子心",任淵注明確以爲："老杜詩:'論交翻恨晚。'百歲,言其久要也。《左傳》曰:'他日吾見子面而已,今吾見子之心矣。'"可知任淵所見宋本亦是如此。然袁宏本、梅南書屋本卻誤植爲"百年論交見子知"。而武英殿本卻是最爲獨特之"百歲論交見子知"。以編校者亦知明本之誤,然僅依據宋本修正了此句起首之"百歲",卻又疏略了此句之末尾,於是成此前後矛盾之獨特句式。此例頗爲清晰體現武英殿本既依據明本又適當參酌宋元本之版本特點。《次韻蘇公觀月聽琴》，宋刻文集本、元刻詩注本均爲"一樽復一樽"，袁宏本、梅南本則爲"一盃復一盃"，武英殿本則據宋、元本而修正。《次韻蘇公題歐陽叔弼息齋》宋刻本、元刻本作"不爲食有魚"，而袁宏本、梅南書屋本作"餘"，武英殿本據宋、元本而修正。

這些修正雖是難得，但亦正是武英殿本底本選擇之失誤所致。若以宋、元本爲依據，即可免去諸多校勘。另外，武英殿本雖對明本有所修正，然同樣有諸多疏漏之處。如上文所列，卷二《送蘇公知杭州》明本誤"如"爲"爲"，卷三《送黃生兼寄二謝二首》之一明本誤"心"爲"知"等，武英殿本均未予校正。更有諸多文字棄宋、元本不顧而唯從明本。

由此可知，武英殿本並非善本，館臣棄宋、元本不顧而選擇明本，僅以宋、元本爲校勘之資。然亦未能精細讎校全篇，以致疏漏衆多。武英殿本確非陳師道詩注之最佳選擇。

中華書局付梓《後山詩注補箋》，囿於彼時之條件，冒廣生選擇武英殿本爲箋注底本殊爲憾然。之後冒懷辛對此補注，得時便利以衆多善本予以校勘。其《點校凡例》所列參校本多達十二種，其中宋、元善本即有四種。如此周詳，當能彌補冒廣生底本選擇之遺憾。然此本亦有諸多校勘不當之處。首先，失校衆多。就附錄所列可知，仍有大量底本文字與宋、元本相出入者冒氏未能出校。推及全篇，其失校之衆可想而知。其次，誤入注語。其底本之先天不足導致注語混亂。如上文所言卷六《柏山》"林巒特起終有污"其下注曰："'有'一作'爲'。"其卷首"點校凡例"中明確言之："本書中任注前均加[注]字。"[1]再之，校勘不當。如，

---

[1] 《後山詩注補箋·點校凡例》，第1頁。

・370・

卷一《丞相温公挽詞三首》之二"時方隨日化",冒懷辛補注:"梅南本墨批:見舊本作'政雖隨日化'。'政雖'二字極有意,此作'時方'便少味,宜依舊本爲得。懷辛案:'時方'二句密圈,然祇從'隨'字圈起,'時方'二字未圈。"①冒氏所見梅南本,即中國國家圖書館所藏三種之善本書號11174者。館藏附注爲"清惠棟批點,徐時棟、鄧邦述跋"。是否爲惠棟批點,冒氏所言更爲確切:"有所謂惠棟手批多則,但無確證肯定。"②僅見此補箋,再惑於惠棟大名,多以爲"政雖"二字爲當。然堪對傳世衆本,多無此語。唯需要校勘乃在於首字,宋刻文集本作"世",元、明詩注本、和刻本、武英殿本作"時"。而冒氏於此卻未出校勘記,反而詳細載録不足爲據之"舊本"信息,徒自淆亂。另外,更有隨意更改底本文字,此尤爲校勘之避忌。如《次韻蘇公西湖徙魚三首》之一"公寧忍口不忍鱠",校記曰:"'鱠'原作'膾',據高麗本、梅南書屋本改。"③若依此,全篇大量與參校本相異之處,豈非均當更改底本? 此尤爲不合理據。故而同首之三"太山之陽人作膾",同樣高麗本、梅南書屋本作"鱠",即未改底本文字。

  陳師道文集單獨之和刻本,僅有元禄三年(1690)正月京都茨木多左衛門所刻《后山詩註》十二卷,柳枝軒藏版。收録於《和刻本漢詩集成》第十四輯《宋詩篇》第四輯,與《和靖先生詩集》爲同一書肆刊刻。④和刻本《后山詩註》半葉八行,行十六字。唯"后山詩註目録(年譜附)"半葉九行,行十八字。四周單欄,白

---

① 《後山詩注補箋》卷一,第39頁。
② 《後山詩注補箋·點校凡例》,第1頁。
③ 《後山詩注補箋》,第110頁。
④ 長澤規矩也撰:《和刻本漢詩集成》第十四輯《宋詩篇》第四輯,東京:汲古書院,1976年12月發行。又見長澤規矩也著:《和刻本漢籍分類目録(增補補正版)》,第173頁。

口，上下反向雙黑魚尾。版心上刻"后山"加卷數，下刻本卷頁數。字體模仿顏體，端方厚重，加之八行、行十六字之排版，整個版式疏朗寬闊，賞心悅目。與蜀大字本《蘇文忠公文集》相仿佛，遠勝宋、元詩注本，堪比於宋刻文集本柳體之俏勁。書末有楊一清"弘治丁巳九月朔"之識語，故而當源自弘治袁宏本。卷首一如袁宏本，有魏衍《彭城陳先生集記》、政和丙申正月甲午元城王雲題記、后山詩註目錄（年譜附）。題名"后山詩註"四字與袁宏本完全相同。書末有"元禄三年庚午孟春吉辰雒陽書林茨木多左衛門新板"題記，後鈐有"茨木左衛"陰文正方印章一枚。

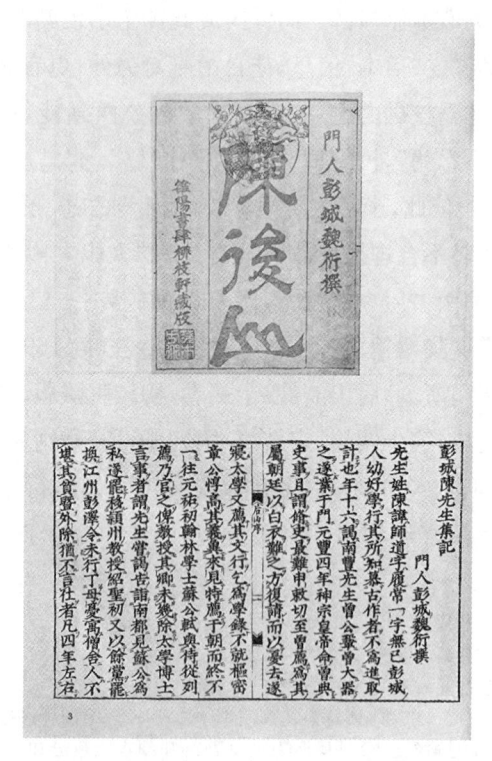

圖版3-11：和刻本《后山詩註》卷首魏衍《彭城陳先生集記》

第三章・陳師道文集和刻本研究

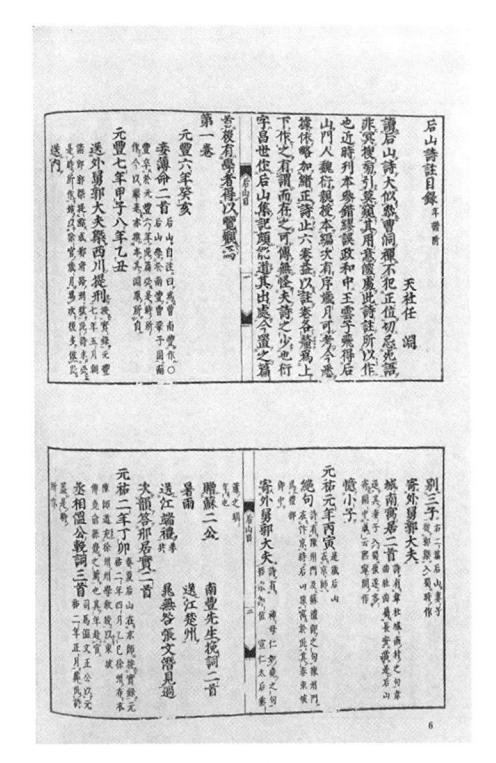

圖版 3-12：和刻本《后山詩註・后山詩註目錄》

其版式與袁宏本迥異，袁宏本卷首爲半葉九行，行十六字。"后山詩註目錄（年譜附）"開始每半葉十一行，行二十字。正文爲半葉九行，行十七字。四周雙欄，黑口，上下同向雙黑魚尾，版心上刻"后山"加卷數，下刻本卷頁數。版式侷促，字體刻板。由附錄可知，和刻本詩集文字與袁宏本、梅南本相異者僅有：

卷二《秋懷示黃預》"窻"袁宏本作"窓"、梅南本作"窻"；《送杜侍御純陝西轉運》"駆"，袁宏本、梅南本作"駈"；《和江秀才獻花三首之三》"蠱"，袁宏本、梅南本均爲"虫"；《出清口》"門"，袁宏本、梅南本作"間"。

・ 373 ・

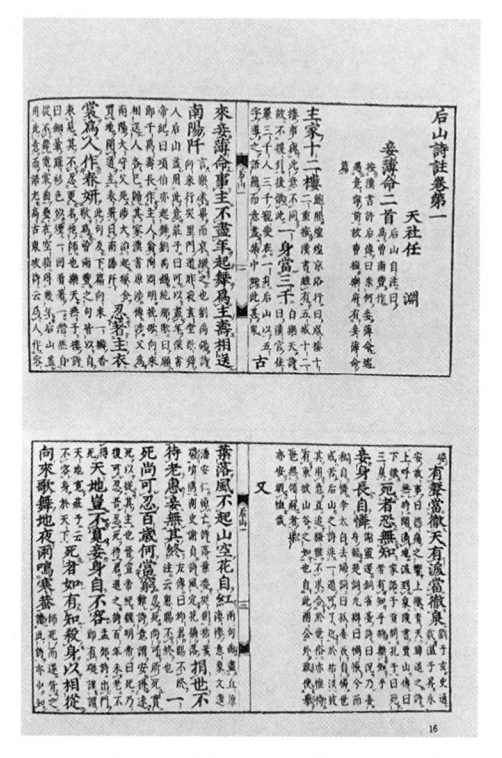

圖版 3-13：和刻本《后山詩註》卷一

卷三《觀兗國文忠公家六一堂圖書》"燠"，袁宏本、梅南本均爲"煥"，"艸露"袁宏本、梅南本均爲"草露"；《次韻蘇公西湖徙魚三首之一》"枺"，袁宏本、梅南本均爲"杯"。

卷六《觸目》"蛇"，袁宏本、梅南本均爲"虵"。

此類均爲同字之異體或爲誤植，如"門""枺"。可知和刻本確乃弘治本之翻刻。與上述同爲翻刻之武英殿本相較，不如武英殿本偶用宋、元本校勘，然其誤植、亂改處遠少於武英殿本。就文本而言，幾乎完全忠實於袁宏本。上文曾言及武英殿本之版本來源，今更以之衡量和刻本，可知：卷二《別負山居士》袁宏

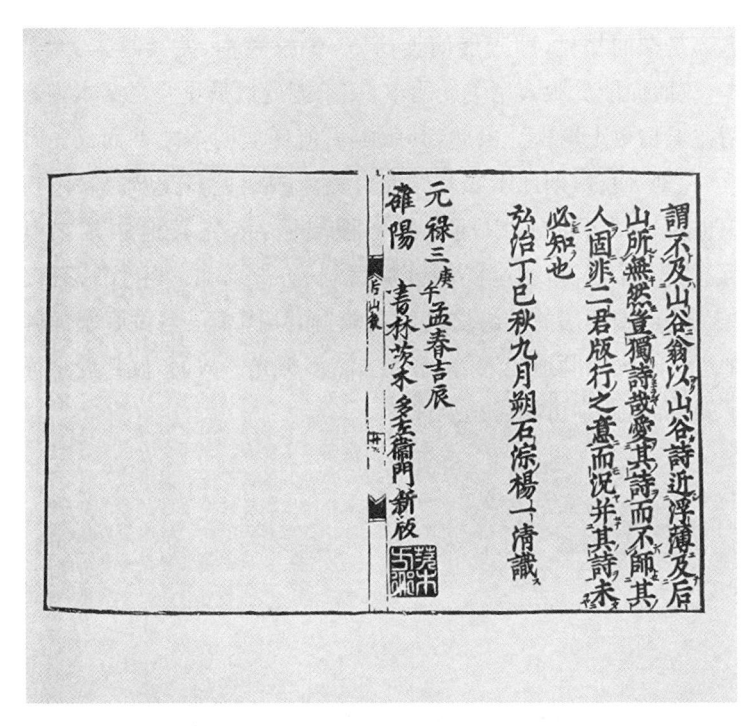

圖版 3-14：和刻本《后山詩註》卷末題記

本作"何如",梅南本作"如何",和刻本從袁宏本,武英殿本從梅南本;卷三《北渚》袁宏本作"度",梅南本作"渡",和刻本從袁宏本,武英殿本從梅南本;卷六《和魏衍元夜同登黃樓》袁宏本作"所在",梅南書屋本作"在所",和刻本從袁宏本,武英殿本從梅南本。由此文本詳細對比,方可知雖同樣來源於明詩注本,然和刻本與武英殿本之版本來源亦有著細微差異。一者源於袁宏本,一者源於梅南本。故而無論就底本之來源,抑或就文字之優劣,和刻本均勝於武英殿本。究其根本,正在於整理者於此兩書之態度迥然相異。從版式到文字,無不充分體現出和刻本整理者之嚴謹與認真,遠非館臣之敷衍粗糙可比。然而,和刻本之弊處亦是顯而易見，即未能廣搜博覽，參校衆本，尤其是宋、元善本，故而僅能於版式精美於明本，卻未能於最爲重要之文本內容精益求精更上層樓。由此，其版本價值僅居明本之下而已。唯就"和刻"而言，則此本頗爲難能可貴。誠如見多識廣之長澤規矩也所言："至江户中期僅此一種出版，未見其他版本之刊行。"①其所著《和刻本漢籍分類目録》亦是如此。宋代特有之"宋調"可謂與唐詩並峙之詩歌高峰，而其代表正是黄庭堅與陳師道。缺失陳師道之宋詩，將失去諸多輝光。故而，彼邦於全面了知宋詩，此本可謂居功至偉。

---

① 《和刻本漢詩集成》第十四輯《宋詩篇》第四輯，長澤規矩也撰《后山詩注》解題。

附錄九：陳師道文集文本對勘表

卷數	《後山詩注補箋》題名	宋刻本《後山居士文集》	元刻本《后山詩注》	弘治十年袁芸本《后山詩註》	嘉靖十年梅南書屋本《后山詩註》	利刻本《后山詩註》	《後山詩注補箋》	《後山詩注補箋》校勘記
卷一	妾薄命二首之二	處	地	地	地	地	地	潘末本作"處"
	送外舅郭大夫夔西川提點刑獄	送外舅郭大夫夔西川提點刑獄	送外舅郭大夫夔西川提刑	送外舅郭大夫夔西川提刑	送外舅郭大夫夔西川提刑	送外舅郭大夫夔西川提刑	送外舅郭大夫夔西川提刑	潘末本作"送外舅郭大夫西川提點刑獄"
		莫	暮	暮	暮	暮	暮	
	寄外舅郭大夫	不忍	不忍	不忍	不忍	不忍	不敢	潘末本作"不忍"
		陳	陝	陝	陝	陝	疏	
	城南寓居二首之一	莫	莫	莫	莫	莫	暮	
	之二	仙	僊	僊	僊	僊	仙	
	寄外舅郭大夫	用	冠	冠	冠	冠	冠	潘末本作"用"
	贈二蘇公	伏	服	服	服	服	服	
		大	大	大	大	大	大	
		頌雅	雅頌	雅頌	雅頌	雅頌	雅頌	潘末本作"頌雅"

續表

卷數	《後山詩註補箋》題名	宋刻本《後山居士文集》	元刻本《后山詩註》	弘治十年袁宏本《后山詩註》	嘉靖十年梅南書屋本《后山詩註》	和刻本《后山詩註》	《後山詩註補箋》	《後山詩註補箋》校勘記
		犬	犬	犬	犬	犬	犬	
	南豐先生挽詞二首之一	渡	度	度	度	度	度	
	暑雨	彊	強	強	強	強	強	
	送江楚州	丘	丘	丘	丘	丘	邱	
	丞相溫公挽詞三首之二	床	床	床	床	床	床	
		蒙	濛	濛	濛	濛	濛	
卷一		世	時	時	時	時	時	
	次韻秦觀聽雞閒雁一首	次韻秦觀聽雞閒雁一首	次韻秦觀聽雞閒雁二首	次韻秦觀聽雞閒雁二首	次韻秦觀聽雞閒雁二首	次韻秦觀聽雞閒雁二首	次韻秦觀聽雞閒雁二首	潘本作"次韻秦觀聽雞閒雞二首"
	之一	不	不	下	下	下	不	
		怨	根	根	根	根	根	
	之二	階	增	增	增	增	增	
	嘲秦觀	鴈	鴈	鴈	鴈	鴈	雁	

· 378 ·

續表

卷數	《後山詩注補箋》題名	宋刻本《後山居士文集》	元刻本《后山詩注》	弘治十年袁宏本《后山詩註》	嘉靖十年梅南書屋本《后山詩註》	和刻本《后山詩註》	《後山詩注補箋》	《後山詩注補箋》校勘記
卷一	答張文潛		剪	剪	剪	剪	剪	
	九日寄秦觀	君婦定不賢	君婦定不然	君婦定不然	君婦定不然	君婦定不然	君婦定不然	馬暾本、趙本、適園本均作"君婦定應賢"
		莫鶡	莫鶡	莫鶡	莫鶡	莫鶡	莘鶡	
	鉅野	獨能	可能	可能	可能	可能	可能	潘宋本作"獨能"
		巨野	巨野	巨野	巨野	巨野	鉅野	
	示三子	盡	尽	盡	盡	盡	盡	
卷二	嗚呼行	追呼行	烏呼行	嗚呼行	嗚呼行	嗚呼行	嗚呼行	潘宋本作"追呼行"
		萬	万	萬	萬	萬	萬	
		瘡	創	創	創	創	創	
	秋懷示黃預	窻	窻	窻	窓	窓	窗	
	送張支使	下	下	不	不	不	不	潘宋本、盧宋本、趙本、適園本均作"下"

續表

卷數	《後山詩注補箋》題名	宋刻本《後山居士文集》	元刻本《后山詩注》	弘治十年袁宏本《后山詩註》	嘉靖十年梅南書屋本《后山詩註》	和刻本《后山詩註》	《後山詩注補箋》御箋	《後山詩注補箋》校勘記
卷二	送杜侍御御純陝西轉運	送杜侍御純西轉運	送杜侍御純陝西轉運	送杜侍御純陝西轉運	送杜侍御純陝西轉運	送杜侍御純陝西轉運	送杜侍御純陝西轉運	
		烏隼	烏鼠	烏鼠	烏鼠	烏鼠	烏鼠	"烏",潘宋本、盧宋本均作"省"
		獼	獼	獼	獼	獼	豺	
		國	国	國	國	國	國	
		驪	駐	駐	駐	驪	驪	
		辭	辞	辭	辭	辭	辭	
		扣	扣	扣	扣	扣	叨	
		繫	係	係	係	係	繫	
		關	关	關	關	關	關	
	送外男郭大夫夔路提刑	送外男郭大夫夔路提點刑獄	送外男郭大夫夔路提刑	送外男郭大夫夔路提刑	送外男郭大夫夔路提刑	送外男郭大夫夔路提刑	送外男郭大夫夔路提刑	"提刑",潘宋本作"提點刑獄"
	從蘇公登後樓	無	无	無	無	無	無	
		班	班	班	班	班	班	

續表

卷數	《後山詩注補箋》題名	宋刻本《後山居士文集》	元刻本《后山詩注》	弘治十年袁宏本《后山詩註》	嘉靖十年梅南書屋本《后山詩註》	和刻本《后山詩註》	《後山詩注補箋》	《後山詩注補箋》校勘記
	送蘇公知杭州	如	如	爲	爲	爲	爲	
	送案觀二首之二	盡讚	盡讚	盡得	盡得	盡得	盡得	"盡得"潘末本、盧末本作"盡讚"
	和江秀才獻花三首之三	蟲	虫	虫	虫	蟲	蟲	
	次韻李節推九日登南山	鍾	鍾	鍾	鍾	鍾	鍾	
	別負山居士	如何	如何	何如	如何	何如	如何	
卷三	次韻春懷	鳥跡	鳥跡	鳥跡	鳥跡	鳥跡	馬跡	"馬跡",適園本作"鳥跡"
	黃梅五首之三	稍	稍	稍	稍	稍	稍	
	別叔父錄事曹	文	文	刑	刑	刑	刑	"刑",潘末本、盧末本、馬曉本均作"文",適園本作"文"
	出清口	閒	閒	閒	閒	閒	閒	
	寄豫章公三首之一	已是	已是	已足	已足	已足	已足	"已足",潘末本、盧末本作"亦是"

· 381 ·

續表

卷數	《後山詩註補箋》題名	宋刻本《後山居士文集》	元刻本《后山詩註》	弘治十年袁宏本《后山詩註》	嘉靖十年梅南書屋本《后山詩註》	和刻本《后山詩註》	《後山詩註補箋》	《後山詩註補箋》校勘記
	之二	麤	麁	麁	麁	麁	粗	
	之三	生	生	人	人	人	人	"人"，潘朱本作"生"
		粗	粗	踈	踈	踈	疏	"疏"，潘朱本，盧朱本，何校本作"粗"
	贈秦覯兼簡蘇適二首之二	攜	攜	攜	攜	攜	攜	
卷二		益	益	亦	亦	亦	亦	
		過	過	過	過	過	道	盧文弨曰：應增"一首"字，然宋本亦無。潘朱本此處無"秦"字。
	次韻秦少游春江秋野圖	次韻少游春江秋野圖二首	次韻秦少游春江秋野圖	次韻秦少游春江秋野圖	次韻秦少游春江秋野圖	次韻秦少游春江秋野圖	次韻秦少游春江秋野圖	
	之二	鳩	鳩	鳩	鳩	鳩	雁	
		簡	簡	簡	簡	簡	個	
	絕句	鄭	郑	鄭	鄭	鄭	鄭	

續表

卷數	《後山詩注補箋》題名	宋刻本《後山居士文集》	元刻本《后山詩註》	弘治十年袁宏本《后山詩註》	嘉靖十年梅南書屋本《后山詩註》	和刻本《后山詩註》	《後山詩注補箋》	《後山詩注補箋》校勘記
卷二		贈歐陽叔弼學士	贈歐陽叔弼	贈歐陽叔弼	贈歐陽叔弼	贈歐陽叔弼	贈歐陽叔弼	
		筴	筴	筴	筴	筴	筴	
		禮	礼	禮	禮	禮	禮	
		名	言	言	言	言	言	"言"潘未本作"名"
	觀兗國文忠公家六一堂圖書	觀兗國文忠公家六一堂圖書	觀兗文忠公家六一堂圖書	觀兗文忠公家六一堂圖書	觀兗文忠公家六一堂圖書	觀兗文忠公家六一堂圖書	觀兗國文忠公家六一堂圖書	
		煥	煥	煥	煥	煥	煥	
卷三		人與同	人與同	人與同	人與同	人與同	與人同	"與人同",高麗本、趙本、適園本作"人與同"
		惡子中	惡子中	惡子中	惡子中	惡子中	亞子中	依惠棟考證改
		草露	露草	草露	草露	艸露	草露	"草露",盧本作"露草"
	送蘇迨	悟解	解悟	解悟	解悟	解悟	解悟	
		筆札	書札	書札	書札	書札	書札	

續表

卷數	《後山詩注補箋》題名	宋刻本《後山居士文集》	元刻本《后山詩注》	弘治十年袁宏本《后山詩註》	嘉靖十年梅南書屋本《后山詩註》	和刻本《后山詩註》	《後山詩注補箋》	《後山詩注補箋》校勘記
	送黃生兼寄二謝二首之一	早	蚤	蚤	蚤	蚤	早	"知"潘宋本、盧宋本、趙本作"心"。"百歲"潘本、高麗本均作"百年"。潘宋本亦作"歲"。
		百歲論交見子心	百歲論交見子心	百歲論交見子知	百歲論交見子知	百歲論交見子知	百歲論交見子知	
卷三	次韻蘇公西湖徙魚三首之一	丘	丘	丘	丘	丘	邱	
		杯	杯	杯	杯	杯	杯	
		鱠	鱠	鱠	鱠	鱠	鱠	"鱠"原作"膾",據高麗本、梅南書屋本改
	之二	候逐	候逐	候逐	候逐	候逐	誤作	"作"高麗本作"逐"
		墮	墮	墮	墮	墮	墜	
		魚	魚	意	意	意	魚	

續表

卷數	《後山詩注補箋》題名	宋刻本《後山居士文集》	元刻本《后山詩注》	弘治十年袁宏本《后山詩註》	嘉靖十年梅南書屋本《后山詩註》	和刻本《后山詩註》	《後山詩注補箋》	《後山詩注補箋》校勘記
	之三	鱠	鱠	鱠	鱠	鱠	膾	
		與	与	與	與	與	與	
	次韻蘇公觀西湖觀月聽琴	次韻蘇公觀湖觀月聽琴	次韻蘇公西湖觀月	次韻蘇公西湖觀月聽琴	次韻蘇公西湖觀月聽琴	次韻蘇公西湖觀月聽琴	次韻蘇公觀月聽琴	此題潘宋本"觀月"上有"西湖"二字，高麗本、馬敘本同
		一樽復一樽	一樽復一樽	一盃復一盃	一盃復一盃	一盃復一盃	一樽復一樽	
卷三		冰	水	冰	冰	冰	冰	
	再次韻蘇公觀月聽琴之二	次韻蘇公觀月聽琴之二	再次韻蘇公示兩歐陽	再次韻蘇公示兩歐陽	再次韻蘇公示兩歐陽	再次韻蘇公示兩歐陽	再次韻蘇公示兩歐陽	此首潘宋本為《次韻蘇公觀月聽琴》之二
		聞	文	聞	聞	聞	聞	
	次韻蘇公勸酒與奐詩	毋	無	無	無	無	無	
		皆畏	皆畏	皆爲	皆爲	皆爲	皆畏	
		記	記	紀	紀	紀	紀	

385

续表

卷数	《后山诗注补笺》题名	宋刻本《后山居士文集》	元刻本《后山诗注》	弘治十年袁宏本《后山诗註》	嘉靖十年梅南书屋本《后山诗註》	和刻本《后山诗注》	《后山诗注补笺》	《后山诗注补笺》校勘记
	次韵苏公题欧阳叔弼息斋	八尺床	八尺床	八尺床	八尺床	八尺床	百尺牀	
		待	顾	顾	顾	顾	顾	
		勿	莫	莫	莫	莫	莫	
		鱼	鱼	馀	馀	馀	鱼	
卷三	北渚	贫	贫	待	待	待	待	
		度	度	度	渡	度	渡	
	东禅	东禅	东禅	东禅	东禅	东阡		此题潘末本、高丽本、卢禾本均作"东禅"
		未	禾	禾	禾	禾	禾	
	八月十日二首之一	丘	丘	丘	丘	丘	邱	
		船	舡	船	船	船	船	

第三章・陳師道文集和刻本研究

續表

卷數	《後山詩注補箋》題名	宋刻本《後山居士文集》	元刻本《后山詩註》	弘治十年袁宏本《后山詩註》	嘉靖十年梅南書屋本《后山詩註》	和刻本《后山詩註》	《後山詩注補箋》	《後山詩注補箋》校勘記
卷三	迎新將至遭城莫歸遇雨	迎新將至遭城莫歸遇雨	迎新將至遭城莫歸遇雨	迎新將至遭城莫歸遇雨	迎新將至遭城莫歸遇雨	迎新將至遭城莫歸遇雨	迎新將至遭城莫歸遇雨	
	即事	晚傍塵泥	晚傍塵沙	晚傍塵沙	晚傍塵沙	晚傍塵沙	晚傍塵沙	
		管	管	管	管	管	管	
	十五夜月	衆	万	萬	萬	萬	萬	
	胡士彥晚詞二首之二	見未頻	見未頻	見未頻	見未頻	見未頻	未見頻	

・387・

附錄十：陳師道文集殘宋本與諸本對勘表

卷數	《後山詩注補箋》題名	宋刻本《後山居士文集》	殘宋本《後山詩注》	元刻本《后山詩注》	弘治十年袁宏本《后山詩註》	梅南書屋嘉靖10年本《后山詩註》	和刻本《后山詩註》	《後山詩注補箋》	《後山詩注補箋》校勘潘末本
	寄鄧州杜侍郎	慇	慇	慇	慇	慇	慇	慇	
		彩	采	采	采	采	采	采	
		人言	人言	人去	人言	人言	人言	人言	
		公自	公自	公自	公取	公取	公取	公取	
		奕奕	奕奕	奕奕	奕奕	奕奕	奕奕	奕奕	
卷六	寄提刑李學士	眾	萬	万	萬	萬	萬	萬	
	寄杜擇之	文彩傳家	文彩風流	文彩風流	文采風流	文采風流	文采風流	文采風流	"風流"潘末本作"傳家"
		衡陽	衡陽	衡陽	衡陽	衡陽	衡陽	洛陽	"洛陽"潘末本詩作"衡陽"。盧末本、周末本、高麗本詩及注同之

續表

卷數	《後山詩注補箋》題名	宋刻本《後山居士文集》	殘宋本《後山詩注》	元刻本《後山詩註》	弘治十年袁宏本《后山詩註》	梅南書屋嘉靖10年本《后山詩註》	和刻本《后山詩註》	《後山詩注補箋》	《後山詩注補箋》校勘潘末本
	次韻晁無斁春懷	斷	斷	斷	斷	斷	斷	斷	
		沉沉	沉沉	沉沉	沉沉	沉沉	沈沈	沉沉	
		履	履	履	履	履	履	履	
	寄兒無斁	丁寧	丁寧	叮嚀	叮嚀	叮嚀	叮嚀	叮嚀	
		邊	間	間	間	間	間	間	
	別寶講主	老	祖	祖	祖	祖	祖	祖	
		床	床	床	床	床	床	牀	
卷六	還里	游	游	遊	遊	遊	遊	遊	
		悟	誤	誤	誤	誤	誤	誤	
		莫	莫	莫	莫	莫	莫	莫	
		丘	丘	丘	丘	丘	丘	丘	
		觸	觸	賜	觸	觸	觸	邱	
	答魏衍黃預勉子作詩	答魏衍黃預勉余詩	答魏衍黃預勉子作詩	答魏衍黃預勉子作詩	答魏衍黃預勉子作詩	答魏衍黃預勉子作詩	答魏衍黃預勉子作詩	答魏衍黃預勉子作詩	

续表

卷数	《后山诗注补笺》题名	宋刻本《后山居士文集》	残宋本《后山诗注》	元刻本《后山诗注》	弘治十年袁宏本《后山诗註》	梅南書屋嘉靖10年本《后山詩註》	和刻本《后山詩註》	《后山诗注补笺》	《后山诗注补笺》校勘潘宋本
		浅短	浅短	浅短	浅短	浅短	浅短	短浅	
		夜燎齐	夜燎齐	夜燎齐	夜燎齐	夜燎齐	夜燎齐	夜寒栖	
		回迟	迥迟	迥迟	迥迟	迥迟	迥迟	迥迟	
	老柏三首	老柏三首	老柏三首	老柏三首	老柏三首	老柏三首	老柏三首	老柏三首	
	之一	栢	栢	栢	栢	栢	栢	柏	
		莫	暮	暮	暮	暮	暮	暮	
	之三	記	記	託	託	託	託	託	"託"潘宋本、高麗本、周末本作"記"
卷六	魏衍见过	洒	洒	洒	洒	洒	洒	灑	
	次韵夏日	眇	眇	眇	眇	眇	眇	渺	
	夏日有怀	丘	丘	丘	丘	丘	丘	邱	
	送杜泽之	送林朝奉	送杜泽之	送杜泽之	送杜泽之	送杜泽之	送杜泽之	送杜泽之	"杜泽之"潘宋本作"林朝奉"
	栢山	栢山	栢山	栢山	栢山	栢山	栢山	柏山	

第三章・陳師道文集和刻本研究

續表

卷數	《後山詩注補箋》題名	宋刻本《後山居士文集》	殘宋本《後山詩注》	元刻本《后山詩註》	弘治十年袁宏本《后山詩註》	梅南書屋嘉靖10年本《后山詩註》	和刻本《后山詩註》	《後山詩注補箋》	《後山詩注補箋》校勘潘宋本
	答顏生	終焉汗	終焉汗	終焉汗	終有汗	終有汗	終有汗	終有污	
	觸目	毋	毋	毋	毋	毋	毋	無	
		蛇	蛇	虵	虵	虵	蛇	虵	
卷六	晚望	向	處	處	處	處	處	處	"處"潘宋本作"向"
		黑雲	黑雲	黑雲	黑雲	黑雲	黑雲	黑雲	
	送高推官	先生	先王	先王	先生	先生	先生	先王	
		難	難	難	難	難	難	能	
	和黃預感秋	蚕	蟲	蟲	蟲	蟲	蟲	蟲	
	和魏衍元夜同登黃樓	樓	樓	楼	樓	樓	樓	樓	
		燈	燈	灯	燈	燈	燈	燈	
		浦	湑	湑	湑	湑	湑	湑	
		疎	稀	稀	稀	稀	稀	稀	
		在所	在所	任所	所在	任所	所在	在所	

· 391 ·

續表

卷數	《後山詩注補箋》題名	宋刻本《後山居士文集》	殘宋本《後山詩注》	元刻本《后山詩註》	弘治十年袁宏本《后山詩註》	梅南書屋嘉靖10年本《后山詩註》	和刻本《后山詩註》	《後山詩注補箋》	《後山詩注補箋》校勘潘宋本
卷六	和元夜	與	與	与	與	與	與	與	
	和魏衍同遊阻風	清	清	清	情	情	情	情	"情"潘宋本、盧宋本、周宋本作"清"
		白	正	正	正	正	正	正	
		春風亦	東風未	東風未	東風未	東風未	東風未	東風未	"東"春"潘宋本作"春","亦"作"亦"
	和魏衍同登快哉亭	漫	慢	慢	慢	慢	慢	漫	
		舊	舊	旧	舊	舊	舊	舊	
	招黃魏二生	偶	偶	偶	偶	偶	偶	遇	
		聲	聲	声	聲	聲	聲	摩	

第四章
嚴羽文集和刻本研究

嚴羽，字丹丘，又字儀卿，福建邵武人，唐鄭国公嚴武之後。其先世居於陝西華陰，唐末動亂，遷徙於此。家傍莒溪，地名嚴坊，滄浪之水出焉，遂自號滄浪逋客。生於南宋光宗紹熙二年(1191)左右，卒於理宗寶祐四年(1255)之後。①其尤以詩論著稱於世，集中體現於《詩辯》《詩體》《詩法》《詩評》《詩證》五篇評論文章以及《答出繼叔臨安吴景僊書》中。最初其詩論與詩集合併以《吟卷》爲名刊於世行，後至明代正德十一年(丙丁，1516)胡瓊將此五篇文論與所附《答出繼叔臨安吴景僊書》單獨以《嚴滄浪詩話》付梓刊行。②

《吟卷》於宋代雕版情況見王士禛《蠶尾續文集》卷十九《跋·跋嚴滄浪吟卷》：

---

① 傅璇琮、程章燦主編：《宋才子傳箋證·南宋後期卷》，瀋陽：遼海出版社，2011年版，第486頁。
② ［明］胡瓊：《嚴滄浪詩話序》，中國國家圖書館藏《嚴滄浪詩話》，善本書號：CBM2446。

余訪《滄浪先生吟卷》，積有歲年。康熙戊申，始得宋刻于亡友程太史翼蒼。一則幸夙願之頓酬，一則感故人之新逝，秋窗篝火，展卷憮然。①

後世未見此本之流傳，亦不知王士禛所得是否確爲宋刻。今存最早者可知爲元初刻本《滄浪嚴先生吟卷》。

第一節　元本

元初刻本《滄浪嚴先生吟卷》三卷兩册，藏臺灣"國家圖書館"，書號10660。卷首爲嚴羽同郡黄公紹所作序文，文後有"公紹"正方陽文印，"桂軒"正方陽文印，"五經史家"正方陽文印。序文草體，半葉六行，行十一、十二不等。正文楷體，半葉十行，行二十字。四周雙欄，細黑口，上下同向黑魚尾，上魚尾下鐫刻"滄浪某卷"，下魚尾下鐫刻頁數。卷三末葉鈐有"駿昌"正方朱文陰文印、"雅庭"正方朱文陽文印、"三十五峰園主人所藏"長方朱文陽文印、"胡珽藏書"長方朱文陽文印。序後爲全書總目。

全書每卷首題有"樵川陳士元暘谷編次、進士黄清老子肅校正"。陳士元，《閩中理學淵源考》卷三十九《邵武黄存齋諸先生學派》記載："邵武人，與黄鎮成同時，以文爲友，隱居不仕。有《武陽志略》《武陽耆舊詩宗》。學者號暘谷先生。"②黄清老(1290—1348)，《邵武黄存齋諸先生學派》記載："黄清老，字子肅，邵武人。黄五經之後也。通經博文。元泰定四年進士，累應

---
① ［清］王士禛撰，宫曉衛等點校：《蠶尾續文集》卷十九，濟南：齊魯書社，2007年版，第2293頁。
② 徐公喜點校：《閩中理學淵源考》卷三十九《邵武黄存齋諸先生學派・陳暘谷先生士元》，南京：鳳凰出版社，2011年版，第514頁。

奉翰林文字、同知制誥國史院編修官，遷奉訓大夫，出爲湖廣行省儒學提舉。學者自遠從之，率多成就，稱樵水先生。著《春秋經旨》《四書一貫》數十卷，詩存者數千篇，有盛唐之風。蘇天爵爲作碑云。"①《全元詩》錄其詩八十九首。兩人均爲嚴羽同鄉，仰慕鄉賢編次校正以行。

此本卷首黄公紹序爲了解嚴羽集元代刊刻情況最爲重要之文獻。序言：

"平生千萬篇，金薤垂琳琅。"至於流落人間，泰山豪芒尔。此韓吏部《調張協律》之詩。乃謂天公六丁，雷電取將，豈戲論乎？蓋重惜之也。文者，造物之甚秘，不以輕與人。其於名也，尤所靳惜。今夫達官貴人，高文大册，盈箱積案，非不富也。曾不如畸人窮士，刓編斷翰、斷碑敗壁、一聯半句之爲貴。非多賤而少貴也，要亦有幸不幸焉耳。繇此言之，乾坤清氣，散在詩人，千萬人而一人；天地中間，長留詩卷，千萬世而一世。茲豈易得哉！吾樵名詩家衆矣，近世稱"二杜""三嚴"。余幼時，見東鄉諸儒藏嚴詩多甚，恨不及傳。今南叔李君示余所錄《滄浪喈卷》，蓋廑有存者，序其篇端。余於此重有感矣。若稽職方乘：滄浪名羽，字丹邱，一字儀卿，粹温中有奇氣。嘗問學於克堂包公。爲詩宗盛唐，自《風》《騷》而下，講究精到，石屏戴復古深所推敬。自號滄浪逋客。江湖詩友，目爲"三嚴"，與參、仁同時，皆家苕溪之上。吴陵序其家集曰：參字少魯，志則崖岸，外無廉稜。論議之間，微見其際，若曰不充貢大廷，當拜詔衡宇。或勸廣交延譽，則掩耳不答，高卧中林，瞪眄一世，號三休居士。仁字次山，好古

---

① 《閩中理學淵源考》卷三十九《邵武黄存齋諸先生學派・陳暘谷先生士元》，第515頁。

博雅。蜀吳曦之叛，楊巨源誅曦，爲安丙懟而殺之，嘗作《長憤歌》，爲時所傳誦。蓋其所立有絕人者。行事大略如此。嗚呼！安得盡萃三嚴之詩，珠流璧合，以極鉅麗殊尤之觀者乎？三嚴之詩，不可盡得，得其一篇一詠，亦足以快，而況於滄浪之卷猶存什一於千百不已幸乎。後之覽者，其永寶之哉！歲尚章攝提格十月之望，後學同郡黃公紹序。

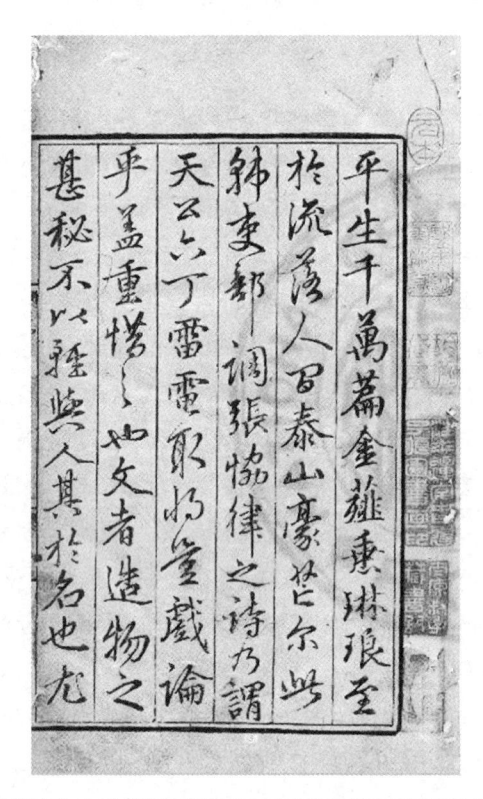

圖版 4-1：《滄浪嚴先生吟卷》卷首黃公紹序（臺灣"國家圖書館"，書號 10660）

黃公紹，字直翁，號在軒。福建邵武人。咸淳進士。宋亡不仕，隱居樵溪，長齋奉佛。著有《韻會舉要》已佚。詩文詞《元詩選》二集輯録其詩十首,題作《在軒集》一卷。《全元詩》録詩十首,《全元文》録文兩卷。①生平見《宋詩紀事》卷七十五、《元詩選》二集《在軒集》。

此序作於"歲尚章攝提格十月之望"。《史記》卷二十六《曆書第四》:"尚章大淵獻二年。"《索隱》曰:"尚章,癸也,《爾雅》作'昭陽'也。"②另,《爾雅注疏》卷第六《釋天第八》曰:"大歲在甲曰閼逢,在乙曰旃蒙,在丙曰柔兆,在丁曰强圉,在戊曰著雍,在己曰屠維,在庚曰上章,在辛曰重光,在壬曰玄黓,在癸曰昭陽。歲陽。大歲在寅曰攝提格,在卯曰單閼,在辰曰執徐,在巳曰大荒落,在午曰敦牂,在未曰協洽,在申曰涒灘,在酉曰作噩,在戌曰閹茂,在亥曰大淵獻,在子曰困敦,在丑曰赤奮若。"③十支紀年並無癸寅之搭配,故尚章即"上章",上章攝提格即庚寅。南宋庚寅年一爲孝宗乾道六年(1170),此年嚴羽尚未出生。一爲理宗紹定三年(1230),此年嚴羽方屆不惑。故而均不可能是黄公紹作序時間。故此序當作於元世祖至元二十七年(1290)十月十五日,可知此乃元初期刻本。

此序言及嚴羽詩歌創作於其家鄉收藏甚多。最早由李南叔搜集整理以爲《滄浪吟卷》,"僅有之者""猶存什一於千百",文稿已是大量散佚。

《宋集序跋彙編》卷第四一《滄浪嚴先生吟卷·滄浪吟卷序》,亦録有此序,引自邵武徐榦覆刻《樵川二家詩》本《滄浪嚴先生吟卷》卷首。然與元刻本相較,誤植甚多。如:"不以輕與人"誤作"不以輕示與人","盈箱積案"誤作"積案盈箱","滄浪唫卷"

---

① 《全元詩》第八册。《全元文》卷四百四十四、卷四百四十五。
② 《史記》卷二十六《曆書第四》,北京:中華書局,1982年版,第1268頁。
③ 《十三經注疏清嘉慶刊本》十二《爾雅注疏》卷第六《釋天第八》,北京:中華書局,2009年版,第5672—5673頁。

和刻本宋人文集叢考

誤作"滄浪吟卷","蓋塵有存者"誤作"蓋僅有之者","俾余序其篇端"誤作"俾余序其篇首","盡稡"誤作"盡萃","珠流璧合"誤作"珠聯璧合"。最爲明顯者爲文後落款,元刻本爲"歲尚章攝提格十月之望後學同郡黄公紹序",《宋集序跋彙編》則爲"咸淳四年進士同郡後學黄公紹序"。① 正因未見元刻本,被《樵川二家詩》本落款所誤,祝尚書《宋人別集叙錄(增訂本)》於徐熥所言"至正庚寅邑人黄公紹始叙而傳",誤加按語"黄序作於咸淳間,

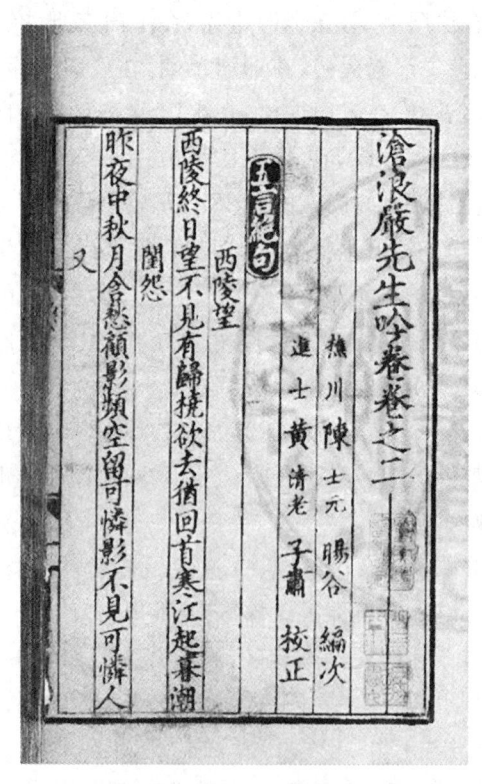

圖版 4-2:《滄浪嚴先生吟卷》卷二(臺灣"國家圖書館",書號 10660)

① 《宋集序跋彙編》卷第四一《滄浪嚴先生吟卷·滄浪吟卷序》,第 2004 頁。

· 398 ·

至正傳刻者爲陳士元"。①而徐燉所言"至正庚寅"亦誤,黃公紹爲宋末元初人,不可能至元末之時依舊在世,當爲"至元庚寅"。另外,末尾"篇一詠亦足以快而況於滄浪之卷猶存什一",《樵川二家詩》本疏漏,又另據《適園叢書》本補錄。

《滄浪嚴先生吟卷》三卷編排如下:

卷一:《詩辯》《詩體》《詩法》《詩評》《詩證》,文後附《答出繼叔臨安吳景僊書》。

卷二:五言絕句,共四題五首,《西陵望》(西陵終日望)、《閨怨》之一(昨夜中秋月)、之二(欲作遼陽夢)、《舟中示同志》(見說春帆外)、《塞下絕句》(莫被封侯誤)。七言絕句,共十七題二十二首。五言八句,共三十四題四十一首。七言八句,共十四題十四首。古詩,共二十題三十一首。

卷三:楚辭,《憫時命》一首。操,《雲山操爲吳子才賦》《塗山操》二首。吟,《行子吟》《還山吟留別城南諸公》《豫子臺吟》三首。引,《思歸引》一首。謠,《夢遊廬山謠示同志》一首。歌,《錢塘潮歌送吳子才赴禮部》《送戴式之歸天台歌》《雷斧歌》三首。行,十一題十一首。樂府《上留田》《估客樂》二首。②詞,《滿江紅送廖仁叔赴闕》《沁園春爲童叔宏賦溪莊》二首。最後爲"滄浪逸詩":五言絕句,《西山》《送友歸山效韋應物體》《空齋》三首。五言八句,《歲暮得表叔吳景仙因寄》《登天皇山作》《遊紫芝巖》三首。七言絕句二首(無題,一首起句爲"萬里長江歲暮天"、一首起句爲"梅花樹樹攪離心"。卷首目錄爲四言絕句二首,誤)。四言長篇,《平寇上史君王潛齋》一首。

全書正篇,詩一百一十一題,一百三十五首,詞兩首。附錄

---

① 《宋人別集叙錄(增訂本)》,第1350頁。
② 元刻本此處空一行未有詩歌類型名,依照後世版本,此處爲樂府。

逸詩，九首。元刻全書共收錄詩歌一百一十一題，一百四十四首。詞兩首。

元刻本偶有殘缺之處，均予以明確標識。"操"類《雲山操》"雲中之君兮□白鹿"，"白鹿"上空一格。"行"類《劍歌行》"重氣輕生"之後全缺。之後兩版空白頁，再接以《放歌行》。由和刻本始知，此兩版空白處共缺詩三首：《送主簿兄之德化任》《寄贈張南卿兼答文篇之既時張南卿在鄱陽》《惜別行》。《上留田》前空一行，參校後世衆本，知此處當如前文，標有詩歌類別"樂府"二字。

元刻本偶有疏誤之處，卷首目錄，七言八句《和官偉長蕪城晚眺》，"官"前缺失"上"字。"滄浪逸詩"中標有"四言絕句二首"，正文實則爲"七言絕句二首"。

第二節　明本

1. 正德十二年（1517）《滄浪嚴先生吟卷》

元以後以正德十二年《滄浪嚴先生吟卷》三卷爲今存最早明刻本，國圖收藏兩種。一者，善本書號09070，每半葉九行，行二十字。四周雙邊，黑口，版心三魚尾，版心兩同向黑魚尾之間爲"滄浪集目""滄浪集一""滄浪集二""滄浪集三"，第二、第三魚尾之間爲頁碼。卷首無序文，有目錄。卷三之末有正德丁丑（1517）孟秋十日長汀李堅《書滄浪先生唫卷後》。二者，國圖善本書號07082，卷首有正德丙子（1516）林俊所作序文，序文殘損嚴重，僅餘留末尾數行。原文另見《見素集》卷六、周亮工詩話樓本《樵川二家詩》卷首、《明文海》卷二百六十一《序五十二》。朱霞康熙六十一年（1722）刊本《樵川二家詩》未收此序。林俊字待用，号見素，晚號雲莊。生於景泰三年（1452），成化十四年（1478）進士及第。後以太子太保致仕。嘉靖六年（1527）四月初五卒,年七十六。隆慶初追謚貞肅。卷三之末亦有正德丁丑(1517)孟秋十日李堅《書滄浪先生唫卷後》。頁眉時有依據元刻本校勘文字。

兩版除少數字詞差異外,版式基本相同。唯 09070 號《贈呂仲祥》自"濛濛六合間"至《登豫章城感懷》全詩、《夢中作》之"人空坐崩沮"一頁爲補版。07082 號則爲原版文字。加之其卷首雖爲殘損亦彌足珍貴之林俊序文,故而,兩廂對勘,07082 號優於 09070 號。兩版每卷首有"樵川陳士元暘谷編次、進士黃清老

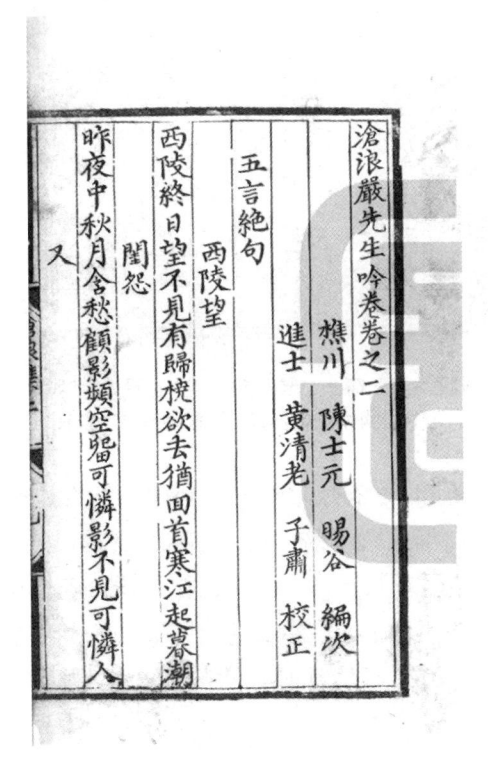

圖版 4-3: 正德十二年(1517)《滄浪嚴先生吟卷》
(中國國家圖書館藏,善本書號 09070)

和刻本宋人文集叢考

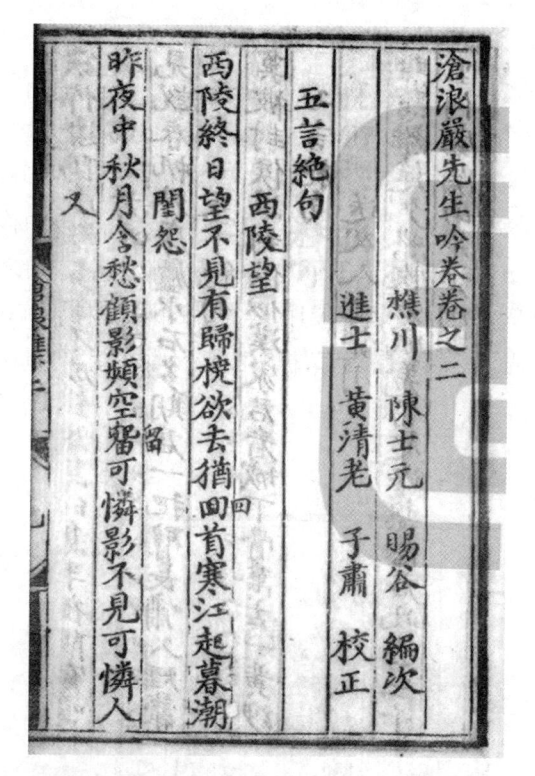

圖版4-4：正德十二年（1517）《滄浪嚴先生吟卷》
（中國國家圖書館藏，善本書號07082）

子肅校正"。可知，乃依據元刻本而刊印。黃丕烈亦曾藏此兩版，跋曰："余向得《嚴滄浪先生吟卷》有二，皆樵川陳士元暘谷編次，進士黃清老子肅校正者。一有正德丙子莆晚學見素林俊書於雲莊青野序，正德丁丑後學長汀李堅後序；一無林序，但有李後序。板刻雖不同，其爲憲伯胡公本則一也。"[1]所言與此二版

---

① ［清］繆荃孫著，張廷銀、朱玉麒主編：《繆荃孫全集·目録·藝風藏書續記》卷六《詩文第八上·滄浪先生吟卷二卷》，南京：鳳凰出版社，2013年版，第291頁。

· 402 ·

相符,唯言"板刻雖不同"有誤。

林俊《嚴滄浪詩集序》曰:

　　詩寫物窮情,嘅時而系事,寄曠達,托幽憤,三經三緯備矣。降而《離騷》,一變也;而古詩、樂府、蘇、李、張、酈,一變也;曹、劉、張、陸,又一變也。若宋若齊若梁,氣格漸異,而盡變於神龍之近體。至開元、天寶而盛極矣,而又變於元和、於開成。迨宋以文爲詩,氣格愈異,而唐響幾絕。山谷詞旨刻深,又一大變者也。最後吾閩邵陽嚴丹滄浪,力祖盛唐,追逸蹤而還風響,借禪宗以立詩辯,別詩體、詩法、詩評、詩證而折衷之,決擇精嚴,新寧高漫士《唐詩品彙》引爲斷案,以詔進來哲。夫滄浪之見獨定,故詩究指歸,音節停勻,詞調清遠,與族人少魯、次山號"三嚴",同時台人戴石屏深加獎重。其子姓鳳山、子野、半山,邑人上官閱風、吳潛夫、朱力庵、吳半山、黃則山盛傳宗派,殆與山谷之江右詩派爲近,要亦唐之赤幟,有摧堅扼險、號召鼓翊之功者矣。宋季避地江楚,詩散逸爲多。吾閩憲伯淮陽胡君重器購存稿,僅百三十有餘篇,與《詩辯》等作並鋟之梓。至寶終出,知寶要未誠乏爲兆爾矣。憲伯雋特有英概,寓懷寄興,清麗悲惋,與滄浪意氣相感發。二百五七十年之下上,是集行世。爲滄浪賀,亦爲得滄浪賀也。淮南法席,將無嗣正眼以傳者乎?集故有黃公紹序,憲伯君重以爲諉。盡讀之,正坐滄浪禁例,奚取序?滄浪序,自創也。

　　此序據中國國家圖書館藏萬曆十三年(1585)刊本《見素集》卷六錄入,善本書號09108。《宋集序跋彙編》卷四一亦據順治周亮工詩話樓本《樵川二家詩》錄入,並言又見《四庫全書》本《見素集》卷六。斷句、文字稍有誤植。如:"最後吾閩邵陽嚴丹滄浪力祖盛唐"衍爲"最後吾閩邵陽嚴丹邱滄浪力祖盛唐"。"以詔進來哲"脫誤爲"以詔來哲"。此序《見素集》《明文海》收録均未有末尾之落款。國圖所藏07082號《滄浪嚴先生吟卷》卷首殘存此序末尾數行文字,落款爲"正德丙子歲除前二日,莆晚學見素林俊書于雲庄青野"。與《宋集序跋彙編》相較,《宋集序跋彙編》又將"莆"衍誤爲"莆陽"。

《藏園訂補邵亭知見傳本書目》卷十三下《集部四·別集類三·南宋》,傅增湘補録有《滄浪嚴先生吟卷》三卷,並記載:"明正德十二年胡璉刊本,九行二十字,黑口,四周雙闌。即莫氏著録之正德胡重器刊本。民國五年(1916)烏程張氏刊適園叢書本,在第七集。"①可知胡重器乃胡璉。《宋人別集叙録(增訂本)》亦注明"胡璉字重器"。②然,明代胡璉字重器者卻有兩人。一者新喻人,《明史》卷一百九十二《列傳第八十·胡璉》記載:"郎中胡璉,字重器,新喻人。正德六年進士,官刑部。嘗諫武宗南巡受杖。"③後於嘉靖中,爭大禮再受杖而亡。穆宗嗣位,贈以太常少卿。另一胡璉字重器,號南津,沭陽人。弘治十八年(1505)進士,授南曹主事,遷福建按察簽事,浙江右布政使,官至户部侍郎致仕。④此位沭陽胡南津方爲此正德十二年刻本之真正功臣。

由林俊序文可知,此集乃胡重器多方購求以得,僅有詩歌百三十有餘篇。上文統計元刻本正篇所收詩歌一百一十一題,一百三十五首,此數字正相等。胡重器所購得當即是與元刻本相似之《滄浪嚴先生吟卷》三卷。故而此本每卷署名與元刻本相

---

① 《藏園訂補邵亭知見傳本書目》卷十三下《集部四·別集類三·南宋》,第1247頁。
② 《宋人別集叙録(增訂本)》卷二十六,第1348頁。
③ [清]張廷玉等撰:《明史》卷一百九十二《列傳第八十·胡璉》,北京:中華書局,1974年版,第5103頁。
④ 《明人傳記資料索引》,臺北:文史哲出版社,1965年初版,1978年再版,第352頁。

同,均爲"樵川陳士元暘谷編次、進士黃清老子肅校正"。"集故有黃公紹序",亦更加證明即是如此。今日所見兩種,唯07082號卷首殘存少許林俊序文。想必正德十二年本林序之前亦當有黃公紹序,今因殘損而未見。另,元刻本目錄"滄浪逸詩"中列有"四言絕句二首",而正文卻是七言絕句二首。此本依舊如此,並未將目錄予以訂正之。

李堅《書滄浪先生吟卷後》曰:

《滄浪嚴先生集》,世久失傳。堅蚤歲於《詩人玉屑》讀其詩評,而心奇之。後見《武陽志略》併其邑人黃公紹所爲《滄浪集叙》,益歎其精識博辨,斬斬自信,蓋所謂不以千里畏人者,真曠世之士哉!顧以未及見其集爲歎。間者憲伯胡公重器出際所藏《吟卷》一帙,則詩、評俱在,而五七言古近體亦略備焉。公將謀之梓人,用傳廣遠。不鄙謂堅,俾填數語於卷末。顧堅豈知言者哉?夫文章與時高下,宋自北鼎南遷,國勢不競甚矣。迨於乾、淳之間,積久道洽,日趣強盛,一時尤、楊、范、陸諸君子,家築騷壇,人標赤幟,鳴盛之作,駸駸乎幾還東京之舊。開禧而後,境土日蹙,政龐日滋,於是聲詩之變,亦與時俱。極揚沙走石以爲奇,叫罵叱咤以爲豪,而宇宙間幾無詩矣。先生生當其時,迺能獨自奮迅,蘄凌駕盛唐,以闊步漢魏境上,視元和以還諸公,殆有不輕折輩行之意;自餘賈島、姚合而下,固其所不屑也。昔之號知詩者,宋有先生,元有劉須溪會孟。然須溪雖工於評摭,至其自占筆,則挈然當人心者,亦未可多見如先生華實相副,論述裁製,工力兩到。卷中《塞下》《從軍》諸篇,襍之盛唐家數,殆未易別其淄澠也。於戲,斯豈非所謂曠世之士哉?憲伯公持憲閩臺,翊正復古,風懷雅尚。其傳是編也,具三善焉:表前修,厚也;風後學,義也;廣公器,仁也。堅不佞,敢填此于卷末。正德丁丑孟秋十日,後學長汀李堅書。

　　《宋集序跋彙編》卷第四一據正德十二年刊本《滄浪嚴先生吟卷》卷末錄有此文，然將之與國圖所藏兩版相較，斷句、訛誤甚多。跋文題爲"書正德胡刊本滄浪先生吟卷後"，與原文題不符。"世久失傳"誤作"歲久失傳"。"黃公紹所爲《滄浪集叙》"，脱一"叙"字。"益嘆其精識博辨"，"益"前衍一"故"字。"而五七言古近體亦略備焉"誤作"而五七言古近體二卷備焉"。"日趣強盛"誤作"日趨強盛"。"一時尤、楊、范、陸諸君子"脱漏"一"字。"極揚沙走石以爲奇"誤作"類揚沙走石以爲奇"。"昔之號知詩者"誤爲"自昔號知詩"。"工力兩到"誤作"二力兩到"。"斯豈非所謂曠世之士哉"誤作"是豈非所謂曠世之士哉"。"翊正復古"誤作"翊正扶古"。

　　此後序明確記載："憲伯胡公重器出际所藏《吟卷》一帙，則詩、評俱在，而五七言古近體亦略備焉。公將謀之梓人，用傳廣遠。"更進一步確證，胡璉所得即爲元刻本《滄浪嚴先生吟卷》相近之版本。詩話、五七言近體、古體俱在。

　　正德十二年本《滄浪嚴先生吟卷》三卷詩歌編排與元刻本完全相同。唯版式或有不同。一者，卷二"歌"《劍歌行》至"重氣輕生然唯諾"，後緊接《放歌行》。兩詩之間無缺頁、無空行，若無他本對勘，不知此詩殘缺，更不知闕少三詩。二者，卷三"樂府"類，《上留田》前既無"樂府"二字，也無空行。以致《上留田》緊隨"行"類最後一詩《四方行》，無端混亂詩體。

　　將正德十二年本與元刻本對勘，如附表，兩者文本差異處甚多。如：

　　"五言八句"：《歲暮得表叔吳景仙書因寄》，元刻本"雲來山雪外"，正德十二年本作"書來山雪外"。《望西山》，元刻本"挹此丹霞人",正德十二年本作"揖兹丹霞人",此當形近而誤。元刻本《天末遇周子俊自行在還言石屏消息》,正德十二年本作"遇周子陵自行在還言石屏消息",脱漏"天末"二字。①"相逢問客船",正德十二年本作"相思問客舡"。其他諸本,唯鮑校本與之相同。元刻本《秋日廬陵送杜子野還攝鍾陵糾掾》,正德十二年本作"秋日廬陵送杜子野攝鍾陵糾掾",脱漏"還"字。"鍾陵有雁過",正德十二年本作"鍾陵有過雁",誤將"雁過"二字顛倒。

"七言絶句":《塞下曲六首》之四,元刻本"北風沙起駞駝驚",正德十二年本作"北風沙起槖駝驚"。其他諸本,唯鮑校本與之相同。

"楚辭":《憫時命》,元刻本"懷貞愨之摻行兮",正德十二年本作"懷貞愨之操行兮"。將"摻"字妄改爲俗字"操"。"攬灝氣以爲桂",正德十二年本將"攬"妄改爲俗體"擥"。

"操":《雲山操》,元刻本"雲中之君兮□白鹿",正德十二年本作"雲中之君兮白鹿",將空格略去。

"行":元刻本《劍歌行贈吴會卿》,正德十二年本則將小字一律改爲大字。元刻本全詩至"重氣輕生",正德十五年本、嘉靖十年本同之,而正德十二年本則爲"重氣輕生然唯諾"。中國國家圖書館所藏 07082 號《滄浪嚴先生吟卷》此詩頁眉批語以爲:"元本此三字亦缺。細玩文義,此三字與全詩不叶。殆因元本缺了二頁,後人加此三字以泯其缺之跡耳。"此正如莫友芝所言:"胡心耘有元刊《滄浪集》三卷本,内缺二頁。後得明刊本,其缺處同,而僞加'然唯諾'三字直接下頁。"②

---

① "周子陵",正德十二年本目録則作"周子俊"。
② 亦見《藏園訂補郘亭知見傳本書目》卷十三下《集部四・别集類三・南宋》,第 1246 頁。

"樂府":《上留田》,元刻本"無爲多憂蚕煩傷",正德十二年本將"蚕"妄改爲"重"。其他諸本,唯鮑校本與之相同。

"古詩":《庚申紀亂》,元刻本"策馬奮獨先",正德十二年本顛倒爲"策馬獨奮先"。"囊檐無虛肩",正德十二年本誤作"囊擔無虛肩"。《劉荆州答》,元刻本"楚壤空嵯峨",正德十二年本誤作"楚襄空嵯峨"。《贈呂仲祥》,元刻本"疑聞天姥媛",正德十二年本作"疑聞天姥猨"。《遊仙六首》之四,元刻本"溪光照崖綠",正德十二年本誤作"溪光照厓綠"。《我友遠言邁》,"四坐慘相顧",正德十二年本誤作"四座慘相顧"。

上述此本與元刻本相左之處,幾乎均爲其誤植所致。前後序言均未涉及此本之校勘者,僅概言之"公將謀之梓人,用傳廣遠"。很顯然,"憲伯"胡璉難有餘暇用心於讎校。胡璉所獲之本當爲與元刻本相仿之善本,無奈所謀之人過於疏草且學殖淺薄。無論於詩歌之排版,亦或於文字之校勘,此本均體現出典型明代坊刻之特徵。最爲顯著之處即在於,肆意妄爲以致不惜造假作僞,原本珍貴之版本痕跡被塗抹殆盡。如《雲山操》之删除空格、《劍歌行》《樂府》之省略空行,"摻""蚕"之亂改俗字,"擥"之妄改俗體,"然唯諾"之僞增文字等等。若僅觀此本,將徹底被其欺妄。

2. 正德十五年(1520)《滄浪先生吟卷》

正德十五年本《滄浪先生吟卷》兩卷,國圖善本書號05297。左右雙欄。白口,上單黑魚尾,版心鐫刻"滄浪吟卷一""滄浪吟卷二"。版心下爲頁碼。半葉十行,行十八字。每卷下"宋樵川嚴羽儀卿著、後學趙郡尹嗣忠校正"。卷首有都穆《重刊滄浪先生吟卷叙》:

作詩難,論詩尤難。古人之論詩者多矣,然皆泛略不同,鮮有定識,求其精切簡妙,不襲故常,足以指南後學如《滄浪先生吟卷》者,豈非詩家之至寶乎? 先生之言曰:"論詩如論禪,禪道唯在妙悟,詩道亦在妙悟,盛唐諸公透徹之悟也。"推原漢魏以降,而截然以盛唐爲法。夫詩而至於妙悟,詩之道無以加矣。後之詩人,無識者固無足道,過高者乃多法漢魏而蔑視盛唐,殊不知詩之衆體至唐始備。唐之不能爲漢魏,猶漢魏之不能爲唐也。冠裳而服,豆籩而食,袵席而坐,可以行之三代而不可行於後世者,非三代之法不善也,時不同也。詩亦若是而已矣。先生之論又曰:"詩有別材,非關書也。詩有別趣,非關理也。"盛唐諸人專主意興,而理在其中,故其詩"如空中之音,水中之月,鏡中之象,言有盡而意無窮"也。美哉論乎! 人惟詩無實見而求入唐人之室,往往以平日之業舉子、談道德者韻之爲詩,彼固自以爲是,而世之好之者乃曰此誠詩也。此詩之有理而非光景流連者也,遂翕然從而效之。嗚呼! 詩而至是,詩之道不幾於厄乎? 唐姑置之,詩以《三百篇》爲經,其首篇自"關關雎鳩"至"君子好逑",理初未之及也,而至理寓焉。孔子曰:"人莫不飲食也,鮮能知味。"又曰:"百姓日用而不知。"日用飲食非道,而所以爲道者不外是也。知此,可以觀先生之詩矣。是書在元嘗有刻本,知崑山縣事尹君子貞以騷壇之士多未之見,重刻以傳,俾余爲叙,遂不辭荒陋而僭書之。正德庚辰十月朔旦,太僕少卿吳郡都穆叙。

《宋集序跋彙編》卷第四一《滄浪嚴先生吟卷》亦錄其文,標題作《正德尹刊本滄浪嚴先生吟卷序》。唯"推原"誤作"推源","漢魏而蔑視"脱"而"字,"可以行之三代"誤作"可以行諸三代","俾余爲叙"誤作"俾余爲序"。①

　　序文言及"元嘗有刻本",昆山知縣尹子貞"重刻以傳",可知

---

① 《宋集序跋彙編》卷第四一《滄浪嚴先生吟卷》,第2008頁。

其亦據元刻本重刊。正德庚辰即正德十五年（1520）。

此版兩卷編排如下：

卷一：詩辯、詩體、詩法、詩評、詩證，附《答出繼叔臨安吳景僊書》。

卷二：五言絶句、七言絶句、五言八句、七言八句、古詩、楚詞、操、吟、引、謠、歌、行、樂府（無"樂府"二字，《上留田》前空一行）、詞。"滄浪逸詩"：五言絶句（《西山》《送友歸山效韋應物體》《空齋》）、五言八句（《歲暮得表叔吳景僊書因寄》《登天皇山作》《遊紫芝巖》）、七言絶句二首（目録誤爲四言絶句）、四言長篇（《平寇上史君王潛齋》）。

此版較之元刻本最大變化在於，將三卷本改編爲兩卷本，至此《吟卷》始有兩卷之版式爲後世所模仿。其用意或以爲一卷爲詩話理論，一卷爲詩歌創作，正可兩廂印證之。其他方面則忠實於元本，排版如《雲山操》"雲中之君兮□白鹿"之空格，《上留田》前空一行，《劍歌行（贈吳會卿）》"重氣輕生"後空三行另版再接《放歌行》。文本亦少有誤植，多與元本相同，可謂明本代諸本之善本。故而傅增湘評之爲："此書大字精雅。"[1]此點與下文所論嘉靖本極爲相似。然此版"精"可堪當，"雅"或欠妥。全書版式與元刻本半葉十行、行二十字，正德十二年本半葉九行、行二十字相比，半葉十行、行十八字，確是要疏朗。然所用字體乃典型明代之匠體字，橫平豎直之際雖然清晰明了，確是"雅"趣難尋，殊少書道之意藴。

此書另有中國國家圖書館藏明抄本《滄浪先生吟卷》兩卷，善本書號08489。卷首有黃丕烈跋。卷一下題署"宋樵川嚴羽儀卿著、後學趙郡尹嗣忠校正"，卷二下題署"宋樵川嚴羽儀卿

---

[1] 《藏園群書經眼録》卷十四《集部三·南宋別集類》，第1058頁。

第四章・嚴羽文集和刻本研究

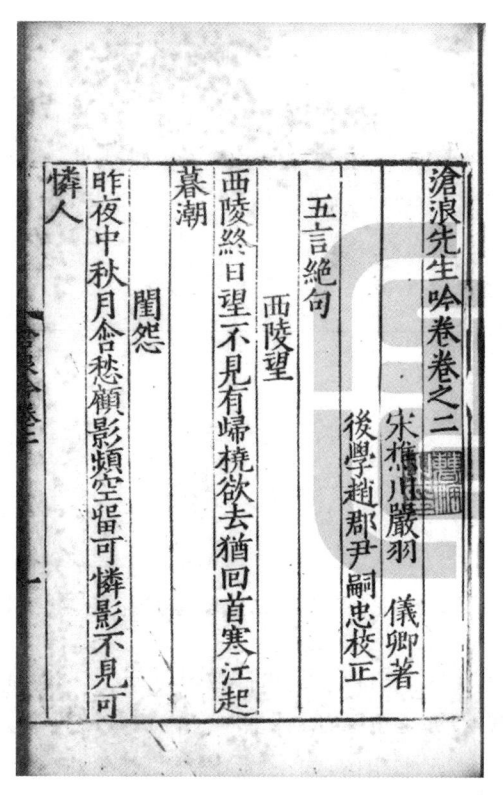

圖版 4-5：正德十五年《滄浪先生吟卷》(中國國家圖書館，善本書號 05297)

著、元趙郡尹嗣忠校訂"。兩處內容不同，筆跡亦殊，顯非一人所抄。全書有多種手跡，當成書衆手。

兩卷編排如下：

卷一：詩辯、詩體、詩法、詩評、詩證。附《答出繼叔臨安吳景僊書》。

卷二：五言絕句(《西陵望》《閨怨二首》《舟中示同志》《塞下絕句》)、七言絕句、五言八句、七言八句、古詩、楚詞、操、吟、引、謠、歌、行、樂府(無"樂府"二字，《上留田》前空一行)、詞。《滄浪

· 411 ·

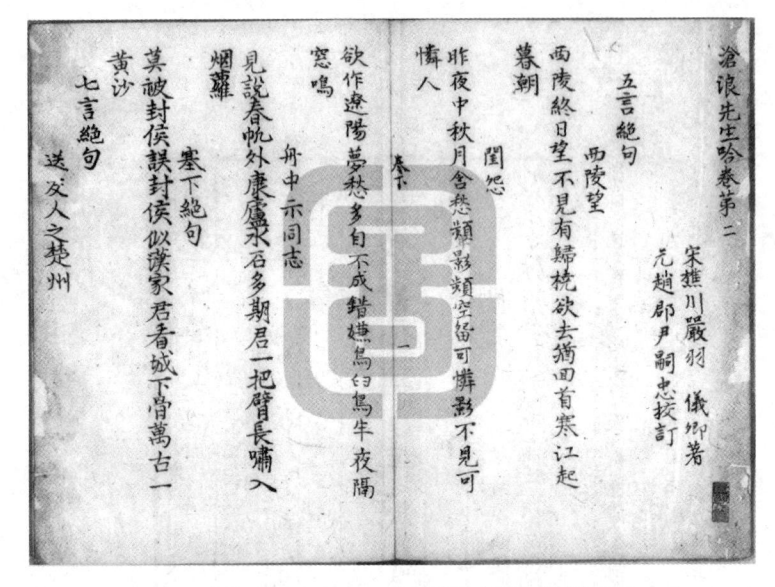

圖版4-6：明抄本《滄浪先生吟卷》卷二（中國國家圖書館藏，善本書號08489）

逸詩》：五言絕句、五言八句、四言絕句二首、四言長篇。

《劍歌行》亦是至"重氣輕生"，之後依舊缺三詩。文字與尹嗣忠正德十五年本相仿，如一些獨有之字，《憫時命》"懷貞愨之慘行兮"，此本亦是如此。可見確是抄自正德十五年本。

黃氏手跋曰：

余向得《嚴滄浪先生吟卷》有二，皆樵川陳士元暘谷編次，進士黃清老子肅校正者。一有正德丙子莆晚學見素林俊書于雲莊青野序，正德丁丑後學長汀李堅後序；一無林序，但有李後序。板刻雖不同，其爲憲伯胡公本則一也。此外又有《滄浪嚴先生詩談》，係正德二年本，但有《詩辯》等，無《答吳景先書》及五言絕句以下詩，蓋專論詩法，不稱吟卷矣。近開萬樓書散出，坊間持此抄本來，紙幅狹小，釘綫幾沒字痕，初不以爲佳。及閱卷第，止二卷，于楚詞後，不別分三卷。且爲後學趙郡尹嗣忠校正本，与向得兩本异。爰檢《讀書敏求記》載是書，亦云二卷，則三卷者非舊第矣。此書雖不甚精妙，然抄手頗舊，故存此本，以三卷者附焉。嘉慶辛酉除夕前四日裝畢書。蕘圃黃丕烈。

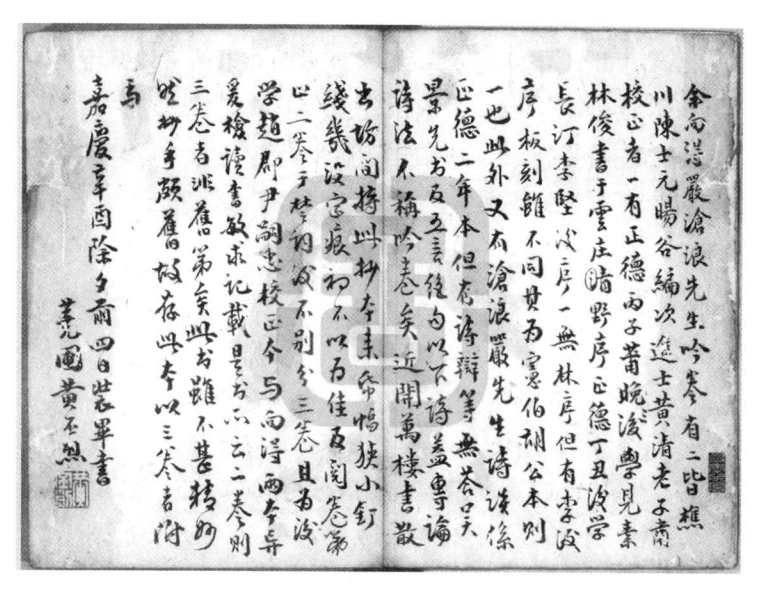

圖版 4-7：明抄本《滄浪先生吟卷》卷首黃丕烈跋文
（中國國家圖書館藏，善本書號 08489）

文後有"黃丕烈"正方陰文印一枚。文中"莆晚後學"衍一"後"字被點去。"雲庄青野"誤爲"清"被修改。另有誤植如"吳景先"當爲"吳景僊"，"近開萬卷樓"當爲"近聞萬卷樓"。

另，《繆荃孫全集·目錄·藝風藏書續記》卷六《詩文第八上》亦收錄"滄浪先生吟卷二卷明鈔本"，其言：

宋嚴羽撰。次行"後學趙郡尹嗣忠校正"，二卷題"元趙郡尹

· 413 ·

嗣忠校正”。鈔手極舊,旋風裝,士禮居舊藏。首葉有"汪印啓淑氏"朱文、"啓淑信印"白文連珠印。①

由第二卷題署可知,此即爲國圖所藏本。

3. 嘉靖十年(1531)《滄浪先生吟卷》

嘉靖十年《滄浪先生吟卷》兩卷,中國國家圖書館善本書號A00612,前有鄭綱《叙重刻滄浪先生吟卷》。半葉十行,行十八字,白口,左右雙欄,上單黑魚尾。版心鐫刻"滄浪吟卷一""滄浪吟卷二",下刻頁數。每卷下有"宋樵川嚴羽儀卿著、彭城清省堂校刻"。

《叙重刻滄浪先生吟卷》曰：

《滄浪嚴先生吟卷》,閩有刻本,姑蘇有刻本,亦既傳布之矣。予嘗愛其參禪論詩,超悟宗旨,有唐宋諸賢所未道。至其詩亦格律精深,詞調清遠,蓋真有透徹之悟,而其詞足以達之。乃復爲重刻,以益廣其傳。芻豢膾炙日陳而見其美,固夫人之好同耳,應無慮重複爲也。嘉靖辛卯上元日,閩中鄭綱識。

嘉靖辛卯即嘉靖十年(1531)。鄭綱,《弇山堂别集》卷六十四《總督兩廣軍務年表》記載:"福建莆田人。嘉靖己丑進士,三十八年以兵部右侍郎兼僉都御史任,四十年卒。"②《四庫全書總目》卷七《經部七·易類存目一·周易贊義七卷》言:"河南左參政莆田

---

① 《繆荃孫全集·目録·藝風藏書續記》卷六《詩文第八上·滄浪先生吟卷二卷》,2013年版,第291頁。
② [明]王世貞撰,魏連科點校:《弇山堂别集》卷六十四《總督兩廣軍務年表》,北京:中華書局,1985年版,第1200頁。

第四章・嚴羽文集和刻本研究

鄭絧爲付梓。"①

　　序文無多内容,唯可注意在其兩次言及"復爲重刻""應無慮重複爲也"。短文一百餘字,卻是於此如此反復,可見其顧慮重重。序文言及嚴羽詩集刊本"閩有刻本,姑蘇有刻本"。閩之刻本或指正德十二年本,林俊《嚴滄浪詩集序》所謂:"吾閩憲伯淮陽胡君重器購存稿,僅百三十有餘篇,與《詩辯》等作並鋟之梓。"姑蘇刻本或指正德十五年本,都穆《重刊滄浪先生吟卷叙》所謂:"知崑山縣事尹君子貞以騷壇之士多未之見,重刻以傳。"然此版究竟以何爲底本"乃復爲重刻",則未言其詳。然細觀文本可知,此本之版式無論是雕版樣式,還是詩歌編排,甚至字體風格,均與正德十五年本高度相似。兩者同樣是半葉十行,行十八字,白口,左右雙欄,上單黑魚尾。《吟卷》始由正德十五年本將三卷改造爲兩卷,此本亦是如此。兩卷之詩歌編排也是完全相同。正德十五年本雕版字體爲明代典型匠體,此本也是採用此種風格。唯正德十五年本前有都穆《重刊滄浪先生吟卷叙》,此本删除之,改爲自作短文。正德十五年本每卷下"宋樵川嚴羽儀卿著、後學趙郡尹嗣忠校正"。此本則改爲"宋樵川嚴羽儀卿著、彭城清省堂校刻"。此前衆版,均未有將刊刻者納入每卷之下。而此刊刻者"清省堂"非僅"刻",更爲"校",可知此本並未有專人校正如正德十五年本,而是直接由刊刻者爲之。而刊刻者所爲校正,亦即直接依照原樣重刊而已。此概爲鄭絧反復致意,顧慮再三之原因所在。莫伯驥稱之爲:"大字精槧,嘉靖間刻本之上乘也。"②確也是不知就裏之言者。

---

① ［清］永瑢等撰:《四庫全書總目》卷七《經部七・易類存目一・周易贊義七卷》,北京:中華書局,1965年版,第52頁。
② 莫伯驥著,曾貽芬整理:《五十萬卷樓藏書目録初編》卷十七《集部三・滄浪先生吟卷二卷》,北京:中華書局,2016年版,第871頁。

故而，如附表所列，此本與正德十五年本文字完全相同。甚至正德十五年本有異於元刻本之處，此本同樣同於正德十五年本。如：元刻本《目錄》之《和官偉長蕪城晚眺》，正德十五年本、此本均改爲《和上官偉長蕪城晚眺》。元刻本《望西山》"揖此丹霞人"，正德十五年本、此本均改爲"揖茲丹霞人"。元刻本《錢塘潮歌送吳子才赴禮部》"東南王氣實在此"，正德十五年本、此本均改爲"東南士氣實在此"。再之，排版格式亦與之相仿。如《上留田》之前空一行，《劍歌行》"重氣輕生"之後空三行，下一頁再接

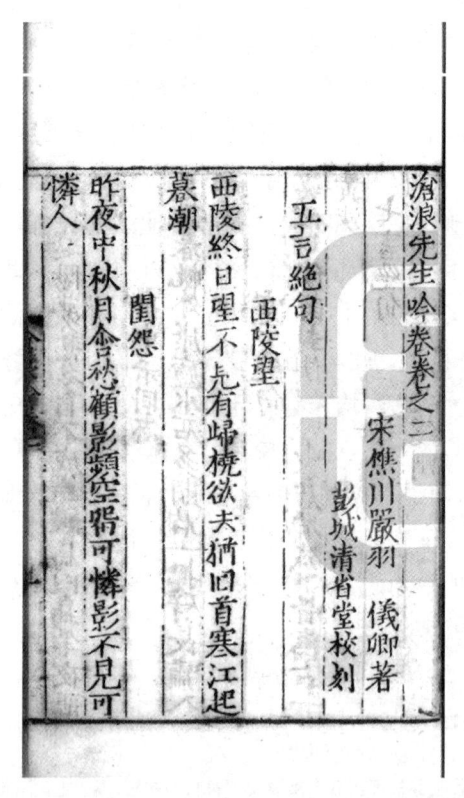

圖版 4-8：嘉靖十年《滄浪先生吟卷》（中國國家圖書館藏，善本書號 A00612）

《放歌行》。稍有變化處,其在"重氣輕生"後空一格刊一"闕"字,更爲明示。

4. 萬曆本

《宋集序跋彙編》卷四十一《滄浪先生吟卷》收錄有明鄧原岳《萬曆本滄浪嚴先生吟卷序》,錄自"邵武徐榦覆刻《樵川二家詩》本卷首"。其序曰:

> 詩話之流,莫盛於宋,由晚唐而五季,間亦有之。宋人布候於杜陵,議論爲宗,差之毫釐,謬之千里。宋社之將屋也,衣冠之裔,十九化於腥羶,缺舌侏離,於正聲何有?蓋國統垂絕,而詩統亦亡矣。獨甌閩之間有嚴儀卿者,別具心腎,嗲嗲反古,禘漢唐而祖初盛,慶曆而下禁勿譚。從最上乘,具正法眼,其斯爲先覺也乎哉?儀卿之言曰:"詩有別才,非關學也;詩有別趣,非關理也。"論詩者未嘗不沐浴其言。夫昌谷之爲《談》也,奧而奇;元美之爲《卮》也,辯而核;元瑞之爲《藪》也,博而麗。自三子之書出,而嚴氏若左次矣。要以功在反正,延如綫之脈,以俟後人。如一葦西來,玄風大鬯,亦安能竟廢之。吾故並其《集》爲序次而行於世,勿謂予閩人知管、晏而已。晉安鄧原岳汝高著。①

此文並未言及年代,而徐𤊹《嚴滄浪集序》明確言:"厥後正德間淮陽憲伯胡公岳、吳郡吏部都公穆先後授梓,萬曆間予友鄧學憲汝高又梓之。"②鄧原岳字汝高,號翠屏,福建福州閩縣人。生於嘉靖三十四年(1555),萬曆二十年(1592)進士。歷官郎中、雲南

---

① 《宋集序跋彙編》卷第四一《滄浪嚴先生吟卷·萬曆本滄浪嚴先生吟卷序》,第2010頁。
② [明]徐𤊹等撰,馬泰來整理:《中國歷代書目題跋叢書(第四輯)·新輯紅雨樓題記·正編》,上海:上海古籍出版社,2014年版,第135頁。

提學簽事、湖廣參議等。所作詩文彙編爲《西樓全集》。卒於萬曆三十二年(1604)，故可推斷此序寫於萬曆。文末所言"吾故並其《集》爲序次而行於世"，確可知鄧原岳刊刻過嚴羽詩集，並與《詩話》一同付梓行世。然此序文僅言及《詩話》並未涉及詩歌創作。

再翻檢天津圖書館藏《邵武徐氏叢書初刻十五種》八十六卷，第十八册爲《樵川二家詩》。其卷首序文依次爲："光緒七年閏七月邵武徐榦小勿序於杭州""順治癸巳立秋日樵川種蕉客大梁周亮工元亮氏題於賴古堂""咸豐三年季冬月楚沔周揆源序""天啓乙丑夏日同郡後學何望海""咸淳四年進士同郡後學黃公紹序"，並無此序。《樵川二家詩》卷次爲：卷一《滄浪吟》，卷二《滄浪吟》，卷三《滄浪詩話》，卷四《秋聲集》，卷五《秋聲集》，卷六《秋聲集》。於卷三《滄浪詩話》前方有此鄧原岳序文。顯然，此

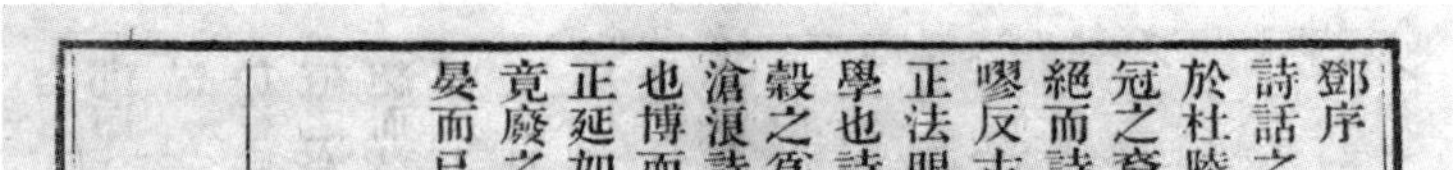

圖版 4-9：光緒七年《邵武徐氏叢書初刻》之
《樵川二家詩》卷三《滄浪詩話》卷首（天津圖書館藏）

乃爲《滄浪詩話》所作。《宋集序跋彙編》誤將此爲《吟卷》所作，不僅杜撰序題《萬曆本滄浪嚴先生吟卷序》，更杜撰詩集名《滄浪嚴先生吟卷》，一語兩杜撰。可知，關鍵處在於，由此《詩話》之序確可知萬曆版詩集之刊刻，但不能將此序歸於詩集之序。

5. 天啓五年（1625）《滄浪詩集》

天津圖書館藏光緒七年（1881）《邵武徐氏叢書初刻》十五種八十六卷之《樵川二家詩》卷首錄有何望海序文曰：

扶輿清淑之氣鍾美於人，大者爲理學、事功，其次爲詞賦、文章。然而靈均之張楚也，少陵、供奉之張蜀也，溯人地者每競舉爲佳話，烏在騷雅一道不與"三立"並垂不朽哉！閩自無諸啓土，邵隸其一隅。唐以前不甚著，至宋而逶迤涵衍，蔚爲人文，則有若李忠定之匡濟，黃簡肅之經術，兼以紫陽之過化，理學、事功雄視中原，故其人率薄聲什。儀卿嚴氏，獨以韻林鼓吹振起壇坫，所著爲《詩辨》《詩法》，一掃狂魔，歸諸正覺。至今吟咏之家，奉爲三尺。黃元鎮生勝國時，心厭腥羶，杜門索居，嘯詠自娛。今觀其《秋聲》一集，蕭騷澹遠，古無一不似漢魏，近無一不似少陵。至夫不乞序於時名，高風磊砢，猶足多者。嚴集行世已久，歲餘漫滅，魯魚幾混。《秋聲集》則余得自友人家藏元本。因歎人代既殊，風徽遞邈。兵燹之後，流離播遷之餘，遺民故老文獻無復足存。即其儀卿一族，所稱有嚴氏九人，俱逸弗傳，則夫沉冥高尚如元鎮者，又曷易更僕數也。幸今文教昭明，雅音復振，而《滄浪集》，余爲諸生時已訂訛披誤，留心有年。茲綏安吳兆聖同予友李玄玄，乃請而重新之。余惟疆場多故，時事孔棘，私欲奉《忠定奏議》廣爲刊布，以正告天下之爲人臣者，顧宦遊不遑。而兆聖、玄玄之舉實獲余心，乃亟取《秋聲》附見焉。嗟夫！作者實難，繼起匪易。後之君子撫流風而興懷，吊餘韻而增慨。高山景行,詎忘思齊?使夫論世之士,致古問俗之賢,指邵之山川、風土、人物,曰"某在斯"、"某在斯",則樵嵐一徑,不將為楚之沅湘、蜀之浣花溪、彰明鄉歟?茲刻又烏容後也!故余不辭而樂為之序,非獨耀詩魂於既往,亦欲券盛美於將來云爾。天啓乙丑夏日同郡後學何望海。①

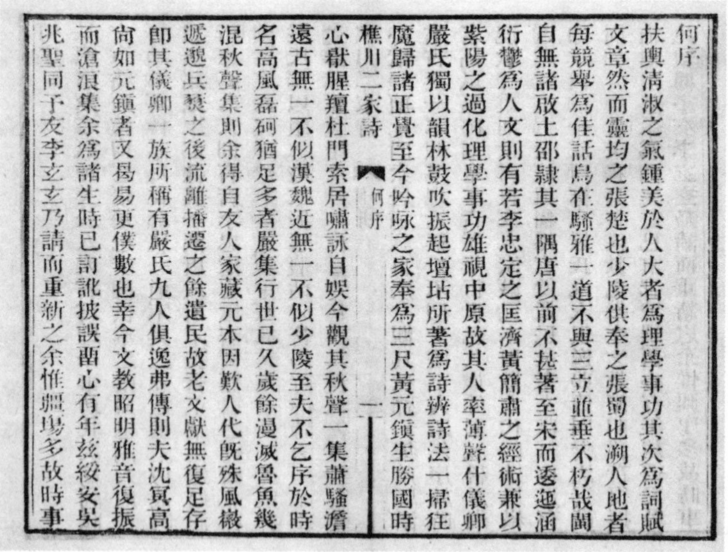

圖版 4-10:光緒七年《邵武徐氏叢書初刻》十五種八十六卷之《樵川二家詩》卷首(天津圖書館藏)

《宋集序跋彙編》卷第四一亦收錄此文,言採自"《邵武徐氏叢書》初刻《樵川二家詩》本卷首"。對校全文,偶有誤植。"每競舉為佳話"誤為"每竟舉為佳話","邵隸其一隅"誤脫為"邵隸其

---

① 中國國家圖書館藏《邵武徐氏叢書初刻十五種》八十六卷,總二十冊,第十八冊,《樵川二家詩》六卷。又見《叢書集成續編》第178冊,上海:上海書店,1994年版,第335—336頁。

· 420 ·

一"，"唐以前不甚著"誤爲"唐以前無甚著""附見"誤爲"見附"，"樵嵐一徑"誤爲"樵嵐一逕"。①

天啓乙丑乃天啓五年(1625)。其於《秋聲集》特標明"家藏元本"，而嚴羽詩集則是"歲餘漫滅，魯魚幾混"，可見其並未親睹《吟卷》元刻本。其自言諸生時即留心嚴羽詩集，"訂訛披誤"。然近來則"疆場多故，時事孔棘"。故而，此集或主要由"綏安吳兆聖同予友李玄玄"親力而爲以成。

《宋集序跋彙編》卷第四一另收錄有徐熥《天啓本滄浪嚴先生吟卷序》，亦錄自"《邵武徐氏叢書》初刻《樵川二家詩》本卷首"。序言：

> 宋樵郡嚴滄浪先生工於詩，嘗著《詩法》，上下古今，辨別體制，卓識定力，後世奉爲蓍龜無論已。夷考先生生於宋之末季，高隱樵郡之莒溪，群從九人俱能詩，時稱"九嚴"。其地曰嚴坊，滄浪之水出焉，因自號滄浪逋客。九嚴詩俱軼弗傳，獨先生遺稿僅存十一於千百，雖鼎嘗片臠，而精味獨到。同時天台石屏戴式之客游樵川，與先生交莫逆。時郡太守王子文與先生論詩不合，式之作十絕解之，有云"近日不聞秋鶴唳，亂蟬無數噪斜陽"。是先生之於當時，真若野鶴之在雞群也。再考先生有《平寇》四言上王潛齋使君。按《宋史·理宗本紀》：端平元年(1234)，權邵武軍王埜平建寇有功，與先生詩意相符。舊本傳訛作"治平改元"，蓋治平爲英宗登極之年，去先生百有餘歲。予因爲之訂正。潛齋即子文，與先生論詩不合者也。先生又有《庚寅紀亂》之作，按《宋史》：紹定三年(1230)，建昌蠻獠竊發，經擾郡縣，寧化曾氏寡

---

① 《宋集序跋彙編》卷第四一《滄浪嚴先生吟卷·天啓本滄浪嚴先生吟卷序》，第2010—2011頁。

婦禦寇有功，亦與先生詩意相符。而先生《詩證》中有"見寶慶間刻本杜詩"，則知先生乃理宗時人，與同邑上官偉長、李友山、賴成之諸名士相倡和者也。斯集歲久湮閟，勝國至元庚寅（1290），邑人黄公紹始序而傳之。厥後正德間淮陽憲伯胡公岳、吴郡吏部都公穆先後授梓。萬曆間，予友鄧學憲汝高又梓之。兹乃何若士先生博雅窮詩，敬恭維桑，復校訂精詳，友人吴兆聖、李玄玄携至三山，與予商榷。因考其歲月、地里，庶幾得先生之大都矣。苕溪先有嚴粲者，工於《毛詩箋注》，嘗著《嚴氏詩緝》，朱文公《詩傳》多采其説。然則先生之論詩，夫有所受之也。三山徐𤊹興公撰。①

然如上文所列，《邵武徐氏叢書初刻》十五種八十六卷之《樵川二家詩》卷首並無徐𤊹序文。《新輯紅雨樓題記·正編》中收録此文，名爲《嚴滄浪集序》，編撰者録自"中研院"歷史語言研究所傅斯年圖書館藏明刊本"滄浪詩集四卷滄浪詩話一卷"。②兩者相較，"兹乃何若士先生博雅窮詩"，《新輯紅雨樓題記·正編》作"兹樵陽何若士先生博雅窮詩"。"友人吴兆聖、李玄玄携至三山，與予商榷。因考其歲月、地里"，《新輯紅雨樓題記·正編》作"欲壽諸梓。余因考其歲月地里"。《宋集序跋彙編》張冠李戴，此並非爲《樵川二家詩》本卷首所有者。由序可知，此集何望海"校訂精詳"，其與徐𤊹並不熟識，後託付其"友人吴兆聖、李玄玄"攜來以爲序。尤可確知，此集爲"滄浪詩集四卷滄浪詩話一卷"。詩集四卷，乃前所未有之刊本。唯序文未言及該本具體之

---

① 《宋集序跋彙編》卷第四一《滄浪嚴先生吟卷·天啓本滄浪嚴先生吟卷序》，第2012頁。
② 《中國歷代書目題跋叢書（第四輯）·新輯紅雨樓題記·正編》，上海：上海古籍出版社，2014年版，第134—135頁。

編排。

所幸此本亦收錄於《善本書室藏書志》卷三十一《集部十》，"《滄浪詩集》四卷（明閩刊本，汪季青藏書。宋樵川嚴羽儀卿著，明樵川何望海若士較，吳伯麟兆聖、李又白元編）"。丁丙記載：

> 第一卷，騷、操、吟、引、謠、歌行；第二卷，樂府、四言古詩、五言古詩；第三卷，五言律詩、五言排律、五言絕句；第四卷，七言律詩、七言絕句。前有三山徐𤊹興公序曰："夷玫先生高隱樵郡之言溪，群從九人俱能詩，時稱九嚴。其地曰嚴坊，滄浪之水出焉，因自號滄浪逋客。九嚴詩俱軼，獨先生遺稿僅存什一於千百。同時天台石屏戴式之客遊樵川，與交莫逆。郡太史王子文與先生論詩不合，式之作十絕解之。集中有平寇四言上王潛齋使君，按《宋史》，理宗端平元年權邵武軍王埜平建寇有功，與先生詩意相符，潛齋即子文。集中有《庚寅紀亂》之作。按《宋史》，紹定三年建昌蠻獠竊發，經擾郡縣。寧化魯氏寡婦禦寇有功，亦與先生詩意相符。而詩證中有見寶慶間刻本杜詩，則知先生乃理宗時人，與同邑上官偉長、李友山、賴成之相倡和也。斯集久湮，至元庚寅邑人黃公紹始叙而傳。正德間淮陽憲伯胡公岳、吳郡吏部都公穆先後授梓，萬曆中鄧學憲汝高又梓之，兹何若士復校訂精詳，友人吳李與余商榷之耳。"此本有"平陽季子收藏圖書""摛藻堂藏書"二印。[①]

其中亦節引徐𤊹序文，"兹何若士復校訂精詳，友人吳李與余商榷之耳"，所言與《宋集序跋彙編》相同。《新輯紅雨樓題記·正編》未言及"友人吳李"之事，不知是否疏漏所致。"李又白元"當

[①] 《清人書目題跋叢刊二·善本書室藏書志》，第771頁上。

爲"李又白玄玄"。此序最爲重要處在於，詳細記載此四卷本之詩歌排序。由此可以確知與下文所論鮑校本之密切關係，鮑校本或即由此翻刻而來。

陳定玉《嚴羽及其著作考辨》之《〈滄浪吟卷〉版本源流考述》中以爲天啓吳兆聖、李玄玄所編乃"《樵川二家詩》本《滄浪集》"，"因此知此本爲何望海、徐燉校訂本。以《滄浪集》與黃鎮成《秋聲集》合刊爲《樵川二家詩》，蓋始於兹"。①此當是於《樵川二家詩》卷首見到何望海序，且其名此序爲"叙樵川二家詩"。此乃大誤。實則，如上文截圖所示，《樵川二家詩》卷首何望海序題，僅爲"何序"二字。而《樵川二家詩》卷首如黃公紹序以及此何望海序，實乃編者雜引他書以成。天啓吳兆聖、李玄玄所編者乃《滄浪詩集》四卷。陳定玉未見傅斯年圖書館所藏《滄浪詩集》四卷，亦未見《善本書室藏書志》所載，故有此誤。《樵川二家詩》始於周亮工所編，而非此所謂天啓本。

6. 明末鮑校本《滄浪集》

《滄浪集》四卷，封面題寫"滄浪集。鮑淥飲手校元刻本。怡蘭堂藏。與神署"。國圖善本書號10327。白口，左右雙邊。上單黑魚尾，版心鐫刻卷數，版心下部鐫刻頁數。半葉九行，行十八字。卷首抄補黃公紹序。序後爲總目。歐體雕版，頗爲精美。卷一、卷二署名"宋嚴羽著、夏大夏重校、明林古度校"。卷三、卷四署名"宋嚴羽著、明林古度校"。《藏園訂補郘亭知見傳本書目》卷十三下《集部四·別集類三·南宋》記載：

［補］《滄浪集》四卷，宋嚴羽撰。明末刊本，九行十八字，白口，左右雙闌。題林古度校。清鮑廷博據元刊本用朱筆校。又

---

① 《嚴羽集》，第476頁。

失名人用藍筆圈點。友人邢之襄藏,余曾借校。①

可知其爲明末刊本。此本既無前言也無後記,刊刻經歷、時間均不得其詳。

林古度,字茂之,福建福清人,《清史列傳》卷七十《文苑傳一》、②錢海岳撰《南明史》卷九十四《列傳第七十·文苑一》均有其列傳。③工詩,少居金陵,與曹學佺、鍾惺、譚元春相友善。陳慶元撰有《林古度年表》《林古度年譜簡編》。④言其又字那子,人稱乳山道人。生於萬曆八年庚辰(1580),卒於康熙四年乙巳(1665),年八十六歲。康熙八年(1669),王士禛編有《林茂之詩選》。其三十五歲時曾爲友人鍾惺刻《隱秀軒集》於金陵,三十九歲又刻曹學佺《蜀中名勝記》。至於其校勘《滄浪集》,年譜未載。

《滄浪集》各卷編排如下:

卷一:騷、操、吟、引、謠、歌、行。

卷二:樂府(《上留田》《估客樂》《古懊儂歌》六首)、四言古詩(《平寇上王使君》)、五言古詩。

卷三:五言律詩、五言排律(《送趙立道赴闕仍試春官即事感興因成五十韻》)、五言絕句。

卷四:七言律詩、七言絕句。

---

① 莫友芝撰,傅增湘訂補,傅熹年整理:《藏園訂補邵亭知見傳本書目》卷十三下,北京:中華書局,2009年版,第1247頁。
② 佚名撰,王鍾翰點校:《清史列傳》卷七十《文苑傳一·林古度》,北京:中華書局,1987年版,第5697頁。
③ 錢海岳撰:《南明史》卷九十四《列傳第七十·文苑一·林古度》,北京:中華書局,2016年版,第4441—4442頁。
④ 陳慶元撰:《林古度年表》,《南京師範大學文學院學報》2010年10月第四期;陳慶元撰:《林古度年譜簡編》,《中國文學研究》第十六輯,北京:中國文聯出版社,2010年12月。

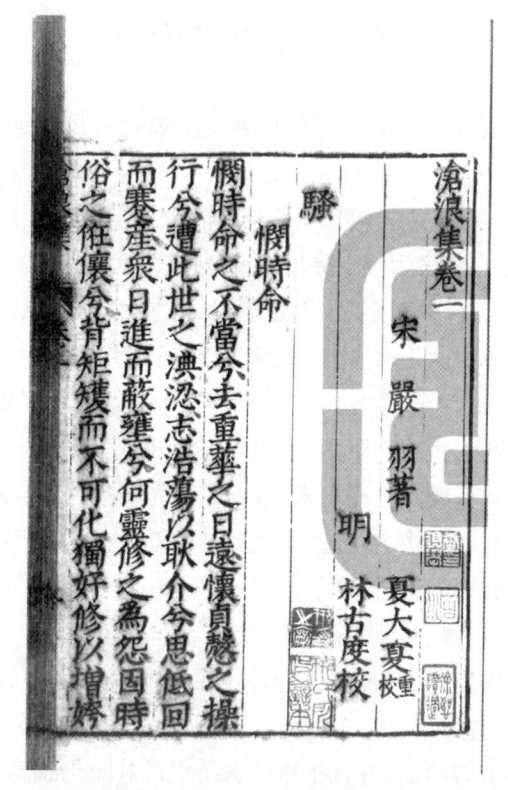

圖版 4-11：《滄浪集》卷一（中國國家圖書館藏，善本書號 10327）

　　此版無論於版式亦或於内容，均迥異於之前所有刊本，予以徹底之改編。就版式而言，一者，題名由之前《吟卷》改成《滄浪集》。二者，完全打亂原本之詩歌序列，分爲四卷。就内容而言，一者，删去詩話、詞，僅存詩歌。二者，將"楚辭"改爲"騷"。三者，《行子吟》從"昨夜客遊初"開始分作第二首。四者，"樂府"增入《古懊儂歌》六首。此六首，之前衆本均置於"古詩"最後。五者，"五言古詩"之排序迥異諸本：《我友遠言邁》《悠悠我行邁》《朝日臨高臺》《昔遊東海上》《秋風入我户》《遊仙》六首、《過逍遥山》《聞鴈》二首、《贈呂仲祥》《登豫章城》《夢中作》《劉荆州答》《廬陵客館雨霽登樓言懷寄友》《送嚴次山》《豫章留別諸公》《遊臨江慧力寺》《山居即事》《庚寅紀亂》。六者，卷三"五言律詩"最後增入《歲暮得吳景仙書因寄》《等天皇山作》《游紫芝巖》三首。之前衆本均將之歸於"滄浪逸詩"。七者，新增一類"五言排律"，將衆本"古詩"第一首《送趙立道赴闕仍試春官即事感興因成五十韻》收錄之。八者，"五言絕句"最後增入《西山》《送友歸山效韋體》《空齋》三首。之前衆本均將之歸於"滄浪逸詩"。九者，"七言絕句"最後增入"絕句二首"。之前衆本均將之歸於"滄浪逸詩"。

上述諸般改造，確也有其用心之處。如《古懊儂歌》六首納入"樂府"，《送趙立道赴闕仍試春官即事感興因成五十韻》納入五言排律。"滄浪逸詩"合併入各類，也有其整齊劃一之處。然，不可否認，如此新編對於古籍整理而言，危害頗鉅。一者，將使原版之歷史信息蕩然無存。如，原版正文與"滄浪逸詩"之分別，正體現詩歌流傳過程之不同版本樣態。逸詩乃本集之外整理者輯佚而得。而此版將"滄浪逸詩"完全抹去，將使原版樣貌消失殆盡。二者，改編中有諸多魯莽非理之處。如，《行子吟》被無端分隔爲二首。嚴羽僅有之兩首詞作被刪削。"五言古詩"之全部重新排序也是令人匪夷所思。或以爲整理者精心考證，努力以創作時間爲先後編排。然全書除此之外，其他各類詩歌均依據原版順序，唯獨"五言古詩"卻是未依舊序。即使如《古懊儂歌》六首，同樣可以納入"古詩"，並非一定要爲"樂府"。《送趙立道赴闕仍試春官即事感興因成五十韻》末句亦有"願睹中興期"之三平調。

經由附表之全面文本對勘，可知此本文字與正德十二年本高度相似。如：

"五言八句"：《歲暮得表叔吳景仙書因寄》，唯其與正德十二年本作"書來山雪外"。《出塞行》，"都護上祈連"，唯其與正德十二年本作"都護上祁連"。《江上有懷上官良史》，唯其與正德十二年本作"江上有懷上官長史"。《天末遇周子俊自行在還言石屏消息》，唯其與正德十二年本作"遇周子陵自行在還言石屏消息"，脱漏"天末"二字；"相逢問客船"，唯其與十二年本作"相思問客船"。《三衢邂逅周月船論心數日臨分賦此二首》之一，"幾時船上月"，唯其與正德十二年本作"幾時江上月"。

"七言絕句"：《塞下曲六首》之四，"北風沙起駞駝驚"，唯其與正德十二年本作"北風沙起橐駝驚"。

"樂府"：《憫時命》"超青冥而歷荒忽"，唯正德十二年本作"趍青冥而歷荒忽"、鮑校本作"趨青冥而歷荒忽"，"趍""趨"異體同義。

"操"：《雲山操》，"雲中之君兮□白鹿"，唯其與正德十二年本無空格。

"歌"：《錢塘潮歌送吳子才赴禮部》，唯其與正德十二年本作"錢塘潮歌送吳子才赴禮部"，小字全爲大字。《雷斧歌》"峰頭巨石似開擘"，唯其與正德十二年本作"峰頭巨石似開劈"。

"行"：《劍歌行贈吳會卿》，唯其與正德十二年本作"劍歌行贈吳會卿"，小字全爲大字。"重氣輕生"，唯其與正德十二年本作"重氣輕生然唯諾"。

"樂府"：《上留田》，"無爲多憂蚕煩傷"，唯其與正德十二年本作"無爲多憂重煩傷"。

"古詩"：《庚申紀亂》，"策馬奮獨先"，唯其與正德十二年本作"策馬獨奮先"；"囊橝無虛肩"，唯其與正德十二年本作"囊擔無虛肩"。《贈呂仲祥》"高卧閑琴樽"，唯其與正德十二年本作"高卧閑琴尊"。《劉荆州答》"楚壤空嵯峨"，唯其與正德十二年本作"楚襄空嵯峨"。《遊仙六首》之四"溪光照崖緑",唯其與正德十二年本作"溪光照厓緑"。

兩者極少不同之處,如"楚辭"《憫時命》,正德十二年本作"攬灝氣以爲桂",鮑校本作"攬灝氣以爲帷"。"古詩"《我友遠言邁》,正德十二年本作"四座慘相顧",鮑校本作"四坐慘相顧"。此或偶有校訂,或一時偶誤以致。

此本高度模仿正德十二年本同時,卻又時常文本訛漏多誤。如:《江樓夜月懷故山友人陳聘君吳樗卿》,誤脱"陳聘君吳樗卿";《歲暮得表叔吳景仙書因寄》,誤脱"表叔";《三衢邂逅周月船論心數日臨分賦此二首》,誤脱"論心數日",又將"臨分"誤作"臨别"。

如上所論,嚴羽詩歌四卷本創自天啓五年"明樵川何望海若士較,吳伯麟兆聖、李又白元編"。而此所謂"夏大夏重校、明林古度校"本,或爲書賈牟利私自翻刻以成。"重校"又再"校"之,殊乖常理。落款署名或即爲書賈胡亂編造而來。若實如此,則由此亦可窺知天啓本之面貌。徐燉於何望海所謂"校訂精詳",或爲與其不甚熟稔透迤之詞。其亦難有條件,衆本對勘以明就裏。天啓五年本幾乎全爲翻刻正德十二年本而來。何望海又何來"校訂精詳"。而如上文所述,正德十二年本自身已是殊非善品。何望海既無"校訂精詳",更缺乏審鑒。即使有"較",亦如其序所言"余爲諸生時已訂訛披誤",此亦當多是早年所爲。晚來又是"疆場多故,時事孔棘",故而編撰之事當多付吳、李二人。全詩最大之特異處,正在於吳、李二人之"編"。不知吳、李二人"編"時,是否曾與何望海相商?亦不知"友人吳兆聖、李玄玄携至三山"與徐燉商榷之文稿乃編成之前亦或編成之後。至少就今日此本可知,吳、李二人之"編"功甚是窳敗典籍。任意捋掇排序,更是隨意撕裂文本。胡亂創意以爲新穎,與明代書賈肆意妄爲之劣習如出一轍。

第三節　民國五年《適園叢書》本《滄浪嚴先生吟卷(舊抄本)》

民國五年(1916)《適園叢書》本《滄浪嚴先生吟卷(舊抄本)》三卷。卷首爲黄公紹序,之後爲總目録。三卷編排如下:卷一,詩辯、詩體、詩法、詩評、詩證、附(《答出繼叔臨安吴景僊書》);卷二,五言絶句(《西陵望》《閨怨二首》《舟中示同志》《塞下絶句》)、

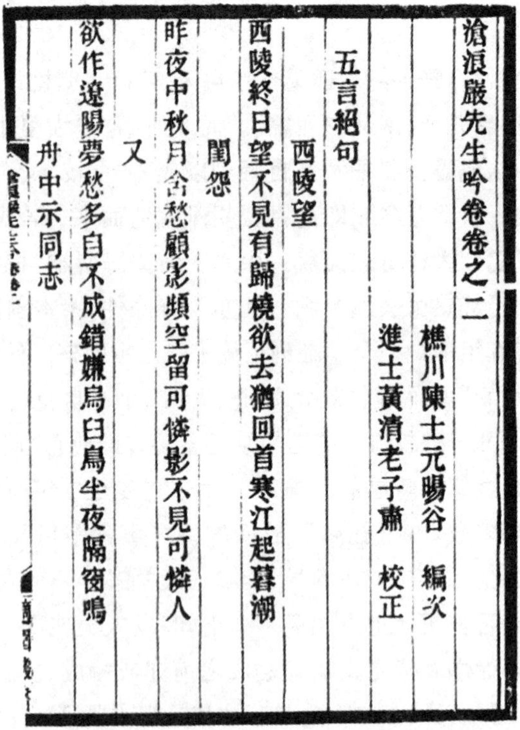
滄浪嚴先生吟卷卷之二
樵川陳士元暘谷　編次
進士黃淸老子肅　校正
五言絶句
西陵望
西陵終日望不見有歸橈欲去猶回首寒江起暮潮
閨怨
昨夜中秋月含愁顧影頻空留可憐影不見可憐人
又
欲作遼陽夢愁多自不成錯嫌烏臼鳥半夜隔窗鳴
舟中示同志

圖版 4-12:《適園叢書》本《滄浪嚴先生吟卷》

七言絶句、五言八句、七言八句、古詩；卷三，楚辭、操、吟、引、謠、歌、行、樂府、詞、滄浪逸詩：五言絶句(《西山》《送友歸山效韋應物體》《空齋》)、五言八句、七言絶句二首、四言長篇。

張鈞衡於《滄浪嚴先生吟卷》文後跋曰：

《滄浪集》三卷，宋嚴羽儀卿撰。儀卿一字丹邱，邵武人，自號滄浪逋客。《詩話》一卷，詩二卷。……《四庫》著録詩二卷，《詩話》另載。尹嗣忠二卷本亦以詩話在前。此三卷，正德中淮陽胡仲器所刻，較尹本補足《送主簿兄之德化任》《寄贈張南卿兼答文篇之貺》《惜別行》三首，自以此本爲佳云。歲在柔兆執徐相月，吳興張鈞衡跋。①

柔兆執徐爲民國五年（1916）。胡仲器乃胡重器之誤，即正德十二年胡璉刻本。尹嗣忠二卷本即正德十五年刻本。如跋文所言，可知《適園叢書》所用底本乃正德十二年胡璉所刻本。《宋人別集叙録（增訂本）》亦如此判定。②然其所言此本較尹嗣忠補足《送主簿兄之德化任》《寄贈張南卿兼答文篇之貺》《惜別行》三首，此實有誤。如本文所述，自元刻本後諸本均缺此三詩，唯和刻本有之（詳見下文）。故而張鈞衡所言，多有可疑之處。

今如附表所列，將《適園叢書》本《滄浪嚴先生吟卷》與正德十二年本全文對勘，亦可見諸多相異之文字。如：

卷二"七言絶句"：《臨池》"菱角連房共趁秋"，各本均作"菱角連房共趂秋"；《臨川送周月船入京》"別時把酒已魂銷"，各本均作"別時把酒已魂消"，《適園叢書》本妄改之。

---

① 《適園叢書》本《滄浪嚴先生吟卷》卷末。
② 《宋人別集叙録（增訂本）》卷二十六，第1351頁。

"五言八句"：《送張季遠入京》"贈金千里行"，各本均作"贈君千里行"；《江樓夜月懷故山友人陳聘君吳樗鄉》"今朝看愁鬢"，各本均作"今朝看愁髮"；《有懷閬風山人》"心事竟何在"，各本均作"心事竟安在"；《望西山》"中隱古仙真"，各本均作"中隱石仙真"；《天末遇周子俊自行在還言石屏消息》，正德十二年本作"遇周子陵自行在還言石屏消息"，而元刻本、和刻本、正德十五年本、嘉靖十年本作"天末遇周子俊自行在還言石屏消"，《適園叢書》本據此修改之；"相逢問客船"，正德十二年本作"相思問客船"，而元刻本、和刻本、正德十五年本、嘉靖十年本作"相逢問客船"，《適園叢書》本據此修改之；《三衢邂逅周月船論心數日臨別分賦此二首》之一"幾時船上月"，正德十二年本作"幾時江上月"，而元刻本、和刻本、正德十五年本、嘉靖十年本均作"幾時船上月"，《適園叢書》本據此修改之；《秋日廬陵送杜子野還攝鍾陵糾掾》，正德十二年本作"秋日廬陵送杜子野攝鍾陵糾掾"，而元刻本、和刻本、正德十五年本、嘉靖十年本均多一"還"字，《適園叢書》本據此修改之；"鍾陵有雁過"，正德十二年本作"鍾陵有過雁"，而元刻本、和刻本、正德十五年本、嘉靖十年本均作"鍾陵有雁過"，《適園叢書》本據此修改之。

"古詩"：《庚寅紀亂》"英英胡將軍"，各本均作"英英胡將來"；"連頭受屠戮"，各本均作"連頸受屠戮"，《適園叢書》本誤植；"妻孥悉驅虜"，各本均作"妻妾悉驅虜"；《贈呂仲祥》"疑聞天姥猨"，正德十二年本作"疑聞天姥猖"，其他諸本作"疑聞天姥猨"，《適園叢書》本妄改爲"猿"；"誰將玄化分"，各本均作"誰將元化分"，《適園叢書》本妄改爲"玄"；《夢中作》"無意縛圭組"，各本均作"無意縛珪組"；《遊仙六首》之一"秋間夜瑟瑟"，各本均作"秋澗夜瑟瑟"，《適園叢書》本誤植；之五"如飛百雙鶴"，各本均作"如飛百隻鶴"，《適園叢書》本誤植；《聞雁二首》之一"夜深沙磧寒"，鮑校本同之,其他諸本均作"夜深砂磧寒",《適園叢書》誤植。

卷三"楚辭":《憫時命》"四極安托",各本均作"四極安託",《適園叢書》本妄改之;"面高穹而歎息",各本均作"向高穹而歎息",《適園叢書》本誤植;"目眈眈而外浮兮",各本均作"目眐眐而外浮兮";"攬灝氣以爲圭",各本多作"攬灝氣以爲桂",《適園叢書》本誤植。

"操":《雲山操》"瀑流兮相逐",各本均作"瀑流兮相遝",《適園叢書》本誤植;"雲中之君兮騎白鹿",各本均缺"騎",《適園叢書》本妄增。

"吟":《行子吟》"寧復有歸理",各本均作"寧有復歸理",《適園叢書》本倒置。

"歌":《錢塘潮歌送吳子才赴禮部》"東南王氣實在此",正德十二年本作"東南士氣實在此",元刻本、鮑校本作"東南王氣實在此",《適園叢書》本據此而改;"百川倒流號呼洶",各本均作"百川倒流浩呼洶"。

"行":《劍歌行贈吳會卿》,正德十二年本作"劍歌行贈吳會卿",而元刻本、和刻本、正德十五年本、嘉靖十年本均作"劍歌行贈吳會卿",《適園叢書》本據此而改。"神彩",各本均作"神采",《適園叢書》本妄改;"去年從軍殺強虜",各本均作"去年從君殺強虜"。而各本於"重氣輕生"之後均缺失。唯和刻本與《適園叢書》本有之,文字稍有出入。《送主簿兄之德化任》《寄贈張南卿兼答文篇之貺》《惜別行》,唯和刻本與《適園叢書》本有之,文字稍有差異。

"樂府":《上留田》"無爲多憂煩傷",正德十二年本、鮑校本作"無爲多憂重煩傷",元刻本、和刻本、正德十五年本、嘉靖十年本作"無爲多憂蚕煩傷"。

"詞":《沁園春》"如梅峰老",元刻本以下諸本均作"如梅峰者"。

上述大量《適園叢書》本獨有之文字，有些或因形近而誤植，如"古"之於"中"、"銷"之於"消"、"頭"之於"頸"、"雙"之於"隻"、"神彩"之於"神采"；或因位置相鄰而顛倒，如"復有"之於"有復"。然另有大量文字完全非失誤、異體可以釋然。如"金"之於"君"、"何"之於"安"、"軍"之於"來"、"拏"之於"妾"、"玄"之於"元"、"圭"之於"珪"、"間"之於"潤"、"面"之於"向"、"眈"之於"眍"、"圭"之於"桂"、"逐"之於"逕"、"號"之於"浩"、"軍"之於"君"、"老"之於"者"。很顯然，就此觀之，《適園叢書》儼然為異於衆本之另一版本。然，已如上述，嚴羽集歷來主要版本之傳承軌跡頗為清晰。張鈞衡於民國五年刊印此集時，實難有可能另獲從無任何史料記載之獨家秘本。此本與衆本相較，最為獨特處乃在於補足衆本均缺漏之文字。一者，補足《劍歌行》殘詩，添補《送主簿兄之德化任》《寄贈張南卿兼答文篇之貺》《惜別行》三詩。這些詩歌，今日所見僅安永五年(1776)和刻本《嚴滄浪先生詩集》有之，詳見下節。將兩者對勘，不同之處如下：

《劍歌行》和刻本"宇宙蒼茫雙鬢白""干時錯負縱橫策"，《適園叢書》本作"宇宙茫茫雙鬢白""平時錯負縱橫策"。

《送主簿兄之德化任》和刻本"少年賜第光明宮"，《適園叢書》本作"少年賜第明光宮"。

《寄贈張南卿兼答文篇之貺時南卿在鄱陽》和刻本"忽然失意向盃酒""関西大姓多俠徒""須臾反覆非情親"，《適園叢書》本作"忽然失意向杯酒""關西大姓多俠徒""須臾反復非情親"。

《惜別行》和刻本"携樽下馬清溪側尊""自顧沉迷類蜀莊"，《適園叢書》本作"攜尊下馬清谿側""自顧沈迷類蜀莊"。

兩者多為異體字之替換，另有一些或誤植以致不同，如"光明宮"顯然為"明光宮"之倒置。或字形相近、詞義相近而混淆，如"蒼茫"於"茫茫"，"干時"於"平時"。總之，兩者文字幾乎

第四章·嚴羽文集和刻本研究

相同。

二者,至於其增補《雲山操》"雲中之君兮騎白鹿",今無任何主要文本有此"騎"字。此多爲後人依據文意想當然之所爲。一如諸多異體字之替換,如"趁"之於"趂"、"猨"之於"猿"、"托"之於"託"。也由此或可推斷,上述諸多《適園叢書》本獨有之文字或因疏忽而誤植,更多是後人自以爲佳之獨創所致。《嚴羽集》整理者陳定玉《嚴羽及其著作考辨》之《〈滄浪吟卷〉版本源流考述》一文中已注意到《適園叢書》本與正德十二年本"頗多異文"。然其未作衆本詳細對勘,僅舉四例,以爲其"均與胡珽校元本如出一轍",故認爲《適園叢書》所用底本乃"元本傳錄本"。① 今由衆本詳細對比可以確知其言有誤。《適園叢書》本大量文字並非與正德十二年本相異,而是與包括元刻本之衆本相異。故而其所用底本並非元刻本。

《適園叢書》本卷首有一題簽"嚴滄浪先生吟卷舊抄本",其中題尾三小字"舊抄本"揭示張鈞衡所用底本非爲刻本,乃手抄本。如上文所言,中國國家圖書藏有一明抄本,乃抄自尹嗣忠正德十五年本,與此不同。唯抄本衆手所成,抄寫易爲誤筆,此乃抄本之通弊。如卷一下題署爲"宋樵川嚴羽儀卿著、後學趙郡尹嗣忠校正",卷二題署即誤爲"宋樵川嚴羽儀卿著、元趙郡尹嗣忠校訂"。《適園叢書》本之大量異於衆本之獨有文字,或因其底本源自"舊抄本",抄手誤植所致。

《適園叢書》本亦有依據衆本訂正正德十二年本之處,如"相逢問客船""天末遇周子俊自行在還言石屏消息""幾時船上月""鍾陵有雁過""東南王氣實在此"。然如上所述,正德十二年本承襲諸多明代坊刻本之劣習,選擇此版爲底本已是殊乏善鑒之

---

① 《嚴羽集》,第478頁。

能。而其又與一般古籍整理不同，其於底本並無多少依從，反而添加諸多來源不明之獨創文字。故而，就古籍整理基本原則而論，其確非善本可言。猶如前述天啓本（鮑校本），前者妄"編"詩序，後者妄造文字，兩者可爲嚴羽詩集主要版本中最爲不當之版本。《宋才子傳箋證》以爲："嚴羽詩集《滄浪嚴先生吟卷》，今有《適園叢書》本、明正德本、怡蘭堂藏夏大夏重校本、明嘉靖清省堂本、清鮑廷博據元本手校本、《四庫全書》本等版本，而以《適園叢書》本最爲精善。"①其未作諸本之精細勘對，更未親睹元刻本，方有此不當之論。

第四節　安永五年和刻本《嚴滄浪先生詩集》

該本收錄於《和刻本漢詩集成》第十六輯《宋詩篇》第六輯，上下兩卷。②卷首爲永安丙申（五年，1776）秋龍公美、鳥山輔世所作序文兩則。兩卷均題署："明，樵川陳士元暘谷編次、進士黃清老子肅校正。大日本，浪華十時業季長、浪華島山輔世重刊，三野河合孝衡（襄平）考訂。"卷末爲源孝衡（河合孝衡）所作跋文。正文半葉十行，行二十字。四周單欄，白口，上單黑魚尾。版心上署卷號，下署頁碼。

龍公美（1714—1792），乃一代名儒。名公美，字君玉。後因仰慕陶淵明，更名爲元亮，字子明。號草廬、竹隱、松菊主人、吳竹翁、明明窻、綠蘿洞等。一般俗稱彥次郎。生於正德四年，伏見人。早年貧寒，曾於京都爲商。後砥礪爲學，終成一代名儒。

---

① 《宋才子傳箋證·南宋後期卷·嚴羽傳》，第496頁。
② 《和刻本漢詩集成》第十六輯《宋詩篇》第六輯，汲古書院，1977年3月發行，第311—331頁。

第四章·嚴羽文集和刻本研究

《嚴滄浪先生詩集》卷首其所作序文題《嚴滄浪詩集叙》下有一陽文印"忠孝之家",頗能體現其名儒之風範。早年曾學經義於宇野明霞,學兵鈐於織田梅咲,寬延三年被彦根侯優禮聘爲經師。亦善吟詠,結幽蘭社以酬唱。在職十八年,安永四年致仕。寬政四年二月二日辭世。年七十九。其著述甚豐,尤醉心於中華文化。不僅精通於經學,著有《論語詮》《毛詩證》《毛詩徵》《論語闕》,亦留意於地理,著有《中華輿地志》一册、《貴貞志》一册。於漢詩文同樣傾力而爲、巧思妙作。著有漢詩文集《草廬集》,小幡太室(小幡文華)等編,共七編三十六卷。漢詩集《仄韻礎》一册。岡崎廬門(岡崎信好)另擇選其絶句編爲《龍詩類選》一册。編有《唐詩材》《謝茂秦山人詩集》五卷(寶曆十二年刊本)。更妙善書藝,楷、草精能,存世有《八仙歌》《横江首帖》《唐詩五絶帖》《唐詩七絶帖》《蒙求標題》等。龍公美確可謂"才思秀麗",多才多藝者。①

卷首龍公美《嚴滄浪詩集叙》曰:

浪華十時季長閲市而偶獲嚴儀卿詩集,而珍焉者久矣。今春,鳥山輔世入于弊門而從學。孜孜唯日不給,固與季長爲友。頃者,借《滄浪集》讀之,理宜梓而弘于世。謀諸不佞公美。公美以爲滄浪之詩話者,天下未嘗有不肯焉。實説話詩章之高而妙者也。今焉讀其詩則格調整正,與其所話弗異焉。固詩家之良範也哉。本邦未刻之者,豈不闕事乎。梓行之集,告之季長而速

---

① 參見:《日本人名大事典》,第六册,第 517 頁上。國文學研究資料館編《古典籍總合目録》,東京:岩波書店,1990 年版,第一卷第 5、107、135、437 頁,第二卷第 59、114、259、463 頁。和刻本《嚴滄浪先生詩集》卷末所附"好文軒藏板目録"有《唐詩五絶帖》注:"草廬先生草書石刻。"《唐詩七絶帖》注:"同,行書石刻。"《蒙求標題》注:"同,楷書石刻。"

· 437 ·

焉。於是乎,輔世與季長將校焉。則三野源孝衡亦戮力而于斯從事,而後不日上木奉業使公美叙焉,即以述其事云。安永丙申秋,彥藩前文學龍公美書于浪華城南田氏含翠亭。

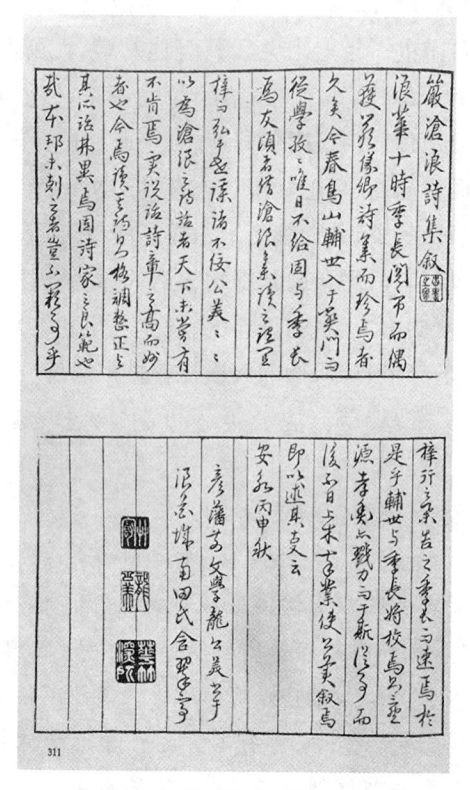

圖版 4-13：安永五年(1776)和刻本《嚴滄浪先生詩集》
卷首龍公美《嚴滄浪詩集叙》

題下有"忠孝之家"陽文正方印一枚。文後有"草廬"陰文正方印一枚,"龍公美"陽文長方印一枚,"華竹深所"陰文正方印一枚。由此序文可知此詩集乃龍公美入室弟子十時業(季長)偶得於書肆,後與同門烏山輔世(長民)共同喜愛而欲付梓以行,遂共同加

第四章・嚴羽文集和刻本研究

以校勘。最後再由同門源孝衡（河合孝衡襄平）考訂之。

烏山輔世序曰：

獨樂樂與人樂樂孰樂？不若與人者。孟夫子已言焉。近余得嚴儀卿詩集於友人十時季長，秘于笈中。偶有感于孟夫子之言，忽欲鐫而行于世。乃謀諸吾龍先生。先生亦同其志，曰："速焉速焉。"於是乎，與源襄平加校，即授剞劂氏云。安永丙申秋，浪華烏山輔世手書。

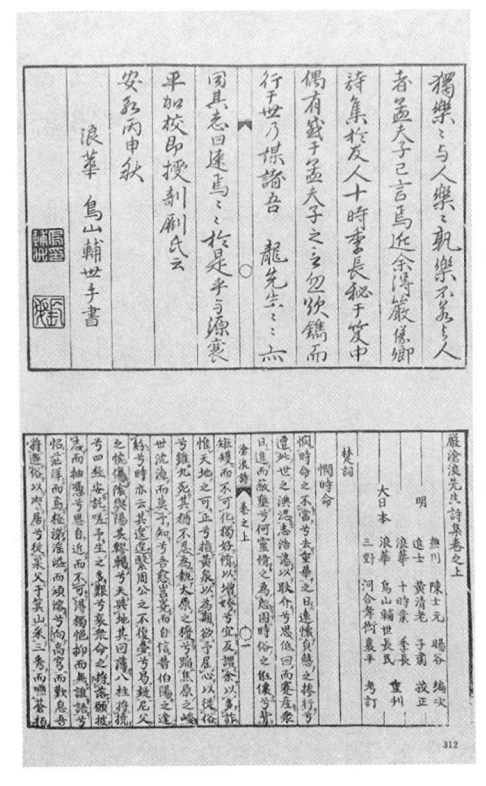

圖版 4-14：安永五年（1776）和刻本《嚴滄浪先生詩集》卷首烏山輔世序

文後鈐有"烏輔世印"陰文正方印一枚,"長民"陽文正方印一枚。序文更爲詳細言及十時業首得之,烏山輔世積極倡議付梓。遂謀於其師龍公美。得師首肯,再與源孝衡校勘以行。

源孝衡跋文曰:

余初舞酌,而就伏水龍草廬先生而學詩。先生教以讀嚴滄浪詩話,當時既喜焉。稍長,頗貪博涉。自漢魏盛唐之名家至宋明諸氏,遍觀之,熟參之。而後重取滄浪氏之説,參校己之所見,則信之陪於前時。大抵宋時,蘇黃之徒,好自出己法,以文字爲詩,以議論爲詩,絶響大雅。有滄浪者出,贊唱唐以正之。雖有來者,蔑以加矣。所謂大乘具正法眼者哉。今世言詩者,必言非唐則明,而何知明人所以溯洄唐人者,因前已有滄浪者出,啓之行也。余已讀其詩話,冀一見其詩者,有年于兹。項日,有浪華烏山長民者,來寓于我:龍先生之幽蘭塾中藏滄浪詩集一本,蓋得之於其鄉人十時季長云。余貸而繕寫,珍玩不置。乃謂天下寶與天下共之,乃與二生謀刊之,考訂授剞劂。或有冀一見之集者如余,則乃將共之也。安永五年丙申秋七月,春川源孝衡襄平謹撰。

文後有"源孝衡之印"陰文正方印一枚,"春川"陽文正方印一枚。由此跋文可知,源孝衡乃十時業、烏山輔世之學長,早已離開幽蘭塾。此文追溯早年受業,知其師龍公美平日即深喜於嚴羽詩話,並將之傳授於弟子,幽蘭塾之師徒傾心嚴羽久矣。十時業幸得滄浪詩集,可想其師徒之歡喜。其中言及源孝衡"貸而繕寫",此當爲最早對此詩集之整理校勘。並言其"考訂授剞劂",和刻本每卷署名"三野河合孝衡襄平考訂",確是實至名歸。此本文獻整理之功,當主要歸於源孝衡。終可知,此嚴羽詩集十時業偶

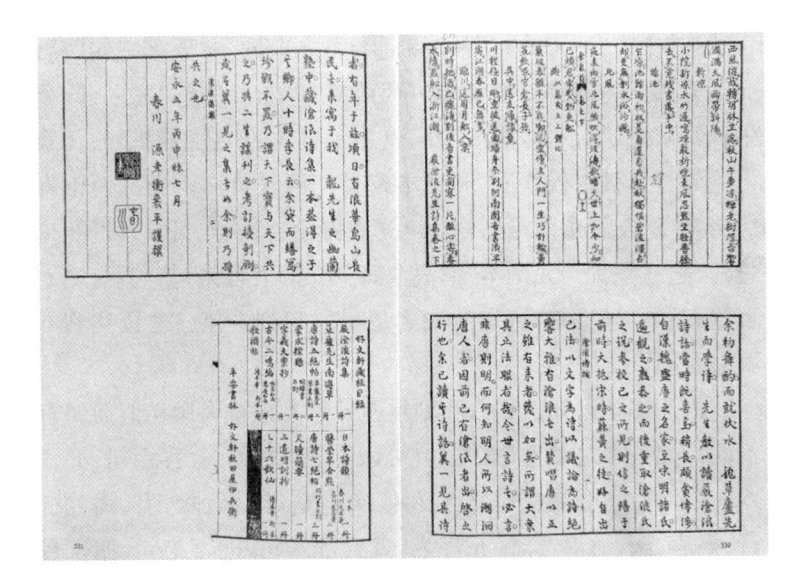

圖版 4-15：安永五年(1776)和刻本《嚴滄浪先生詩集》卷尾源孝衡跋文

得之，後歸其師幽蘭塾中珍藏。同儕鳥山輔世深喜之，去函以告學長源孝衡，最終相商於其師龍公美。師徒四人傾力而爲，以成今日所見之和刻本《嚴滄浪先生詩集》。

《嚴滄浪先生詩集》上下兩卷詩歌編排如下：

卷上：楚辭、操、吟、引、謠、歌、行、樂府、詞、古詩。詩題、詩數與元刻本完全相同。尤其樂府，元刊本並無"樂府"二字，唯空一行。和刻本完全相仿，唯於空行第二格位置刻一墨釘，以示醒目。

卷下：五言八句、七言八句、五言絕句、七言絕句，卷末爲安永五年丙申秋七月春川源孝衡襄平所撰序言。與元刻本相較，"五言八句"類，《聞雁》元刻本排列於《江上有懷上官良史》之後，而和刻本排列於《有懷閩風山人》之後。另外，和刻本多出《歲暮得表叔吳景仙書因寄》。而元刻本將之列於卷三"滄浪逸詩・七

・ 441 ・

言八句"中。"七言八句"類,和刻本與之全同。"五言絕句"類,元刻本共四題五首:《西陵望》(西陵終日望)、《閨怨》之一(昨夜中秋月)、之二(欲作遼陽夢)、《舟中示同志》(見説春帆外)、《塞下絕句》(莫被封侯誤)。和刻本則爲三題三首:《西山》(西山青縹緲)、《送友歸山效韋應物體》(送君歸山谷)、《空齋》(寒燈照疏竹)。這三題實乃元刻本"滄浪逸詩"中之"五言絕句"三首。"七言絕句"類,第一首爲《送故人之楚州》,和刻本無。之後和刻本與之全同。

由此編排可知,第一,和刻本與元刻本編排大體相似而偶有不同。元刻本之編排,第二卷依次爲五言絕句、七言絕句、五言八句、七言八句、古詩。第三卷依次爲楚辭、操、吟、引、謡、歌、行、樂府、詞、滄浪逸詩(五言絕句、五言八句、七言絕句、四言長篇)。和刻本與之最大區別,乃在於將古詩與楚辭、樂府同列,而非如元刻本將之與五七格律詩同列。如此,一卷爲古體詩歌,一卷爲律體詩歌,體例更爲規範。再之,將古體置前爲上卷,律體置後爲下卷,也符合詩歌先古後律之發展規律。

第二,所選詩歌與元刻本幾乎全同。最大差異在於"五言八句"和刻本多出《歲暮得表叔吳景仙書因寄》,"五言絕句"和刻本與元刻本相異。而這些差異均來自元刻本之"滄浪逸詩"。由此似可推知,十時業於書肆所購嚴羽詩集當非完秩。一者,缺失"五言絕句"。二者,缺失"七言絕句"第一首《送故人之楚州》。三者,"滄浪逸詩"亦有殘缺,僅有五言絕句三首(《西山》《送友歸山效韋應物體》《空齋》)、五言八句(《歲暮得表叔吳景仙因寄》)一首。於是源孝衡等三人遂將此四首均分別補入"五言絕句""七言絕句"正文,如此使此殘本得以完璧。這或許也是下卷順序以"五言八句"開始,依次爲"七言八句""五言絕句""七言絕句",而非如元刻本以"五言絕句"開始。如此稍可遮蔽五言絕句缺失之弊處。

再將和刻本全篇文字與《嚴羽集》諸重要文本逐字對勘，更可深入文本內部精細探知其版本特性。

1. 和刻本之優善

文獻校讎可知，有諸多文字唯和刻本與元刻本相同。如：

"古詩"：《送趙立道赴闕仍識春官即事感興因成五十韻》，元刻本作"草詔詞頭切，蒲輪禮意畢"，和刻本同之。其他諸本均作"草詔詞頭切，蒲輪禮意卑"。"卑"因形近而致誤。

"五言八句"：《望西山》，元刻本"揖此丹霞人"，和刻本同之。其他諸本均因形近而訛作"揖玆丹霞人"。

"楚辭"：《憫時命》，元刻本作"懷貞慤之摻行兮"，正德十二年本、鮑校本作"懷貞慤之操行兮"，正德十五年本、嘉靖十年本作"懷貞慤之慘行兮"，唯和刻本同於元刻本。其他諸本不知"摻"爲何意，或形近而誤以爲"慘"，或妄改以爲"操"。

"謠"：《夢遊廬山謠示同志》，元刻本作"獨騎一鹿窮縈迴，窅然醉蹈青錦苔"，和刻本同之。其他諸本因形近而誤爲"窅然醉踏青錦苔"。

另，元刻本"行"類《劍歌行》《重氣輕生》之後有兩版空頁，隨後新版再接以《放歌行》。正文殘損，僅在卷首總目中留有三詩詩題。元以後衆本均是如此，如正德十二年本、正德十五年本、嘉靖十年本、鮑校本等。如中國國家圖書館所藏07082號《滄浪嚴先生吟卷》此詩頁眉之批語："此頁下缺二頁，計詩三章，元本亦缺。"唯和刻本填補此兩版空頁。亦確如此批語所料，所缺正《送主簿兄之德化任》《寄贈張南卿兼答文篇之覬時張南卿在鄱陽》《惜別行》三首詩，且版面完全匹配吻合。此三詩，《惜別行》顯然爲"行"類作品。《寄贈張南卿兼答文篇之覬時張南卿在鄱陽》雖題無"行"可識，然全詩以"君不見，邯鄲

443

輕薄少年兒"起興,此爲歌行體典型三七句式。另一首《送主簿兄之德化任》全篇七言明快灑脱,亦是歌行體之風格。與嚴羽所作"古詩"全出以五言句,形成鮮明對比。由此亦可窺知,此和刻本彌足珍貴之價值。後《適園叢書》本亦補入此三詩,或即據和刻本以成。

2. 和刻本之獨特

除卻誤植文字,和刻本有其獨有文字迥異各本,當自有其不同之來源。如:

"五言八句":《從軍行》,衆本皆作"彎弓赴國讎",唯和刻本作"彎弓赴國難"。《吴江春望》,衆本皆作"青春江上草,湖日岸頭沙",唯和刻本作"青春江上草,白日岸頭沙"。《三衢邂逅周月船論心數日臨別分賦此二首》之一,衆本皆作"子去見家遠,吾衰奈別何",唯和刻本作"子去見家遠,我衰奈别何"。《歲暮得表叔吴景仙書因寄》,元刻本作:"游吴還適越,慷慨莫徒然。烽火關河隔,兵戈宇宙連。雲來山雪外,人在海雲邊。借問遼東鶴,歸來定幾年。"[1]正德十五年本、嘉靖十年本同之,和刻本作:"雁來山雪外,人在海雲邊。"正德十二年本、《適園叢書》本作:"書來山雪外,人在海雲邊。"三種文字顯示三種來源。三者相較,似當以元刻本文字爲是。雖然上下兩句兩"雲"字復沓,然下句重疊正顯示遠而又遠之意。好似歐陽修《踏莎行》:"平蕪盡處是春山,行人更在春山外。"

"七言八句":《再送賴成之出都》,諸本皆作"十年離別亦何頻",和刻本獨作"十年離别一何頻"。《秋日》,諸本皆作"蟬老樹深音響别,滿天風雨帶斜陽"。和刻本獨作"蟬老樹深音響滿,滿天風雨帶斜陽"。

---

[1] 此詩其他諸本均作"滄浪逸詩"。

"古詩":《廬陵客館雨霽登樓言懷寄友》,衆本皆作"留滯豈勝愁",唯和刻本作"留滯豈勝悲"。

3. 和刻本之缺誤

和刻本缺失"五言絕句"《西陵望》、《閨怨》二首、《舟中示同志》、《塞下絕句》,"七言絕句"《送故人之楚州》,"滄浪逸詩"《等天皇山作》、《游紫芝巖》、七言絕句兩首、四言長篇一首。共十二首。

和刻本亦有諸多疏誤之處。如上下兩卷卷首均題署"明,樵川陳士元暘谷編次、進士黃清老子肅校正"。如上所述,此題署始自元本,明以來各本承襲元本而來。而此和刻本卻無端添加一"明"字,似未見元本,僅依據明代某一刻本,故而未作詳考,而妄加一"明"字。亦如明抄本卷二將原版"後學趙郡尹嗣忠校正"妄改爲"元趙郡尹嗣忠校訂"。

"五言八句":《將往豫章留別張少尹父子》,將"張少尹"誤爲"長少尹"。《樟樹鎮醉後題》諸本均作"興罷揚鞭去,蒼蒼煙霧間",和刻本誤爲"興罷揚鞭去,蒼蒼煙霧開"。元刻本、正德十五年本、嘉靖本作《秋日廬陵送杜子野還攝鍾陵糾掾》,和刻本誤衍一"村"字,爲"秋日廬陵送村杜子野還攝鍾陵糾掾"。

"七言八句":諸本皆作《答李友山山中留別》,和刻本誤爲《答季友山山中留別》。

"七言絕句":《臨池》,諸本皆作"菱角連房共趁秋",和刻本誤爲"菱角連房共赴秋"。

"楚辭":《憫時命》:"搴太清以爲佩兮,攬灝氣以爲桂。芳颸邈而並御兮,豈獨椒桂與江蘺。"和刻本於"桂"後誤衍一"兮"字,而又將"芳"字疏漏;"攬"異爲"攬"。

"歌":《錢塘潮歌送吳子才赴禮部》,"東南王氣實在此",和刻本誤作"東南士氣實在此"。

"行":《北伐行》,諸本皆作"六郡丁男亳州骨",和刻本誤爲"六群丁男亳州骨"。

"古詩":《送趙立道赴闕仍識春官即事感興因成五十韻》,諸本皆作"菱唱工迷客",和刻本誤作"菱唱工送客"。《庚寅紀亂》,諸本皆作"所免有萬計,皆我胡君恩",和刻本誤爲"所逸有萬計,皆我胡君恩。"

此類疏誤顯然均因形近而訛,亦由此可知其底本原有之文字亦當與元刻本等諸本相同。

和刻本卷末有一類似牌記之頁面,於了解版刻頗爲珍貴。知其爲京都好文軒秋田屋伊兵衛所雕版,詳見上圖。"好文軒藏版目錄"共有書籍十三種,其中與龍公美有關者即有《嚴滄浪詩集》、《草廬先生南遊草》、《唐詩五絶帖》(原注:草廬先生草書石刻)、《唐詩七絶帖》(原注:同,行書石刻)、《蒙求標題》(原注:同,楷書石刻),可見秋田屋伊兵衛與龍公美關係之密切。從《嚴滄浪先生詩集》前後序雕版之精緻亦可印證之。卷首龍公美序半葉六行開雕,版式疏朗。尤其精心模擬龍公美草書手筆上版,確是非常人所能,將龍公美精妙草書,刀鋒木屑之間,勾勒描摹惟妙惟肖,精彩紛呈。雕刻以手書上版最難,手書中,尤其草書,又是難之又難。難處在於連筆遠較楷、行爲多。一字之内、字與字之間,金鈎銀絲左右盤旋。方寸之間,錙銖之地,能有此刀法,好文軒之刻功確是非同凡響。其似尤以刀法自詡,故而十三種書籍中龍公美之法帖就有三種。烏山輔世序亦是以其手書上版,行書風格與其師稍異。卷後源孝衡跋文同樣以手書上版。唯其風格正楷而濡染隸意,與前兩者迥别。尤其有趣者,跋文首行言及其師,不僅空一格,更將其師之姓氏"龍"特意換爲草體,猶如徽紋,更顯鄭重。唯遺憾處,正文字體頗爲平庸,儼然出於俗手,字形鬆軟敷衍,與序文之雕版天壤之别。上述諸多誤植,或爲刻工所致。雕版已成，龍公美師徒再如何精心於此，也是無可奈何。

對於此和刻本之底本，即十時業所購究竟爲何本，和刻本未作任何説明，見多識廣之長澤規矩也亦不得而知。[①]然，對比兩書之編排，更如附表將全書文字與衆本詳細勘對，可以大致知曉其底本之優劣以及和刻本之特性。

與衆本相較，和刻本上述與元刻本相同之文字最爲顯著。諸本中其底本當與元刻本最爲接近。唯一遺憾處，此底本稍有殘損。於是源孝衡諸人做出適當調整，將滄浪逸詩補入正文。並依據詩歌發展規律，與元刻本相反，將古體置前爲上卷，律體置後爲下卷。而與今存元刻本不同之文字，或爲其底本之不同，或爲源孝衡依據他本"考訂"之結果。

第五節　現代整理本《嚴羽集》

中州古籍出版社1997年版陳定玉輯校《嚴羽集》爲國内最早，亦是至今唯一單獨發行之整理本。筚路藍縷，裨益良多。北京大學出版社1998年版《全宋詩》第五十九册卷三一一五《嚴羽一》、卷三一一六《嚴羽二》亦爲其整理。故於《嚴羽集》之論述中，選擇相應部分附帶一併探討之。

《嚴羽集》凡例或有可商處，如下：

第一，凡例一"本書彙輯《滄浪詩話》《滄浪吟卷》《嚴羽評點〈李太白詩集〉》"。《嚴羽評點〈李太白詩集〉》已被證爲僞作。詳見劉躍進《新發現的一批嚴羽評李白詩資料摭談》(《文藝理論研

[①] 參見：《和刻本漢詩集成》第十六輯《解題・嚴滄浪先生詩集二卷》，東京：汲古書院發行，古典研究會出版，1977年3月發行。

究》1988年第1期)、張健《關於嚴羽著作幾個問題的再考辨》(《北京大學學報》2001年第4期)。而陳定玉《嚴羽及其著作考辨》之《嚴羽著作考》中並不知此乃僞作。

第二,凡例三"《滄浪吟卷》以《適園叢書》本《滄浪嚴先生吟卷》卷之二、卷之三爲底本"。①如上所述,《適園叢書》本並非善本。選此爲底本,或如其《嚴羽及其著作考辨》之《〈滄浪吟卷〉版本源流考述》中所誤以爲《適園叢書》所用底本乃"元本傳録本"所致。正如上文對於《適園叢書》本之論述,此本諸多不明來源之獨創文字,於版本而言無多價值,且徒增大量校勘工作。

第三,其主要參校本列有:北京大學圖書館藏明正德丙子林俊序本、北京圖書館藏明正德胡重器覆刻本、北京圖書館藏夏大夏重校本、北京圖書館藏鮑廷博據元本手校本、北京圖書館藏胡珽據元本手校本。看似版本衆多,實則林俊序本即胡璉(重器)正德十二年本。而胡珽據元本手校本即中國國家圖書館所藏兩種正德十二年本之一,善本書號07082。故而所列三種,實則一種。若就文本校勘而言,只要參校07082號即可,批語與文本兩者兼而有之。而夏大夏重校本即鮑廷博據元本手校本。故而,所列五種主要參校本,實則只有兩種。如其《〈滄浪吟卷〉版本源流考述》所言"元刻今亦無傳"。②《嚴羽集》最爲古老、最爲重要之元刻本《滄浪嚴先生吟卷》,整理者並未見到,和刻本《嚴滄浪先生詩集》亦未親睹。

《嚴羽集》文本整理或有可商處,如下:

第一,校勘失誤。

"五言八句":《從軍行》"朔風嘶馬勒",校勘[二]:"'勒',訛

---

① 陳定玉輯校:《嚴羽集》,鄭州:中州古籍出版社,1997年版,第1頁。
② 《嚴羽集》,第472頁。

作'動',據朱本、徐本改。"然元刻本、和刻本、正德十五年本、嘉靖本等,均作"動",此方爲正字。《嚴羽集》所用底本恰是將"動"訛爲"勒"。①《全宋詩》本已將之改爲原句"朔風嘶馬動"。②

《天末遇周子俊自行在還言石屏消息》"相思問客船",校勘[二]:"'思',訛作'逢',據林序本、胡校本、周本、朱本、徐本改。"實則,元刻本、和刻本、正德十五年本、嘉靖十年本均作"逢",而正德本乃依據元刻本重刊。故而,恰是"逢"訛作"思",《適園叢書》底本無誤而被整理者錯改爲"相思問客船"。《全宋詩》本改回底本原樣"相逢問客船",並於"逢"下校語:"林序本作思。"③因未得元刻本而仍不知"逢""思"之是非。

"樂府":《上留田》:"天地一何長久,上留田。人老一去無歸,上留田。松柏一何累累,上留田。勸君酒樽金罍,上留田。愿君大家蠶桑,上留田。有絲織作袖襜,上留田。無爲多憂煩傷,上留田。"校勘[四]:"林序本、夏校本'憂'下多一'重'字。尹本、胡校本'憂'下多一'蚕'字,當誤。"《適園叢書》本校勘者以及《嚴羽集》整理者或以《上留田》整齊之六、三句式而以爲此處各本所增"重""蚕"爲衍。然歷來流傳之《上留田》本即有末句增字之例,如曹丕《上留田》:"居世一何不同,上留田。富人食稻與粱,上留田。貧子食糟與糠,上留田。貧賤亦何傷,上留田。祿命懸在蒼天,上留田。今爾歎息將欲誰怨?上留田。"④元刻本、和刻本、正德十五年本、嘉靖十年本均作"無爲多憂蚕煩傷"。正德十二年本、鮑校本作"無爲多憂重煩傷"。當以增一字爲是,

---

① 《嚴羽集》,第 68 頁。
② 《全宋詩》卷三一一五,第 37188 頁。
③ 同上,第 37193 頁。
④ 《樂府詩集》卷第三十八《相和歌辭十三·上留田行》,北京:中華書局,1979 年版,第 563 頁。

《適園叢書》本妄以爲非而刪之。正德十二年本即以爲此乃"重"之形近而訛。如此,確也文從字順。《全宋詩》本僅於"憂"下校語:"林序本、夏校本下有重字。"過於疏簡,不明就裏。

"古詩":《庚寅紀亂》:"英英胡將軍,策馬奮獨先。"校勘[二]:"'軍',林序本、尹本、夏校本、胡校本皆作'來',失誤。"自元刻本以來,各本均作"來"。《適園叢書》本妄改,《嚴羽集》整理者亦望文生義以此爲是。《全宋詩》本未有校勘。

《劉荊州答》"楚襄空嵯峨",校勘[二]:"'襄',訛作'壤',據夏校本改。"元刻本、和刻本、正德十五年本、嘉靖十年本均作"楚壤空嵯峨"。唯正德十二年本、夏校本作"楚襄空嵯峨"。《適園叢書》本亦據此將底本之"襄"改爲"壤"。《全宋詩》本已將此改回底本原文,又於"壤"下校語:"夏校本作襄。"①仍不明"壤"、"襄"之是非。

第二,漏校。

全集漏校甚多,今僅擇一二以言之。

"五言八句":《出塞行》"都護上祁連","祁"字,元刻本、和刻本、正德十五年本、嘉靖本均作"祈"。②《全宋詩》本同樣無校勘。

《秋日廬陵送杜子野還攝鍾陵糾掾》,校勘[一]:"夏校本題中無'還'字。"另,正德十二年本亦無。③《全宋詩》本亦漏校。

《望西山》全詩無校勘。然"中隱古仙真",而各本均作"中隱石仙真"。"揖此丹霞人",除和刻本之外,各本均作"揖茲丹霞人"。《全宋詩》於末句"月落滄江頻"下補入一校語:"四庫本作灝。"④然元刻本以下諸本均無此字。

---

① 《全宋詩》卷三一一五,第37200頁。
② 《嚴羽集》,第68頁。
③ 《嚴羽集》,第77頁。
④ 《全宋詩》卷三一一五,第37190頁。

第四章·嚴羽文集和刻本研究

"古詩":《庚寅紀亂》"策馬奮獨先",校勘[二]:"'奮獨先',胡本作'獨奮先'。"然,除胡本(正德十二年胡重器刻本)之外,鮑校本亦作"獨奮先"。《全宋詩》本亦漏校。

《贈呂仲祥》全詩無校勘,而"高卧閑琴尊""疑聞天姥猿""誰將玄化分""超然凌紫氛"均當出校。《全宋詩》本同樣無校勘。①

"楚辭":《憫時命》:"願披志而抽慧兮,思自近而不可得。"校勘[十一]:"'慧',訛作'憑',據朱本、徐本改。"然,自元刻本以下諸本均作"抽憑",《適園叢書》本亦據此刊版。莊忌《哀時命》即有"願舒志而抽馮兮",王逸注曰:"馮,一作憑,一作薀,一作愁。"洪興祖補注曰:"馮,音憑,亦音憤。"②可知,整理者不知"抽憑(馮)"之意而將原文妄改爲"抽慧",誠可謂治絲益棼。《全宋詩》本又改回底本原樣文字。

第三,所見版本欠缺而未知真僞。

"五言八句":《江樓夜月懷故山友人陳聘君吳樗卿》"今朝看愁鬢",校勘[二]:"'鬢',林序本、尹本、夏校本皆作'髮'。"《全宋詩》本同之。然,不知元刻本、和刻本、正德十五年本、嘉靖本均作"髮"。"鬢"乃"髮"之誤植。③

《三衢邂逅周月船論心數日臨分賦此二首》,校勘[一]:"夏校本題中無'論心數日'四字。'分',夏校本作'別'。"實則,元刻本、正德十二年本、正德十五年本、嘉靖十年本,均作"分"。顯然,夏校本誤以爲"別"。整理者僅簡單羅列異文,而不知"別"之爲誤。④《全宋詩》本於"臨分"下校語:"以上六字夏校本作臨

---

① 《全宋詩》卷三一一五,第37205頁。
② 洪興祖撰,白化文等點校:《楚辭補注》卷第十四《哀時命章句第十四》,北京:中華書局,1983年版,第262頁。
③ 《嚴羽集》,第69頁。
④ 《嚴羽集》,第77頁。

别。"亦未得要領。

　　另外,如上文所舉《適園叢書》本大量不明來源異於衆本之文字,《嚴羽集》整理者多羅列版本異文,而不作真僞論斷。實則,此類多爲《適園叢書》本妄改、誤植之處。

第四章・嚴羽文集和刻本研究

附錄十一：嚴羽集文集文本對勘表

和刻本 排卷數	和刻本 排詩類	和刻本 詩題	元刻本	和刻本	正德 十二年	正德 十五年	嘉靖十年	鮑校元 刻本	嚴羽集
目錄 （無）		無	和官偉長蕪 城晚眺	無	和官偉長蕪 城晚眺	和上官偉長 蕪城晚眺	和上官偉長 蕪城晚眺	和上官偉長 蕪城晚眺	和上官偉長 蕪城晚眺
卷上	楚辭	憫時命	懷貞慤之摻 行兮	懷貞慤之摻 行兮	懷貞慤之摻 行兮	懷貞慤之摻 行兮	懷貞慤之摻 行兮	懷貞慤之操 行兮	懷貞慤之操 行兮
			四極安託	四極安託	四極安託	四極安託	四極安託	四極安託	四極安託
			愿披志而抽 慧兮	愿披志而抽 慧兮	愿披志而抽 慧兮	愿披志而抽 慧兮	愿披志而抽 慧兮	愿披志以抽 慧兮	愿披志而抽 慧兮
			向高弯而 歎息	向高弯而 歎息	向高弯而 歎息	向高弯而 歎息	向高弯而 歎息	向高弯而 歎息	面高弯而 歎息
			目眬眬而外 浮兮	目眬眬而外 浮兮	目眬眬而外 浮兮	目眬眬而外 浮兮	目眬眬而外 浮兮	目眬而外 浮兮	目眬而外 浮兮
			攬灝氣以 為桂	攬灝氣以 為桂	攬灝氣以 為桂	攬灝氣以 為桂	攬灝氣以 為桂	攬灝氣以 為帷	攬灝氣以 為主
			芳颯遝而並 御兮	兮颯遝而並 御兮	芳颯遝而並 御兮	芳颯遝而並 御兮	芳颯遝而並 御兮	芳颯遝而並 御兮	芳颯遝而並 御兮
			超青冥而歷 荒忽	超青冥而歷 荒忽	超青冥而歷 荒忽	超青冥而歷 荒忽	超青冥而歷 荒忽	隨青冥而歷 荒忽	超青冥而 荒忽

453

續表

和刻本排卷數	和刻本排詩類	和刻本詩題	元刻本	和刻本	正德十二年	正德十五年	嘉靖十年	鮑校元刻本	嚴羽集
卷上	操	雲山操	瀑流兮相逐 雲中之君兮□白鹿	瀑流兮相逐 雲中之君兮□白鹿	瀑流兮相逐 雲中之君兮白鹿	瀑流兮相逐 雲中之君兮白鹿	瀑流兮相逐 雲中之君兮白鹿	瀑流兮相逐 雲中之君兮白鹿	瀑流兮相逐 雲中之君兮騎白鹿
		塗山操	河流決	河流決	河流決	河流決	河流決	河流決	河流決
	吟	行子吟	行子吟	行子吟	行子吟	行子吟	行子吟	行子吟二首("昨夜客遊初"分作第二首)	行子吟
	謠	夢遊廬山謠示同志	寧有復歸理 淚下不能去 夢遊廬山謠示同志	寧有復歸理 淚下不能云 夢遊廬山謠示同志	寧有復歸理 泪下不能云 夢遊廬山謠示同志	寧有復歸理 淚下不能云 夢遊廬山謠示同志	寧有復歸理 淚下不能去 夢遊廬山謠示同志	寧有復歸理 淚下不能去 夢遊廬山謠	寧復有歸理 淚下不能去 夢遊廬山謠示同志
	歌	錢塘潮歌(送吳子才赴禮部)	杳然醉踏青錦茵 錢塘潮歌(送吳子才赴礼部)	杳然醉踏青錦茵 錢塘潮歌(送吳子才赴禮部)	杳然醉踏青錦茵 錢塘潮歌送吳子才赴禮部	杳然醉踏青錦茵 錢塘潮歌(送吳子才赴禮部)	杳然醉踏青錦茵 錢塘潮歌(送吳子才赴禮部)	杳然醉踏青錦茵 錢塘潮歌送吳子才赴禮部	杳然醉踘青錦茵 錢塘潮歌送吳子才赴禮部

第四章・嚴羽文集和刻本研究

續表

和刻本排卷數	和刻本排詩類	和刻本詩題	元刻本	和刻本	正德十二年	正德十五年	嘉靖十年	鮑校元刻本	嚴羽集
卷上	歌	錢塘潮歌（送吳子才赴禮部）	東南王氣實在此	東南王氣實在此	東南土氣實在此	東南土氣實在此	東南土氣實在此	東南王氣實在此	東南王氣實在此
			百川倒流浩呼洶	百川倒流浩呼洶	百川倒浩流呼洶	百川倒流浩呼洶	百川倒流浩呼洶	百川倒流浩呼洶	百川倒流號呼洶
		雷峯歌	峯頭巨石似開擘	峯頭巨石似開擘	峯頭巨石似開劈	峯頭巨石似開擘	峯頭巨石似開劈	峯頭巨石似開劈	峯頭巨石似開闢
	行	劍歌行（贈吳會卿）	劍歌行（贈吳會卿）	劍歌行（贈吳會卿）	劍歌行贈吳會卿	劍歌行（贈吳會卿）	劍歌行（贈吳會卿）	劍歌行贈吳會卿	劍歌行（贈吳會卿）
			神采	神采	神采	神采	神采	神采	神彩
			去年從君殺彊虜	去年從君殺彊虜	去年從君殺彊虜	去年從君殺彊虜	去年從君殺彊虜	去年從君殺彊虜	去年從軍殺強虜
			重氣輕生	重氣輕生無所惜	重氣輕生唯諾	重氣輕生	重氣輕生	重氣輕生唯諾	重氣輕生
			缺	宇宙蒼茫雙鬢白	缺	缺	缺	缺	宇宙茫茫雙鬢白
			缺	千時錯負縱橫策	缺	缺	缺	缺	平時錯負縱橫策
			缺	兩相託	兩相託	缺	缺	缺	兩相托

· 455 ·

續表

和刻本排卷數	和刻本排詩類	和刻本詩題	元刻本	和刻本	正德十二年	正德十五年	嘉靖十年	鮑校元刻本	嚴羽集
卷上	行	寄贈張南卿兼答文篇之既時南卿在鄱陽	缺	無限風期託素書	缺	缺	缺	缺	無限風期記素書
		北伐行	六郡丁男毫州青	六郡丁群丁男毫州青	缺	六郡丁男毫州青	六郡丁男毫州青	六郡丁男毫州青	六郡丁男毫州青
	樂府	上留田	空一行	空一行（墨釘）	無空行、"樂府"	空一行、"樂府"	空一行	卷二	樂府
		估客樂（林序，夏木、胡本、夏校本船頭打鼓波波漫漫）	無為多憂蠶重煩傷 船頭鼓波漫漫	無為多憂蠶煩傷 船頭鼓波漫漫	無為多憂重煩傷 船頭打鼓波漫漫	無為多憂蠶煩傷 船頭鼓波漫漫漫	無為多憂蠶煩傷 船頭鼓波漫漫漫	無為多憂重煩傷 船頭打鼓波漫漫	無為多憂煩傷 船頭鼓波漫漫
	詞	沁園春	如梅峰者	如梅峰者	如梅峰者	如梅峰者	如梅峰者	如梅峰老	如梅峰老
	古詩	送潘立道赴闕仍議春官即事感興因成五十韻	菱唱工迷客 柳迎仙杖歌 蒲輪禮意畢	菱唱工迷客 柳迎仙杖歌 蒲輪禮意畢	菱唱工迷客 柳迎仙杖歌 蒲輪禮意畢	菱唱工迷客 柳迎仙杖歌 蒲輪禮意畢	菱唱工迷客 柳迎仙杖歌 蒲輪禮意畢	（五言排律）菱唱工迷客 柳迎仙杖歌 蒲輪禮意畢	菱唱工迷客 柳迎仙杖顛 蒲輪禮意畢

· 456 ·

第四章・嚴羽文集和刻本研究

續表

和刻本排卷數	和刻本排詩類	和刻本詩題	元刻本	和刻本	正德十二年	正德十五年	嘉靖十年	鮑校元刻本	嚴羽集
卷上	古詩	庚寅紀亂	夾英胡將來	夾英胡將來	夾英胡將來	夾英胡將來	夾英胡將來	夾英胡將來	夾英胡將軍
			策馬奮獨先	策馬奮獨先	策馬奮獨先	策馬奮獨先	策馬奮獨先	策馬奮獨先	策馬奮獨先
			連頭受屠戮	連頭受屠戮	連頭受屠戮	連頭受屠戮	連頭受屠戮	連頭受屠戮	連頭受屠戮
			妻妾悉驅虜	妻妾悉驅虜	妻妾悉驅虜	妻妾悉驅虜	妻妾悉驅虜	妻妾悉驅虜	妻妾悉驅虜
			攘攢無虛肩	攘攢無虛肩	攘攢無虛肩	攘攢無虛肩	攘攢無虛肩	攘攢無虛肩	攘攢無虛肩
			所逸有萬計	所逸有萬計	所免有萬計	所免有萬計	所免有萬計	所免有萬計	所免有萬計
		贈呂仲祥	高卧閑琴樽	高卧閑琴樽	高卧閑琴樽	高卧閑琴樽	高卧閑琴樽	高卧閑琴樽	高卧閑琴樽
			招我出塵氛	招我出塵氛	招我出塵紛	招我出塵緩	招我出塵紛	招我出塵狼	招我出塵紛
			疑聞天姥緩	疑聞天姥緩	疑聞天姥損	疑聞天姥緩	疑聞天姥緩	疑聞天姥狼	疑聞天姥狼
			誰將元化分	誰將元化分	誰將元化分	誰將元化分	誰將元化分	誰將元化分	誰將元化分
			超然凌紫氛	超然凌紫氛	超然凌紫氛	超然凌紫芬	超然凌紫芬	超然凌紫氛	超然凌紫氛
		夢中作	無意縛珪組	無意縛珪組	無意縛珪組	無意縛珪組	無意縛珪組	無意縛珪組	無意縛珪組
		劉荊州答	楚壞空嵯峨	楚壞空嵯峨	楚壞空嵯峨	楚壞空嵯峨	楚壞空嵯峨	楚襄空嵯峨	楚襄空嵯峨
		廬陵客館雨霽登樓言懷寄友	留滯豈勝悲	留滯豈勝悲	留滯豈勝悲	留滯豈勝愁	留滯豈勝愁	留滯豈勝愁	留滯豈勝愁

续表

和刻本排卷数	和刻本排诗类	和刻本诗题	元刻本	和刻本	正德十二年	正德十五年	嘉靖十年	鲍校元刻本	严羽集
卷上	古诗	游仙六首之一	秋涧夜瑟瑟	秋涧夜瑟瑟	秋涧夜瑟瑟	秋涧夜瑟瑟	秋涧夜瑟瑟	秋涧夜瑟瑟	秋闲夜瑟瑟
		之二	悠悠复何托	悠悠复何托	悠悠复何托	悠悠复何托	悠悠复何托	悠悠复何托	悠悠复何托
		之四	溪光照崖绿	溪光照崖绿	溪光照崖绿	溪光照崖绿	溪光照崖绿	溪光照崖绿	溪光照崖绿
		之五	如飞百双鹤	如飞百双鹤	如飞百双鹤	如飞百双鹤	如飞百双鹤	如飞百双鹤	如飞百双鹤
		我友远言遁	四坐惨相顾	四坐惨相顾	四座惨相顾	四坐惨相顾	四坐惨相顾	四坐惨相顾	四坐惨相顾
		闲雁二首之一	夜深沙碛寒	夜深沙碛寒	夜深沙碛寒	夜深沙碛寒	夜深沙碛寒	夜深沙碛寒	夜深沙碛寒
		送张秀远入京	赠君千里行	赠君千里行	赠君千里行	赠君千里行	赠君千里行	赠君千里行	赠金千里行
		从军行	朔风嘶马动	朔风嘶马动	朔风嘶马动	朔风嘶马动	朔风嘶马动	朔风嘶马动	朔风嘶马勒
		出塞行	弯弓走国雠	弯弓走国难	弯弓走国雠	弯弓走国雠	弯弓走国雠	弯弓走国雠	弯弓走国雠
			都护上祈连	都护上祈连	都护上祈连	都护上祈连	都护上祈连	都护上祈连	都护上祁连
卷下	五言八句	江楼夜月怀故山友人陈聘君吴桴卿	江楼夜月怀故山友人陈聘君吴桴乡	江楼夜月怀故山友人陈聘君吴桴卿	江楼夜月怀故山友人陈聘君吴桴乡	江楼夜月怀故山友人陈聘君吴桴乡	江楼夜月怀故山友人陈聘君吴桴乡	江楼夜月怀故山友人（鲍校语增"陈聘君吴桴乡"）	江楼夜月怀故山友人陈聘君吴桴乡
		今朝看愁鬓	今朝看愁鬓	今朝看愁鬓	今朝看愁鬓	今朝看愁鬓	今朝看愁鬓	今朝看愁鬓	今朝看愁鬓
		江上有怀上官良史	江上有怀上官良史	江上有怀上官良史	江上有怀上官良史	江上有怀上官良史	江上有怀上官良史	江上有怀上官良史	江上有怀上官良史

續表

和刻本排卷數	和刻本排詩類	和刻本詩題	元刻本	和刻本	正德十二年	正德十五年	嘉靖十年	鮑校元刻本	嚴羽集
卷下	五言八句	送上官偉	送上官偉長	送上官偉	送上官偉長	送上官偉長	送上官偉長	送上官偉長	送上官偉長
		有懷閩鳳山人	心事竟安在	心事竟安在	心事安在	心事安在	心事安在	心事竟安在	心事竟何在
		將往豫章留別長少尹父子	將往豫章留別張少尹父子	將往豫章留別長少尹父子	將往豫章留別張少尹父子	將往豫章留別張少尹父子	將往豫章留別張少尹父子	將往豫章留別張少尹父子	將往豫章留別張少尹父子
		歲暮得表叔吳景仙書因寄	歲暮得表叔吳景仙書因寄（滄浪逸詩）	歲暮得表叔吳景仙書因寄	歲暮得表叔吳景仙書因寄（滄浪逸詩）	歲暮得表叔吳景仙書因寄（滄浪逸詩）	歲暮得表叔吳景儒書因寄（滄浪逸詩"五言八句"）	歲暮得吳景仙書因寄仙書因寄詩	歲暮得表叔吳景仙書因寄（滄浪逸詩）
		望西山		雁來山雪外	書來山雪外	雲來山雪外	雲來山雪外	書來山雪外	書來山雪外
				中隱石仙真	中隱石仙真	中隱石仙真	中隱石仙真	中隱古仙真	中隱古仙真
				揮此丹霞人	揮玆丹霞人	揮玆丹霞人	揮玆丹霞人	揮玆丹霞人	揮玆丹霞人
		樟樹鎮醉後題	蒼蒼煙霧間	蒼蒼煙霧間	蒼蒼煙霧間	蒼蒼煙霧間	蒼蒼煙霧間	蒼蒼煙霧間	蒼蒼煙霧間
		豫章城	獨向此沉吳	獨向此沉吳	獨向此沉吳	獨向此沉吳	獨向此沉吳	獨向此沉吳	獨向此沉吳
		吳江晚望	湖日岸頭沙	白日岸頭沙	湖日岸頭沙	湖日岸頭沙	湖日岸頭沙	湖日岸頭沙	湖日岸頭沙
		天未遇周子陵自行在還言石屛消息	天未遇周子陵自行在還言石屛消息	天未遇周子陵自行在還言石屛消息	遇周子陵自行在還言石屛消息	天未遇周子陵自行在還言石屛消息	天未遇周子陵自行在還言石屛消息	天未遇周子陵自行在還言石屛消息	天未遇周子陵自行在還言石屛消息
			相逢問客船	相逢問客船	相思問客舡	相逢問客船	相逢問客船	相思問客船	相思問客船

续表

和刻本排卷数	和刻本排诗类	和刻本诗题	元刻本	和刻本	正德十二年	正德十五年	嘉靖十年	鲍校元刻本	严羽集
卷下	五言八句	三衢邂逅周月船论心数日临别赋此二首	三衢邂逅周月船论心数日临别赋此二首	三衢邂逅周月船论心数日临别赋此二首	三衢邂逅周月船论心数日临别赋此二首	三衢邂逅周月船论心数日临别赋此二首	三衢邂逅周月船论心数日临别赋此二首	三衢邂逅周月船论心数日临别赋此二首
		之一	吾衰奈别何	我衰奈别何	吾衰奈别何	吾衰奈别何	吾衰奈别何	吾衰奈别何	吾衰奈别何
			几时船上月	几时船上月	几时江上月	几时船上月	几时船上月	几时江上月	几时船上月
		秋日庐陵送杜子野还摛钟陵斜搽	秋日庐陵送杜子野还摛钟陵斜搽	秋日庐陵送村杜子野摛钟陵斜搽	秋日庐陵送杜子野还摛钟陵斜搽	秋日庐陵送杜子野还摛钟陵斜搽	秋日庐陵送杜子野还摛钟陵斜搽	秋日庐陵送杜子野还摛钟陵斜搽
			钟陵有雁过	钟陵有雁过	钟陵有雁过	钟陵有雁过	钟陵有雁过	钟陵有过雁	钟陵有雁过
	七言八句	再送赖成之出都	十年离别亦何频	十年离别一何频	十年离别亦何频	十年离别亦何频	十年离别亦何频	十年离别亦何频	十年离别亦何频
		塞下曲六首之四	北风沙起駞駝惊	北风沙起駞駝惊	北风沙起駞駝惊	北风沙起駞駝惊	北风沙起駞駝惊	北风沙起駞駝惊	北风沙起駞駝惊
	七言绝句	答李友山山中留别	答李友山山中留别	答李友山山中留别	答李友山山中留别	答李友山山中留别	答李友山山中留别	答李友山山中留别	答李友山山中留别

第四章・嚴羽文集和刻本研究

續表

和刻本排卷數	和刻本排詩類	和刻本詩題	元刻本	和刻本	正德十二年	正德十五年	嘉靖十年	鮑校元刻本	嚴羽集
卷下	七言絕句	秋日	蟬老樹深音響別	蟬老樹深音響滿	蟬老樹深音響別	蟬老樹深音響別	蟬老樹深音響別	蟬老樹深音響別	蟬老樹深音響別
		臨池	菱角連房共趁秋	菱角連房共趁秋	菱角連房共趁秋	菱角連房共趁秋	菱角連房共趁秋	菱角連房共趁秋	菱角連房共趁秋
		臨川送周月船入京	別時把酒已魂消	別時把酒已魂消	別時把酒已魂消	別時把酒已魂消	別時把酒已魂消	別時把酒已魂消	別時把酒已魂銷

• 461 •

附論：

朝鮮本《李商隱詩集》考論①

　　《李商隱詩歌集解》乃劉學鍇、余恕誠兩先生積學多年參酌衆本以成，如其《凡例》所列，參校本多達八種，更旁證以六種選本、十三種箋釋，確可謂集大成之作。②唯中國國家圖書館藏朝鮮本《李商隱詩集》十卷，③似未見於上述衆本。④故勘對衆本，略述優劣，以助完璧。

---

① 本文爲慶賀劉師學鍇先生九秩壽誕而作。因同爲域外漢籍刻本，故附文於此。
② ［唐］李商隱撰，劉學鍇、余恕誠著：《李商隱詩歌集解》，北京：中華書局，2004年第2版，第1—4頁。
③ 朝鮮本《李商隱詩集》，中國國家圖書館藏，善本書號：10234。本文原以此爲活字本，後承蒙金程宇先生告知實爲雕版，特此感謝。
④ 中華書局2004年第2版《李商隱詩歌集解》於"附編詩"後新增"補遺"。其中《缺題》(楚王臺上一神仙)及"佚句"(水紋簟滑鋪牙床)曾收入舊版"附編詩"，其餘均爲新輯之佚篇佚句。其中，《贈茅山高拾遺二首》輯自高麗本《李商隱詩集》卷七，《章野人幽居》《感興寄友》輯自高麗本《李商隱詩集》卷八。可見兩先生不斷精益求精於李商隱詩歌之整理。唯精力所及，似未能更將此高麗本與全書仔細對勘。

· 462 ·

一、李商隱文集之版本淵源

李商隱詩文集之最早記載,著錄於《舊唐書》卷一百九十下《列傳第一百四十下·文苑下·李商隱》"商隱有表狀集四十卷"。①之後《新唐書》卷六十《志第五十·藝文四》丁部別集類著錄:"《樊南甲集》二十卷,《乙集》二十卷,《玉谿生詩》三卷,又《賦》一卷,《文》一卷。"②《郡齋讀書志》卷十八"別集類中"著錄有"李商隱《樊南甲集》二十卷《乙集》二十卷又《文集》八卷",並對其詳細釋曰:

> 今《樊南甲乙集》皆四六,自爲序,即所謂繁縟者。又有古賦及文共三卷,辭旨恢詭,宋景文序傳中稱"譎怪則李商隱",蓋以此。詩五卷,清新纖豔。③

稍後《直齋書錄解題》卷十六"別集類上"著錄有"《李義山集》八卷、《樊南甲乙集》四十卷",釋曰:"《甲乙集》者,皆表章、啓牒四六之文。"④同卷亦著錄"《玉溪生集》三卷",釋曰:"李商隱自號。此集即前卷中賦及雜著也。"⑤卷十九"詩集類上"又著錄

---

① [後晉]劉昫等撰,中華書局編輯部點校:《舊唐書》卷一百九十下《列傳第一百四十下·文苑下·李商隱》,北京:中華書局,1975年版,第5078頁。
② [宋]歐陽修、宋祁撰:《新唐書》卷六十《志第五十·藝文四》,北京:中華書局,1975年版,第1612頁。
③ [宋]晁公武撰,孫猛校證:《郡齋讀書志校證》卷十八,上海:上海古籍出版社,1990年版,第910頁。
④ [宋]陳振孫撰,徐小蠻、顧美華點校:《直齋書錄解題》卷十六,上海:上海古籍出版社,1987年版,第483頁。
⑤ 《直齋書錄解題》卷十六,第484頁。

"《李義山集》三卷"。①另,《崇文總目》卷五"別集類三"有"《李義山詩》三卷,李商隱撰"。②尤袤《遂初堂書目》"別集類"有"《李義山集》"。③《宋史》卷二百八《志第一百六十一·藝文七》"集類"有"《李商隱文集》八卷,又《四六甲乙集》四十卷、《別集》二十卷、《詩集》三卷"。④

由此可知,至宋代,李商隱文集概分爲三類。第一類,"表章、啓牒"。《舊唐書》著錄爲"表狀集四十卷"。至宋代,始名之爲甲、乙集,各二十卷。屬以其名,則可名爲《樊南甲集》《樊南乙集》《樊南甲乙集》等。其文體爲四六駢文,故《宋史·藝文志》又名之爲"《四六甲乙集》"。第二類,賦、文、詩。就賦、文而言,有《新唐書》"《賦》一卷"、"《文》一卷",《郡齋讀書志》"古賦及文共三卷",《直齋書錄解題》"《玉谿生集》三卷"。就詩而言,有《新唐書》"《玉谿生詩》三卷",《崇文總目》"《李義山詩》三卷",《郡齋讀書志》"詩五卷",《直齋書錄解題》"《李義山集》三卷",《宋史》"《詩集》三卷"。第三類,總集。有《郡齋讀書志》"《文集》八卷",賦文三卷、詩五卷。《直齋書錄解題》"《文集》八卷",《宋史》"《李商隱文集》八卷",當亦如此。《遂初堂書目》"別集類"之"《李義山集》",未標明卷數。《宋史·艺文志》除"《李商隱文集》八卷"之外更有《別集》二十卷。

宋以後李商隱詩集之刊刻情況,據劉師《李商隱詩集版本系

---

① 《直齋書錄解題》卷十九,第570頁。
② [宋]王堯臣等編次,錢侗等輯釋:《崇文總目輯釋》,《叢書集成》初編本,北京:中華書局,1985年版,第362頁。據《粵雅堂叢書》本排印。
③ [宋]尤袤撰《遂初堂書目》,見《說郛三種》之百卷本卷二十八,第497頁,《說郛三種》之一百二十卷本卷十,第482頁上。上海:上海古籍出版社,1988年版,據涵芬樓藏版影印。
④ [元]脫脫等撰:《宋史》卷二百八《志第一百六十一·藝文七·集類》,北京:中華書局,1985年版,第5342頁。

統考略》,①可知有三卷、六卷、七卷、十卷之區分,而延續自宋代之三卷本已爲主流。如《文淵閣書目》之《李商隱詩》、《菉竹堂書目》之《李商隱詩》、明悟言堂抄本《李商隱詩集》、清影宋抄本《李商隱詩集》、清康熙四十一年(1702)席啓寓刊刻《唐詩百名家全集》之《李商隱詩集》、錢謙益校本《李商隱詩集》、季振宜抄本、朱鶴齡注本、清編《全唐詩》本等,均爲三卷。偶有四卷者,乃拆分目錄爲首卷。六卷本爲嘉靖二十九年(1550)毗陵蔣氏刊《中唐人集十二家》之《李義山詩集》,七卷本爲明姜道生刊刻《唐三家集》之《李商隱詩集》,十卷本爲明胡震亨輯清康熙二十四年(1685)刊《唐音統籤·戊籤》之《李商隱詩集》。

如劉師《李商隱詩集版本系統考略》所述,現存三卷、六卷、七卷、十卷本源於四種版本系統。即以清影宋抄本、席啓寓刻本、錢謙益校本爲代表之《李商隱詩集》三卷本系統,以毛氏汲古閣刻本爲代表之《李義山集》三卷本系統,以季振宜抄本、朱鶴齡注本、清編《全唐詩》本代表之三卷本系統,以毗陵蔣孝刻本、姜道生刻本、胡震亨輯本爲代表之系統。而這四種系統又都歸根於三卷本:

它們分別與《宋史·藝文志》所著錄的《李商隱詩集》三卷、尤袤《遂初堂書目》所著錄的《李義山集》(包括阮閱《詩話總龜》所稱《李義山集》、《崇文總目》所著錄的《李義山詩》三卷、《直齋書錄解題》所著錄的《李義山集》)三卷相合,也就是説現存商隱詩各種版本,都來源於四種宋本(其中兩種可確定刻於真宗朝、仁宗朝)。但總的來説,這四種不同系統的版本亦無太大的差

---

① 劉學鍇撰:《李商隱詩集版本系統考略》,《安徽師大學報(哲學社會科學版)》1997年第4期,第443—448頁。

別,它們實際上都屬於一個大系統——三卷本系統。……因此,這四個系統可以說是在一個大的版本系統之下的四個次系統。①

此四種系統中,汲古閣本"初刻時間最早,異文亦富校勘價值",②故而《李商隱詩歌集解》特以此爲底本。

二、朝鮮本《李商隱詩集》與衆本之同異

中國國家圖書館藏朝鮮本《李商隱詩集》十卷,半葉九行十七字,白口,四周雙邊。上下花魚尾,版心中刊刻"詩集目錄"、"詩集卷幾",版心下刊刻目錄頁數、每卷頁碼。卷首爲目錄,之後依次排列卷一五言古詩、卷二七言古詩、卷三五言律詩、卷四五言律詩、卷五五言排律、卷六五言排律、卷七七言律詩、卷八七言律詩、卷九五言絕句、卷十七言絕句。

《李商隱詩歌集解·凡例》所列底本及八種校本均未涉及此朝鮮本。今將此本前兩卷與《李商隱詩歌集解》仔細勘對,詳細列表。論述中亦兼及全部十卷內容。所言各種版本簡稱、校記、集注、箋評、按語等,完全依照《李商隱詩歌集解》所言。其中版本簡稱爲:明姜道生刊刻《唐三家集》之《李商隱詩集》七卷簡稱姜本,明悟言堂抄本《李商隱詩集》三卷簡稱悟抄,明胡震亨輯本《唐音統籤·戊籤》之《李商隱集》十卷簡稱戊籤,清影宋抄本《李商隱詩集》簡稱影宋抄,清席啓寓刊刻《唐詩百名家全集》之《李商隱詩集》簡稱席本,清蔣斧影印錢謙益寫校本《李商隱詩集》簡

---

① 劉學鍇撰:《李商隱詩集版本系統考略》,第448頁。
② 同上,第446頁。

稱錢本,清朱鶴齡《李義山詩集箋注》本簡稱朱本。

第一、朝鮮本同於衆本之處

1. 汲古閣本

《戊辰會靜中出貽同志二十韻》"舟壑永無湮",校記:"'舟'原作'丹',據姜本、朱本改。'湮'原作'因',據戊籤、季抄、朱本改。"①朝鮮本作"丹壑永無因"。

《李肱所遺畫松詩書兩紙得四十韻》:"憶昔謝駟騎",校記:"'駟'原作'四',據蔣本、悟抄改。"②朝鮮本作"憶昔謝四騎"。"終南與清都",校記:"'清'原作'青',據悟抄、席本改。"③朝鮮本作"終南與青郡"。"學仙玉陽東",校記:"'玉'原作'王',非,據姜本、悟抄、席本、朱本改。"④朝鮮本作"學仙王陽東"。

《驕兒詩》"文葆未周晬",校記:"'晬'原作'晬',非,據席本、朱本改。"⑤朝鮮本作"文葆未周晬"。

《戲題樞言草閣三十二韻》"徒令真珠肶",校記:"'肶'原一作'胵',蔣本、姜本、戊籤、悟抄作'胵',疑'毗'字之誤,詳注。"⑥朝鮮本作"徒令真珠肶"。

《行次西郊作一百韻》"來往同雕鳶",校記曰:"'同',馮引一本作'如'。'雕',蔣本、朱本作'彫'。"⑦朝鮮本作"來往同雕鳶"。"官健腰佩弓",校記:"'弓'原作'刀',據蔣本、姜本、戊籤、錢本、影宋抄改。"⑧朝鮮本作"官健腰佩刀"。

---

① 《李商隱詩歌集解·編年詩·戊辰會靜中出貽同志二十韻》,第928頁。
② 《李商隱詩歌集解·編年詩·李肱所遺畫松詩書兩紙得四十韻》,第162頁。
③ 同上。
④ 同上。
⑤ 《李商隱詩歌集解·編年詩·驕兒詩》,第948頁。
⑥ 《李商隱詩歌集解·編年詩·戲題樞言草閣三十二韻》,第1101頁。
⑦ 《李商隱詩歌集解·編年詩·行次西郊作一百韻》,第256頁。
⑧ 同上,第257頁。

《偶成轉韻七十二句贈四同舍》"鯉魚食鉤猿失群",校記:"'鯉'原作'紅',據蔣本、姜本、戊簽、悟抄、席本、影宋抄、朱本改。"①朝鮮本作"紅魚食鉤猿失群"。

《李夫人歌》"黃河欲盡天蒼蒼",校記:"'蒼蒼'原作'蒼黃'(一作'蒼蒼'),據蔣本、姜本、戊簽、朱本改。"②朝鮮本作"黃河欲盡天蒼黃"。

《樂游原》,校記:"蔣本、姜本、戊簽、悟抄、席本、錢本、影宋抄題內均無'原'字。"③朝鮮本作"樂游原"。

2. 蔣本、朱本

《李肱所遺畫松詩書兩紙得四十韻》"顧盼擇所從",校記:"'盼',蔣本、朱本作'眄'。"④朝鮮本作"顧眄擇所從"。

《井泥四十韻》"晚落花滿池",校記:"'池',蔣本、朱本作'地'。"⑤朝鮮本作"晚落花滿地"。

3. 錢本、席本、朱本

《行次西郊作一百韻》"捋須蹇不顧","校記":"'捋須蹇',此三字原缺,下注一作'捋須蹇',據錢本、席本、朱本補。"⑥朝鮮本作"捋須蹇不顧"。

4. 蔣本、錢本、影宋抄

《行次西郊作一百韻》"行人權行資",校記:"'權',蔣本、錢本、影宋抄作'攉',字通。"⑦朝鮮本作"行人攉行資"。

---

① 《李商隱詩歌集解·編年詩·偶成轉韻七十二句贈四同舍》,第1079頁。
② 《李商隱詩歌集解·編年詩·李夫人三首》,第1363頁。
③ 《李商隱詩歌集解·未編年詩·樂游原》,第2165頁。
④ 《李商隱詩歌集解·編年詩·李肱所遺畫松詩書兩紙得四十韻》,第162頁。
⑤ 《李商隱詩歌集解·編年詩·井泥四十韻》,第1564頁。
⑥ 《李商隱詩歌集解·編年詩·行次西郊作一百韻》,第256頁。
⑦ 同上,第257頁。

5. 蔣本、姜本、影宋抄

《戊辰會靜中出貽同志二十韻》"笑倚扶桑春",校記:"'笑倚',蔣本、姜本、影宋抄作'倚笑'。"①朝鮮本作"倚笑扶桑春"。

6. 蔣本、戊簽、席本、錢本、影宋抄

《驕兒詩》"前朝尚氣貌",校記:"'氣',蔣本、戊簽、席本、錢本、影宋抄作'器'。"②朝鮮本作"前朝尚器貌"。

7. 蔣本、姜本、戊簽、席本、悟抄、錢本

《行次西郊作一百韻》"城社更攀緣",校記:"'攀',蔣本、姜本、戊簽、席本、悟抄、錢本作'扳',同。"③朝鮮本作"城社更扳緣"。

8. 蔣本、姜本、戊簽、悟抄、席本、錢本、影宋抄

《李肱所遺畫松詩書兩紙得四十韻》"或著仙人號",校記:"'仙',蔣本、姜本、戊簽、悟抄、席本、錢本、影宋抄作'佳'。"④朝鮮本作"或著佳人號"。

《井泥四十韻》"下去冥寞穴",校記:"'冥'原作'寂',一作'冥',據蔣本、姜本、戊簽、錢本、影宋抄、悟抄、席本改。"⑤朝鮮本作"下去冥寞穴"。

第二、朝鮮本之訛誤

1.《無題三首》之一(八歲偷照鏡)"芙蓉作裙衩"。衆本及《四友齋叢說》卷二十五《詩二》⑥、《日知錄集釋》卷二十八《衩衣》⑦、

---

① 《李商隱詩歌集解·編年詩·戊辰會靜中出貽同志二十韻》,第 928 頁。
② 《李商隱詩歌集解·編年詩·驕兒詩》,第 948 頁。
③ 《李商隱詩歌集解·編年詩·行次西郊作一百韻》,第 257 頁。
④ 《李商隱詩歌集解·編年詩·李肱所遺畫松詩書兩紙得四十韻》,第 162 頁。
⑤ 《李商隱詩歌集解·編年詩·井泥四十韻》,第 1564 頁。
⑥ [明]何良俊撰:《四友齋叢說》卷二十五《詩二》,北京:中華書局,1959 年版,第 227 頁。
⑦ [清]顧炎武撰、黃汝成集釋,欒保群點校:《日知錄集釋》卷二十八《衩衣》,北京:中華書局,2020 年版,第 1416 頁。

《全唐詩》卷五百三十九《李商隱·無題二首》所引①,均如是。李商隱另一首《無題》(照梁初有情)亦有詩句"裙衩芙蓉小"。唯朝鮮本誤作"芙蓉作裙帶"。

2.《戊辰會靜中出貽同志二十韻》"蒨璨玉琳華",衆本中唯席本稍異爲"蒨燦玉琳華"。朝鮮本迥異衆本,爲"舊璨玉琳華"。此詩描寫道家戊辰之會,道藏中多有"蒨璨"描寫光澤,並無"舊璨"之語。如《無上秘要》卷之三十九《授洞玄真文儀品·三真人頌》"蒨璨七寶林"②。《正統道藏·洞玄部·威儀類·靈寶領教濟度金書》卷五十九《九煉返生儀》"蒨璨耀珠寶",卷九十八《謝恩醮儀》"紫雲蒨璨"等③。故當以"蒨"爲是。

3.《戊辰會靜中出貽同志二十韻》"笑倚扶桑春,吟弄東海若。"前句校記:"'笑倚',蔣本、姜本、影宋抄作'倚笑'。"④朝鮮本亦作"倚笑扶桑春"。此詩兩句上下對仗整飭,"吟弄"正對"笑倚",當以此爲是。

4.《宮中曲》"昨夜蒼龍是",朝鮮本因形近誤作"非夜蒼龍是"。

5.《和鄭愚贈汝陽王孫家箏妓二十韻》"長礿壓河心",朝鮮本因形近誤作"長豹壓河心"。

6.《房中曲》"但見蒙羅碧",朝鮮本因形近誤作"但見家羅壁"。

7.《戲題樞言草閣三十二韻》:"掃掠走馬路,整頓射雉翳。"朝鮮本作:"歸掠走馬路,整頗射雉翳。"正如集注所言:"掃掠,與

---

① [清]彭定求等編:《全唐詩》卷五百三十九《李商隱·無題二首》,北京:中華書局,1960年版,第6165頁。
② 周作明點校:《無上秘要》卷之三十九《授洞玄真文儀品·三真人頌》,北京:中華書局,2016年版,第582頁。
③ 《正統道藏·洞玄部·威儀類·靈寶領教濟度金書》卷五十九,第42頁;卷九十八,第9頁。上海涵芬樓影印,中華民國十三年二月。
④ 《李商隱詩歌集解·編年詩·戊辰會靜中出貽同志二十韻》,第928頁。

下'整頓'對文,意即修整、灑掃。"①故而,朝鮮本形近而訛。"掃"誤爲"歸","頓"誤爲"頗"。

"翻憂龍山雪,卻雜胡沙飛。"朝鮮本作:"翻憂龍山雷,卻雜胡沙飛。"此詩上聯末句均爲仄聲,而"雷"爲平聲,不諧。如"集注"所引鮑照詩:"胡風吹朔雪,千里度龍山。"②亦是因形近而訛。

"欹冠調玉琴",朝鮮本作"歌冠調玉琴","歌冠"不成句,當因形近而訛"欹"爲"歌"。

"仲容銅琵琶,項直聲淒淒。""項直"指琵琶之直項、曲項,朝鮮本因形近而誤作"頓直"。

8.《驕兒詩》"文葆未周晬",校記:"'晬'原作'睟',非,據席本、朱本改。"朝鮮本亦作"文葆未周晬",形近而訛。

"青春妍和月",朝鮮本因形近而誤作"青春好和月"。

"俯首飲花蜜",朝鮮本因形近而誤作"俯首飲花密"。

"抱持多反倒",朝鮮本因形近而誤作"掩待多反倒"。

"曲躬牽窗網",朝鮮本因形近而誤作"西躬牽窗網"。

9.《行次西郊作一百韻》"皇都三千里","集注"引《舊唐書》:"范陽在京師東北二千五百二十里。"③朝鮮本因形近而誤作"皇都二千里"。

"指顧動白日,暖熱回蒼旻。"朝鮮本誤作:"指顧動白日,暖玉回蒼旻。"

"公卿辱嘲叱,唾棄如糞丸。"朝鮮本因形近而誤作:"公卿辱嘲吒,唾棄如糞丸。"

---

① 《李商隱詩歌集解·編年詩·戲題樞言草閣三十二韻》,第1104頁。
② 同上,第1105頁。
③ 《李商隱詩歌集解·編年詩·行次西郊作一百韻》,第261頁。

"郿塢抵陳倉",朝鮮本誤作"郡塢抵陳倉"。

"此地忌黃昏",朝鮮本誤作"此地立黃昏"。

"存者尚遷延",朝鮮本誤作"存者尚近延"。

"不敢抉其根",校記:"'抉'原作'扶',非,據戊簽改。"①朝鮮本亦誤作"不敢扶其根"。

"但欲死山間",朝鮮本誤作"但未死山間"。

10.《井泥四十韻》:"他日井甃畢,用土益作堤。"朝鮮本誤作:"宅日井甃畢,用工益作堤。"

11.《河內詩二首》之一《樓上曲》"八桂林邊九芝草",朝鮮本衍誤作"八桂林邊九枝枝草"。

12.《李夫人歌》:"清澄有餘幽素香,鰥魚渴鳳真珠房。"朝鮮本誤作:"清澄有餘幽棄香,鰥魚渴風真珠房。"

第三、朝鮮本獨有可兩存

1.《和鄭愚贈汝陽王孫家箏妓二十韻》衆本作"孤猿耿幽寂",唯朝鮮本作"孤耿長幽寂"。

2.《驕兒詩》"顒頣欲四十",唯朝鮮本作"憔悴欲四十"。"穰苴司馬法,張良黃石術。便爲帝王師,不假更纖悉。"補注以爲:"此謂借穰苴司馬法與張良黃石術即可爲帝王之師,不必假借其他更爲細緻周備之治術。"②而朝鮮本獨作"不暇更纖悉",意爲無暇於其他細緻周備之治術,亦通。"況今西與北,羌戎正狂悖。誅赦兩未成,將養如痼疾。"集注按語曰:"將養,將息調養,此指姑息養奸。句意謂養癰遺患,已成痼疾。"③而朝鮮本末句獨作"將養如探疾"。楊維楨《東維子文集》卷之十一《序·苗

---

① 《李商隱詩歌集解·編年詩·行次西郊作一百韻》,第257頁。
② 《李商隱詩歌集解·編年詩·驕兒詩》,第956頁。
③ 同上。

人備急活人方序》有言:"妄庸者亂投藥餌以探疾,重不幸速其斃,是醫殺之也。"①此正符合此句詩意。朝鮮本"探疾"意藴更豐。"兒當速成大,探雛入虎窟。當爲萬户侯,勿守一經帙。"唯朝鮮本作:"兒當速成大,攫雛入虎窟。當爲萬户侯,勿守一經説。"亦通。

3.《行次西郊作一百韻》"彩斾轉初旭",唯朝鮮本作"彩旆轉初旭"。"我聽此言罷",唯朝鮮本作"我聽此言真"。"慎勿道此言",唯朝鮮本作"慎勿忽此道"。

4.《井泥四十韻》:"工人三五輩,輦出土與泥。"唯朝鮮本作:"工人三五輩,出土與翻泥。"

5.《燒香曲》:"漳宫舊樣博山鑪,楚嬌捧笑開芙蕖。"唯朝鮮本作:"章宫舊樣博山鑪,楚妃捧笑開芙蕖。"程夢星《李義山詩集箋注》以爲:"漳宫者,漳王之宫也。楚嬌者,杜秋娘也。"②唯馮浩《玉谿生詩集箋注》以爲乃"此詠宫人之入道者",又認爲程夢星所言"説似可通,而解之未細"。③對此張采田《李義山詩辨正》則均予以駁斥:"此篇衹可闕疑。馮氏謂詠入道宫人,固非。即程氏謂欸杜秋娘之流落,雖有'漳宫'二字可以綰合,而按之通篇,實亦難通。""程午橋謂指杜秋娘事,馮氏申之,説近穿鑿,似未然也。杜秋娘事,杜牧之已張之篇章,何必作此謎語哉?"④徐德泓、姜炳璋以爲此僅爲一般之宫詞。對此,按語以爲:"諸説之中,徐、姜二説較優。然泛解爲詠宫妃失寵或宫辭者,不如解爲

---

① [明]楊維楨著,鄒志方點校:《東維子文集》,杭州:浙江古籍出版社,2017年版,第850頁。
② 《李商隱詩歌集解·未編年詩·燒香曲》,第2061頁。
③ 同上,第2062頁。
④ 同上,第2063頁。

詠陵園宮女更爲恰當。"① 無論杜秋娘抑或普通宮女,正可與後句"楚嬌"相對應。上述衆人中,唯馮浩注意到《樂府詩集》作"章宮",故而以爲"《樂府詩集》作章宮,用章臺宮,與'楚嬌'合,亦通。"②今存此詩最早宋、元刊本《樂府詩集》確作"章宮"。按語認爲當爲"漳宮",亦是與"楚嬌"相印。唯朝鮮本前句不僅作"章宮",後句亦異於衆本,爲"楚妃捧笑開芙蕖"。如此,則杜秋娘、宮女之類,均非"楚妃"之類。故而當以朝鮮本爲優。

6.《燒香曲》"八蠶繭絲小分炷"。校記:"'絲',馮曰:'作絲作錦皆誤。'"③《文選》李善注引《交州記》有"一歲八蠶"。六臣注張銑曰:"有蠶一歲八育。"④《西溪叢語》卷上《八蠶之綿》記載:

李商隱《燒香曲》云:"八蠶璽綿小分炷,獸焰微紅隔雲母。"左太沖《吳都賦》云:"鄉貢八蠶之綿。"注云:"有蠶一歲八育。"《雲南志》云:"風土多暖,至有八蠶。"言蠶養至第八次,不中爲絲,只可作綿,故云"八蠶之綿"。⑤

然而屈大均《廣東新語》卷二十四《蟲語·八蠶》記載:

廣蠶歲七熟。閏則八熟。……然李商隱詩云"八蠶璽綿小分

---

① 《李商隱詩歌集解·未編年詩·燒香曲》,第2063頁。
② 同上,第2058頁。
③ 同上。
④ [梁]蕭統編,李善、呂延濟、劉良、張銑、呂向、李周翰注:《六臣注文選》,北京:中華書局,1987年版,第107頁下,據《四部叢刊》本影印。
⑤ [宋]姚寬撰,孔凡禮點校:《西溪叢語》卷上《八蠶之綿》,北京:中華書局,1993年版,第40頁。

炷"。又云"小炷八蠶綿"。左思《賦》"鄉貢八蠶之綿"。皆言綿而不言絲。蓋以蠶養至第八次，不中爲絲，但可作綿。然吾廣第八蠶皆可爲絲，所謂珍蠶也。凡蠶再熟者謂之珍，況於八輩蠶乎。《本草》言："南粤蠶，有三眠、四眠、兩生、七出、八出者。"蓋蠶屬陽，喜燥惡濕。南粤火之所房，炎精盛實，故蠶至於八輩也。①

故而馮浩所謂"作絲作錦皆誤"，未必如是。而朝鮮本此句則爲"八蠶蠻錦小分炷"，於詩文更多意趣。

7.《李夫人歌》"柔腸早被秋眸割"。校記："'眸'，《樂府詩集》作'波'。"②今存宋、元刊本《樂府詩集》確作"波"。朝鮮本此句正是"柔腸早被秋波割"，當以此爲優。

8.《韓碑》"彼何人哉軒與羲"，朝鮮本作"彼何人斯軒與羲"。"帝得聖相相曰度"。葛立方撰《韻語陽秋》卷三記載：

唯李義山指爲聖相，詩曰："帝得聖相相曰度。"又曰："嗚呼聖皇及聖相。"亦過矣哉。③

之後吳曾《能改齋漫録》兩次引用，亦是"帝得聖相相曰度"。其卷五《辨誤·裴度聖相》轉引葛立方《韻語陽秋》，隨後按語曰：

余按，李義山《韓碑》詩"帝得聖相相曰度"，其下自注曰："《晏子春秋》：'仲尼聖相。'"蓋《晏子春秋》不顯，人讀之者少，義

---

① [明]屈大均撰：《廣東新語》卷二十四《蟲語·八蠶》，北京：中華書局1985年版，第588頁。
② 《李商隱詩歌集解·編年詩·李夫人三首》，第1363頁。
③ [宋]葛立方撰：《韻語陽秋》，上海：上海古籍出版社，1984年版，第41—42頁，據上海圖書館宋刻本影印。

山恐人以爲疑,因注詩下。①

卷十一《記詩·曾郎中獻秦益公十絕句》又曰:

李義山《韓碑》詩云:"帝得聖相相曰度。"蓋取《晏子春秋》云"仲尼,魯之聖相"也。②

今翻閱汲古閣本《李義山集》卷上《韓碑》"帝得聖相相曰度"下確是雙行小字注爲"晏子春秋仲尼聖相"。③朝鮮本於此詩末亦是雙行小字注。《李商隱詩歌集解》"集注八":

【原注】《晏子春秋》:"仲尼,聖相也。"【何注】《殷本紀》:"武丁夜夢得聖人,名曰説。"一句中使兩事也。《晏子春秋》八字乃韓集附録中孫注。④

由此可知,原注衍"也"字。此乃後人如吳曾等轉述之語氣詞。再之,由《能改齋漫録》可知,何焯所言有誤,此八字確爲李商隱自注。朝鮮本此句爲"帝得聖相曰裴度",《錦繡萬花谷》前集卷十所引亦是如此。⑤故可兩存之。

第四、朝鮮本之優善
1.《戊辰會靜中出貽同志二十韻》:"荆蕪既已薙,舟壑永無

---

① [宋]吳曾撰:《能改齋漫録》,上海:上海古籍出版社,1979年新一版,第131頁。
② 《能改齋漫録》,第340頁。
③ 汲古閣本《李義山集》,中國國家圖書館藏兩種,一種爲《唐人八家詩集》本,善本書號:11381;一種爲介庵校本,善本書號:11382。
④ 《李商隱詩歌集解·編年詩·韓碑》,第911頁。
⑤ 《錦繡萬花谷》前集,宋刻本。

湮。"朝鮮本作："荊蕪既已薙,丹壑永無因。""已"更符合全句之意,當以此爲是。

2.《井泥四十韻》"山尊亦可開",集注引王勃序："山樽野酌。"①朝鮮本正作"山樽亦可開"。

3.《李肱所遺畫松詩書兩紙得四十韻》："竦削正稠直,婀娜旋甹夆。"校記:

"甹夆",各本均作"敷峯"。戈簽作"敷夆",注曰："《爾雅》：甹夆,掣曳也。"【馮曰】今檢《爾雅》,注謂牽挽。疏引《周頌》"莫予荓蜂",《毛傳》"掣曳也",從菊牽挽之言。荓、甹,夆、蜂,掣、摩,音義同。二句合狀輝容之善變,必本作"甹夆",後乃訛"甹"爲"敷"耳,故直爲改正。姚氏改作"敷豐",非矣。【按】馮校是,茲據改。②

集注亦曰：

【按】甹夆,牽挽。詳見校。二句狀輝容之忽變：乍視之枝幹方密直聳立如削,旋即又婀娜多姿,牽引搖曳。此仍承上文幹、枝而言。③

朝鮮本迥異衆本,作"婀娜旋敷芊"。"芊"即"䒿",形容草木之豐茂。"夆"與"豐"相通。"敷芊"即"敷䒿""敷豐""敷峯",都是形容體型之豐滿婀娜。前句"稠直"亦如"集注"所引白居易《歎老》

---

① 《李商隱詩歌集解‧編年詩‧井泥四十韻》,第1566頁。
② 《李商隱詩歌集解‧編年詩‧李肱所遺畫松詩書兩紙得四十韻》,第161頁。
③ 同上,第164頁。

477

詩："我有一握髮,梳理何稠直。"①形容女子秀髮豐厚密直,下句"敷芋"正與之相應。當以朝鮮本爲是。"粤"乃"敷"字缺損右半所致,以致汲古閣本誤爲"粤夆"。姚氏改作"敷豐",確有識見。

4.《李肱所遺畫松詩書兩紙得四十韻》:"昔聞咸陽帝,近說嵇山儂。或著仙人號,或以大夫封。"咸陽帝與大夫封,均關涉秦始皇。然對於"近說嵇山儂",集注中按語曰:"然'嵇山儂'事未詳,未可定。"②"仙人號"亦未可知。此句唯朝鮮本作"近說務山儂"。《顏氏家訓集解》卷第六《書證第十七》記載:

柏人城東北有一孤山,古書無載者。唯闞駰《十三州志》以爲舜納於大麓,即謂此山,其上今猶有堯祠焉。世俗或呼爲宣務山,或呼爲虛無山,莫知所出。趙郡士族有李穆叔、季節兄弟、李普濟,亦爲學問,並不能定鄉邑此山。余嘗爲趙州佐,共太原王邵讀柏人城西門內碑。碑是漢桓帝時柏人縣民爲縣令徐整所立,銘曰:"山有巏嶅,王喬所仙。"方知此巏嶅山也。巏字遂無所出。嶅字依諸字書,即旄丘之旄也。旄字,《字林》一音亡付反,今依附俗名,當音權務耳。入鄴,爲魏收說之,收大嘉歎。值其爲《趙州莊嚴寺碑銘》,因云:"權務之精。"即用此也。③

《太平寰宇記》卷之五十九《河北道八·邢州·堯山縣》亦載:

宣務山,一名虛無山,在縣西北四里,高一千五百五十丈。《城塚記》云:"堯登此山,東瞻洪水,務訪賢人。其山西三里出文

---

① 《李商隱詩歌集解·編年詩·李肱所遺畫松詩書兩紙得四十韻》,第164頁。
② 同上,第162頁。
③ [唐]顏之推撰,王利器集解:《顏氏家訓集解》卷第六《書證第十七》,北京:中華書局,1993年版,第498頁。

石,五色錦章。山上有堯祠。"①

《王氏神仙傳·蜀神仙王喬》記載王喬,犍爲武陽人。"後爲柏人令,遂於東罐山得道。"②

由此亦可知,"嵇山儂"或爲"務山儂"之訛誤。"或著仙人號",即出自"漢桓帝時柏人縣民爲縣令徐整所立,銘曰:'山有罐嵍,王喬所仙。'"

5.《李肱所遺畫松詩書兩紙得四十韻》"終南與清都",朝鮮本作"終南與青郡"。校記:"'清'原作'青',據悟抄、席本改。"③可知汲古閣本原爲"終南與青都",與朝鮮本唯末尾一字不同。此句前後詩句爲:

昔聞咸陽帝,近説嵇山儂。或著仙人號,或以大夫封。終南與清都,煙雨遥相通。安知夜夜意,不起西南風。④

均是上聯末字仄聲對下聯末字平聲。"都"乃平聲與上下詩句不諧,而"郡"正是仄聲,故當以朝鮮本爲是。

6.《戲題樞言草閣三十二韻》"政靜籌畫簡",唯朝鮮本作"觴政籌畫簡"。上下詩句爲:"我雖不能飲,君時醉如泥。政靜籌畫簡,退食多相攜。"集注由此以爲:"句意謂使府政事清靜不煩擾。"⑤然由緊接前兩句醉飲之後,似以朝鮮本"觴政"爲宜。

---

① [宋]樂史撰,王文楚點校:《太平寰宇記》卷五十九《河北道八·邢州·堯山縣》,北京:中華書局,2007年版,第1221—1222頁。
② [唐]杜光庭撰,羅爭鳴輯校:《王氏神仙傳》,北京:中華書局,2013年版,第891頁。
③ 《李商隱詩歌集解·編年詩·李肱所遺畫松詩書兩紙得四十韻》,第162頁。
④ 同上,第160頁。
⑤ 《李商隱詩歌集解·編年詩·戲題樞言草閣三十二韻》,第1104頁。

7.《無愁果有愁曲北齊歌》,唯朝鮮本作"無愁果有愁曲"。校記:

《樂府詩集》卷七十五録此詩,題内無"北齊歌"三字,題下有注曰:"李商隱曰:無愁果有愁曲,北齊歌也。"①

可知"北齊歌"乃後人妄增,當以朝鮮本爲是。

8.《行次西郊作一百韻》"蛇年建丑月",朝鮮本作"蛇年建午月"。校記:

"丑"原作"午",非,據戊簽改。【馮曰】十二月自興元還京,故下云"不類冰雪晨",作"午月"者謬。②

朝鮮本與衆本相同,均作"蛇年建午月"。此詩開篇曰:

蛇年建丑月,我自梁還秦。南下大散嶺,北濟渭之濱。草木半舒坼,不類冰霜晨。又若夏苦熱,燋卷無芳津。高田長櫟櫪,下田長荆榛。農具棄道傍,饑牛死空墩。依依過村落,十室無一存。存者皆面啼,無衣可迎賓。始若畏人問,及門還具陳。③

"又若夏苦熱,燋卷無芳津",當非建丑十二月能有之情景。十二月寒冬,草木蕭疏,亦難有"高田長櫟櫪,下田長荆榛。"再之,寒冬"無衣",當已凍贏不堪,何能"迎賓"。故亦當以朝鮮本等衆本

---

① 《李商隱詩歌集解・編年詩・無愁果有愁曲北齊歌》,第16頁。
② 《李商隱詩歌集解・編年詩・行次西郊作一百韻》,第256頁。
③ 同上,第253頁。

所爲"建午"爲是。

9.《行次西郊作一百韻》"皇子棄不乳",集注:

【朱注】林甫讒殺太子瑛、鄂王瑶、光王琚。【馮注】《漢書·宣帝紀》:"生數月,遭巫蠱事,系郡邸獄。邴吉使女徒趙征卿、胡組乳養。"①

對此,按語曰:

句意必貴妃專寵時,有害皇子,如漢趙后之所爲者,史未詳載也。朱氏引林甫讒殺太子瑛、鄂王瑶、光王琚,則與"棄不乳"不符,非也。②

而朝鮮本此句作"皇子棄衣乳",意謂皇子缺少養育。此與下句"椒房抱羌渾"上下語句更爲對稱。當以朝鮮本爲優。

10.《行次西郊作一百韻》"将須寋不顧"。校記:

"将須寋",此三字原缺,下注一作"将須寋",據錢本、席本、朱本補。③

集注以爲"寋"爲偃蹇之意。此句朝鮮本不缺,且唯作"将須寋不顧"。"寋"則形容"将須"之動作,"将須寋不顧",尤爲文從字順。當以朝鮮本爲是。

---

① 《李商隱詩歌集解·編年詩·行次西郊作一百韻》,第260頁。
② 同上。
③ 同上,第256頁。

11.《井泥四十韻》"喜得舜可禪,不以瞽瞍疑"。校記:

"喜",各本均同。【程曰】(喜)應作堯。①

而朝鮮本正作"堯得舜可禪"。程夢星於《李義山詩集箋注》所論確是有識。

12.《井泥四十韻》"帝問主人翁,有自賣珠兒"。校記:

"賣"原作"愛","錢本作"夐",均非,據蔣本、姜本、戊簽、悟抄、季抄改。②

朝鮮本作"有自瓊珠兒",汲古閣本當爲"夐"之異體,錢本之"夐"正是"瓊"。故而不能因後來衆本而輕易否定"瓊"字。或正是後出衆本將"瓊"字改爲更爲通俗易知之"賣"字。

13.《代貴公主》。校注:

原無"主"字,據蔣本、姜本、悟抄、席本、影宋抄、錢本、朱本補。戊簽無"貴"字,題作"代公主答",似較"代貴公主"爲優。③

唯朝鮮本作"代貴公子",實即汲古閣之"代貴公"。其他衆本因此詩之前首"代越公房妓嘲徐公主"而妄補"主"字。

14.《燒香曲》"鈿雲蟠蟠牙比魚"。補注以爲:"鈿雲,以金、銀鑲嵌繪成雲狀圖案。"④朝鮮本作"細雲蟠蟠牙比魚"。郭茂倩

---

① 《李商隱詩歌集解·編年詩·井泥四十韻》,第1564頁。
② 同上。
③ 《李商隱詩歌集解·編年詩·代貴公主》,第1157頁。
④ 《李商隱詩歌集解·未編年詩·燒香曲》,第2058頁。

編《樂府詩集》卷第九十五《新樂府辭六·燒香曲》之宋、元刻本均作"細雲蟠蟠牙比魚"①。當以"細雲"爲是。

三、朝鮮本《李商隱詩集》之特質

首先,朝鮮本《李商隱詩集》雖多有訛誤,然亦有與汲古閣本相同、相近之嘉善處。《李商隱詩歌集解》選用汲古閣刊刻《唐人八家詩》之《李義山集》爲底本,誠如劉先生《李商隱詩集版本系統考略》所言:"此本初刻時間最早,異文亦富校勘價值。"②而如上文所列,朝鮮本即有大量與汲古閣本相同之文字。甚至更因朝鮮本始得以證知汲古閣本之優善。如《行次西郊作一百韻》據衆本而將原本之"官健腰佩刀"更改爲"官健腰佩弓"。今朝鮮本恰爲"刀",亦可證汲古閣本未必爲非。《井泥四十韻》亦據衆本將原本更改爲"有自賣珠兒"。而今可見朝鮮本"賣"爲"瓊",此正通假於汲古閣本、錢本之"夐",亦可證汲古閣本自有其意。《代貴公》,據衆本將原本標題增補一"主"字,成"代貴公主"。然由朝鮮本"代貴公子"可知汲古閣本未有脫漏。"代貴公"即"代貴公子"。《樂游原》,衆本均無"原"字,唯朝鮮本作"樂游原"。

又如,《憶匡一師》,標題校記曰:

"匡",蔣本、姜本、戊籤、席本、錢本、影宋抄、萬絕均作"住"。③

《李商隱詩集版本系統考略》一文言及汲古閣本之價值時即舉此

---

① 《樂府詩集》,中華善本再造,據中國國家圖書館藏宋刻本影印。另見,中國國家圖書館藏集慶路儒學元至正元年刻本,善本書號:10363。
② 《李商隱詩集版本系統考略》,第446頁。
③ 《李商隱詩歌集解·未編年詩·憶匡一師》,第2153頁。

爲例：

　　翻刻時力求保持宋代原刻面貌。故此本雖有若干他本均無之明顯誤字，然亦頗有他本所無之有價值異文，具有較高校勘價值。如卷中《憶匡一師》，影宋抄、錢校本、席本、蔣本、姜本、統籤、季抄、朱注本及《全唐詩》均誤作"住"，惟此本正作"匡"。證以《北夢瑣言》卷三第二十八、三十二條小注"王屋匡一上人細話之"，"八座事，得之王屋僧匡一"之文，當作"匡一"無疑。①

而朝鮮本卷九此詩題正作"憶匡一師"。由此可知今世並非"惟此本正作'匡'"，更存有朝鮮本以爲確證。

　　《過故府中武威公交城舊莊感事》"風飄大樹感熊羆"，校記曰：

　　"感"，蔣本、姜本、戊籤、悟抄、席本、朱本均作"撼"。【按】"撼熊羆"不可通，此後人臆改。②

劉師《李商隱詩集版本系統考略》一文言及汲古閣本之價值，亦曾舉此爲例。③而朝鮮本卷七正作此字。

　　其次，朝鮮本更有迥異衆本獨有之文字，可以兩存，以備參酌。甚至更有優勝於衆本之處。如上文所列：《戊辰會靜中出貽同志二十韻》"荆蕪既已薙"；《井泥四十韻》"山樽亦可開"；《李肱所遺畫松詩書兩紙得四十韻》"婀娜旋敷苹"；《李肱所遺畫松詩

----

① 《李商隱詩集版本系統考略》，第445—446頁。
② 《李商隱詩歌集解·編年詩·過故府中武威公交城舊莊感事》，第1505頁。
③ 《李商隱詩集版本系統考略》，第446頁。

書兩紙得四十韻》"昔聞咸陽帝,近說務山儂";《李肱所遺畫松詩書兩紙得四十韻》"終南與青郡";《無愁果有愁曲北齊歌》"無愁果有愁";《行次西郊作一百韻》"皇子棄衣乳";《行次西郊作一百韻》"挏須寋不顧";《井泥四十韻》"堯得舜可禪"等等。

再之,李商隱詩集十卷本今日唯有胡震亨輯本,然朝鮮本與胡震亨《唐音統籤》之《戊籤》本有大量相異之文字。不僅如此,朝鮮本與上述眾本均有大量相同相異之處,使得難以確知其與上述眾本有何版本淵源。其文字又有諸多與"一作"相同。如:

《行次西郊作一百韻》"挏須寋不顧",底本"挏須寋"三字原缺,下注一作"挏須寋",朝鮮本作"挏須寋不顧"。

《井泥四十韻》"下去冥寞穴",底本"冥"原作"寂",一作"冥",朝鮮本作"下去冥寞穴"。

《景陽宮井雙桐》"石羊不去誰相絆",底本"絆"一作"伴",朝鮮本作"石羊不去誰相伴"。

《安平公詩》"陳留阮家諸姓秀","姓"原作"侄",據蔣本及馮校改。朱本、季抄此句一作"璠璵並列諸姓秀",朝鮮本作"璠璵並列諸侄秀"。

《代貴公主》"明朝金井露",底本一作"含新",朝鮮本作"明朝含新露"。

如此可知其似不屬於"一個大的版本系統之下的四個次系統"。①其文本良莠兼呈,然一如劉先生對於汲古閣本之評價:"故此本雖有若干他本均無之明顯誤字,然亦頗有他本所無之有價值異文,具有較高校勘價值。"②此本對於李商隱詩歌文本之文獻、文學研究均有亟待發掘之可貴價值。

---

① 《李商隱詩集版本系統考略》,第448頁。
② 同上,第445—446頁。

附錄：朝鮮本《李商隱詩集》對勘表

朝鮮本《李商隱詩集》卷數	朝鮮本《李商隱詩集》題名	朝鮮本《李商隱詩集》	《李商隱詩歌集解》
卷一	無題三首之一（八歲偷照鏡）	無題三首	無題
		芙蓉作裙帶	芙蓉作裙衩
		背立秋千下（立一作背）	背面秋千下
	之二"近知名阿侯"		無題(不編年詩)
	戊辰會靜中出貽同志二十韻	舊璨玉琳華	蒨璨玉琳華
		倚笑扶桑春	笑倚扶桑春
		中迷鬼樂道	中迷鬼道樂
		荆蕪既已薙	荆蕪既以薙
		丹壑永無因	舟壑永無湮
	宮中曲	非夜蒼龍是	昨夜蒼龍是
	和鄭愚贈汝陽王孫家箏妓二十韻	孤耿長幽寂	孤猿耿幽寂
		長豹壓河心	長矴壓河心
	李肱所遺畫松詩書兩紙得四十韻	百草已涼露	萬草已涼露
		婀娜旋敷苹	婀娜旋甹苹
		近説務山儂	近説稽山儂
		或著佳人號	或著仙人號
		終南與青郡	終南與清都
		顧昒擇所從	顧盼擇所從
		憶昔謝四騎	憶昔謝駟騎
		學仙王陽東	學仙玉陽東
	房中曲	但見家羅壁	但見蒙羅碧

· 486 ·

續表

朝鮮本《李商隱詩集》卷數	朝鮮本《李商隱詩集》題名	朝鮮本《李商隱詩集》	《李商隱詩歌集解》
卷一	戲題樞言草閣三十二韻	觿政籌畫簡	政靜籌畫簡
		歸掠走馬路,整頓射雉翳	掃掠走馬路,整頓射雉翳
		歌冠調玉琴	欹冠調玉琴
		翻憂龍山雷	翻憂龍山雪
		頓直聲淒淒	項直聲淒淒
	驕兒詩	文葆未周晬	文葆未周晬
		前朝尚器貌	前朝尚氣貌
		青春好和月	青春妍和月
		仰鞭骨珠網	仰鞭冑蛛網
		俯首飲花密	俯首飲花蜜
		掩待多反倒	抱持多反倒
		西躬牽窗網	曲躬牽窗網
		憔悴欲四十	顦顇欲四十
		不暇更纖悉	不假更纖悉
		將養如探疾	將養如痼疾
		攫雛入虎窟	探雛入虎窟
		勿守一經說	勿守一經帙
	行次西郊作一百韻	蛇年建午月	蛇年建丑月
		草木半舒坼	草木半舒坼
		又無夏苦熱	又若夏苦熱
		高田長櫬櫪	高田長櫄櫪
		皇子棄衣乳	皇子棄不乳
		皇都二千里	皇都三千里
		暖玉回蒼旻	暖熱回蒼旻
		公卿辱嘲叱	公卿辱嘲叱

續表

朝鮮本《李商隱詩集》卷數	朝鮮本《李商隱詩集》題名	朝鮮本《李商隱詩集》	《李商隱詩歌集解》
卷一	行次西郊作一百韻	彩斾轉初旭	彩斾轉初旭
		捋須寨	捋須寨
		行人攉行資	行人榷行資
		存者尚近延	存者尚遷延
		不敢扶其根	不敢抉其根
		城社更扳緣	城社更攀緣
		但未死山間	但欲死山間
		官健腰佩刀	官健腰佩弓
		郿塢抵陳倉	郿塢抵陳倉
		此地立黄昏	此地忌黄昏
		我聽此言真	我聽此言罷
		慎勿忽此道	慎勿道此言
	井泥四十韻	出土與翻泥	輂出土與泥
		宅日井甃畢	他日井甃畢
		用工益作堤	用土益作堤
		下去冥寞穴	下去冥寞穴（"冥"原作"寂"，一作"冥"，據蔣本、姜本、戊簽、錢本、影宋抄、悟抄、席本改。）
		寄詞別地脈	寄辭別地脈
		晚落花滿地	晚落花滿池
		山樽亦可開	山尊亦可開
		堯得舜可禪	喜得舜可禪
		其父呼怫哉	其父籲怫哉
		不獨帝王耳	不獨帝王爾
		有自瓊珠兒	有自賣珠兒
	效李長吉	效李長吉	效長吉

續表

朝鮮本《李商隱詩集》卷數	朝鮮本《李商隱詩集》題名	朝鮮本《李商隱詩集》	《李商隱詩歌集解》
卷一	代貴公子	代貴公子	代貴公主（原無"主"字，據蔣本、姜本、悟抄、席本、影宋抄、錢本、朱本補。戊籤無"貴"字，題作"代公主答"，似較"代貴公主"爲優。）
		明朝含新露	明朝金井露
卷二	無題	無題	無題四首之一
	日高	"縻"字空缺	鍍鐶故錦縻輕拖
		玉符不動使門鎖	玉笯不動便門鎖
		欄藥日高紅影我	蘭藥日高紅髮鬖
		飛香上雲春訴天	飛香上雲春訴哀
	湖中曲	湖中曲	河内詩二首之二《湖中》
		輕身奉君畏身輕	傾身奉君畏身輕
		此曲斷腸唯此聲	此曲斷腸唯此聲（"此（聲）"原作"北"（一作此），據蔣本、姜本、戊籤、悟抄、《樂府詩集》改。）
	無愁果有愁曲	無愁果有愁曲	無愁果有愁曲北齊歌
	燒香曲	細雲蟠蟠牙比魚	細雲蟠蟠牙比魚
		章宮舊樣博山鑪	漳宮舊樣博山鑪
		楚妃捧笑開芙蕖	楚嬌捧笑開芙蕖
		八蠶蠻錦小分炷	八蠶繭縣小分炷
		玉珮珂光銅照昏	玉珮呵光銅照昏
	樓上曲	樓上曲	河内詩二首之一，樓上
		八桂林邊九枝草	八桂林邊九芝草
	李夫人歌	李夫人歌	李夫人三首其三
		柔腸早被秋波割	柔腸早被秋眸割
		清澄有餘幽棄香	清澄有餘幽素香
		鰥魚渴風真珠房	鰥魚渴鳳真珠房

489

續表

朝鮮本《李商隱詩集》卷數	朝鮮本《李商隱詩集》題名	朝鮮本《李商隱詩集》	《李商隱詩歌集解》
卷二	李夫人歌	黃河欲盡天蒼黃	黃河欲盡天蒼蒼（"蒼蒼"原作"蒼黃"，一作"蒼蒼"，據蔣本、姜本、戊簽、朱本改。）
	韓碑	彼何人斯軒與羲	彼何人哉軒與羲
		帝得聖相曰裴度	帝得聖相相曰度
		篇末有小注：《晏子春秋》仲尼聖相	無
	海上謠	玉兔秋冷煙	玉兔秋冷咽
		雩孫帖帖卧秋煙	雲孫帖帖卧秋煙
	燕台詩四首之春	冶葉倡條徧相識	冶葉倡條徧相識
		絮亂花繁天亦迷	絮亂絲繁天亦迷
	燕台詩四首之夏	夜半行廊空柘彈	夜半行郎空柘彈
		輕帷翠幕波滿旋	輕帷翠幕波淵旋
		夜夜瘴花開木棉	幾夜瘴花開木棉
		安得薄霧起繡裙	安得薄霧起絧裙
	燕台詩四首之秋	月浪衝天天宇濕	月浪衡天天宇濕（"衡"原作"沖"，據蔣本、戊簽、錢本、影宋抄改。）
		不見長河水深淺	不見長河水清淺
	燕台詩四首之冬	雌鳳飛飛女龍寡	雌鳳孤飛女龍寡
		月娥未必嬋娟死	月娥未必嬋娟子
		空城罷舞腰肢在	空城舞罷腰支在
		詩尾有小注：雌當作雄	無
	七月二十八日夜與王鄭二秀才聽雨後夢作	有個仙人指我扇	有個仙人拍我肩

附論・朝鮮本《李商隱詩集》考論

續表

朝鮮本《李商隱詩集》卷數	朝鮮本《李商隱詩集》題名	朝鮮本《李商隱詩集》	《李商隱詩歌集解》
卷二	景陽宮井雙桐	今日系紅櫻	今日繁紅櫻（"繁"原作"系"，一作繁，非，據蔣本、戊簽、錢本、影宋抄、席本、朱本改。"櫻"原一作"桃"，朱本、季抄同。）
		石羊不去誰相伴	石羊不去誰相絆（"絆"原一作"伴"，朱本、季抄同。）
	偶成轉韻七十二句贈四同舍	詰旦九門傳奏章	詰旦天門傳奏章（"天"原作"九"，一作"元"，蔣本、姜本、戊簽作"元"，皆非。悟抄作"轅"，亦非。據馮校改，詳注。）
		紅魚食鉤猿失群	鯉魚食鉤猿失群（"鯉"原作"紅"，據蔣本、姜本、戊簽、悟抄、席本、影宋抄、朱本改。）
		玉骨疾來無一把	玉骨瘦來無一把
		平明赤怡使修表	平明赤帖使修表
		何生謝舅當世才	何甥謝舅當世才
		往來筆力如牛弩	狂來筆力如牛弩
	安平公詩	詩題注：故贈尚書韓氏	故贈尚書諱氏
		仲子延嶽年十六	仲子延嶽年十六（"延"原一作"廷"，朱本、季抄同。）
		其弟炳章猶西非	其弟炳章猶兩卯
		璠璵並列諸侄秀	陳留阮家諸姓秀（"姓"原作"侄"，據蔣本及馮校改。參注。朱本、季抄此句一作"璠璵並列諸姓秀"。）
		擊觸鐘磬鳴環珂	擊觸鐘磬鳴環珂
		遣我草檄隨車牙	遣我草奏隨車牙
		籲嗟大賢苦不壽	嗚呼大賢苦不壽
		明年徒夢吊京國	明年徒步吊京國
	射魚曲	繡領蠻渠三虎力	繡額蠻渠三虎力

· 491 ·

续表

朝鲜本《李商隱詩集》卷數	朝鲜本《李商隱詩集》題名	朝鲜本《李商隱詩集》	《李商隱詩歌集解》
卷二	河陽詩	黃龍搖溶天上來	黃河搖溶天上來
		漢陵走馬沙塵起	漢陵走馬黃塵起
		巴西夜市紅守宮	巴陵夜市紅守宮
		側近嫣紅伴素綠	側近嫣紅伴柔綠
	重過聖女祠	憶向天涯間紫	憶向天階間紫芝

綜　述

本課題選擇南北宋四位作者，多方尋得中國大陸、中國臺灣及日本三地圖書館六十一種善本古籍全本、原版文獻，使用百幅圖版，運用文獻學方法，羅列衆本，逐卷、逐篇、逐字予以詳細校讎。更旁證諸多歷史典籍、文獻目錄、學術專著，力求最爲切要，實證以明和刻本之淵源、今日所存各家所有重要文本之優劣。或有寸知，綜以述之。

和刻乃漢籍原本之翻刻，漢籍爲其母本，不知本則無以知末。上溯漢籍之原本，方能下探和刻之源流，故概分爲二。

一、漢籍之綜述

1. 林逋

（1）與殘宋本《和靖先生詩集》最爲密切相關之史料乃黃翼跋語，即在中國國家圖書館所藏殘宋本卷末。然正統刊《重編西湖林和靖先生詩集》卷末亦有之，今可知此乃後人模仿殘宋本而僞造。其他諸本如正德本等均無此跋語。

（2）正統本作爲明代最早之林逋文集刊本，其底本乃"舊書一帙"，實則延續宋本而來。今可知，正統本與殘宋本文字最多相同之處，優於正德本。唯刊刻過於粗糙、讎校疏於謹嚴，全本誤漏處較多。

（3）和刻本與殘宋本亦多有相同，尤其兩卷樣式爲林逋文集最古之版式。再之，和刻本又自有其獨特文字，各本中唯萬曆本與之相同。綜括衆本，今可知林逋文集概爲兩種版本系統：一者爲殘宋本系統，至明代漸次衍化爲正統本、正德本；二者爲和刻本系統，至明代漸次衍化爲萬曆本系統。

（4）《四部叢刊初編》本《林和靖先生詩集》歷來衆論以爲翻雕正德本而來。然而，今可確知，其與正德本相較，兩者差異甚夥。究其原因，實則所據正德刻本過於殘破，以致此翻雕本缺損衆多。翻雕者亦難覓林逋其他諸本予以訂補。而之後之"和靖先生補"亦於正統本、正德本、萬曆本、康熙本均未得寓目，故而所補有限，亦多誤植。正德本已非善本，《四部叢刊初編》本又是如此翻刻，可知此本於《四部叢刊》中殊非善本。

2. 王安石

（1）今可見王安石詩歌李壁注之全部宋刻文本，一者幸存於臺北故宮博物院十七卷宋刻本，二者幸存於汪東整理《王荆文公詩箋注》之三十五、三十六兩卷整理本。

（2）王安石詩歌劉辰翁箋注本中最早爲大德五年本，世人歷來以爲大德十年毋逢辰本由此翻刻而來。然將中國國家圖書館所藏大德五年本與今世唯一幸存於日本宮內廳書陵部之毋逢辰本相對比，今可知前者每半葉 10 行行 19 字，後者每半葉 11 行行 21 字，兩者版式迥異，毋逢辰本並非簡單翻刻大德五年本。亦由此糾正半葉 11 行行 21 字之清代著名清綺齋本並非"版式與大德五年本同"，實則乃翻刻毋逢辰大德十年本而來。

綜 述

（3）南宋紹興十年知州詹大和臨川刻本，爲今日可知最早雕版之王安石文集百卷本，然此本早已散佚。葉德輝以爲唯嘉靖二十五年應雲鸑刻本爲其翻刻本，何遷本乃翻刻自應雲鸑本，此論影響至今儼爲定論，衆多學者廣引爲據。後亦有學者新證詹大和本當爲一百八十卷，何遷本承續於王珏杭州刻本。今可知，葉德輝所論應雲鸑本有誤，此本非傳承自詹大和刻本，實與元危素校本關係最爲密切。應雲鸑刻本與何遷本版式迥異，詹大和本爲一百八十卷之新論亦難以確證。今存各本可確知唯嘉靖三十九年何遷本乃最近於詹大和刻本之傳承本，由此得以略窺此最古刻本久已失傳之樣貌。

（4）王安石文集元刻本久已失傳，歷來史籍亦罕有記載，唯吴澄所撰《臨川王文公集序》略論危素曾增補校訂以爲新本。今可知，現存嘉靖十三年安正堂本、嘉靖二十五年應雲鸑本卷首均存有吴澄序文。安正堂本國内外甚爲罕見，日本内閣文庫所藏六十三卷本歷來以爲明初刊本，實則即安正堂本。對此二本詳加研討可知，安正堂本雖疏漏衆多，但應雲鸑卻對其尤爲珍視。一者採用極爲難得之"影刻"方式力求保存安正堂本原真樣貌。二者全面訂補其疏漏之處，同時又通過各種湊版方式努力遵循安正堂本原有排版樣式。而安正堂本一向以"寫刻精良"見重於學人，尤其"元人風味"足可以假亂真。爲保存彌足珍貴之危素元刊本，遂不顧殘損原樣雕版。實乃明坊刻本之翹楚，遠非流俗可比。應雲鸑正有鑒於此，影刻之、修繕之，以望促成完璧。王安石文集元刻風貌亦正由此得以不絕如縷略窺於今。

（5）朝鮮活字本王安石詩歌李壁注爲近來宋代文獻少有之重要新發現，然限於歷史資料之匱乏，對其版本淵源、流傳樣態，殊乏所知。今可知，其版本來源自元大德五年本相同之底本。而此底本之樣態頗爲特殊，經歷多次修訂。李壁注本由兩部分組成，一者正文，一者注文。正文之王安石詩歌明確無變。唯李壁注文，變化不斷，使此文本長期處於未確定之"半成品"狀態。"補注"樣式多達十餘種，其複雜性爲歷來流傳之宋版宋人作家文集所罕見。其初次開雕當始於南宋寧宗嘉定七年（1214）左右，其間經過多次雕版訂補工作，書成衆手，歷時十六載，至南宋理宗紹定三年（庚寅，1230）再集中以"庚寅增注"形式大量訂補。然"庚寅增注"之後，又有少量補注，如卷二十八。其訂補時間已延續至紹定三年之後。作者於注文反復增補，雕版者亦隨之不斷修訂，朝鮮活字本之排印者更不厭其煩，竭力摹勒原版樣貌。三者不懈努力精益求精，充分詮釋文化之固守與傳承。

3. 陳師道

（1）今可知，文集本與詩注本所據底本差異甚大，詩注本並非僅爲文集本重新編排之刪節本，當有不同之底本來源。除卻今日可見宋本《後山居士文集》《後山詩注》，陳師道文集於宋代更有其他今日不知之版刻流傳。詩注本之編撰時間應晚於文集本。

（2）詩注本發展至明代版本狀況較爲複雜。首先，明代詩注本與宋、元詩注本一脈相承，乃以之爲底本發展而來。其次，明代詩注本並非完全翻刻宋、元本，而是有諸多相異之處。經過文字勘對可知，這些相異文字，有些承續自文集本。明代最早之詩注本弘治袁宏本，參酌衆本以成，然疏漏亦多，之後嘉靖梅南本等均承緒而來。梅南本與袁宏本高度相似，當爲其翻刻本。然兩者亦有細微之差異。經仔細核對，可知《四庫全書》本所用底本當爲嘉靖梅南本而非弘治袁宏本。因其依據明本而非宋、元本，由此誤植過多，可謂數不勝數。中華書局版《後山詩注補箋》，囿於彼時之條件，選擇武英殿本爲底本殊爲憾然。之後冒懷辛對此補注，得時便利以衆多善本予以校勘，然亦多疏誤。

4. 嚴羽

（1）正德十二年本《滄浪嚴先生吟卷》三卷詩歌編排與元刻本完全相同，唯版式略異。胡璉所獲底本當爲與元刻本相仿之善本，無奈編校之人過於疏草且學殖淺薄。無論於詩歌之排版，亦或於文字之校勘，此本均體現出典型明代坊刻之特徵。最爲顯著之處即在於，肆意妄爲以致不惜造假作僞，原本珍貴之版本痕跡被塗抹殆盡。

（2）正德十五年本《滄浪先生吟卷》將三卷本改編爲兩卷本，一卷爲詩話理論，一卷爲詩歌創作，至此《吟卷》始有兩卷之版式爲後世所模仿。其他方面則忠實於元本，文本亦少有誤植，多與元本相同，可謂明代諸本之善本。

（3）嘉靖十年《滄浪先生吟卷》兩卷本，無論是雕版樣式，還是詩歌編排，甚至字體風格，均與正德十五年本高度相似，實爲彭城清省堂直接依照原樣重刊而來。所謂"大字精槧，嘉靖間刻本之上乘也"，顯爲過譽。

（4）今細覽天津圖書館藏《邵武徐氏叢書初刻十五種》之《樵川二家詩》收錄鄧原岳序文可知，萬曆年間鄧原岳確曾刊有嚴羽詩集，並與《詩話》一同付梓行世。然此序乃爲《滄浪詩話》所作。《宋集序跋彙編》誤爲《吟卷》之作。

（5）今細覽《邵武徐氏叢書初刻十五種》之《樵川二家詩》收錄何望海序文可知，天啓五年曾刊有林逋文集。然何望海並未親睹元刻本，此集又主要由"綏安吳兆聖同予友李玄玄"親力而爲。此集迥異舊本，完全打亂原有序列共有五卷，《滄浪詩集》四卷《滄浪詩話》一卷。其任意挦撦排序，隨意撕裂文本，與明代書賈肆意妄爲之劣習如出一轍。

（6）今可知不明來歷之鮑廷博校勘明本《滄浪集》四卷，其文本乃據正德十二年而來，然疏於編校與雕版，文本訛漏多誤。其版式又抄襲天啓本爲四卷。落款署名"夏大夏重校、明林古度校"本，乃書賈胡亂編造而來。故此本當爲書賈牟利私自翻刻以成。

二、和刻之綜述

1. 刊印方式

日本和版書籍大量使用活字是其刊印方式一大特點，然於漢籍之和刻，活字運用較少。《和刻本漢籍分類目録》(增補補正版)以及《中國館藏和刻本漢籍書目》所録宋人文集一百九十一版中，僅有二十三種使用活字，其中銅活字兩種。活字經濟便利，於通行讀本最爲契合。然漢籍之和刻本中絕大多數依舊如其原本採用雕版印製。如此耗資勞神，於資源匱乏之日本尤爲煩難。由此正可見日本人民對於漢籍之熱愛與尊重，以及凡事精益求精黽勉以爲之精神。

2. 底本來歷

和刻本所用漢籍乃各種途徑遠道舶來，故而時常不知底本出處，此有別於國内漢籍本土流傳之淵源有自。對此，見多識廣之長澤規矩也亦多不知其詳。如《和靖先生詩集》卷首僅有常見之梅堯臣序，卷末僅有出版者牌記，其他未有任何版本信息。《嚴滄浪先生詩集》雖然卷首尾有龍公美、島山輔世、河合孝衡師徒三人序跋可知編校經過，然於底本出處無任何記載。《王荆公絶句》卷首有松崎復題序，亦如《嚴滄浪先生詩集》於底本未及一詞。《梅花百詠》僅於卷尾録有收藏者熊谷立閑短跋以及出版者牌記，並未言及編校者與底本。除典籍本身多無版本信息，更於各類史料中亦難覓其蹤影。

3. 版本選擇

和刻本轉相翻雕，難有宋元珍本之可貴。唯其所據之底本

綜 述

乃其本土所存之漢籍，隨時間之遷延、世事之變幻，某些已爲中國失傳日本特有之珍本。甚者，傳至今日，即於日本也已失傳。唯於和刻本，輾轉以呈其難得之吉光片羽。如：《和靖先生詩集》，今唯存中國國家圖書館所藏之殘宋本上卷。而和刻本文字、版式與今存殘宋本最爲近似。尤爲珍貴處，今世唯此本完整保存上下兩卷最爲古老之宋版樣貌。《嚴滄浪先生詩集》，今僅存一元本珍藏於臺北故宫博物院。而於今世衆本中唯和刻本文字最近於元本。尤爲難能可貴，自元本始，歷代各本均缺《送主簿兄之德化任》《寄贈張南卿兼答文篇之覬時張南卿在鄱陽》《惜别行》三詩。唯此和刻本完整保存至今。《王荆公絶句》九卷，以杭州本王安石文集爲主體，多方採擷各類珍稀善本如龍舒本、元大德本、活字本等詳加勘對，廣泛考證以求最佳文字以成最佳善本。其中更有一些獨有文字，體現出特有之版本來源，可資校勘。再就今日日本所存漢籍而言，《林和靖先生詩集》唯有明正德本四卷一種。①嚴羽詩集最早版本也僅爲正德十五年兩卷本《滄浪先生吟卷》。由此愈發映現出和刻本背後宋元珍本之輝光。

當然，和刻本普及通用之特性亦決定其多爲普通版。如《后山詩註》僅依據明代袁宏本而未再廣徵善本，《淮海集鈔》《楊誠齋詩鈔》《秋崖詩鈔》均據吴之振《宋詩鈔》而刊行，《茶山集》爲武英殿聚珍本，《所南翁一百二十圖詩集》爲《知不足齋叢書》本等等，均是如此。

4. 版式風格

和刻本乃日本學者與書肆親力親爲之成果，其精益求精之傳統體現於雕版亦是如此。和刻本無論版本之優劣，多能著意於版式之雕琢、傾力於刀法之精工。版式精美。如京都茨木多

---

① 《日藏漢籍善本書録·集部·别集類》，第1495頁，第1581頁。

左衛門刊刻《后山詩註》半葉九行行十七字（改八行行十六字），模仿顔體雕版，端方厚重。版式疏朗寬闊，賞心悦目。與蜀大字本《蘇文忠公文集》相仿佛，遠勝宋、元詩注本，堪比於宋刻文集本柳體之俏勁。京都好文軒秋田屋伊兵衛尤擅書法雕版，《嚴滄浪先生詩集》前後龍公美、島山輔世、河合孝衡師徒三人之序文均模擬各自手書風格上版。尤其是卷首著名草書家龍公美之序文，以其手書雕版，金鈎銀劃，惟妙惟肖。好文軒更付梓龍公美諸體法帖多種：《唐詩五絶帖》（草書石刻）、《唐詩七絶帖》（行書石刻）、《蒙求標題》（楷書石刻），愈發可見其刀法之精良由來已久。

《王荆公絶句》以渾厚之顔體雕版，版式上選擇半葉七行行十五字，字體尤顯寬大，由是版式明暢疏朗、潔淨洗練。此種版式，今存各種王安石版本中唯珍藏於臺灣故宫博物院之十七卷殘宋本《王荆文公詩李壁注》同之。亦是所有今存王安石版本中行數、字數最少、最爲疏朗闊大之版式，可見和刻本編校者之良苦用心。秦觀《梅花百詠》亦是半葉九行行十五字，疏朗之版面配以厚重之顔體，宋本樣貌栩栩如生。和刻本常以此不惜工本之代價，精益求精以爲斯文之道。

偶有不如意者，如《和靖先生詩集》之鏤版，形體狹窄、筆畫疏略，以致時常缺筆少劃，難以識讀。此類於和刻本中甚爲罕見。《林和靖先生詩集》乃京都柳枝軒茨木多左衛門刊印於貞享三年（1686）三月。如上文所言刀法精美之《后山詩註》同樣亦爲茨木多左衛門刊行於元禄三年（1690）正月，兩者相差僅四年時間。可見柳枝軒並非雕版技藝如此拙劣，《和靖先生詩集》之特例或有其不得已之因緣。

5. 編校特色

日本傳承漢學由來已久，誕生諸多漢學名家。由其校讎文本更與書肆通力合作，亦產生衆多和刻佳作。如，《王荆公絶句》九卷由名儒松崎復撰序，江户著名詩人館機柳灣編校，書肆奇才英遵發願以成。廣選各類珍本，寓校於編，以成最佳善本。《嚴滄浪先生詩集》上下兩卷則由一代名儒草書大家龍公美與其門弟子鳥山輔世（長民）共同喜愛而欲付梓以行，遂共同加以校勘。最後再同門由河合孝衡共同編撰以成。

綜之，漢籍和刻本優劣並存、瑕不掩瑜。以其日本民族特有之方式傳承漢族文化、保存經典漢籍。撥去普及通俗之陳見，深入其中細緻雠校、逐字對勘，亦可見諸多嘉構彌足珍貴有功翰苑。然今日往往難以勞神於此，以致當今衆多古籍整理本未曾充分發現、利用和刻本之文獻價值，尤多憾然。

參考文獻

一、傳統典籍(以著者時代早晚爲序)

林逋文集類

1.《和靖先生詩集》:殘宋本,中國國家圖書館藏,善本書號07019。

2.《重編西湖林和靖先生詩集》:明正統癸亥(八年,1443),中國國家圖書館藏,善本書號CBM1636。

3.《宋林和靖先生詩集》:明正德丁丑(十二年,1517),中國國家圖書館藏,善本書號02131。

4.《宋林和靖先生詩集》:明正德丁丑(十二年,1517),中國國家圖書館藏,善本書號12231。

5.《林和靖先生詩集》:《四部叢刊初編》本,據明正德翻刻本影印。

6.《宋林和靖先生詩集》(三册):明萬曆癸丑(四十一年,1613),中國國家圖書館藏,善本書號16156。

7.《宋林和靖先生詩集》(兩册):明萬曆癸丑(四十一年,

1613),中國國家圖書館藏,善本書號07020。

8.《林和靖先生詩集》(兩册),清康熙戊子(四十七年,1708),中國國家圖書館藏,善本書號14865。

9.《林和靖先生詩集》:清古香樓本,中國國家圖書館藏,善本書號00323。

10.《和靖先生詩集》:日本貞享三年(1686)三月,京都柳枝軒茨木多左衛門刊本。

王安石文集類

11.《臨川先生文集》:宋紹興辛未(二十一年,1151),中國國家圖書館藏,善本書號03575。

12.《臨川先生文集》:宋紹興辛未(二十一年,1151),中國國家圖書館藏,善本書號08721。

13.《臨川先生文集》:宋紹興辛未(二十一年,1151),中國國家圖書館藏,善本書號07666。

14.《臨川先生文集》:宋紹興辛未(二十一年,1151),中國國家圖書館藏,善本書號07667。

15.《臨川先生文集》:宋紹興辛未(二十一年,1151),中國國家圖書館藏,善本書號A01031。

16.《王文公文集》:宋龍舒本,日本宮内廳書陵部圖書寮文庫藏。

17.《臨川王先生荆公文集》:明嘉靖甲午(十三年,1534),日本内閣文庫藏,番號3445。

18.《臨川王先生荆公文集》:明嘉靖丙午(二十五年,1546),中國國家圖書館藏,善本書號09871。

19.《臨川王先生荆公文集》:明嘉靖丙午(二十五年,1546),中國國家圖書館藏,善本書號13662。

20.《臨川王先生荊公文集》：明嘉靖丙午（二十五年，1546），日本內閣文庫藏，番號11731。

21.《臨川王先生荊公文集》：明嘉靖丙午（二十五年，1546），臺灣"故宫博物院"藏，統一編號故善013738—013777。

22.《臨川先生文集》：明嘉靖庚申（三十九年，1560），中國國家圖書館藏，善本書號02084。

23.《臨川先生文集》：明嘉靖庚申（三十九年，1560），中國國家圖書館藏，善本書號03247。

24.《臨川先生文集》：明嘉靖庚申（三十九年，1560），中國國家圖書館藏，善本書號05044。

25.《臨川先生文集》：明嘉靖庚申（三十九年，1560），中國國家圖書館藏，善本書號17277。

26.《臨川先生文集》：明嘉靖庚申（三十九年，1560），《四部叢刊》初編影印本。

27.《臨川先生文集》：明嘉靖庚申（三十九年，1560），美國國會圖書館藏本。

28.《王荊文公詩李壁注》：殘宋本，臺灣"故宫博物院"藏，統一編號贈善022416—022421。

29.《王荊文公詩箋注》：元大德辛丑（五年，1301），中國國家圖書館藏，善本書號12378。

30.《王荊文公詩箋注》：清乾隆庚申—辛酉（五—六年，1740—1741），清綺齋本，中國國家圖書館藏，善本書號19421。

31.《王荊公絶句》：館機（柳灣）點，日本天保四年（1833），江户萬笈閣刊本。

二蘇文集類

32.《蘇文忠公文集》：宋本，北京大學圖書館藏，編號8282。

33.《蘇文忠公文集》:宋本,臺灣"國家圖書館"藏,編號000518673。

34.《蘇文定公文集》:宋本,臺灣"國家圖書館"藏,編號000518740。

35.《蘇文定公文集》:宋本,臺灣故宮博物院,編號013074—013089。

陳師道文集類

36.《後山居士文集》:宋本,中國國家圖書館藏,善本書號11456。

37.《後山詩注》:宋本,中國國家圖書館藏。

38.《后山詩注》:元本,中國國家圖書館藏,善本書號01069。

39.《后山詩注》:元本,日本内閣文庫藏,編號10236。

40.《后山詩註》:日本元禄三年(1690)正月,京都茨木多左衛門刊本。

嚴羽文集類

41.《滄浪嚴先生吟卷》:元本,臺灣"國家圖書館"藏,書號10660。

42.《滄浪嚴先生吟卷》:明正德丁丑(十二年,1517),中國國家圖書館藏,善本書號09070。

43.《滄浪嚴先生吟卷》:明正德丁丑(十二年,1517),中國國家圖書館藏,善本書號07082。

44.《滄浪先生吟卷》:明正德庚辰(十五年,1520),中國國家圖書館藏,善本書號05297。

45.《滄浪先生吟卷》:明嘉靖辛卯(十年,1531),中國國家圖書館藏,善本書號A00612。

46.《滄浪先生吟卷》:明抄本,中國國家圖書館藏,善本書號08489。

47.《滄浪集》:明本,清鮑廷博校勘,中國國家圖書館藏,善本書號10327。

48.《樵川二家詩》:光緒辛巳(七年,1881),天津圖書館藏《邵武徐氏叢書初刻十五種》八十六卷,第十八冊。

49.《嚴滄浪先生吟卷(舊抄本)》:民國五年(1916)《適園叢書》本。

50.《嚴滄浪先生詩集》:日本安永五年(1776),京都好文軒秋田屋伊兵衛刊本。

《臨安志》類

51.《淳祐臨安志》:施諤撰,上海圖書館藏錢泰吉題跋鈔本。

52.《淳祐臨安志》:施諤撰,《武林掌故叢編》第四集,《淳祐臨安志六卷》,光緒七年(1881)小春錢塘丁氏校刊。

53.《咸淳臨安志》:潛說友撰,中國國家圖書館藏宋刊補寫本。

54.《咸淳臨安志》:潛說友撰,南京圖書館藏宋刊補寫本。

55.《咸淳臨安志》:潛說友撰,日本靜嘉堂文庫藏宋刊補寫本。

56.《咸淳臨安志》:潛說友撰,東京大學東洋文化研究所藏宋刊殘本。

其他類

57.《李商隱詩集》,中國國家圖書館藏朝鮮刻本,善本書號 10234。

58.《見素集》：林俊撰，萬曆乙酉（十三年，1585），中國國家圖書館藏，善本書號 09108。

59.《吳興備志》：董斯張撰，清康熙鈔本。

60.《藝芸精舍宋元本書目》：汪士鍾撰，潘祖蔭輯《滂喜齋叢書》本，光緒、同治間吳縣潘氏刊本。

61.《悔庵學文》：嚴元照撰，陸心源輯《湖州叢書》本，湖城義塾刻本。

二、傳統典籍現代整理本（以首字拼音爲序）

1.《抱經堂文集》，盧文弨撰，王文錦點校，北京：中華書局1990年版。

2.《蠶尾續文集》：王士禛撰，宮曉衛等點校，濟南：齊魯書社 2007 年版。

3.《藏園訂補邵亭知見傳本書目》：莫友芝撰，傅增湘訂補，傅熹年整理，北京：中華書局 2009 年版。

4.《藏園群書經眼錄》：傅增湘撰，北京：中華書局 1983 年版。

5.《藏園群書題記》：傅增湘撰，上海：上海古籍出版社 1989 年版。

6.《楚辭補注》：洪興祖撰，白化文等點校，北京：中華書局 1983 年版。

7.《叢書集成續編》：上海書店編纂，上海：上海書店 1994 年版。

8.《東里文集》：楊士奇撰，劉伯涵、朱海點校，北京：中華書局 1998 年版。

9.《爾雅注疏》：十三經注疏清嘉慶刊本，北京：中華書局2009年版。

10.《顧千里集》：顧廣圻撰，王欣夫輯，北京：中華書局2007年版。

11.《杭世駿集·道古堂文集》：杭世駿著，蔡錦芳、唐宸點校，杭州：浙江古籍出版社2015年版。

12.《林和靖詩集》：邵裴子整理，北京：商务印书馆1938年版。

13.《林和靖集》：沈幼徵校注，杭州：浙江古籍出版社2012年版。

14.《林逋詩全集》（彙校彙注彙評）：王玉超校注，武漢：崇文書局2018年版。

15.《和刻本漢詩集成》第十一輯《宋詩篇》第一輯：東京汲古書院發行，古典研究會出版，1975年11月發行。

16.《和刻本漢詩集成》第十二輯《宋詩篇》第二輯：東京汲古書院發行，古典研究會出版，1975年11月。

17.《和刻本漢詩集成》第十三輯《宋詩篇》第三輯：東京汲古書院發行，古典研究會出版，1975年11月。

18.《和刻本漢詩集成》第十四輯《宋詩篇》第四輯：東京汲古書院發行，古典研究會出版，1975年12月。

19.《和刻本漢詩集成》第十五輯《宋詩篇》第五輯：東京汲古書院發行，古典研究會出版，1976年2月發行。

20.《和刻本漢詩集成》第十六輯《宋詩篇》第六輯：東京汲古書院發行，古典研究會出版，1976年3月發行。

21.《後山詩注補箋》：陳師道撰，任淵注，冒廣生補箋，冒懷辛整理，北京：中華書局1995年版。

22.《黃庭堅和江西詩派資料彙編》卷下，傅璇琮編，北京：

中華書局1978年版。

23.《黃庭堅詩集注》：黃庭堅撰，任淵、史容、史季溫注，劉尚榮點校，北京：中華書局2003年版。

24.《江蘇省太倉州志》：《中國方志叢書·華中地區》本，王祖畬等撰，臺北：成文出版社有限公司1975年版。據民國八年(1919)刊本影印。

25.《郡齋讀書志校證》：晁公武撰，孫猛校證，上海：上海古籍出版社1990年版。

26.《隆平集校證》：王瑞來校證，北京：中華書局2012年版。

27.《夢粱錄新校注》：闕海娟校注，成都：巴蜀書社2015年版。

28.《繆荃孫全集·目錄》：繆荃孫撰，張廷銀、朱玉麒主編，南京：鳳凰出版社2013年版。

29.《繆荃孫全集·詩文》：繆荃孫撰，張廷銀、朱玉麒主編，南京：鳳凰出版社2014年版。

30.《民國叢書·明代版本圖錄初編》：潘承弼、顧廷龍撰，上海：上海書店1989年版。

31.《閩中理學淵源考》：李清馥撰，徐公喜點校，南京：鳳凰出版社2011年版。

32.《明詩綜》：朱彝尊選編，北京：中華書局2007年版。

33.《明史》：張廷玉等撰，中華書局編輯部點校，北京：中華書局1974年版。

34.《木樨軒藏書題記及書錄》：李盛鐸撰，北京：北京大學出版社1983年。

35.《能改齋漫錄》：《全宋筆記》本，吳曾撰，劉宇整理，鄭州：大象出版社2012年版。

36.《能改齋漫錄》：吳曾撰，上海：上海古籍出版社1960

年版。

37.《歐陽修詩文集校箋》：歐陽修撰，洪本健校箋，上海：上海古籍出版社2009年版。

38.《曝書亭集》：朱彝尊撰，《四部叢刊初編》本。

39.《曝書亭序跋》，朱彝尊撰，上海：上海古籍出版社2010年版。

40.《七修類稿》：郎瑛撰，上海：上海書店出版社2009年版。

41.《清人書目題跋叢刊二·善本書室藏書志》：丁丙撰，北京：中華書局1990年版。

42.《清人書目題跋叢刊二·儀顧堂題跋》：陸心源撰，北京：中華書局1990年版。

43.《清人書目題跋叢刊三·鐵琴銅劍樓藏書目錄》：瞿鏞撰，北京：中華書局1990年版。

44.《清人書目題跋叢刊三·楹書隅錄》：楊紹和撰，北京：中華書局1990年版。

45.《清人書目題跋叢刊六·黃丕烈書目題跋·蕘圃藏書題識》：黃丕烈撰，北京：中華書局1993年版。

46.《清人書目題跋叢刊十·天禄琳琅書目》：于敏中等撰，北京：中華書局1995年版。

47.《清人書目題跋叢刊十·天禄琳琅書目後編》：彭元瑞等撰，北京：中華書局1995年版。

48.《清人書目題跋叢刊十·拜經樓藏書題跋記》：吳壽暘撰，北京：中華書局1995年版。

49.《清史列傳》：佚名撰，王鍾翰點校，北京：中華書局1987年版。

50.《日藏漢籍善本書錄》：嚴紹璗撰，北京：中華書局2007年版。

51.《三餘集》:《景印文淵閣四庫全書》本,臺北:臺灣商務印書館 2008 年版。

52.《詩林廣記》:蔡正孫撰,常振國、降雲點校,北京:中華書局 1982 年版。

53.《石林詩話校注》:葉夢得撰,逯銘昕校注,北京:人民文學出版社 2011 年版。

54.《拾經樓紬書錄》:葉啓勛撰,長沙:岳麓書社 2011 年版。

55.《史記》:司馬遷撰,北京:中華書局 1982 年版。

56.《書舶庸譚》:董康撰,傅傑標點,瀋陽:遼寧教育出版社 1998 年版。

57.《書舶庸譚》:《日本藏漢籍善本書志書目集成》第二册,北京:北京图书馆出版社 2003 年版。

58.《書林清話》:葉德輝撰,北京:中華書局 1957 年版。

59.《四庫全書總目》:永瑢等撰,北京:中華書局 1965 年版。

60.《四庫提要辨證》:余嘉錫撰,北京:中華書局 1980 年版。

61.《宋大詔令集》:司義祖整理,北京:中華書局 1962 年版。

62.《宋會要輯稿》:徐松輯,上海:上海古籍出版社 2014 年版。

63.《宋史》:脱脱等撰,中華書局編輯部點校,北京:中華書局 1985 年版。

64.《宋史文苑傳箋證》:周祖譔主編,南京:鳳凰出版社 2012 年版。

65.《宋元方志叢刊》:中華書局編輯部編撰,北京:中華書局 1990 年版。

66.《宋元明清書目題跋叢刊·明代卷》:北京:中華書局 2006 年版,據清嘉慶四年(1799)顧修輯刊《讀畫齋叢書》本影印。

511

67.《蘇軾文集·佚文彙編》:蘇軾撰,茅維編,孔凡禮點校,北京:中華書局1986年版。

68.《天禄琳琅知見書録》:劉薔編著,北京:北京大學出版社2017年版。

69.《通志二十略》:鄭樵撰,王樹民點校,北京:中華書局1995年版。

70.《宛雅全編·宛雅初編》:梅鼎祚等輯,彭君華等校點,合肥:黄山書社2018年版。

71.《王安石全集·臨川先生文集》:王安石撰,王水照主編,聶安福等整理,上海:復旦大學出版社2017年版。

72.《王荆文公詩箋注》:王安石撰,李壁箋注,北京:中華書局1958年版。

73.《王荆文公詩李壁注》:王安石撰,李壁注,上海:上海古籍出版社1993年版。

74.《王文公文集》:王安石撰,上海:上海人民出版社1974年版。

75.《王先謙詩文集》:王先謙撰,梅季點校,長沙:岳麓書社2008年版。

76.《文獻通考》:馬端臨撰,北京:中華書局1986年版。

77.《五十萬卷樓藏書目録初編》:莫伯驥撰,曾貽芬整理,北京:中華書局2016年版。

78.《續資治通鑑長編》:李燾撰,北京:中華書局2004年版。

79.《嚴羽集》:嚴羽撰,陳定玉輯校,鄭州:中州古籍出版社1997年版。

80.《弇山堂別集》:王世貞撰,魏連科點校,北京:中華書局1985年版。

81.《雁影齋題跋》:李希聖撰,湖南圖書館編,長沙:岳麓書社 2011 年版。

82.《儀顧堂書目題跋彙編·皕宋樓藏書志案語摘録》：陸心源撰，馮惠民整理，北京：中華書局 2009 年版。

83.《永樂大典》：解縉等輯，北京：中華書局 1986 年版。

84.《元豐九域志》：王存撰，王文楚、魏嵩山點校，北京：中華書局 1984 年版。

85.《樂府詩集》：郭茂倩編，北京：中華書局 1979 年版。

86.《浙江通志》：《景印文淵閣四庫全書》本，臺北：臺灣商務印書館 2008 年版。

87.《直齋書録解題》：陳振孫撰，徐小蠻、顧美華點校，上海：上海古籍出版社 1987 年版。

88.《中國古典文學基本叢書·王安石文集》：王安石撰，劉成國點校，北京：中華書局 2021 年版。

89.《中國歷代書目題跋叢書第二輯·文禄堂訪書記》：王文進撰，柳向春標點，上海：上海古籍出版社 2007 年版。

90.《中國歷代書目題跋叢書第三輯·郋園讀書志》：葉德輝撰，上海：上海古籍出版社 2010 年版。

91.《中國歷代書目題跋叢書第四輯·新輯紅雨樓題記》：徐𤊹等撰，馬泰來整理，上海：上海古籍出版社 2014 年版。

三、今人著述（以首字拼音爲序）

1.《北京大學圖書館藏古籍善本書目》：北京大學圖書館編，北京：北京大學出版社 1999 年版。

2.《北京圖書館藏珍本年譜叢刊·宛陵先生年譜》：張師曾撰，北京：北京圖書館出版社 1999 年版。

3.《北宋京師及東西路大郡守臣考》：李之亮撰，成都：巴蜀書社 2001 年版。

　　4.《古典籍總合目錄》：國文學研究資料館編，東京：岩波書店 1990 年版。

　　5.《古書版本鑒定》(重訂本)：李致忠撰，北京：北京聯合出版公司 2021 年版。

　　6.《廣清碑傳集》：錢仲聯主編，蘇州：蘇州大學出版社 1999 年版。

　　7.《國立故宮博物院善本舊籍總目》，故宮博物院編，臺北：故宮博物院出版 1983 年版。

　　8.《和刻本漢籍分類目錄（增補補正版）》：長澤規矩也撰，長澤孝三編，東京：汲古書院，1936 年出版發行，2006 年增補補正版發行。

　　9.《胡道靜文集·新校正夢溪筆談·夢溪筆談補證稿》：胡道靜撰，虞信棠、金良年編，上海：上海人民出版社 2011 年版。

　　10.《林古度年表》：陳慶元撰，《南京師範大學文學院學報》2010 年 10 月第 4 期。

　　11.《明人傳記資料索引》："國立中央圖書館編"，臺北：文史哲出版社 1965 年初版，1978 年再版。

　　12.《南明史》：錢海岳撰，北京：中華書局 2016 年版。

　　13.《清詩紀事》：錢仲聯主編，南京：鳳凰出版社 2004 年版。

　　14.《全宋詩》：北京大學古文獻研究所編，北京：北京大學出版社 1991 年版。

　　15.《全宋文》：曾棗莊、劉琳主編，上海：上海辭書出版社；合肥：安徽教育出版社，2006 年版。

　　16.《全唐詩作者小傳補正》：陶敏撰，瀋陽：遼海出版社 2010 年版。

　　17.《全元詩》：杨镰主编，北京：中华书局 2013 年版。

18.《全元文》:李修生主編,南京:鳳凰出版社1998年版。

19.《日本藏漢籍善本書志書目集成》第二册:賈貴榮編,北京:北京图书馆出版社2003年版,據民國二十八年自刻本影印。

20.《日本漢詩擷英》:王福祥、汪玉林、吴漢櫻編,北京:外語教學與研究出版社1995年版。

21.《日本人名大事典》:平凡社編著,東京:平凡社1938年初版,1979年覆刻版。

22.《日藏漢籍善本書録》:嚴紹璗編著,北京:中華書局2007年版。

23.《宋代官制辭典》(增補本):龔延明撰,北京:中華書局2017年第二版。

24.《宋代序跋全編》:曾棗莊主編,濟南:齊魯書社2015年版。

25.《宋集序跋彙編》:祝尚書撰,北京:中華書局2010年版。

26.《宋人别集叙録》(增訂本):祝尚書撰,北京:中華書局2020年版。

27.《宋人别集叙録》:祝尚書撰,北京:中華書局1999年版。

28.《宋人傳記資料索引》:昌彼得、王德毅、程元敏、侯俊德編,王德毅增訂,北京:中華書局1988年版。

29.《宋才子傳箋證·南宋後期卷》:傅璇琮、程章燦主編,瀋陽:遼海出版社2011年版。

30.《宋集傳播考論》:鞏本棟撰,北京:中華書局2009年版。

31.《宋人文集編刻流傳叢考》:王嵐撰,南京:江蘇古籍出版社2003年版。

32.《宋詩話考》:郭紹虞撰,北京:中華書局1979年版。

33.《圖書學辭典》:長澤規矩也編著,三省堂1979年1月20日第一刷發行。

34.《王安石文集在宋代的編撰、刊刻及流傳再探——以"臨川本"與"杭州本"關係爲核心的考察》：劉成國撰，《文史》2021年第3輯，總第136輯。

35.《吴孟復安徽文獻研究叢稿》：吴孟復撰，合肥：黄山書社2006年版。

36.《徐燉年譜》：陳慶元撰，《福州大學學報》2010年第3期。

37.《增訂建陽刻書史》：方彦壽撰，福州：福建人民出版社2020年版。

38.《貞石詮唐》：陳尚君撰，上海：復旦大學出版社2016年版。

39.《中國版刻圖録》（增訂本）：北京圖書館編，北京：文物出版社1990年版。

40.《中國古籍善本書目》：中國古籍善本書目編輯委員會編，上海：上海古籍出版社1998年版。

41.《中國古籍善本總目》：翁連溪編校，北京：線裝書局2005年版。

42.《中國古籍總目》：中國古籍總目編纂委員會撰，北京：中華書局、上海：上海古籍出版社2012年版。

43.《中國館藏和刻本漢籍書目》：王寶平主編，杭州：杭州大學出版社1995年版。

44.《中國歷代書目題跋叢書第二輯·寶禮堂宋本書録》：潘宗周撰，柳向春標點，上海：上海古籍出版社2007年版。

45.《中國行政區劃通史·宋西夏卷》：李昌憲撰，上海：復旦大學出版社2007年版。

46.《中國印刷史》：張秀民撰，韓琦增訂，杭州：浙江古籍出版社2006年版。

47.《中華人民共和國圖書館博物館群藝館文化館大典》：呂章申、詹福瑞主編,北京:國家圖書館出版社2009年版。

48.《中國善本書提要》：王重民撰,上海:上海古籍出版社1983年版。

49.《中國文學家大辭典·清代卷》：錢仲聯主編,北京:中華書局1996年版。

50.《中國文學研究第十六輯·林古度年譜簡編》：陳慶元撰,北京:中國文聯出版社2010年版。

後記一（余師）

　　已不記先師何年何月何時逝往於他鄉或不甚遠亦或甚是遼遠，不曾勘對未得想及難耐蒐檢，怯然憶往亦不知何處追憶何時念想唯隨風而逝隨意往還隨心飄散如是而已。
　　或初始拜慰於某地某日某時均不可憶得，金陵蕪湖偶旅彷徨周旋百折。樓甚高室甚仄，一長者靜尊於一椅。凝澀。左支右絀貿然唐突手足無措局促糾虬，不知所言所爲所思所想，倏忽十載春秋。冰冷於鐵於鋼於爐火，沁人心脾沉醉春菲。朝夕橫渡，慕想朝霞逐浪夕輝。逡巡飄蕩江之南天之北海之涯，亦無何悲與非悲是與非是非與非非。天涯何處遠，遠隔大江天。咫尺輕舟度，生死笑談間。或微風或野火迷離惝恍，或輕啼或長吟蕩氣迴腸。南鋼難往，高線皋荒，好一番景致烙印風霜。
　　似與非似雀舞鶯飛，相向合鳴東南漸曙。悠悠之自修自勵，幽幽之傾力傾情，1997 嚮往東南。何以南何以北何以東何以西，退之辭之除之怯之，1998 再嚮東南。唯政之難治力之難汲，芥草風騰驚沙坐飛。更至合州教衙勘對草草鎩羽衰摧，微明一線靜止如水，情不可遏心不可已由以至極至性以至玄徹，師沉緩以允温謹以諰,玄黃正序玉宇桑田,由是重回。

　　三年於赭山,三載於鏡湖,生茲長茲。每周於例訓,每季於考成,育之秀之。課餘常趨尊府恭承謦欬,朝夕往還庠序耳提面命。樓甚高而未遠,室甚仄而雍穆。几淨斜暉窗明曉月,環堵插架層層疊疊。心靜如水氣定神完,滿目青山蕭蕭肅肅。晨思風貌,夜話谿詩。其性温以慈容,其心良以誠愨,其氣恭以善物,其行儉以自修,其德讓以成仁,善哉吾師。恕以寬之,誠以道之,謹行恭貌,微言細辭,穩似巍巒,沉如淵海,善哉吾師。皖江卒業負笈三江,佳節候問辭情悠揚。柳書端方殷殷切切,温婉峻介筆筆行行。蟄居宇治東渡扶桑,悠悠長川遥遥鳳翔,春月春暉秋雨秋涼,晨興彷徨忽觸痛傷,不知所以兀坐夕陽。想來又是數載光陰悠然飄散,潮起潮落朝來朝往,更一番幻幻滅滅生生寂寂悲欣迷惘。唯師唯銘黽勉無忘,精勤磋磨尤自高翔。

　　師逝已遠,生思迢遥。想天涯於聚散,悵因緣之飄搖。風乍起於層林,雲四散於荒皋。長流兮萬里,長懷兮春宵。良不可兮再得,尤大夢兮層霄。師兮歸來。或側畔兮青山,亦周流於湖水。似悠遊於紅樓,宛往來於室帷。更星月於塾堂,尤芬桂於春暉。師兮歸來。橫大江兮騁望,奔荒塗於久長。遼曠遠兮瀾漫,悲晨風兮清涼。登赭山兮何得以追思,荡碧波兮焉能而留芳。天門兮中斷,征帆兮孤張。悵兮惘兮徜徉,恍兮惚兮愁傷。師兮歸來。忽几淨於斜暉,乍窗明於春光。亦晨思於風貌,尤夜話於谿商。唯環堵於何地,更渺邈焉何方。師兮煙然唯以遠航。

　　　　甲辰子月初吉西元 2024 年 12 月 1 日終稿於磬苑

後記二

歷時六載，終得擱筆。駑馬何堪十駕，鷦鷯唯滿一枝。暫別三江北走古彭，蟄伏風華和弦玉泉，唯是沉心國故自得其樂而已。叵耐時移世換流水華年，不得已也聖之以時。遂究心外典，逐浪奔流。得幸扶桑之發覆，和刻之啓予。可謂有朋遠至，以奏流水之音；扶搖南征，唯樂同聲之情。古彭悠然，或多枳橘之歎；三山远渡，映帶游魚之欣。萍水相逢，靖節有傾杯之樂；四海爲歡，子安得秋水之情。鳩居堂松滋侯悠然問對，招提寺管城君爛漫春衿。山川異域，風月同心。攜酒日下，頭陀更得歡伯之趣；撫弦四國，杵杖猶帶九天之音。江山有同情之喜，日月得秉燭之忻。晁巨卿跨海橫江，只爲求法；楊鄰蘇登堂入室，唯覓遺金。古道非僅西風瘦馬，昆侖自照肝膽汗青。時序經年，斗轉星移。鷺洲已作鶯飛燕舞，蓬壺猶帶草綠梅馨。勝友如雲，東山燭耀卿雲之色；櫻風似雪，南窗挽帶萬里之心。對坐無言，奇文有悠然心會；促膝爲歡，高情得檀板微吟。李青蓮仰天大笑，最得知己；阮嗣宗秀眼微翻，良有傾心。英樹自有弘通之志，群賢更作雛鳳之鳴。俱是京華風月，雛下雲煙者矣。

後記二

　　鳳閣巍巍,望飛鴻孰來孰往。宇川悠悠,歎流水何去何從。終是疊床架屋,錯彩鏤金。記注已無成法,撰述何惜定形。2016終得高第和刻本宋集論叢。構擬非苞宇內,賦頌何堪風雅;囊括未盡八極,翰藻豈得玲瓏。然質近泥古,性喜雕蟲。終是傾情和靖之滄浪,半山之履常。積案盈箱唯是字斟句酌,連篇累牘俱在刮垢磨光。焚膏繼晷癡癡兀兀,暮鼓晨鐘孜孜矻矻。惟意所命,惟心所適,每有欣然趣,何勞弦上音。驀然回首已是春風六度,曆序三秋。卻是踀蹐日下,難耐高堂。觸蠻奮然交鬥,漂杵千里;槐安勇於爭寵,金翠成行。俱是南柯一夢,好了窮荒。唯甘載球起,羽球昂揚。衆友之高情厚誼,觥籌交錯;群朋之感激淋漓,把酒衷腸。大風雲起,玉泉永長。

　　廬陽歸去,幸得明公。曹衣出水,吳帶當風。盛以盛意,懷以懷衷。可爲長吟者再,可爲太息者數矣。更有諸生襄助,新月從天;沂水流觴,璞山敬堂。朝夕酬和,筆短情長。夫子九歌率彼曠野,騏驥長鳴樂此高陽。苦海難尋半日閑,快齋漫撚鳳桐絃。清茗換盞遙曠野,自有長風漫雲天。

　　甲辰子月初二西元 2024 年 12 月 2 日終稿於磬苑